특수교육평가
이론과 실제

송현종 · 이태수 · 김우리 공저

Evaluation in
Special Education | Theory and
Practice

학지사

머리말

우리나라 특수교육 분야에서 진단과 평가에 대한 관심을 가지고 활발하게 연구하기 시작한 것은 20~30여 년 정도밖에 지나지 않았습니다. 1990년대 후반부터 국가 단위의 진단 및 평가도구와 민간 차원의 다양한 검사도구가 제작되면서 진단 및 평가에 대한 관심이 높아지게 되었습니다. 특히 지적장애, 시각장애, 청각장애, 지체장애와 같은 전통적인 장애유형 이외에 자폐 범주성 장애나 정서행동장애 등에 대한 사회적 관심이 높아지면서 장애의 선별과 진단, 교육 계획 수립, 특수교육을 받을 적격성 등을 명확하게 파악하여야 한다는 당위성이 확립되었습니다.

특수교육은 큰 틀에서 교육이라는 범주에 포함되어 있는 한 분야이지만 특수교육대상자를 대상으로 한다는 점에서 고유한 특성을 가지고 있습니다. 특수교육이 특수교육답다는 것을 인정받기 위해서는 특수교육대상자의 특성을 고려한 적절한 교육방법과 교수매체, 보조공학기기 등을 제공하여야 합니다. 그러나 무엇보다 중요한 것은 특수교육대상자를 올바르게 선별 및 진단하는 것이 가장 중요합니다. 만약 어떤 한 아동이 특수교육을 받을 대상자가 아님에도 불구하고 특수교육대상자로 선정된다면, 특수교육이 필요하지 않은 아동에게 특수교육이 제공되는 문제가 발생할 수 있을 것입니다. 아동에게 교육을 제공한다는 것이 어찌 보면 좋을 수도 있지만, 특수교육대상자라는 것에 대한 부정적 선입견(stigma)과 아동과 보호자가 겪을 심적 부담과 고통은 매우 클 것입니다. 이와 반대로 특수교육이 필요한 아동을 제대로 선별하고 진단하지 못해서 특수교육대상자가 되지 못한다면, 그 아동에게는 반드시 제공되어야 할 적합한 교육과 관련 서비스를 제공하지 못하는 심각한 문제가 발생할 것입니다. 그러므로 특수교육이 그 자체로 존재의 의의를 가지기 위해서는 특수교육대상자를 올바르게 선별하고 진단하는 것이 무엇보다 중요합니다.

이 책은 특수교사가 되어 특수교육대상자를 진단하고 가르칠 예비교사 및 현직 특수교사에게 특수교육 평가의 이론과 원리를 설명하고, 평가 및 진단도구의 실제적 활용 방안을 담고 있습니다. 이를 통해 현직 혹은 예비 특수교사의 특수교육대상자에 대한 평가 및 진단 능력을 향상시키는 데 일조하고자 하였습니다.

이 책은 크게 세 부분으로 구성되어 있습니다. 제1부 특수교육 평가의 이해에서는 평가에 대한 기본적 개념을 이해하기 위한 기초 내용을 포함하고 있습니다. 주요 내용은 특수교육 평가의 개념(제1장), 교육평가의 유형(제2장), 측정의 기초(제3장)로 구성하였습니다. 제2부 특수아동의 진단에서는 특수아동에게 진단을 실시하기 위한 방법을 자세하게 다루고 있습니다. 주요 내용으로는 특수교육대상자 진단 기준(제4장), 자료수집 및 보고서 작성(제5장), 아동발달 진단(제6장), 기능적 행동진단(제7장), 학습과 진로 진단(제8장)으로 구성하였습니다. 마지막으로, 제3부 특수아동 진단도구에서는 특수교육대상자에게 실시하는 다양한 검사도구의 구성과 활용법을 영역별로 설명하였습니다. 주요한 내용은 인지 영역 검사(제9장), 학습 영역 검사(제10장), 정서행동 영역 검사(제11장), 적응행동 영역 검사(제12장), 자폐 범주성 장애 검사(제13장), 투사적 검사(제14장)로 구성하였습니다.

특수교육대상자에게 적절한 교육과 관련 서비스를 지원하기 위해 가장 먼저 해야 할 일은 특수교육대상자의 특성과 수행능력을 파악하는 일이고, 이를 위해서는 전문적 지식과 능력을 갖춘 전문가에 의한 올바른 진단과 평가가 이루어져야 합니다. 또한 오랜 경험을 통하여 전문가로서의 자질과 임상경험을 지속적으로 신장시켜야 합니다. 현재 우리나라에서는 특수교육지원센터에서 특수교육대상자에 대한 진단을 실시하고 있습니다. 그러나 특수교육지원센터의 근무여건과 업무 부담으로 인하여 경력이 많은 특수교사보다는 이제 막 임용고사에 합격한 초임 특수교사나 기간제 교사의 부임이 더 많이 이루어지고 있습니다. 이는 곧 양질의 진단 및 평가가 이루어지는 데 어려움이 있음을 보여 주는 모습입니다. 특수교육대상자에 대한 교육의 시작이 올바른 진단 및 평가에서부터 이루어진다고 했을 때, 현재 특수교육 분야에서 이루어지고 있는 진단과 평가의 모습은 개선이 필요하다고 할 수 있습니다.

대학에서 특수교육 진단과 평가의 문제를 해결하기 위해 할 수 있는 일 중에 하나는 예비 특수교사에게 진단과 평가에 관한 교육을 열심히 하는 것이고, 이를 통해 특수교육 현장에서 올바른 진단과 평가를 할 수 있도록 예비 특수교사의 역량을 향상시키는 것입니다. 예비 특수교사의 진단과 평가 역량이 높아진다면, 특수교육센터의 어려움이 본질적으로 해결될 수 있는 지름길이 될 것이라 생각합니다.

우리 저자들은 이 책이 예비 특수교사들의 진단과 평가 역량을 향상시키는 데 일조하기를 소망하고 있으며, 특수교육대상자들이 자신의 특성과 역량에 맞게 적절한 교육을 받기를 희망합니다. 특수교육은 절대 슈퍼맨이나 원더우먼과 같은 영웅이 나타나 혼자 해결할 수 있는 것이 아닙니다. 다양한 분야의 전문가와 특수교사 그리고 보호자 등이 모두 합심하여 특수교육대상자의 삶의 문제를 해결하고자 할 때 비로소 그 효과가 나타날 수 있습니다. 이 책이 그러한 과정에 유용하게 활용될 수 있기를 간절히 바랍니다.

햇빛 가득한 빛고을 용봉골에서
저자 일동

차례

제1부

특수교육 평가의 이해

특 수 교 육 평 가 　 이 론 과 　 실 제

특수교육 평가의 개념

학생의 특성을 다양한 방법으로 정확하게 이해해서 학생의 교육적 성장을 최대한으로 이끌어 내는 일은 교육의 본질적 기능이며 교육평가의 주된 목적이다. 특수교육 대상학생의 특성과 교육적 요구를 기반으로 하는 특수교육 평가는 일반적인 교육평가와의 공통점과 차이점을 동시에 갖고 있다. 이 장에서는 특수교육 평가의 정의, 특수교육 평가의 목적, 특수교육 평가의 단계, 특수교육 평가의 최근 동향에 대하여 살펴본다.

1. 특수교육 평가의 정의

교육평가(educational evaluation)라는 용어는 1930년대부터 사용하기 시작하였다. 일반적으로 교육평가는 교육목표의 달성 정도를 판단하는 행위 또는 일정한 기준을 가지고 교육활동과 그 결과에 대해 가치판단을 하는 체계적인 과정이라고 할 수 있다. 일반교육학과 특수교육학에서 사용하는 교육평가의 의미와 기능은 서로 공통되는 부분도 많지만 차이가 나는 부분도 적지 않다. 따라서 일반적인 교육평가의 의미를 살펴보고 난 후, 특수교육 평가의 정의를 내리고자 한다.

김석우(2015)는 여러 학자의 다양한 견해를 종합하여 교육평가의 의미를 다음과 같이 세 가지 활동으로 설명하였다. 첫째, 교육평가란 교육과정이나 교육프로그램이 교수ㆍ학습 활동을 통하여 의도된 교육목표를 얼마나 잘 달성하였는지를 파악하는 활동이다. 둘째, 교육평가란 교육활동을 개선하기 위하여 교육담당자나 교육행정가가 올바른 의사결정을 내리는 데 필요한 각종 정보를 체계적으로 수집하고 제공하여 의사결정에 도움을 주거나 의사결정을 하는 과정 그 자체이다. 셋째, 교육현상이나 대상에 드러나 있거나 숨어 있는 의미와 가치를 발견하고 이를 체계적으로 서술하여 반성적 시각에서 해석하고 분석하는 과정이다.

특수교육은 특수교육 대상학생의 특수한 교육적 요구와 이에 따른 교수전략 및 지원의 측면에서 일반교육과 구별되는 특성을 갖고 있다. 특수교육 현장에서 특수교육 대상학생의 조기 선별과 진단은 매우 중요하다. 특수교육 대상학생에게 적절한 교육적 배치를 하고 개별화교육프로그램(IEP)을 마련하는 일도 필수적이다. 또한 교육프로그램과 중재전략을 통한 특수교육 대상학생의 변화를 확인하는 일도 핵심적인 교육활동이다. 그러므로 특수교육에서 평가는 이러한 교육적 기능을 종합적으로 실천하는 활동으로서 다음과 같이 정의할 수 있다.

특수교육 평가는 검사, 관찰, 면담 등의 방법을 통해 수집한 특수교육 대상학생의 발달과 행동 특성에 관한 정보를 토대로 하여 특수교육대상자 선발, 교육적 배치, 교육프로그램 및 중재계획 수립과 실천, 교육프로그램 및 중재전략 효과 확인 등과 관련된 의사결정을 내리는 총체적인 과정이다.

2. 특수교육 평가의 목적

특수교육 평가의 목적은 다음과 같이 크게 세 가지로 설명할 수 있다.

첫째, 특수교육대상자를 선발하기 위한 것이다. 먼저, 장애가 의심되는 학생을 선별하여 전문적이고 심층적인 장애 진단에 의뢰하고, 학생이 어떤 유형의 장애를 갖고 있으며, 그 장애가 얼마나 심각한지를 알아보기 위한 것이다. 그리고 장애를 진단받은 학생의 장애에 관한 정보에 근거하여 학생이 특수교육 서비스를 받을 조건을 충족하고 있는지에 대한 적격성을 판단한다.

둘째, 교육·중재 계획을 수립하고 배치하기 위한 것이다. 특수교육대상자로 선정된 학생을 최선의 교육환경에 배치하여 그 학생에게 적합한 교수목표를 설정하고, 개별적인 교수계획과 적합한 중재방법을 수립·선정하여 효과적인 교수활동을 실천하기 위한 것이다.

셋째, 교육·중재 효과를 확인하기 위한 것이다. 교육·중재 효과의 확인은 진전도 점검과 교육프로그램 효과 평가의 두 가지 측면에서 이루어진다. 진전도 점검은 교수·학습 활동이 진행되는 과정에서 학생의 진전 정도를 파악하여 현행 교수방법의 수정 필요성을 확인하기 위한 것이다. 프로그램 효과 평가는 일정 단위의 교육프로그램이 종료된 후에 프로그램의 전반적인 성과를 처음에 설정한 교육목표에 비추어 확인하기 위한 것이다.

3. 특수교육 평가의 단계

특수교육 평가의 목적은 평가가 이루어지는 구체적인 과정을 통하여 달성될 수 있다. 일반적으로 특수교육 평가의 과정은 선별, 장애 진단, 적격성 판단, 교육진단 및 계획 수립, 형성평가, 총합평가의 여섯 단계로 구분할 수 있다. 특수교육 평가의 목적과 단계 및 그에 따른 주요 평가 내용을 간략히 제시하면 다음 〈표 1-1〉과 같다.

표 1-1　특수교육 평가의 목적, 단계, 주요 내용

평가 목적	평가 단계	주요 평가 내용
특수교육 대상자 선정	선별	전문적이고 심층적인 평가에 의뢰할 학생의 발견
	장애 진단	선별된 학생의 장애의 유무, 유형, 정도를 파악
	적격성 판단	학생의 특수교육대상자로서의 조건 충족 판단
교육·중재 계획 수립과 배치	교육진단 및 계획 수립	학생의 발달적, 행동적 특성을 파악하여 최적의 교육프로그램(중재계획)을 수립하고 최적의 교육환경에 배치
교육·중재 효과 확인	형성평가	중재계획 실천 과정에서 학생의 진전 정도를 확인
	총합평가	중재계획 종료 후에 교육프로그램(중재계획)의 전반적인 성과를 확인

1) 선별

특수교육 평가의 시작은 특수교육 서비스를 필요로 하는 학생을 찾아내는 일에서부터 시작된다. 선별(screening)은 특수교육대상자를 확인하기 위하여 심층적인 평가가 필요한 학생을 찾아내기 위한 간단한 진단 과정을 의미한다. 선별이 다른 평가 단계에 비하여 비교적 간단한 과정이라 할지라도 결코 소홀히 다루어서는 안 된다. 효과적인 선별 과정을 위해서는 다음과 같은 점에 주의를 기울일 필요가 있다.

첫째, 정확한 선별 결과를 얻기 위해서는 타당하고 신뢰도가 높은 사정도구를 사용해야 한다. 일반적으로 선별 과정에서는 제한된 수의 문항으로 학생의 수행이나 행동을 사정하는 비교적 간단한 표준화 선별검사 도구가 사용된다. 또 경우에 따라서는 교사의 선별 체크리스트, 학교의 학습평가와 수행평가 등을 함께 사용할 수 있다. 적절한 사정도구를 사용함으로써 장애학생을 선별해 낼 가능성이 높아지게 된다.

둘째, 선별의 결과를 장애 진단의 결과로 대체해서는 안 된다. 또 선별 결과를 특수교육대상자 선발의 기준으로 삼거나, 교육·중재 프로그램을 개발하기 위한 자료로 활용해서는 안 된다. 이러한 목적을 위해서는 보다 심층적이고 체계적인 장애 진단과 교육진단의 절차가 필요하다.

2) 장애 진단

선별을 통하여 추가적인 후속평가의 필요성이 제기된 학생이나 선별 과정을 거치지 않았더라도 심층적이고 체계적인 진단이 필요하다고 판단된 학생은 장애 진단(diagnosis)을 받게 된다. 장애 진단이란 학생에게 장애가 있는지(장애 유무), 장애가 있다면 어떤 유형의 장애가 있는지(장애 유형), 그리고 장애의 정도가 얼마나 심각한지(장애의 심각도)를 파악하는 과정이다.

장애 진단은 종합적인 평가를 통하여 이루어지게 되는데, 장애나 발달지체의 확인과 함께 그 정도와 특성도 알아보게 되며, 가능한 경우에는 원인도 밝히고, 학생이 지닌 문제가 발달에 어떤 영향을 미치는가에 대해서도 평가하게 된다. 장애 진단은 일반적으로 다양한 영역의 전문가에 의해서 실시되는 검사의 결과, 학생을 직접 관찰한 정보, 가족이 제공해 주는 정보를 통합적으로 수집하는 종합적인 평가를 통하여 이루어진다(이소현 외, 2009).

3) 적격성 판단

장애 진단에 의해 수집된 정보는 학생에 대한 특수교육 적격성(eligibility)을 판단하는 데 활용된다. 특수교육 적격성을 판단한다는 것은 학생이 특수교육 서비스를 받기 위한 제반 조건을 충족시키는지를 결정하는 것이다. 이는 장애가 있다고 해서 반드시 특수교육대상자로 선정되는 것은 아니라는 것을 의미한다. 우리나라의 경우, 특수교육대상자로 선정되기 위해서는 「장애인 등에 대한 특수교육법」에 규정된 선정기준에 부합해야 한다. 즉, 특수교육대상자로 선정되기 위해서는 학생이 가진 장애의 유형과 정도가 이러한 선정기준에 적합해야 한다. 이러한 결정은 각 시 · 군 · 구 교육지원청에 설립된 특수교육운영위원회에서 이루어진다.

「장애인 등에 대한 특수교육법 시행령」에 규정된 특수교육대상자 선정 기준은 다음 〈표 1-2〉와 같다.

표 1-2 「장애인 등에 대한 특수교육법」의 특수교육대상자 선정 기준

장애 범주	선정 기준
시각장애	시각계의 손상이 심하여 시각기능을 전혀 이용하지 못하거나 보조공학기기의 지원을 받아야 시각적 과제를 수행할 수 있는 사람으로서 시각에 의한 학습이 곤란하여 특정의 광학기구 · 학습매체 등을 통하여 학습하거나 촉각 또는 청각을 학습의 주요 수단으로 사용하는 사람
청각장애	청력손실이 심하여 보청기를 착용해도 청각을 통한 의사소통이 불가능 또는 곤란한 상태이거나, 청력이 남아 있어도 보청기를 착용해야 청각을 통한 의사소통이 가능하여 청각에 의한 교육적 성취가 어려운 사람
지적장애	지적 기능과 적응행동상의 어려움이 함께 존재하여 교육적 성취에 어려움이 있는 사람
지체장애	기능 · 형태상 장애를 가지고 있거나 몸통을 지탱하거나 팔다리의 움직임 등에 어려움을 겪는 신체적 조건이나 상태로 인해 교육적 성취에 어려움이 있는 사람

정서·행동장애	장기간에 걸쳐 다음 각 목의 어느 하나에 해당하여, 특별한 교육적 조치가 필요한 사람 가. 지적·감각적·건강상의 이유로 설명할 수 없는 학습상의 어려움을 지닌 사람 나. 또래나 교사와의 대인관계에 어려움이 있어 학습에 어려움을 겪는 사람 다. 일반적인 상황에서 부적절한 행동이나 감정을 나타내어 학습에 어려움이 있는 사람 라. 전반적인 불행감이나 우울증을 나타내어 학습에 어려움이 있는 사람 마. 학교나 개인 문제에 관련된 신체적인 통증이나 공포를 나타내어 학습에 어려움이 있는 사람
자폐성 장애	사회적 상호작용과 의사소통에 결함이 있고, 제한적이고 반복적인 관심과 활동을 보임으로써 교육적 성취 및 일상생활 적응에 도움이 필요한 사람
의사소통장애	다음 각 목의 어느 하나에 해당하여 특별한 교육적 조치가 필요한 사람 가. 언어의 수용 및 표현 능력이 인지능력에 비하여 현저하게 부족한 사람 나. 조음능력이 현저히 부족하여 의사소통이 어려운 사람 다. 말 유창성이 현저히 부족하여 의사소통이 어려운 사람 라. 기능적 음성장애가 있어 의사소통이 어려운 사람
학습장애	개인의 내적 요인으로 인하여 듣기, 말하기, 주의집중, 지각(知覺), 기억, 문제 해결 등의 학습기능이나 읽기, 쓰기, 수학 등 학업 성취 영역에서 현저하게 어려움이 있는 사람
건강장애	만성질환으로 인하여 3개월 이상의 장기입원 또는 통원치료 등 계속적인 의료적 지원이 필요하여 학교생활 및 학업 수행에 어려움이 있는 사람
발달지체	신체, 인지, 의사소통, 사회·정서, 적응행동 중 하나 이상의 발달이 또래에 비하여 현저하게 지체되어 특별한 교육적 조치가 필요한 영아 및 9세 미만의 아동

출처:「장애인 등에 대한 특수교육법 시행령」(대통령령 제30362호, 2020. 1. 29.)

4) 교육진단 및 계획 수립

특수교육대상자로 선정이 된 학생을 최적의 교육환경에 배치하고 개별적인 교육 (중재)계획을 수립하여 제공하기 위해서는 교육진단(educational assessment)을 실시하여야 한다. 교육진단은 학생이 현재 보이고 있는 학습특성과 기술의 수준을 파악하고, 앞으로 반드시 습득해야 하는 학습특성과 기술이 무엇인지를 확인하는 과정이다. 대부분의 교육활동은 학생에 대한 교육진단으로부터 시작한다. 교육진단을 통해 수집한 자료에 근거하여 학생을 위한 개별적인 교육(중재) 계획을 수립하고 실행에 옮긴다. 또 교육(중재) 계획을 실행에 옮기는 과정에서 일정한 시간을 두고 정기적으로 학생의 진전 정도를 점검함으로써 계획의 수정 여부를 결정하게 된다. 그러므로 교육진단을 정확하게 하는 일은 매우 중요하다. 만약에 그렇게 하지 못하면 이후에 뒤따르는 교육활동도 원활하게 이루어지기 힘들다.

학생에 대한 교육진단에 근거하여 각 시·도 또는 시·군·구 특수교육운영위원회는 학생에게 가장 적합한 교육적 배치를 하고, 학생이 배치된 교육기관은 학생의 특성에 기초하여 일반학급, 특수학급(전일제, 시간제)에 배치한다. 물론 학생이 일반학급에 배치되더라도 일정 시간 학습도움실에서 추가적인 교육을 제공할 수 있다. 교육적 배치가 이루어지고 나면 학생에게 제공될 교육 및 관련서비스의 내용을 결정하게 되는데, 이러한 결정을 구체화하여 문서로 작성한 것을 개별화교육계획(individualized education plan: IEP) 또는 개별화교육프로그램(individualized education program: IEP)이라 한다. 우리나라의 경우에는 법률적으로는 주로 개별화교육계획이라는 용어를 사용하고 있으나, 학문적으로는 개별화교육프로그램이라는 용어로도 널리 사용되고 있다.

우리나라의 개별화교육계획에는 특수교육대상자의 인적사항과 특별한 교육적 지원이 필요한 영역의 현재 학습수행 수준, 교육목표, 교육내용, 교육방법, 평가계획 및 특수교육 관련서비스의 내용과 방법 등이 포함되어 있다. 개별화교육계획(IEP)의 양식은 다음 [그림 1-1]과 같다. 개별화교육계획(IEP)의 구체적인 사례는 제1장 마지막 부분의 〈부록 1〉을 참고하기 바란다.

작성일자: 년 월 일

다음 위원회 개최 예정일: 년 월 일

(1) 아동	(2) 위원회			
성명:	성명	직위	역할	찬성(서명)
성별:	_____	_____	_____	_____
생년월일:	_____	_____	_____	_____
연령:	_____	_____	_____	_____
학교:	_____	_____	_____	_____
학년:	_____	_____	_____	_____
현재배치:	_____	_____	_____	_____

(3) 현행수준

(4) 측정 가능한 연간목표	(5) 객관적 사정방법

(6) 제공될 교육 및 관련서비스

필요한 교육 및 관련서비스	시작일자	종료일자	책임자

(7) 교육적 배치

　　교육적 배치의 이유:

(8) 공식적 학업성취도평가 참여방식:

(9) 부모의 동의
  • 나는 개별화교육프로그램 작성에 참석 기회를 가졌다. (예 _____ 아니요 _____)

　　　　작성된 개별화교육프로그램에 찬성한다. (   )

　　　　작성된 개별화교육프로그램에 반대한다. (   )

　　　　부모의 서명 _____ (인)

[그림 1-1] 개별화교육계획(IEP) 양식의 예

출처: 이승희(2019), p. 42.

5) 형성평가

교육진단을 통하여 아동에게 적절한 교육·중재 계획(프로그램)을 수립하여 실행에 옮기는 과정에서 학생의 진전 정도를 수시로 점검하고, 계획이 의도한 대로 잘 진행되고 있는지를 확인하여야 한다. 이처럼 교수·학습이 진행되는 도중에 학생의 진전 상황에 대한 정보를 수집하고 분석하여 교육과정이나 수업(중재) 방법을 개선하고 학생에게 피드백을 제공하기 위하여 실시하는 활동을 형성평가(formative evaluation)라고 한다. 대부분의 경우에 형성평가는 아동을 직접 지도하는 교사에 의해 실시된다. 교사는 교육전문 기관에서 제작한 표준화 진단도구를 활용할 수도 있고, 자신이 스스로 제작한 간편한 진단도구를 사용할 수도 있다. 형성평가에 대한 보다 자세한 사항은 제2장에서 소개하는 평가의 유형에서 구체적으로 확인할 수 있다.

6) 총합평가

학생을 위해 수립한 교육·중재 계획(프로그램)을 정해진 기간 동안 실행에 옮긴 후에는 교육·중재 계획(프로그램)의 성과를 확인할 필요가 있다. 이처럼 일정 기간의 교수·학습 과정이 모두 끝난 다음에 교수목표의 달성과 성취 여부를 종합적으로 판정하는 활동을 총합평가(summative evaluation)라고 한다. 다시 말해서, 총합평가는 학기 말 또는 학년 말에 한 과목이나 하나의 교육·중재프로그램이 끝나는 시점에 실시하는 평가로, 학생의 종합적인 성취 정도와 교육목표의 달성 여부를 결정하는 활동이다. 특수교육에서는 총합평가의 결과에 근거하여 학생이 특수교육을 계속 받아야 할 필요가 있는지도 결정하게 된다. 총합평가에 대한 보다 자세한 사항은 제2장에서 소개하는 평가의 유형에서 구체적으로 확인할 수 있다.

4. 특수교육 평가의 최근 동향

교육의 다른 영역과 마찬가지로 특수교육 평가의 분야에서도 많은 변화가 이루어지고 있다. 여승수와 유은정(2019)은 특수교육 평가의 최근 동향을 다음과 같이 일곱 가지로 정리하여 제시하였다. 그 내용을 요약하면 다음과 같다.

첫째, 전통적인 특수교육 평가에서는 주로 장애의 진단 및 특수교육의 결과와 관련된 평가활동에 초점을 맞추고 있었지만, 최근에는 교육의 과정으로서의 평가활동에 주된 초점을 맞추고 있다. 즉, 특수교육 평가는 교육의 과정과 분리되기보다는 교수(teaching)의 도구로서 고려할 필요가 있음을 강조하는 추세이다. 이러한 이유로 특수교육 분야에서도 수행평가나 형성평가와 같은 전략의 중요성이 더욱 부각되고 있다.

둘째, 특수교육에서 증거기반교수(evidence-based practice)의 활용이 대두되면서 평가와 관련된 활동의 중요성이 지속적으로 부각되고 있다. 증거기반교수란 과학적으로 효과성이 검증된 교수전략을 말하며, 여기에서 언급된 '과학적'이란 평가활동을 포함한 엄격한 연구절차를 수행하는 활동을 의미한다.

셋째, 최근의 특수교육 평가에서는 평가활동이 역동적이면서도 특정한 목적을 달성하기 위하여 지속적인 일련의 과정으로 수행되어야 함을 강조하고 있다. 단편적인 정보를 수집하는 일회성 교육활동으로 평가를 수행하기보다는 교육과 평가의 큰 흐름 속에서 지속적으로 서로 피드백을 주고받을 수 있는 역동적인 평가의 역할이 강조되고 있다.

넷째, 특수교육에서 중요한 의사결정을 할 때 평가결과를 중요한 판단근거로 활용하고 있다. 예전의 경우에는 장애 진단처럼 평가결과는 그 자체로서 의미가 있었지만, 최근에는 더 많은 의사결정 과정 속에 평가결과들이 활용되고 있다.

다섯째, 특수교육의 범주 및 대상자가 지속적으로 증가하고 있기 때문에 다양한 장애영역을 평가할 수 있는 넓은 스펙트럼을 가진 평가방법을 지속적으로 개발하고 보급해야 할 필요성이 부각되고 있다.

여섯째, 일반교육과 마찬가지로 특수교육에도 공교육의 책무성이 점차 강조되는 추세에 있다. 따라서 국가적으로 공교육의 책무성을 검증하고자 하는 요구가 지속적으로 증가하고 있으며, 이러한 요구와 함께 좀 더 정교한 책무성 평가전략(예: 국가수준 학업성취도 검사)이 개발되고 있다.

일곱째, 최근 특수교육에서는 학생의 진전 정도를 모니터링할 수 있는 평가전략의 중요성이 강조되고 있다. 전통적인 특수교육에서는 단일검사 혹은 사전-사후 검사의 결과를 이용하여 학업성취의 결과를 평가하였지만, 최근의 경우에는 지속적인 시간의 연속성에서 변화하는 학업 및 행동을 측정하고자 하는 요구가 지속적으로 증가하고 있다. 이러한 이유로 교육과정중심측정(curriculum-based measurement: CBM)과 같은 모니터링 평가 전략을 특수교육 현장에서 활발히 활용하고 있다.

생각해 볼 문제

1. 특수교육 평가의 목적을 설명해 보시오.
2. 특수교육 평가의 목적에 따라 평가의 단계를 제시하고, 각 단계에서 평가해야 할 내용을 간략히 설명해 보시오.
3. 특수교육 평가의 최근 동향을 간략히 설명해 보시오.

〈부록 1〉 개별화교육계획 사례

기본 교육과정 초등학교 국어

▶ 개별화교육계획의 개요

기본 교육과정에 참여하는 초등학교 학생의 사례로서 국어과의 성취기준을 재구성하여 학기목표를 설정한 예이다. 해당 학년 국어과 교육과정의 성취기준을 분석하고 학생의 국어과 학습 특성과 요구를 파악하여 학기목표와 월별 교육목표를 제시하고 평가 초점을 개발하였다. 학기 개별화교육계획 관리를 작성한 후, 이를 3~4월, 5월, 6~7월로 나누어 월별 개별화교육계획을 수립하였는데, 월별로 평가초점을 평가 준거란에 제시하고 이에 근거하여 교육목표, 교육내용, 교육방법을 제시하였다. 평가결과를 월별로 나누어 기재하고 이를 종합하여 학기 개별화교육계획의 평가를 작성하였다.

이 개별화교육계획은 특수학교 초등과정 2학년 1학기 내용으로, 기본 교육과정 초등 1~2학년 국어과 성취기준을 근거로 재구성한 학교 교육과정을 바탕으로 하고 있다. 학교 교육과정(국어과 지도계획)은 학급 모든 학생의 국어 학습 특성과 요구를 고려하여 '다양한 의사소통하기'를 중심으로 학기목표 및 월별 교육목표, 교육내용, 교육방법, 평가를 재구성하였다. 특히 6명의 학생 중 3명은 기저귀 착용 중이며 2명은 배변훈련 중이며, 1명은 학교에서 화장실 이용을 거부하는 상황이기 때문에 화장실 사용과 관련된 의사표현 지도가 시급한 상황으로 파악되어 학기 초반의 경우 학습 목표를 '용변의사 표현'과 관련된 내용으로 구성하였다.

▶ 지도계획

월	주	학습목표	제재	주요 학습 내용
3	1	−학년 초 적응기간		
	2			
	3			
4	4	'배고픔, 용변 의사'를 다양한 방법으로 표현할 수 있다.	울지 않고 말하기	−배고픔이나 용변 의사와 관련된 동화책 읽기 −왜 우는 것인지 생각하기 −울고 난 다음 장면 살펴보기 −내 이야기책 만들기(나는 변의나 배고플 때 어떻게 표현하는지 생각하기) −어떻게 하면 좋을지 이야기 나누기
	5			
	6			
	7			
	8		다양한 표현방법 알기	−화장실과 관련된 그림 카드, 사진 찾기 −배고픔과 관련된 그림 카드, 사진 찾기 −핵심 단어 말하기 −대체소통 방법 찾기: 신체, 그림카드, 소리 등
	9			
5	10	필요한 것이 있을 때 다양한 방법으로 다른 사람을 부를 수 있다.	주변 사람들의 호칭 알아보기	−선생님 호칭 알아보기 −친구들 이름 알아보기 −여러 사람들의 호칭 따라 말하기
	11		도움 청하기	−도움받기와 관련된 동화책 읽기 −'도움 청하는 방법' 영상 만들기 −소리로 주변 사람을 부르는 방법 탐색하기: 신체 활용하기, 도구 활용하기, 음성언어 내기 −동작으로 주변 사람을 부르는 방법 탐색하기: 신체 활용하기, 도구 활용하기
	12			
	13			
6	14	상황에 필요한 물건을 요구할 수 있다.	학교에서 사용하는 물건 요구하기	−교실 물건의 이름 알아보기 −교실 물건 그림 낱말카드 만들기 −요구하는 표현하기
	15			
	16			−급식실 물건(숟가락, 젓가락, 컵, 반찬, 밥, 국)의 이름 알아보기 −급식실 물건 그림 낱말카드 만들기 −요구하는 표현하기
	17			
7	18			−화장실 물건(휴지, 칫솔, 치약, 수건)의 이름 알아보기 −급식실 물건 그림 낱말카드 만들기 −요구하는 표현하기
	19			
	20			

	순서	월	교육목표	교육내용	교육방법	평가준거	평가	마감
☐	2	5	-무언가가 필요할 때 다양한 방법으로 다른 사람을 부른다.	-주의 집중 박수치기 -어깨나 팔을 툭툭 치기 -부르는 소리내기	-다른 사람을 부르는 행위의 중요성을 알고, 다양한 의사소통 방법을 활용하여 부를 수 있도[생략...]	*평가방법: 관찰 및 서술평가 *평가초점 -다른 사람을 부를 때, 음성언어로 표현하는가[생략...]	소리를 내어 급식에 반찬의 위치를 손가락으로 가리킴. '아'라고 소리를 내어 교사를 불렀을 때, 한 번에 쳐다보지 않을 경우 다시 소리를 내	미마감
			다양한 방법으로 필	-교실, 급식실, 화장	-그림카드를 이용한 역할놀이, 보드게임	*평가방법: 관찰 및 서술평가	필요한 물건이 있을 때 '아/으' 소리를 내	

순서	2	월	5

교육목표	-무언가가 필요할 때 다양한 방법으로 다른 사람을 부른다.
교육내용	-주의 집중 박수치기 -어깨나 팔을 툭툭 치기 -부르는 소리내기
교육방법	-다른 사람을 부르는 행위의 중요성을 알고, 다양한 의사소통 방법을 활용하여 부를 수 있도록 한다. -학생이 불렀을 때, 즉각적으로 '**이가 선생님을 불렀구나.'라고 반응을 하며 다른 사람의 부르는 행위에 대해 차별강화한다.
평가준거	*평가방법: 관찰 및 서술평가 *평가초점 -다른 사람을 부를 때, 음성언어로 표현하는가? -다른 사람을 부를 때, 표정이나 몸짓으로 표현하는가? -다른 사람을 부를 때, 그림이나 사진을 선택하여 표현하는가? -다른 사람을 부를 때, 자발적으로 표현하는가?
평가	물건이나 도움이 필요할 때, '아'라는 소리를 내거나 책상을 쳐서 교사를 부름. 특히 급식 시간에 반찬이 더 먹고 싶을 때는 소리를 내며 원하는 반찬의 위치를 손가락으로 가리킴. '아'라고 소리를 내어 교사를 불렀을 때, 한 번에 쳐다보지 않을 경우 다시 소리를 낼 때는 '아' 소리를 좀 더 길게 냄. 교사나 다른 사람이 바로 옆에 있을 경우, 부르는 소리 없이 몸을 만지거나 옷을 잡아당김.

	순서	월	교육목표	교육내용	교육방법	평가준거	평가	마감
			다양한 방법으로 필	-부르는 소리내기	을 수 있도[생략...]	때, 음성언어도 표현 하는가[생략...]	히 급식[생략...]	
☐	3	6-7	-다양한 방법으로 필요한 물건을 요구한다.	-교실, 급식실, 화장실에서 필요한 물건의 이름 알기 -필요한 물건 요구하기	-그림카드를 이용한 역할놀이, 보드게임 등을 활용하여 물건의 명칭을 익히게 한다. -환[생략...]	*평가방법: 관찰 및 서술평가 *평가초점 -필요한 물건을 요구하거나 다른 사람을 부를 [생략...]	필요한 물건이 있을 때 '아/으' 소리를 내고 교사가 쳐다보면 손으로 필요한 것을 가리킴.[생략...]	미마감

순서	3	월	6-7

교육목표	-다양한 방법으로 필요한 물건을 요구한다.
교육내용	-교실, 급식실, 화장실에서 필요한 물건의 이름 알기 -필요한 물건 요구하기
교육방법	-그림카드를 이용한 역할놀이, 보드게임 등을 활용하여 물건의 명칭을 익히게 한다. -환경을 구조화하여 일상생활에서 자연스럽게 물건을 요구하는 상황을 경험하게 한다.
평가준거	*평가방법: 관찰 및 서술평가 *평가초점 -필요한 물건을 요구하거나 다른 사람을 부를 때, 음성언어로 표현하는가? -필요한 물건을 요구할 때, 표정이나 몸짓으로 필요한 물건을 요구하는가? -필요한 물건을 요구할 때, 그림이나 사진을 선택하여 필요한 물건을 요구하는가? -필요한 물건을 요구할 때, 자발적으로 필요한 물건을 요구하는가?
평가	필요한 물건이 있을 때 '아/으' 소리를 내고 교사가 쳐다보면 손으로 필요한 것을 가리킴. 필요한 물건이 있을 때, 그림카드를 선택하여 교사에게 제시함. 의사소통판을 활용하여 요구하기도 하나, 주변에서 사용하고 있는 사물이나 앞에 놓인 실물을 손가락으로 가리켜서 요구하는 경우가 더 많음.

번호	1	이름	이		마감	미마감

현행수준	-일상생활에서는 전혀 소리를 내지 않지만 노래를 부를 때는 약간의 허밍을 함. -배고플 때 큰 소리로 울면서 엄지손가락을 빠는데 교사가 '배가 고파요?'라고 물어보면 우는 행동을 멈추고 교사를 쳐다보다가 다시 울기 시작함. -겨울방학 때부터 기저귀를 착용하지 않고 시간을 정해 화장실에 가고 있음 -자신이 필요한 물건이 있을 때는 사물함이나 교사의 자리를 뒤지기도 하며, 다른 사람의 물건을 그냥 가져옴.
학기목표	-자신의 요구를 다양한 방법으로 다른 사람에게 표현한다. *관련성취기준 [2국어01-03] 표정이나 몸짓으로 다양한 감정이나 요구를 표현한다. [2국어01-04] 원하는 물건과 행동을 소리나 간단한 낱말로 표현한다. [2국어01-05] 대화 상대방에게 눈 맞추기,표정, 몸짓, 소리로 관심을 표현한다. [2국어02-02] 일상생활에서 그림이나 상징에 관심을 가진다. [2국어02-04] 일상생활에서 자주 볼 수 있는 글자에 관심을 가진다. [2국어03-01] 다양한 도구를 사용하여 여러 가지 선과 모양을 그린다. [2국어03-02] 그림, 사진, 기호, 글자 카드, 글자로 사실이나 생각을 표현한다. [2국어03-03] 쓰기 도구를 사용하여 자유롭게 표현한다. [2국어03-04] 말소리와 생각을 긁적이기, 그림, 글자 형태로 나타내는 것에 관심을 가진다. <평가계획> -월별 평가준거 참조
평가	4월 초 마이크를 입에 대면 입을 '아' 모양으로 벌리고 가끔 소리를 내기 시작해서, 4월 말에는 상황에 따라 길게 소리를 내거나 2~3음절(아아/아아아)로 나누어 소리를 냄. '아아'소리를 내며 배를 만지는 행동을 하며 배고픔을 표현함. 수업시간에는 용변 의사가 느껴질 때, 손을 들고 '아' 소리를 내어 교사를 부른 다음 화장실 문 쪽으로 손을 가리킴. 교사나 다른 사람이 부를 때 '아' 라고 소리를 내고, 한 번에 쳐다보지 않을 경우 다시 소리를 낼 때는 '아'소리를 좀 더 길게 냄. 교사나 다른 사람이 바로 옆에 있을 경우, 부르는 소리 없이 몸을 만지거나 옷을 잡아당김. 필요한 물건이 있을 때 '아/으' 소리를 내고 교사가 쳐다보면 손으로 필요한 것을 가리킴. 필요한 물건이 있을 때, 그림카드를 선택하여 교사에게 제시 함. 의사소통판을 활용하여 요구하기도 하나, 주변에서 사용하고 있는 사물이나 앞에 놓인 실물을 손가락으로 가리켜서 요구하는 경우가 더 많음.

☐	순서	월	교육목표	교육내용	교육방법	평가준거	평가	마감
☐	1	3-4	-배고픔과 용변 의사를 다양한 방법으로 표현한다.	-배고픔 표현하기 -용변 의사 표현하기	-다른 사람들이 배고 픔과 용변 의사를 어떻게 표현하는지 영상을 따라하게 한다. -배고픔과 [생략...]	*평가방법: 관찰 및 서술평가 *평가초점 -배고픔과 용변의사를 음성언어로 표현하는가? [생략...]	마이크를 입에 대면 입 '아'모양으로 벌리고 가끔 소리를 내나 소리에 특별한 의미는 없음.[생략...]	미마감
			므여가기 피오하 때	-주의 집중 박수치기	-다른 사람을 부르는 해이이 조이스의	*평가방법: 관찰 및 서술평가	물건이나 도움이 필 오하 때 '비거나 소	

순서	1	월	3-4

교육목표	-배고픔과 용변 의사를 다양한 방법으로 표현한다.
교육내용	-배고픔 표현하기 -용변 의사 표현하기
교육방법	-다른 사람들이 배고픔과 용변 의사를 어떻게 표현하는지 영상을 따라하게 한다. -배고픔과 용변 의사를 그림카드를 사용하여 표현하게 한다.
평가준거	*평가방법: 관찰 및 서술평가 *평가초점 -배고픔과 용변의사를 음성언어로 표현하는가? -배고픔과 용변의사를 표정이나 몸짓으로 표현하는가? -배고픔과 용변의사를 그림이나 사진을 선택하여 표현하는가? -배고픔과 용변의사를 자발적으로 표현하는가?
평가	마이크를 입에 대면 입 '아'모양으로 벌리고 가끔 소리를 내나 소리에 특별한 의미는 없음. 배고픔을 느낄 때, 손가락으로 입을 가리키거나 급식실 사진 카드를 가져옴. 용변의사를 느낄 때 교사의 팔을 잡고 화장실로 갔으나, 4월 말부터 변기 사진 카드를 선택하고 화장실 문을 손으로 가리킴.

출처: 국립특수교육원(2019a), pp. 154-156.

교육평가의 유형

　　교육평가는 어떤 것을 기준으로 삼느냐에 따라 여러 가지 유형으로 분류할 수 있다. 이 장에서는 먼저 여러 가지 평가 유형(규준참조평가와 준거참조평가, 진단평가·형성평가·총합평가, 양적 평가와 질적 평가, 능력참조평가와 성장참조평가, 정태적 평가와 역동적 평가, 전통적 평가와 대안적 평가)을 비교하여 살펴본다. 그런 다음, 표준화된 평가절차를 그대로 적용하기 어려운 장애학생을 위한 평가 방안에 대해서 살펴본다.

1. 규준참조평가와 준거참조평가

　　학생을 평가할 때 어떤 평가기준 또는 점수해석 기준을 사용하느냐에 따라 규준참조평가(또는 규준지향평가, norm-referenced evaluation)와 준거참조평가(또는 준거지향평가, criterion-referenced evaluation)로 구분할 수 있다.

1) 규준참조평가

규준참조평가란 학습자가 얻은 점수나 평가결과를 그가 속해 있는 집단의 규준(norm)에 비추어 상대적인 위치를 알아보는 평가방법이다. 즉, 어떤 학생의 성취수준을 규준을 이용하여 그가 속해 있는 집단(학급, 연령 등)에서의 상대적인 위치에 비추어 해석한다. 여기에서 말하는 규준이란 학생이 속한 집단의 점수 분포를 의미한다. 규준참조평가를 일상생활에서는 흔히 상대비교평가 또는 상대평가라고 부른다. 규준참조평가는 준거나 목표의 도달여부에는 관심이 없고 서열이나 상대적 위치를 부여하여 분류하는 작업에 치중한다. 그러므로 규준참조평가는 무엇을 얼마만큼 알고 있느냐에 관심이 있는 것이 아니라 학생의 상대적 서열에 관심을 두게 된다.

규준참조평가는 개인의 상대적인 위치를 파악하여 우열을 가리기가 쉽고 경쟁을 통하여 학습동기를 유발할 수 있는 장점을 갖고 있다. 반면에 다음과 같은 단점들도 지적되고 있다. 첫째, 무엇을 얼마나 아느냐에 중점을 두지 않기 때문에 무엇을 가르치고 배워야 하는가에 대한 기준이 모호하다. 둘째, 학습목표 달성 정도에 따라 강화가 주어지는 것이 아니라 상대적 서열에 따라 학습결과가 달라지므로 학습행동을 체계적으로 강화하기 어렵다. 셋째, 지적 탐구보다 단순 암기 위주의 교육을 강화할 우려가 있다. 넷째, 경쟁심의 조장함으로써 서열주의식 사고가 팽배하고, 협동심이 저하되며, 정서적 불안을 유발할 수 있다.

2) 준거참조평가

준거참조평가란 학습자가 얻은 점수나 평가결과를 준거(criterion)에 비추어 현재의 성취수준이나 행동(발달)목표의 도달 정도를 알아보는 평가방법이다. 즉, 학생의 성취 또는 발달수준을 다른 학생과 상대적인 비교를 하는 것이 아니라 설정된 교육목표나 기준에 비추어 해석한다. 여기에서 말하는 준거란 교육목표를 설정할 때 도달해야 하는 최저 기준 또는 사전에 설정된 숙달 수준을 의미한다. 준거참조평가를 일상생활에서는 흔히 절대평가라고 부른다. 준거참조평가는 상대적 서열을 매기는 것이 목적이 아니라 학습목표를 달성할 수 있도록 학생을 적절히 배치하고 적절한 수업방법을 제공하기 위해 실시하는 평가이다. 그러므로 학생의 상대적 비교보다는 개인적인 수업목표의 달성에 주된 관심을 둔다.

준거참조평가의 장점은 다음과 같다. 첫째, 학생이 무엇을 알고 무엇을 모르는지에 대한 정보를 제공해 주기 때문에 학생 개인의 교수·학습에 대한 시사점을 제공해 준다. 둘째, 학생의 교육목표, 교육과정, 교수방법의 개선에 유용한 정보를 제공해 준다. 셋째, 상대평가에 치중하지 않기 때문에 이해·비교·분석·종합 등의 고등 정신능력의 배양에 유리하다.

준거참조평가의 단점으로는 개인차의 변별이 쉽지 않고, 준거설정을 위한 고도의 전문성이 요구되며, 검사점수의 통계적 활용이 어렵다는 점이 지적되고 있다.

3) 규준참조평가와 준거참조평가의 비교

규준참조평가와 준거참조평가의 특징을 김석우(2015)의 견해를 중심으로 비교하여 제시하면 다음과 같다.

첫째, 규준참조평가와 준거참조평가는 평가의 기준이 다르다. 규준참조평가에서는 학습자가 집단 내 '어느 위치'에 있느냐에 관심을 두는 반면, 준거참조평가에서는 학습자가 '무엇을' 성취했느냐에 관심을 가진다. 즉, 규준참조평가는 상대적 기준인 반면 준거참조평가는 절대적 기준이다.

둘째, 규준참조평가와 준거참조평가는 교육관에서 차이가 난다. 규준참조평가는 평가체제의 본질상 반드시 실패자가 존재한다는 선발적 교육관에 기초하고 있는 반면, 준거참조평가는 적절한 교수전략과 교육환경을 투입하면 모두가 성공할 수 있다는 발달적 교육관에 바탕을 두고 있다.

셋째, 규준참조평가와 준거참조평가는 인간의 본질에 대한 인식이 다르다. 규준참조평가는 인간을 생물학적 입장에서 자극-반응의 원리에 지배되는 존재로 본다. 즉, 선천적으로 능력 있는 유기체는 성공하게 되고, 그렇지 못한 유기체는 실패하게 된다고 본다. 반면에 준거참조평가는 인간을 본성적으로 어떤 목표를 추구하려고 하고, 그 목표를 지향하는 능동적인 존재라고 본다.

넷째, 규준참조평가와 준거참조평가는 교육목표의 중요성에 대한 인식에서 차이가 난다. 규준참조평가에서는 각 학습자가 다른 학습자에 비해 얼마나 더 혹은 덜 성취했느냐에 관심이 있기 때문에 목표 설정 자체가 무의미하다. 반면에 준거참조평가에서는 학습자가 설정된 교육목표를 성취했느냐에 관심이 많다.

다섯째, 규준참조평가와 준거참조평가는 개인차를 보는 시각이 다르다. 규준참조평가는 집단을 대전제로 삼기 때문에 개인차는 필연적으로 생기는 것이며, 개인차가 클수록 교육평가가 성공적인 것으로 본다. 반면에 준거참조평가에서는 개인차란 교육의 누적적 실패(혹은 성공)에 의해서 생기는 것으로 개인차는 교육적 노력에 의해서 해소될 수 있다고 본다.

여섯째, 규준참조평가와 준거참조평가는 평가와 수업의 관련성에서 차이가 있다. 규준참조평가에서는 평가와 교수 · 학습 과정이 밀접히 관련된 것으로 보지 않고, 교사 외의 다른 전문가가 평가도구를 제작해도 무방하다고 본다. 반면에 준거참조평가는 평가와 교수 · 학습 과정이 매우 밀접히 관련되어 있는 것으로 보며, 평가도구도 교수 · 학습 담당교사에 의해 제작되는 경우가 많다.

일곱째, 규준참조평가와 준거참조평가는 절대영점에 대한 개념에서 차이가 있다. 규준참조평가에서는 심리측정의 영향을 받아 인간의 행동을 정규분포의 가정과 법칙에 준하여 이해하며, 0점이란 절대영점이 아닌 상대적 영점의 의미를 갖는다. 따라서 평가도구의 타당도보다 신뢰도에 우선적인 가치를 둔다. 반면에 준거참조평가에서는 절대영점의 존재를 인정하여, 0점이란 성취해야 할 교육목표를 하나도 성취하지 못한 상태를 의미한다. 따라서 평가도구의 신뢰도보다 타당도를 중시한다.

여덟째, 규준참조평가와 준거참조평가는 평가의 목적에서 차이가 있다. 규준참조평가에서는 수업이 시작되기 전과 수업이 끝난 후 학습자의 상대적 위치를 알아보는 데 관심이 있으며, 이 정보는 주로 분류, 선발, 정치(배치)와 같은 행정적 목적에 이용된다. 반면에 준거참조평가에서는 평가가 곧 교수 · 학습 과정의 한 변인이 되기 때문에 교육목표 달성에 도움을 주는 진단적 기능과 형성적 기능이 강조된다.

이상의 내용을 정리하여 표로 제시하면 다음 〈표 2-1〉과 같다.

표 2-1 규준참조평가와 준거참조평가의 비교

구분	규준참조평가	준거참조평가
평가기준	집단 내의 '어느 위치'	'무엇을' 성취
교육관	선발적 교육관	발달적 교육관
인간의 본질	자극에 반응하는 수동적 존재	목표 지향의 능동적 존재
교육목표	목표보다 상대적 비교에 관심	목표 달성에 관심
개인차	개인차는 필연	개인차는 해소 가능
수업과의 관계	교수·학습과정과 관련 없음 외부 전문가 평가도구 제작 가능	교수·학습 과정과 밀접한 관련 담당교사가 평가도구 제작
절대영점	점수의 상대적 의미 강조	절대영점 존재 인정
평가목적	분류, 선발, 정치(배치)	진단적 기능, 형성적 기능

2. 진단평가, 형성평가, 총합평가

교육평가를 평가의 기능이나 목적 또는 교수·학습 진행 시점에 따라 구분하면 진단평가(diagnostic evaluation), 형성평가(formative evaluation), 총합평가(summative evaluation)로 구분할 수 있다.

1) 진단평가

진단평가는 교수·학습 활동이 시작되기 전에 적정 수준의 교육목표를 설정하고 효과적인 교수·학습 방법을 결정하기 위해 학습자의 능력과 특성을 체계적으로 파악하기 위한 평가활동을 말한다. 그러므로 진단평가에서는 흔히 학생의 지적 수준, 사전학습 정도, 흥미, 학습동기 및 학습곤란 사항 등 학습자의 출발점 행동을 분석하며, 투입(input)평가의 성격을 지닌다.

교수·학습 활동 계획을 위한 진단평가와 관련하여 교사가 수집해야 할 정보는 다음과 같다(김성훈 외, 2018). 첫째, 학생이 새로운 학습에 필요한 내용 지식과 지적 기술을 지니고 있는가? 둘째, 학생은 학습내용에 흥미를 느끼고 있는가? 셋째, 학생의 학습동기를 자극하기 위해 교수계획을 어떻게 세워야 하는가? 넷째, 학생들 간의 개인차가 제공하는 시사점은 무엇인가? 다섯째, 다른 학생들에 비해 많이 뒤처지거나 많이 앞서 나가는 학생은 없는가, 있다면 그런 학생은 어떻게 지도할 것인가?

진단평가는 교수·학습 과정에서 다음과 같은 중요한 두 가지의 기능을 한다(김석우, 2015).

첫째, 학습의 예진적 기능이다. 예진적 기능이란 학습자의 기본적인 학습능력, 학습동기, 선수학습의 정도를 확인하는 것을 말한다. 즉, 학교 교육현장에서 새로운 단원에 대한 수업을 진행할 때, 학급 내 학습자 개개인의 선수학습과 사전학습 정도를 파악하여 이를 학습지도에 이용하는 것이다.

둘째, 학습 실패의 교육 외적 원인을 파악하는 기능이다. 진단평가는 수업과 직접적인 관련성이 없으면서도 학습 실패의 원인이 되고 있는 여러 가지 장애 요인을 밝히는 기능을 수행한다. 즉, 학습자가 학습과정에서 지속적으로 어려움을 겪는 원인과 학습 환경에 관한 정보를 수집하여 적절한 의사결정을 하는 것이다. 이러한 요인은 대체로 신체적·정서적·환경적인 것으로 분류된다. 신체적 요인으로는 건강상태의 이상, 운동·감각 기능의 장애 등이며, 정서적 요인으로는 심리적 갈등이 주가 된다. 환경적 요인에는 물리적·경제적 빈곤에서 문화실조에 이르기까지 다양한 요인이 있을 수 있다.

진단평가는 표준화 심리검사, 표준화 학력검사, 사전준비도 검사와 같은 구조화된 검사도구를 활용하는 형식적 평가방법과 교사가 수업 전에 실시하는 쪽지시험, 비구조화된 관찰이나 질문 등을 활용하는 비형식적 평가방법을 사용할 수 있다.

2) 형성평가

형성평가는 교수·학습 과정이 진행되고 있는 도중에 수업과 학습 활동이 계획한 대로 진행되고 있는지를 확인하는 평가활동이다. 그러므로 형성평가는 현재 진행 중인 학습내용에 대한 학습자의 이해와 진전 정도를 분석하여 수업방법이나 교과과정을 개선하는 데 활용하며, 과정(process)평가의 성격을 지닌다.

형성평가를 실시하는 목적은 현재 진행 중인 교수·학습 활동 안에서 교사와 학습자 사이의 의사소통이 원활하게 이루어지고 있는지, 학습자가 교사의 설명을 잘못 이해하거나 교사의 의도를 왜곡하고 있는 것은 아닌지 등을 곧바로 확인하여 즉각적으로 교수·학습 활동에 반영함으로써 당초에 설정한 학습목표를 효과적으로 달성하려는 데 있다. 형성평가의 결과는 학습자와 교사에게 피드백(feedback)을 제공하여 학습을 촉진하고 수업을 개선하는 기초 정보가 된다. 학습자가 성공했을 때는 강화가 되고, 학습에 실패했을 때는 오류를 확인하고 이를 즉각적으로 교정할 기회를 갖게 된다(황정규 외, 2017).

교수·학습 과정에서 형성평가가 갖는 기능을 살펴보면 다음과 같다.

첫째, 형성평가는 학생의 학습 진행 속도를 조절한다. 즉, 교과내용의 분량이 많거나 학습내용이 위계적으로 조직되어 있을 때, 적절한 횟수로 평가를 실시함으로써 학습 진행 속도를 조절하고 최종 학습목표에 도달할 가능성을 높일 수 있다.

둘째, 형성평가는 학생의 학습에 대한 강화의 역할을 한다. 형성평가는 학생으로 하여금 설정된 학습목표를 달성하였다는 사실을 확인하게 함으로써, 그 이후에 이어지는 학습을 강화하고 학습동기를 유발할 수 있다.

셋째, 형성평가는 학생의 학습곤란을 발견하고 교정한다. 학생에게 수업목표에 비추어 무엇을 성취했고 무엇을 더 학습해야 하는지를 구체적으로 알려 주기 때문에, 학생은 자신의 학습곤란을 스스로 발견하고 제거해 나아갈 수 있다.

넷째, 형성평가는 교사의 수업방법 개선에 도움을 준다. 형성평가를 통하여 교사는 학생의 진전 정도를 파악하면서 교수·학습 과정에서도 자신의 수업방법의 문제점을 구체적으로 분석하고 개선할 수 있다.

3) 총합평가

총합평가는 비교적 장기간에 걸친 교수·학습 활동이 끝난 다음에 교수목표의 달성 여부와 달성 정도를 종합적으로 판정하는 평가를 말하며, 총괄평가라고도 한다. 그러므로 총합평가는 보통 학기 말이나 학년 말에 또는 하나의 교육프로그램이 종료된 시점에서 실시되어 학생의 성취 정도와 교수목표의 달성 여부를 확인하며, 산출(out)평가의 성격을 지닌다.

총합평가를 실시하는 목적은 한 학기 또는 한 학년의 교수·학습 활동을 모두 마치고 난 후, 교수목표에 비추어 학생의 학업성취가 얼마나 이루어졌는가를 확인하는 것이며, 그 결과는 학생들의 석차 부여, 집단 간 비교, 프로그램 시행 여부 결정, 자격의 판정 등에 활용될 수 있다.

교수·학습 과정에서 총합평가가 갖는 기능을 살펴보면 다음과 같다.

첫째, 총합평가는 학생의 성적을 결정한다. 일정 기간 동안의 교수 · 학습 활동의 효과가 어느 정도인지를 판단하고 학생의 성취도에 대한 평정이나 석차를 매긴다.

둘째, 총합평가는 학생의 미래 성적을 예측하는 데 도움을 준다. 총합평가의 결과는 일정 기간의 교수 · 학습 활동의 결과를 종합적으로 평가한 것이기 때문에 이를 토대로 하여 학생의 미래의 성취도를 예측하는 데 유용하게 활용할 수 있다.

셋째, 총합평가는 집단 간 성적을 비교할 수 있는 정보를 제공한다. 즉, 교사는 총합평가를 통해 여러 학생 집단의 학습 성과를 수업방법이나 학습 자료의 차이 등과 관련하여 비교할 수 있다. 이렇게 함으로써 교사는 그동안 자신이 실시한 교수활동에 대한 반성적 정보를 얻을 수 있다.

넷째, 총합평가는 학습자의 자격 인정 여부를 판단하는 역할을 한다. 즉, 총합평가의 결과는 현재 학생이 지니고 있는 지식, 기능, 태도가 어떤 자격을 부여받는 데 요구되는 수준에 부합하는지를 판단하는 데 활용된다.

4) 진단평가, 형성평가, 총합평가의 비교

앞에서 살펴본 진단평가, 형성평가, 총합평가의 특징을 여러 학자(김석우, 2015; 김성훈 외, 2018; 성태제, 2019; 황정규 외, 2017)의 견해를 종합하여 평가의 목적, 시기, 형식, 기준, 평가 문항 수준, 평가 주체를 중심으로 하여 비교하면 다음 〈표 2-2〉와 같다.

표 2-2 진단평가, 형성평가, 총합평가의 비교

구분	진단평가	형성평가	총합평가
평가 목적	• 학습곤란(학습장애) 원인 파악 • 출발점 행동 확인	• 교수-학습 진행의 적절성과 학생의 진전도 파악 • 교수법 개선	• 교육목표 달성 확인 • 교육프로그램 선택 결정 • 성적평가와 자격부여
평가 시기	• 교수 · 학습 활동 시작 전 • 학기 또는 학년 초	• 교수 · 학습 활동 과정 중	• 교수 · 학습 활동 끝난 후 • 학기 말 또는 학년 말
평가 형식	• 비형식적 평가 • 형식적 평가	• 수시평가 • 비형식적 평가 • 형식적 평가	• 형식적 평가

평가 기준	• 준거참조	• 준거참조	• 규준참조 • 준거참조
평가 문항 수준	• 준거에 부합하는 문항 • 난이도 쉬움	• 준거에 부합하는 문항 • 목표에 따라 난이도 다름	• 규준참조: 다양한 난이도 • 준거참조: 준거에 부합하는 문항 난이도
평가 주체	• 교사 • 교육내용 전문가	• 교사와 학생	• 교육내용 전문가 • 교육평가 전문가

3. 양적 평가와 질적 평가

교육평가는 학습자에 대해 수집하는 자료의 특성에 따라 양적 평가(quantitative evaluation)와 질적 평가(qualitative evaluation)로 구분할 수 있다.

양적 평가는 경험적이고 실증적인 탐구의 전통을 따르는 입장에서 평가대상을 측정하거나 관찰하여 수량적 자료를 수집하고, 이렇게 수량화된 자료를 가지고 통계적 분석을 하는 평가방법이다. 이에 비해 질적 평가는 현상적이고 해석적 탐구의 전통을 따르는 입장에서 평가대상을 면담하거나 참여관찰을 통해 언어로 기술되는 자료를 수집하고, 이렇게 서술된 자료를 가지고 그 자료의 의미를 해석하는 평가방법이다. 양적 평가와 질적 평가의 특징을 김석우(2015)의 견해를 중심으로 비교하면 다음과 같다.

첫째, 양적 평가는 수량적 자료에 의존하는 반면에, 질적 평가는 기술적인 자료에 의존한다. 양적 평가는 측정 가능한 행동을 질문지나 검사도구로 측정하여 정확한 숫자로 산출하고, 질적 평가는 면담이나 참여관찰을 통하여 학생의 행동을 있는 그대로 언어로 기술하여 제시한다. 그러므로 양적 평가는 신뢰도를 중시하고 질적 평가는 타당도를 중시한다.

둘째, 양적 평가는 객관성을 강조하는 반면에, 질적 평가는 주관성을 강조한다.

셋째, 양적 평가는 일반성을 강조하는 반면에, 질적 평가는 특수성을 강조한다. 그러므로 양적 평가는 좀 더 큰 표집, 더 많은 연구사례, 연구대상과의 거리 유지, 자료의 수량화 등을 강조한다. 이에 비해 질적 평가는 각 프로그램이나 평가대상자가 지니고 있는 독특성과 개인차를 중시한다.

넷째, 양적 평가는 연역적인 반면에, 질적 평가는 귀납적이다. 양적 평가는 실증적 자료를 수집하여 통계적으로 가설을 검증하는 연역법의 논리와 유사하다. 이에 비해 질적 평가는 수집된 자료를 개별적으로 분석하고 종합해 나가면서 중요 변인을 찾아내고 변인들 간의 관계를 밝혀내는 귀납법의 논리와 유사하다.

다섯째, 양적 평가는 부분 중심인 반면에, 질적 평가는 전체 중심이다. 양적평가는 평가대상을 여러 개의 구성요소로 세분화하여 각 구성요소의 분석을 중시한다. 이에 비해 질적 평가는 수집된 자료를 요소로 분리하지 않고 있는 그대로 전체로서 이해하고자 노력한다.

여섯째, 양적 평가는 결과평가가 관심의 대상인 반면에, 질적 평가는 결과뿐만 아니라 과정평가에도 많은 관심을 둔다.

양적 평가와 질적 평가의 특징을 비교하면 다음 〈표 2-3〉과 같다.

표 2-3 양적 평가와 질적 평가의 비교

구분	양적 평가	질적 평가
탐구 전통	경험적 · 실증적 입장	현상적 · 해석적 입장
신뢰도 또는 타당도	신뢰도 중시	타당도 중시
주관성 또는 객관성	객관성 강조	주관성 강조
평가 목적	일반적 법칙 발견	개인(개별)적 특수성 이해
추리 방법	연역법	귀납법
분석 방법	통계 분석	내용 분석
부분 또는 전체	부분적 요소 분석 노력	통합된 전체 이해 노력
과정 또는 결과	결과 중심	과정 중심
자료수집 방법	심리검사, 질문지, 구조화 관찰	심층면담, 참여관찰

출처: 김석우(2015), p. 116 〈표 4-2〉의 내용을 일부 수정하였음.

4. 능력참조평가와 성장참조평가

교육평가의 초점을 학생들 간의 상대적 비교나 어떤 준거와의 절대적 비교에 두지 않고, 학생 개인의 능력 발휘와 성장에 두는 개별화된 평가 유형으로 능력참조평가(능력지향평가, ability-referenced evaluation)와 성장참조평가(성장지향평가, growthreferenced evaluation)가 있다.

능력참조평가는 학생이 자기가 지니고 있는 능력에 비추어 얼마나 최선을 다하였는지에 초점을 두는 평가방법이다. 능력참조평가는 학생이 지니고 있는 개인적인 능력 수준과 학생이 나타내 보인 수행 수준을 비교하여 그 학생이 자신의 잠재능력을 얼마나 발휘하였는지를 평가하는 개인 위주의 평가방법이다.

예를 들어, A 학생은 잠재능력이 90점 수준이며 실제 수행에서 80점을 획득하였고, B 학생은 잠재능력이 70점 수준이며 실제 수행에서 70점을 획득하였다고 가정해 보자. 두 학생이 얻은 점수를 단순 비교하는 전통적 평가의 관점에서 보면, A 학생이 B 학생보다 10점이 더 높은 점수를 얻었으므로 A 학생이 더 높은 평가를 받는다. 그러나 능력참조평가에서는 비록 획득한 점수는 10점이 낮더라도 자신이 갖고 있는 능력에 비해 최선의 노력을 다하지 않은 A 학생보다 열심히 노력하여 자신의 최대 잠재능력을 발휘한 B 학생을 더 높게 평가한다. 이처럼 능력참조평가는 학생의 능력과 노력을 고려하여 최선을 다하는 학생의 학습태도를 격려하는 교육적 의미를 담고 있다.

성장참조평가는 학생이 교육과정을 통하여 얼마나 성장하고 발전하였느냐에 초점을 두는 평가방법이다. 성장참조평가는 학생이 초기 능력수준에 비해 최종 성취수준에서 얼마만큼 능력의 향상을 보였는지를 강조하는 평가이다. 즉, 사전 능력수준과 평가시점에 측정된 능력수준 간의 차이에 관심을 둔다.

예를 들어, A 학생은 학기 초 사전평가에서 80점을 얻고 학기 말 사후평가에서 85점을 얻었으며, B 학생은 학기 초 사전평가에서 50점을 얻고 학기 말 사후평가에서 60점을 얻었다고 가정해 보자. 두 학생의 점수를 단순 비교하는 전통적 평가에서는 85점을 얻은 A 학생이 60점을 얻은 B 학생보다 더 높은 평가를 받지만, 성장참조평가에서는 한 학기 동안 5점(6.25%)이 상승한 A 학생보다 10점(20%)이 상승한 B 학생이 더 높은 평가를 받는다. 이처럼 성장참조평가는 학생에게 학업증진의 기회를 부여하고 평가의 개인화를 강조하여 개별화교육을 촉진하는 교육적 의미를 담고 있다.

능력참조평가와 성장참조평가의 특징을 비교하면 〈표 2-4〉와 같다.

표 2-4 능력참조평가와 성장참조평가의 비교

구분	능력참조평가	성장참조평가
학습관	개별화 학습	개별화 학습
비교 기준	잠재능력 대 수행 수준 비교	초기 성취 수준 대 최종 성취 수준 (변화 정도) 비교
평가의 관심	잠재능력의 최대 발휘	성장과 발달
개인 간-개인 내 비교	개인 간 비교 않고 개인 내적 비교	개인 간 비교 않고 개인 내적 비교
교수 기능	학습에서 최대 능력 발휘를 위한 교수 기능 강조	학습에서 발전과 성장을 위한 교수 기능 강조

5. 정태적 평가와 역동적 평가

교육평가를 평가 시점에서 이미 발달된 상태에 초점을 두느냐 아니면 발달 중인 과정에 초점을 두느냐에 따라 정태적 평가(static evaluation)와 역동적 평가(dynamic evaluation)로 나눌 수 있다.

정태적 평가는 잠재적 역량(latent capacity) 중에서 검사 문항이나 수행을 통해 드러난 능력, 평가하는 시점에 '이미 발달된 능력', 즉 '정태적 상태'를 측정하는 데 초점을 둔다. 그러므로 각 학생에게 일단의 검사문항을 제시한 후 피드백 없이 문항을 풀게 하는데, 주로 전통적인 평가가 이러한 입장을 취하고 있다. 반면에 역동적 평가에서는 각 학생에게 일단의 검사문항을 제시하고 명시적인 교수활동을 통하여 해결하도록 한다. 정태적 평가와 역동적 평가의 주요 차이점을 살펴보면 다음과 같다(염시창 역, 2006).

첫째, 평가의 초점, 즉 정태적 상태 대 역동적 상태에서 차이가 있다. 정태적 평가는 학생이 이미 가지고 있는 지식이나 기능을 활용한 결과로서 산출물을 강조하는 데 비해, 역동적 평가는 학습 및 변화라는 심리적 과정의 정량화를 강조한다. 말하자면 정태적 평가는 발달된 상태, 즉 '결과'를 파악하는 데 반해, 역동적 평가는 발달 중인 '과정'에 무게를 둔다.

둘째, 피드백의 활용에서 차이가 있다. 정태적 평가에서 평가자는 수준별 순서에 따라 문제를 제시하고, 학생은 각 문제에 답하면 된다. 따라서 평가자는 수행의 질에 관한 피드백을 학생에게 제공하지 않는다. 반면에 역동적 평가에서는 명시적 또는 묵시적으로 피드백 또는 힌트를 제공한다. 평가자는 해당 학생이 주어진 문제를 해결하기 위해 어떤 피드백을 얼마나 활용하는지를 확인하여 학생의 학습능력을 평가하는 것이다.

셋째, 평가자와 학생 간의 관계에서 차이가 있다. 정태적 평가에서 평가자는 중립적인 입장에서 가능한 한 학생에게 관여하지 않는다. 물론 평가자와 학생 간의 좋은 라포(rapport) 형성은 가능하지만, 그 이상은 필요하지도 권장되지도 않는다. 좋은 라포 형성을 넘어서서 관여할 경우 측정의 오차를 야기할 위험이 있다고 보기 때문이다. 반면에 역동적 평가에서는 평가자와 학생 간의 양방향적 · 상호작용적 관계가 요구된다. 정태적 평가가 일반적으로 수업시간과 분리하여 '독립적으로' 이루어지며, 교사가 학생에게 개입하지 않는 반면, 역동적 평가는 교사가 수업과 '관련하여' 여러 수준 및 다양한 유형의 힌트를 제공하고 도우면서(수업과 조력) 학생의 수준을 '상호작용적으로' 파악(평가)하는 방식, 즉 '수업'인 동시에 '평가'인 상호작용 활동이라고 할 수 있다.

6. 전통적 평가와 대안적 평가

전통적인 학교학습 상황에서의 학생평가는 평가결과를 학생을 이해하고 교수-학습과정을 개선하기 위한 정보로 활용하기보다는 시험성적을 산출해서 학생들을 서열화하고 그 성적을 상급학교 진학과 같은 중요한 의사결정을 위한 자료로 활용해 왔다. 그러나 최근 들어 단순히 지필 검사 형식으로 학생의 성적산출에 강조점을 두는 전통적 평가는 다양한 형태의 대안적 평가로 변화되고 있다. 즉, 선다형 중심의 지필평가에서 수행평가와 포트폴리오 평가로, 선발 중심의 평가에서 성장을 위한 평가로, 단편지식의 평가에서 통합적 역량의 평가로, 경쟁 중심의 평가에서 배움 중심의 평가로, 표준화된 평가에서 교사 전문성에 기초한 평가로 변화되고 있다. 이러한 변화는 곧 교실 내에서 이루어지는 학생평가의 모습을 반영하고 있다. 김성훈 등(2018)은 교실 내 평가의 변화를 〈표 2-5〉와 같이 제시하였다.

표 2-5   교실 내 평가의 변화

전통적 학교학습 상황에서의 학생평가	학생평가의 변화된 모습
결과만을 강조	과정도 중요
선발과 배치 강조	충고와 조언을 통한 학습 모니터링 강조
단편적인 기술(skill)에 대한 평가	통합적인 기술(skill)의 평가
단편적인 지식에 대한 평가	지식의 적용에 관한 평가
지필 검사 유형의 평가	수행평가의 강조
탈맥락화된 과제	맥락화된 과제
흑백논리의 정답	다양한 유사정답
평가 기준과 준거의 비명시	평가 기준과 준거의 명시
학생 개별평가 중심	집단평가의 강조
수업 후 평가	수업 중 평가
피드백의 부재	즉각적이며 빈번한 피드백
지필검사 위주의 객관식 평가	주관식 평가(수행평가)
공신력 있는 검사도구의 활용	교사가 만든 검사도구의 활용 강조
교실 내 평가 주체는 교사	평가 주체의 다면화 학생의 자기평가와 학생의 교사평가 강조
정기적 평가	지속적 평가

출처: 김성훈 외(2018), p. 53.

7. 장애학생을 위한 평가

현대사회에서 학생들은 문화적 · 사회적 · 신체적으로 매우 다양한 특성을 지니고 있으며, 이러한 다양성은 학생들 간의 차이를 나타낸다. 다양성을 지닌 학생들을 평가할 때 표준화된 검사나 평가 절차를 적용하게 되면 각각의 학생이 지닌 다양성으로 인하여 해당 학생의 능력이나 특성을 충분히 평가하기 어려울 수 있다.

1) 검사의 조정

교육평가에서 다양성의 문제는 특히 장애학생을 평가할 때 많은 어려움을 가중시킨다. 장애학생이 비장애학생과 동등한 조건에서 평가에 참여하면 자신이 지닌 장애로 인하여 자신의 능력과 특성을 충분히 드러내기 어렵다. 그러므로 장애학생이 지닌 장애가 평가에 미치는 영향을 줄이기 위해서는 학생의 장애를 고려하여 평가과정을 수정하는 노력이 필요하다.

특히 평가과정을 수정하는 노력은 표준화된 검사를 활용하여 장애학생을 평가하는 절차에서 더욱 필요하다. 표준화 검사는 검사의 내용, 실시 절차와 방법, 채점방법, 해석 기준이 하나로 통일되어 있기 때문에 장애학생이 비장애학생과 똑같은 조건에서 검사를 받으면, 장애학생은 불리한 입장에 처할 수밖에 없고 검사 결과의 타당성도 의심받게 된다. 그래서 장애학생에게 표준화 검사를 실시할 때, 일반적인 절차를 그대로 따르기보다는 장애학생의 특성을 고려하여 표준화된 검사의 절차를 일부 수정하여 적용할 수 있는데, 이를 검사의 조정이라 한다.

검사의 조정(accommodation)은 학생의 장애가 검사 수행에 미치는 영향을 줄이고 학생이 받는 불이익을 최소화하기 위하여 장애의 특성을 고려하여 검사자료나 검사절차의 일부를 변경하여 실시하는 것을 의미한다. 이와 비슷한 용어로 검사의 수정(modification)과 검사의 변경(alteration)이 있다.

2) 검사 조정의 구분

황정규 등(2017)은 검사의 조정을 조정의 정도와 하위 장애영역에 따라 구분하였다.

먼저, 조정의 정도에 따른 구분은 표준화된 절차에 대한 변경의 정도 또는 검사에 대한 제한성의 정도에 따라 수정 가하지 않음(none), 검사 적응(adaptation), 검사 수정(modification), 대체 검사(alternatives), 검사 면제(exemption)로 구분하였다. 표준화된 절차의 변경과 검사에 대한 제한이 많이 가해질수록 검사의 순수성이 줄어들고, 그 반대의 경우 검사 순수성이 증가한다. 표준화 절차의 변경과 검사에 대한 제한성 정도에 따라 검사의 조정을 구분하여 그림으로 나타내면 [그림 2-1]과 같다.

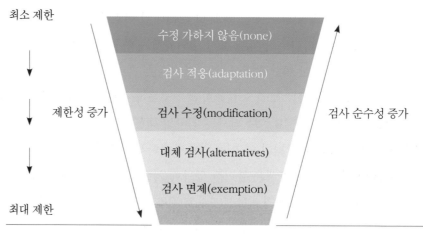

[그림 2-1] 제한성에 따른 검사 조정의 구분

출처: 황정규 외(2017), p. 400에서 일부 용어를 수정하였음.

검사 조정에서 고려해야 할 또 다른 요인은 장애 유형이다. 황정규 등(2017)은 학생이 지닌 장애의 유형에 따라 가능한 검사 조정방안을 〈표 2-6〉과 같이 제안하였다.

표 2-6 장애 유형에 따른 검사 조정

장애 유형	가능한 검사 조정방안
특정 학습장애	대독자, 독립된 교실, 시간 연장, 확대 활자, 읽기 보조기, 쓰기 보조기, 컴퓨터 보조기
말하기 · 언어장애	비언어적 검사, 커뮤니케이션 강화
지적장애	구체적 지시수단, 대독자, 시간 연장, 개별화 검사, 특별 자리 배치
중도 정서장애	시간 연장, 개별화 검사, 독립된 장소, 정기적인 검사, 조정된 검사시간
중복장애	개별화 검사, 커뮤니케이션 강화, 특별 장소, 편의시설
청각장애	수어 통역, 시간 연장, 독립된 장소, 특별 자리 배치
기타 건강장애	시간 연장, 휴식시간, 독립된 장소, 접근 용이한 장소, 개별화 검사
지체장애	편의시설, 커뮤니케이션 강화, 독립된 장소, 시간 연장
시각장애	확대기, 점자, 활자 확대, 대필자, 반응 다시 표기, 시간 연장, 특수 자리 배치
자폐성 장애	커뮤니케이션 강화, 개별화 검사, 비언어적 진단, 독립된 장소
뇌기능장애	커뮤니케이션 강화, 특수시설, 독립된 장소, 개별화 검사
시청각중복장애	확대기, 청각보조기, 비언어적 진단, 커뮤니케이션 강화, 수어 통역

출처: 황정규 외(2017), p. 404.

3) 장애학생을 위한 검사 조정방법의 예

일반적으로 학교에서는 장애학생의 장애 특성을 고려하여 다양한 형태의 검사 조정을 실시한다. 이승희(2019)는 McLoughlin과 Lewis(2008)가 권장하는 조정방법의 일부를 수정 발췌하여 〈표 2-7〉과 같이 제시하였다.

표 2-7 표준화 검사 조정방법의 예

유형	조정
지시 (instructions)	학생에게 지시할 때 좀 더 쉽게 바꾸어 말할 수 있다.
시범 (demonstration)	검사자가 검사과제를 어떻게 수행하는지에 대한 시범을 보여 줄 수 있다.
시간제한 (time limit)	과제 완성을 위한 시간제한을 연장하거나 제거할 수 있다.
제시 양식 (presentation mode)	과제의 제시 양식을 변경할 수 있다. 예를 들어, 학생에게 문항을 읽도록 요구하기보다 검사자가 학생에게 문항을 큰 소리로 읽어 줄 수 있다.
반응 양식 (response mode)	학생에게 요구되는 반응 양식을 변경할 수 있다. 예를 들어, 답을 쓰는 대신 학생이 구두로 대답하도록 할 수 있다.
보조물 (aids)	학생이 종이, 연필 또는 계산기 등의 보조물을 사용하도록 허용할 수 있다.
촉구 (prompts)	검사자가 학생에게 촉구를 제공할 수 있다. 예를 들어, 검사과제의 첫 단계를 검사자가 수행할 수 있다.
피드백 (feedback)	검사자가 학생에게 피드백을 줄 수 있다. 이러한 피드백은 옳은 반응에 대한 확인뿐만 아니라 틀린 반응에 대한 정정도 포함한다.
정적 강화 (positive reinforcement)	옳은 반응이나 다른 적절한 행동에 대해 학생에게 정적 강화를 제공할 수 있다.
물리적 위치/장소 (physical location)	검사가 실시되는 물리적 위치나 장소를 변경할 수 있다. 검사는 탁자가 아닌 바닥에서 또는 검사실이 아닌 놀이방에서 실시될 수 있다.
검사자 (tester)	검사자를 변경할 수 있다. 부모나 교사와 같이 학생이 편안하게 느끼는 사람이 검사를 실시할 수 있다.

출처: 이승희(2019), p. 78.

생각해 볼 문제

1. 규준참조평가와 준거참조평가의 특징을 간략히 비교하여 설명해 보시오.

2. 진단평가, 형성평가, 총합평가의 특징을 간략하게 비교하여 설명해 보시오.

3. 양적 평가와 질적 평가의 특징을 간략하게 비교하여 설명해 보시오.

4. 능력참조평가와 성장참조평가의 특징을 간략하게 비교하여 설명해 보시오.

5. 정태적 평가와 역동적 평가의 특징을 간략하게 비교하여 설명해 보시오.

6. 전통적 평가와 비교하여 최근의 변화된 평가의 특징을 간략히 요약하여 제시하시오.

7. 특수학생의 장애 유형에 따른 가능한 검사 조정방안을 제시하시오.

8. 장애학생을 위한 검사 조정방법의 예를 다섯 가지 이상 제시하시오.

측정의 기초

　　特수교육 평가에서 양적 자료의 수집은 정확한 측정 절차와 방법에 따라 이루어져야 한다. 이 장에서는 측정의 기본이 되는 여러 가지 통계학적 개념인 기술통계, 측정의 단위, 타당도와 신뢰도, 측정의 표준오차와 신뢰구간, 객관도, 점수의 유형에 대하여 살펴본다.

1. 기술통계

1) 기술통계와 추리통계

　　통계는 관찰과 측정에 의해 수집된 자료를 요약 · 정리하고 설명 · 해석하는 일련의 방법과 절차이다. 통계의 종류는 그 목적에 따라 크게 기술통계(descriptive statistics)와 추리통계(inferential statistics)로 나눌 수 있다.

　　기술통계의 목적은 수집된 자료를 일목요연하게 정리하여 어떤 현상을 있는 그대로 보여 주는 것이다. 즉, 측정치들을 기술하고 요약하는 것이다. 반면에 추리통계의 목적은 수집된 자료를 가지고 그 자료를 추출한 모집단의 현상이나 사실을 추정, 예견, 일반화하려는 것이다. 즉, 부분적인 표본 정보를 이용하여 모집단에 대한 일반적인 결론을 추론해 내는 것이다.

기술통계와 추리통계의 근본적인 차이점은 측정(연구)결과의 일반화에 있다. 측정(연구)결과를 일반화하려면 일반화시킬 수 있는 모집단이 있어야 하므로 추리통계에서는 표집방법이 중요하게 고려되어야 한다. 반면에 모집단이 고려되지 않고 표본에서 얻어진 자료만을 요약, 정리하는 단계에 머무르는 통계가 기술통계이다. 기술통계는 서술통계라고도 한다(성태제, 시기자, 2013).

이처럼 수집된 자료의 이용목적에 따라 우리는 기술통계를 사용할 수도 있고 추리통계를 사용할 수도 있다. 추리통계가 일반적으로 더 복잡하고 어려운 계산과정과 절차를 거치게 되는데, 그렇다고 해서 추리통계가 기술통계보다 더 중요하거나 우수한 방법이라고 말하는 것은 적절하지 않다. 교육현장에서는 많은 경우에 기술통계 만으로도 학생들에 대해 수집된 자료를 충분히 활용할 수 있다. 다음에서는 교육현장에서 기술통계를 사용하는 데 기초가 되는 측정의 주요 개념들을 살펴보고자 한다.

2) 빈도분포

교육현장에서 설문지를 만들어 학생이나 교사를 대상으로 하여 설문조사를 실시하거나 학생들에게 시험을 치르는 일은 조사대상으로부터 자료를 수집하는 일이다. 이처럼 자료를 수집하고 나면, 수집된 자료에서 어떤 의미를 찾아내기 위해 그 자료들을 이해하기 쉬운 형태로 조직하고 요약해야 한다. 이러한 과정의 하나가 빈도분포(frequency distributions)표를 만드는 일이다. 빈도분포표는 한 집단을 대상으로 하여 얻은 점수를 정리하는 가장 간단한 방법으로 각 점수들을 크기 순서대로 가장 높은 것부터 가장 낮은 것까지 차례대로 정리한 것이다. 점수의 빈도분포를 정리하면 전체적인 분포의 양상을 쉽게 알 수 있고, 개별 점수의 상대적인 위치도 쉽게 파악할 수 있다.

빈도분포는 단순빈도분포와 묶음빈도분포로 나눌 수 있다. 단순빈도분포는 점수 하나하나에 대해서 빈도를 헤아리는 것을 의미한다. 그러므로 단순빈도분포는 어떤 한 점수가 전체적으로 몇 번 나타났는지를 표현하는 방법이다. 이에 비해 묶음빈도분포는 점수들을 몇 점에서 몇 점까지의 급간으로 묶어서 각 급간에 대해서 빈도를 제시하는 방법이다. 일반적으로 수집된 자료에 대해 좀 더 의미 있는 통계적인 해석과 활용을 위해서 묶음빈도분포를 사용한다. 다음 〈표 3-1〉과 〈표 3-2〉는 단순빈도분포와 묶음빈도분포의 예이다.

표 3-1 국어 점수의 단순빈도분포

점수	빈도	비율	누가빈도	누가비율
99	1	.02	50	1.00
95	3	.06	49	.98
88	3	.06	46	.92
84	5	.10	43	.86
77	7	.14	38	.76
71	11	.22	31	.62
69	8	.16	20	.40
65	6	.12	12	.24
58	4	.08	6	.12
52	2	.04	2	.04
계	50			

표 3-2 국어 점수의 묶음빈도분포

급간	빈도	비율	누가빈도	누가비율
96~100	1	.02	50	1.00
91~95	3	.06	49	.98
86~90	3	.06	46	.92
81~85	5	.10	43	.86
76~80	7	.14	38	.76
71~75	11	.22	31	.62
66~70	8	.16	20	.40
61~65	6	.12	12	.24
56~60	4	.08	6	.12
51~55	2	.04	2	.04
계	50			

3) 백분율점수와 백분위

백분율점수(percentage score)는 총 문항 수에 대한 정답문항 수의 백분율 또는 총점에 대한 획득점수의 백분율을 의미한다. 예를 들어, 철수가 50개의 문항(50점 만점) 중 30개 문항에서 정답반응(30점을 획득)을 보였다면, 철수의 백분율점수는 60%이다.

백분위(percentile rank)는 점수분포에서 어떤 점수 이하에 놓인 사례들의 백분율을 의미한다. 예를 들어, 전체 50명의 학생들 중에서 영희의 점수가 80점이고 영희가 받은 점수(80점)의 백분위가 60이라면, 전체 학생들 중에서 60%인 30명의 학생들이 80점 이하의 점수를 받았다는 의미이다. 백분위는 개인의 상대적 위치를 보고하기 위해 널리 사용되고 있다.

백분위를 사용할 때 몇 가지 주의사항이 있다. 첫째, 백분위는 분포 내에서 상대적인 위치를 나타낼 뿐 절대적인 성취 정도를 나타내지 않는다는 점이다. 예를 들어, 시험이 매우 어려워서 대부분이 낮은 점수를 받았다고 가정해 보자. 어떤 학생이 백분위는 높지만 실제로 획득한 점수는 높지 않을 수 있다. 둘째, 백분위는 등간(동간)척도가 아닌 서열척도라는 점을 기억할 필요가 있다. 어떤 점수가 정규분포를 이룰 경우, 백분위는 분포의 중앙에 있는 점수들 간의 차이를 과장하고 극단에 있는 점수들 간의 차이를 축소한다. 그렇지만 백분위는 해석의 용이성으로 인해 규준참조평가에서 점수해석의 보조 자료로 많이 활용된다(김성훈 외, 2018). 백분율과 백분위에 대해서는 이 장의 제6절 점수의 유형에서 보다 자세히 살펴보기로 하겠다.

4) 집중경향치

집중경향치는 자료 또는 집단의 점수 분포의 특성을 하나의 대푯값으로 요약해 주는 통계치를 의미하며, 여기에는 평균(mean), 중앙값(median), 최빈값(mode)이 있다.

(1) 평균
평균은 모든 사례의 점수를 합한 후 총 사례 수로 나눈 값을 말하며, 산술평균이라고도 한다. 예를 들어, 3, 6, 8, 10, 13과 같이 5개의 값이 있을 때 평균은 다음과 같이 구할 수 있다.

$$(3 + 6 + 8 + 10 + 13) \div 5 = 8$$

　통계학에서 표집(sample)에서 얻어진 통계치(statistic)와 전집(population)에서 얻어진 모수치(parameter)는 다르다. 표집의 평균은 로마자인 $\overline{X}$로 표시하지만, 전집의 평균은 그리스 문자인 μ로 표시한다. 전집이란 어떤 집단에 속한 모든 구성원이며, 표집이란 전집에서 뽑힌 일부 구성원들의 집합이다. 예를 들어, A 대학 학생들의 평균 키가 얼마인지에 관심이 있다고 해 보자. A 대학에 속해 있는 모든 학생의 키를 측정하여 평균을 구하는 방법이 있다. 이 경우 A 대학의 모든 학생이 전집이되고, 이들 모든 학생 키의 평균은 μ가 된다. A 대학 학생들의 키를 알아보는 또 다른 방법은 일부 학생을 무선으로 뽑아서 학생들의 평균 키를 계산하는 것이다. 이 경우 무선으로 뽑힌 학생들은 표집이며, 표집에서 얻은 키의 평균은 통계치 $\overline{X}$가 된다(김성훈 외, 2018). 평균은 변수의 측정단위가 등간척도나 비율척도일 때 사용하는 것이 좋다.

(2) 중앙값

　중앙값은 모든 사례의 점수들을 크기 순서대로 배열했을 때 정확히 상위 50%와 하위 50%를 나누는 지점(중앙)에 해당하는 값을 말한다. 그러므로 중앙값은 백분위 50에 해당한다. 중앙값을 계산하는 방법에는 다음과 같은 세 가지의 경우가 있다.

　첫째, 사례 수가 홀수인 경우에는 점수를 크기 순서대로 배열했을 때 중앙에 있는 점수가 중앙값이 된다. 예를 들어, 3, 5, 6, 8, 10에서 중앙점수가 6이므로 중앙값은 6이다.

　둘째, 사례 수가 짝수인 경우에는 점수를 크기 순서대로 배열하여 중앙에 있는 두 점수의 평균이 중앙값이 된다. 예를 들어, 3, 5, 6, 8, 10, 11에서 중앙에 있는 6과 8의 평균이 7이므로 [(6 + 8) ÷ 2 = 7] 중앙값은 7이다.

　셋째, 분포 중앙에 동일한 값을 갖는 점수가 여러 개 있는 경우에는 일종의 보간법을 활용하여 중앙값을 계산한다. 예를 들어, 3, 5, 6, 6, 6, 8, 8, 10과 같은 8개의 점수가 있을 때, 중앙값은 아래로부터 4개 점수를 포함하는 지점이 중앙값이다. 그런데 네 번째 점수는 6점이므로 정확히 말하면 5.5~6.5 사이에 세 개의 사례가 있다고 할 수 있다. 그러므로 중앙값은 5.5점에 3명 중 두 번째 사람의 점수인 2/3를 더하여 계산한다. 이렇게 하면 중앙값은 5.5+(2/3)=6.17이 된다. 이러한 방법은 중앙값을 정확하게 계산하기 위해서 사용하며, 일반적으로는 첫 번째와 두 번째 방법을 활용해도 무방하다.

중앙값은 극단적인 점수에 영향을 받지 않기 때문에 점수분포가 극단적으로 편포되어 있는 경우에 집중경향치를 나타내는 대푯값으로 유용하게 사용할 수 있다. 중앙값은 변수의 측정단위가 서열척도, 등간척도, 비율척도일 때 사용할 수 있다.

(3) 최빈값

최빈값은 점수분포에서 가장 최대의 빈도를 갖는 점수를 말한다. 예를 들어, 3, 5, 6, 6, 6, 8, 8, 9라는 점수들이 있을 때 최빈값은 6이다. 최빈값은 둘 이상일 수 있다. 묶음자료를 사용하는 빈도분포표에서 최빈값은 빈도가 가장 많은 급간의 중간점이 된다. 최빈값은 변수의 측정단위가 명명척도일 때 유일하게 사용할 수 있는 집중경향치이다.

(4) 평균, 중앙값, 최빈값 비교

집중경향치를 사용하고자 할 때 평균, 중앙값, 최빈값의 다음과 같은 특징을 고려하는 것이 좋다(백순근, 2007; 송인섭, 1997).

첫째, 표집에 따른 변화가 가장 큰 것은 최빈값, 중앙값, 평균의 순서이다. 즉, 평균이 표집에 따른 변화가 가장 작은 안정성 있는 대표치이다. 그래서 집중경향성을 알기 위해 일반적으로 평균이 가장 선호된다.

둘째, 명명변인의 경우에는 최빈값, 서열변인의 경우에는 중앙값, 등간변인과 비율변인의 경우에는 평균을 활용하는 것이 바람직하다.

셋째, 평균은 그 계산에 있어 모든 점수를 고려하기 때문에 극단 점수가 있는 경우에는 대표치로서 적절하지 않은 경우가 많다. 분포에 극단적인 점수가 있거나, 일부 점수가 불확실할 때, 또는 급간이 개방급간(예: 5 이하, 또는 20 이상)일 경우에는 중앙값을 활용하는 것이 좋다.

넷째, 가장 빈번하게 일어나는 경우를 알고 싶거나 비대칭이거나 쌍봉분포일 때는 평균보다 최빈값을 사용하는 것이 바람직하다.

다섯째, 점수의 분포가 정규분포(normal distribution)를 이루는 경우, 평균, 중앙값, 최빈값의 위치는 일치한다. 그러나 분포의 꼬리가 오른쪽으로 늘어져 있는 정적 편포일 경우에는 왼쪽부터 최빈값, 중앙값, 평균이 위치한다. 또 이와 반대로 분포의 꼬리가 왼쪽으로 늘어져 있는 부적 편포일 경우에는 왼쪽부터 평균, 중앙값, 최빈값이 위치한다. 이러한 관계를 그림으로 표시하면 [그림 3-1]과 같다.

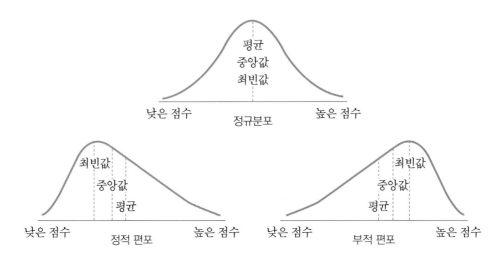

[그림 3-1] **평균, 중앙값, 최빈값의 관계**

출처: 이승희(2019), p. 64.

5) 변산도

관찰된 자료의 점수들이 흩어진 정도를 변산도(또는 분산도, measure of variability or dispersion)라고 한다. 앞에서 살펴본 평균, 중앙값, 최빈값과 같은 집중경향치가 자료의 특성을 잘 요약해 주기는 하지만, 자료 내의 점수들이 어느 정도나 비슷한 값에 몰려 있는지 아니면 서로 얼마나 흩어져 있는지를 알려 주지는 않는다. 그러므로 어떤 집단의 분포를 정확하게 기술하거나 설명하기 위해서는 집중경향치뿐만 아니라 변산도도 알아야 할 필요가 있다. 특히 분포 내의 점수가 얼마나 흩어져 있는가를 이해하기 위해서는 반드시 변산도를 제시해야 한다.

예를 들어, 어느 초등학교 두 개 학급 학생들의 IQ의 평균이 똑같이 100이라면, 이 두 학급은 평균 지적 능력이 같다고 할 수 있다. 그러나 이 두 학급 중에서 1반 학생들의 IQ는 100~120에 분포되어 있고 2반 학생들의 IQ는 80~140에 분포되어 있다면, 이 두 학급 사이에는 집중경향성에 있어서는 차이가 없지만 변산도에서는 큰

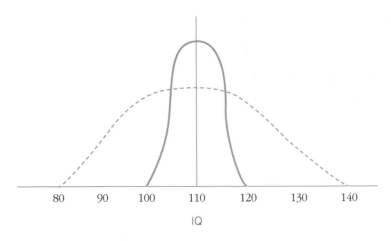

[그림 3-2] 평균은 같으나 변산도가 다른 분포

출처: 송인섭(1997), p. 89.

차이가 있다. 1반 학생들은 상대적으로 동질적인 집단인 반면에, 2반 학생들은 상대적으로 이질적인 집단이라고 할 수 있다. 이를 그림으로 표시하면 [그림 3-2]와 같다. 이와 같은 변산도를 나타내는 통계치에는 범위(range), 분산(variation), 표준편차(standard deviation)가 있다.

(1) 범위

범위는 분포 내에서 가장 큰 점수에서 가장 작은 점수를 뺀 것, 즉 최댓값과 최솟값의 차이를 말한다. 범위는 점수가 얼마나 퍼져 있는지를 알 수 있는 지수이다. 범위의 계산은 다음과 같이 간단히 할 수 있다. 예를 들어, 어떤 학급에서 학생 10명의 국어 점수의 분포가 25, 32, 53, 59, 66, 70, 79, 88, 90, 97이라고 할 때, 범위는 72(97-25=72)이다.

범위는 분포 내의 점수가 얼마나 널리 퍼져 있는지, 즉 변산의 정도를 가장 간단하고 확실하게 알아볼 수 있는 방법이지만, 단점도 있다. 김성훈 등(2018)은 다음과 같이 두 가지로 설명한다. 첫째, 범위는 두 극단점수인 최댓값과 최솟값으로만 계산되기 때문에 표집에 따른 범위의 변화가 크다. 즉, 값의 안정성이 부족하다. 둘째, 두 극단점수에 의해 범위가 계산되고 나머지 점수는 무시되기 때문에 점수의 변산도를 정확히 기술하지 못한다. 예를 들어, 어떤 학급에서 학업진단검사 결과 대부분이 90~100점인데 한 학생의 점수가 20점이라고 가정해 보자. 이때 범위는 100-

20=80이다. 이 경우에 범위가 이 집단의 변산 정도를 전체적으로 잘 나타낸다고 보기 어렵다. 이러한 문제를 보완하기 위해 사분위편차 범위(사분범위, inter-quartile range)를 사용하기도 한다. 사분위편차 범위란 제3사분위(75번째 백분위점수)와 제1사분위(25번째 백분위점수) 간 거리를 나타낸다.

(2) 분산

분산(변량, variance)은 편차점수 제곱의 평균 또는 표준편차를 제곱한 값이다. 분산은 평균을 중심으로 점수들이 흩어진 정도를 수량화하기 위해 편차점수(개별점수−평균)를 이용한다. 각 개인점수의 편차점수를 제곱한 후 이를 모두 합산하여 합계를 산출하고, 이를 사례 수로 나누어 평균을 구하면 분산이 된다. 분산의 산출 공식은 다음과 같다. 〈표 3−3〉의 자료에서 분산을 구해 보면 825(8,250÷10)가 된다.

표 3-3 **분산과 표준편차 산출의 예**

원점수	평균	편차점수 $(X-\overline{X})$	편차점수 제곱 $(X-\overline{X})^2$	분산(SD^2)	표준편차(SD)
10		−45	2,025		
20		−35	1,225		
30		−25	625		
40		−15	225		
50	550÷10=55	−5	25	8,250÷10 =825	√825=28.72
60		+5	25		
70		+15	225		
80		+25	625		
90		+35	1,225		
100		+45	2,025		
합계=550		0	8,250		

$$분산(SD^2) = \Sigma\,(X-\overline{X})^2/N$$

분산은 분포 내의 점수들을 모두 반영한다는 측면에서 변산의 정도를 범위보다 더 정확하게 반영할 수 있다. 그리고 분산이 작을수록 집단이 동질적이고, 분산이 클수록 집단이 이질적이라고 해석할 수 있다. 예를 들어, 1반 학생들의 국어 성적의 분산은 30이고, 2반 학생들의 국어 성적의 분산이 50이라면, 1반 학생들이 2반 학생들보다 상대적으로 국어 성적이 더 비슷하다는 것을 의미한다.

(3) 표준편차

표준편차(standard deviation: SD)는 분포 내의 점수들이 집단의 평균으로부터 떨어져 있는 거리를 나타내는 지표이다. 표준편차는 분산에 제곱근을 취하여 구할 수 있다. 즉, 자료의 각 점수와 평균의 차이인 편차점수들의 제곱을 모두 합하여 사례 수로 나눈 후 제곱근을 구한 값이다. 표준편차의 산출 공식은 다음과 같다. 〈표 3-3〉의 자료에서 분산을 구해 보면 $\sqrt{825}$= 28.72가 된다.

$$표준편차(SD) = \sqrt{\Sigma(X-\overline{X})^2/N}$$

표준편차는 분산이 '자승화된' 측정단위로 표현되기 때문에 생기는 문제점을 보완할 수 있다. 표준편차의 주요 용도는 다음과 같다(김성훈 외, 2018). 첫째, 점수의 흩어진 정도를 파악할 수 있다. 둘째, 개별 점수가 평균으로부터 얼마나 멀리 떨어져 있는가를 파악하는 데 활용된다. 셋째, 두 분포의 평균을 비교하는 데 사용된다.

6) 정규분포

정규분포(normal distribution)는 인위적인 영향을 미치지 않은 자연적인 상태에서 대부분의 점수가 평균 주위에 모여 있고, 평균 이상과 평균 이하의 점수가 좌우대칭으로 종 모양(bell curve) 형태를 이루는 분포를 말하며, 정상분포라고도 한다. 예를 들어, 전국 중학교 2학년 남학생의 키의 분포 또는 초등학교 5학년 학생들의 지능지수(IQ)는 종 모양의 정규분포를 이룰 것으로 기대된다.

교육 분야에서 주요 관심대상인 학업성취도, 지능, 불안 등과 같은 심리적 특성은 정규분포에 접근하는 경향이 있다. 정규분포는 수리적으로 유도된 하나의 모형으로 다음과 같은 세 가지 특징이 있다(김성훈 외, 2018). 첫째, 정규분포는 하나의 꼭지를 가지고 좌우 대칭적인 형태를 보인다. 둘째, 평균, 중앙값, 최빈값이 점수분포에서 모두 일치한다([그림 3-1] 참조). 셋째, 정규분포는 가운데에서 가장 빈도가 많

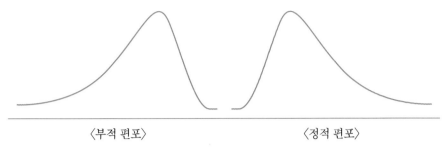

〈부적 편포〉   〈정적 편포〉

[그림 3-3] 정적 편포와 부적 편포

출처: 백순근(2007), p. 164.

고 양 끝으로 갈수록 빈도가 적어진다.

정규분포와 달리 어떤 분포가 대칭성에서 벗어나 한쪽으로 치우친 비대칭적인 분포를 보일 때 이를 편포라고 하며, 편포의 정도를 왜도(편포도, skewness)로 나타낸다. 편포에는 두 가지 형태가 있다. 하나는 정적 편포(+)인데, 이는 분포의 꼬리가 오른쪽으로 길게 기울어 있으며 왼쪽이 볼록하게 솟아 있는 형태이다. 다른 하나는 부적 편포(-)인데, 이는 분포의 꼬리가 왼쪽으로 길게 기울어 있으며 오른쪽이 볼록하게 솟아 있는 형태이다([그림 3-3] 참조). 정규분포와 같이 좌우대칭일 경우에 왜도는 0이 된다.

교육현장에서는 평균과 표준편차의 개념과 함께 정규분포의 특성을 유용하게 사용하는 경우가 많다. 어떤 자료가 정규분포를 이룰 때, 평균과 표준편차를 이용하여 사례 수의 분포를 정확하게 알 수 있기 때문이다. 정규분포에서는 평균($\overline{X}$)으로부터 ±1표준편차(SD) 사이에 전체 사례 수의 약 68%가 존재하며, ±2표준편차(SD) 사이에 약 95%, 그리고 ±3표준편차(SD) 사이에 약 99%가 존재한다([그림 3-4] 참조).

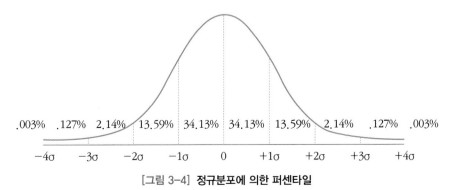

.003% .127% 2.14% 13.59% 34.13% 34.13% 13.59% 2.14% .127% .003%

-4σ -3σ -2σ -1σ 0 $+1\sigma$ $+2\sigma$ $+3\sigma$ $+4\sigma$

[그림 3-4] 정규분포에 의한 퍼센타일

출처: 성태제(2019), p. 284.

예를 들어, 어떤 중학교의 1학년 전체 학생 수가 200명이고, 국어의 평균이 60점, 표준편차가 5점이라고 가정하자. 이때 평균(60)±1표준편차(5), 즉 55~65점 사이에 전체 학생의 약 68%인 136명이 존재한다. 나머지 학생 64명 중에서 32명은 65점보다 높은 점수를 받고 32명은 55점보다 낮은 점수를 받은 것이다. 그리고 평균(60)±2표준편차(10), 즉 50~70 사이에 전체 학생의 약 95%인 190명이 존재한다. 나머지 학생 10명 중에서 5명은 70점보다 높은 점수를 받고 5명은 50점보다 낮은 점수를 받은 것이다. 또 평균(60)±3표준편차(15), 즉 45~75 사이에 전체 학생의 약 99%인 198명이 존재한다. 나머지 학생 2명 중에서 1명이 75점보다 높은 점수를 받고 1명이 45점보다 낮은 점수를 받은 것이다.

한편, 자료의 분포를 나타내는 곡선의 모양이 위로 뾰쪽한 정도를 첨도(kurtosis)로 나타낸다. 정규분포의 첨도는 0이다. 첨도가 0보다 크면 정규분포보다 긴 꼬리를 갖고 위로 뾰쪽한 모양을 가진다. 반면에 첨도가 0보다 작으면 정규분포보다 짧은 꼬리를 갖고 중앙 부분이 보다 완만한 모양을 갖게 된다([그림 3-5] 참조).

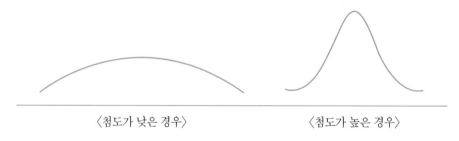

〈첨도가 낮은 경우〉   〈첨도가 높은 경우〉

[그림 3-5] 첨도가 낮은 경우와 높은 경우

출처: 백순근(2007), p. 165.

7) 상관

상관(correlation)은 두 변인 사이의 관계를 측정하고 기술하는 데 사용하는 통계 방법이다. 교육장면에서는 학생의 특성을 좀 더 잘 이해하기 위해서 변인들 간의 관계성에 관심을 갖는 경우가 많다. 예를 들면, IQ와 학업성적, 읽기능력과 쓰기능력, 부모의 양육방식과 아동의 적응행동, 청소년의 음주량과 공격성의 관계 등 수없이 많다. 이처럼 두 변인 간의 관계를 상관관계라 하고, 상관관계를 나타내는 통계치를 상관계수(correlation coefficient: r)라고 한다.

상관계수는 두 변인 간의 관계의 방향과 관계의 정도를 나타내는 지수이다. 한 변인의 값이 증가함에 따라 다른 변인의 값이 증가 또는 감소하는 정도를 수치화한 것이다. 일반적으로 상관계수는 r로 표시하며 그 크기는 −1.00에서 +1.00의 범위를 갖는다. 상관은 다음과 같은 세 가지의 특성을 갖는다.

첫째, 두 변인 간 관계의 방향을 나타낸다. 정적 상관(positive correlation)은 두 변인이 같은 방향으로 움직이는 관계이다. X변인이 증가할수록 Y변인도 증가하고, X변인이 감소할수록 Y변인도 감소한다. 예를 들면, 지능과 학업성적의 관계이다. 지능이 높을수록 학업성적도 높게 나타나는 관계이다. 부적 상관(negative correlation)은 두 변인이 반대 방향으로 움직이는 관계이다. X변인이 증가할수록 Y변인은 감소하고, X변인이 감소할수록 Y변인이 증가한다. 예를 들면, 컴퓨터게임 시간과 학업성적의 관계이다. 컴퓨터게임을 하는 시간이 많아질수록 학업성적이 낮게 나타나는 관계이다.

두 변인 간의 관계의 방향은 상관의 부호(+ 또는 −)로 나타낸다. 즉, 정적 상관은 +로, 부적 상관은 −로 나타낸다. 그러므로 정적 상관은 상관계수가 $0.00 < r \leq +1.00$로 표현되고, 부적 상관은 상관계수가 $-1.00 \leq r < 0.00$로 표현된다. 다음 [그림 3-6]은 정적 상관과 부적 상관의 예를 보여 준다. 정적 상관도 아니고 부적 상관도 아닌 경우, 즉 두 변인 간에 체계적인 관계가 전혀 없는 경우를 영 상관(zero correlation)이라고 하며 $r=0.00$으로 표현한다. 영 상관은 이론적으로는 존재하지만, 교육의 실제 장면에서 영 상관이 나타나는 경우는 거의 없다.

둘째, 두 변인 간의 관계의 정도를 나타낸다. 두 변인 간의 관계의 정도가 클수록

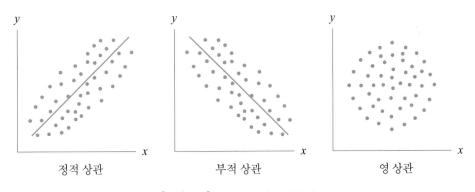

| 정적 상관 | 부적 상관 | 영 상관 |

[그림 3-6] **정적 상관과 부적 상관**

출처: 이승희(2019), p. 68.

상관계수는 ±1.00에 가까워지고, 두 변인 간의 관계의 정도가 적을수록 상관계수는 0에 가까워진다. 두 변인 간에 체계적인 관계가 전혀 없는 경우는 앞에서 말한 영 상관(r=0.00)이 된다. 상관계수(r) ±1.00은 두 변인 간의 관계가 완전히 일치하는 직선적인 관계이다. 두 변인이 같은 방향으로 직선적인 관계이면 r=1.00이고, 두 변인이 서로 반대의 방향으로 직선적인 관계이면 r=−1.00이 된다. 상관계수 r=1.00 또는 r=−1.00은 이론적으로는 존재하지만, 교육의 실제 장면에서 나타나는 경우는 거의 없다. [그림 3-7]은 두 변인 간의 관계의 정도인 다양한 상관의 크기를 보여 준다.

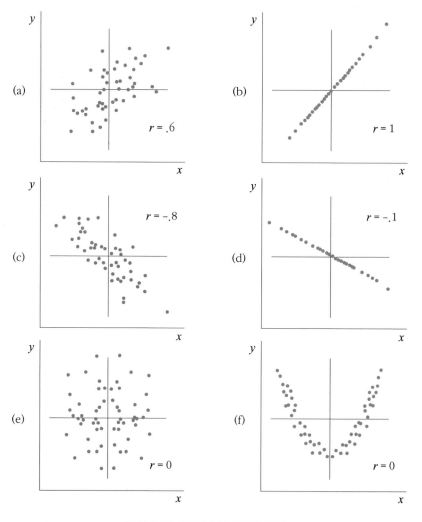

[그림 3-7] **상관계수의 크기와 산포도**

출처: 백순근(2007), p. 246

셋째, 두 변인 간의 관계의 형태를 나타낸다. 두 변인 간의 관계가 항상 직선적인 형태를 갖는 것은 아니다. 예를 들어, 아동의 연령과 지능발달 간의 관계는 직선적이 아니다. 일반적으로 16~18세까지는 지능(전통적인 논리수학적 지능)이 연령의 증가와 함께 발달하지만 10대 후반부터는 발달의 양상이 달라지는 것으로 보고되고 있다. 또 훈련의 양과 수행 수준의 관계도 직선적인 관계가 아니다. 즉, 훈련의 초기 단계에서는 수행이 급속도로 증가하지만, 훈련의 양이 많아짐에 따라 수행의 증가량은 점차 줄어든다. 이러한 관계는 직선적인 관계라고 할 수 없는 특별한 형태의 관계이다. 다만, 교육장면에서는 특별한 경우가 아니면, 대부분 직선적인 관계를 가정하고 상관관계와 상관계수를 적용한다.

2. 측정의 단위

1) 측정의 개념

측정(measurement)이란 사건이나 현상 또는 사물이나 사람의 특성을 기술하기 위하여 규칙에 따라서 수를 부여하는 절차를 의미한다. 측정의 대상은 길이, 무게, 부피 등과 같이 직접적으로 측정이 가능한 것도 있고, 지능, 사회성, 창의성, 학업성취도, 진로적성, 불안 등과 같이 간접적인 측정만 가능한 잠재적 특성도 있다. 잠재적 특성을 언어적으로만 표현하고 설명할 때 우리는 그 특성을 객관적으로 분명하게 이해하기 어렵다. 반면에 이러한 특성을 숫자를 이용하여 표현함으로써 모호함과 주관성을 극복하고 보다 객관적이고 구체적인 이해가 가능하다. 예를 들어, 어떤 아동의 '지적능력이 낮다'고 말하는 것보다 그 아동의 'IQ가 70'이라고 말하는 것이 아동의 지적능력을 이해하는 데 훨씬 더 도움이 된다.

2) 측정의 절차

측정은 체계적이고 과학적인 절차에 따라 이루어져야 한다. 일반적으로 측정은 다음과 같은 세 가지 단계를 거친다(성태제, 시기자, 2013). 첫째는 무엇을 측정할 것인지, 측정의 대상과 목적을 결정하는 것이다. 예를 들면, 통합학급 학생들의 장애인식 정도를 측정하는 것이다. 둘째는 어떤 방법으로 측정할 것인지를 결정한다. 예를 들면, 검사도구를 사용할 것인지, 질문지를 사용할 것인지, 아니면 관찰을 할 것인지 등을 결정하는 것이다. 셋째는 어떻게 수를 부여할 것인지를 결정한다. 예를 들어, 질문지법으로 장애인식을 측정할 때 몇 개의 문항으로 할 것인지, 각 문항은 어떤 척도(예: Likert 척도)를 사용하여 측정할 것인지를 결정하는 것이다.

3) 척도의 종류

측정을 위해서는 수를 부여하는 규칙 또는 측정을 표현하는 방식을 결정해야 한다. 다시 말해서 측정하고자 하는 특성을 숫자로 표현하기 위한 체계적인 단위를 결정해야 하는데, 이러한 체계적인 단위를 척도(scale)라고 한다. 일반적으로 사용하는 척도의 종류에는 명명척도(nominal scale), 서열척도(ordinal scale), 등간척도(동간척도, interval scale), 비율척도(ratio scale), 절대척도(absolute scale)가 있다.

(1) 명명척도

명명척도는 어떤 사건이나 사물을 다른 것들과 구별하고 분류하기 위해 사용하는 척도이다. 예를 들어, 찬반 의견(찬성: 1, 반대: 2), 성별(남자: 1, 여자: 2), 지역(대도시: 1, 중소도시: 2, 농어촌: 3), 장애 유형(지적장애: 1, 정서장애: 2, 학습장애: 3, 신체장애: 4) 등이 있다. 명명척도는 양적 표현이 아니라 단지 구별을 요하는 것이며, 응답자의 답이 합해져서 빈도로 표현된다. 명명척도는 등간성(또는 동간성), 임의영점 또는 절대영점을 가정하지 않기 때문이다. 예를 들어, 학업성취도의 남녀 차이를 알아보기 위한 연구에서 남학생 집단을 1, 여학생 집단을 2로 구분했을 때, 이는 단지 남녀 집단을 구분한 것일 뿐이지 여학생이 남학생보다 2배의 학업성취도를 보인다는 의미가 아니다. 또 장애유형 분류에서 지적장애를 1, 정서장애를 2, 학습장애를 3, 신체장애를 4라고 구분할 때, 지적장애와 정서장애의 차이만큼 학습장애와 신체장애의 차이가 있다고 말할 수 없다.

(2) 서열척도

서열척도는 측정대상을 구분하고 분류하는 명명척도의 특성을 가지면서, 여기에 더하여 측정대상의 속성에 대하여 상대적 서열을 표시하기 위해 사용하는 척도이다. 서열척도의 예로는 학업성취도 석차, 키 순위, 인기 노래 순위 등을 들 수 있다. 서열척도는 서열 간의 간격이 같지 않으므로 측정단위의 간격 간에 등간성을 가정하지 않는다. 예를 들어, 국어 성적에서 학급 석차 1등은 100점, 2등은 90점, 3등은 85점, 4등은 83점, 5등은 80점, ……을 받았다고 가정해 보자. 이때 석차 1등과 석차 2등의 점수 차이(10점)와 석차 2등과 석차 3등의 점수 차이(5점)는 같지 않다. 또 2등의 성적이 1등의 성적의 두 배라고 말할 수도 없다. 그러므로 서열척도로는 어떤 속성의 서열(순서)만 알 수 있으며, 여기에 사칙연산을 적용하기는 어렵다. 특수교육 평가와 진단에서 자주 사용하는 연령등가점수(age-equivalent score), 학년등가점수 (grade-equivalent score), 백분위점수(percentile score)는 서열척도에 해당된다. 또 조사연구에서 자주 사용하는 Likert 척도는 단일문항으로 사용할 경우에 서열척도에 해당한다. 다만, 여러 문항으로 구성된 Likert 척도를 사용할 경우에는 등간성을 가정하고 등간척도로 간주하기도 한다.

(3) 등간척도

등간(동간)척도는 명명척도와 서열척도가 갖는 특성에 등간성의 특성까지 갖는 척도이다. 등간선(동간성)이란 척도 값 사이의 간격이 동일하게 유지되는 것을 말한다. 그러므로 등간척도는 어떤 사물이나 사람에게 부여된 수치 간격에 동일한 차이를 부여하는 척도로서 측정단위 간격이 등간성을 갖고 있다. 예를 들어, 온도와 연도가 대표적이며, 국어시험 점수, 여러 가지 심리측정에서 사용되는 표준점수(지능지수, 사회성지수, 성격검사 점수, 장애이해도 등)도 등간척도로 간주된다. 온도의 경우, 1℃와 2℃ 간의 온도 차이는 10℃와 11℃ 간의 온도 차이와 같은 것으로 간주된다. 또 IQ 80과 IQ 90 간의 차이와 IQ 100과 IQ 110 간의 차이가 동일한 것으로 간주된다. 그러나 온도 20℃가 온도 10℃의 두 배의 온도라거나 IQ 120이 IQ 60의 두 배의 지능이라고 하지는 않는다. 그 이유는 등간척도는 절대영점이 아닌 임의영점(가상의 영점)을 갖고 있기 때문이다. 즉, 온도 0℃가 온도가 전혀 없는 것이 아니며, 국어 성적 0점도 국어지식이 전혀 없는 것이라는 의미는 아니다. 또 등간척도의 측정단위는 절대단위가 아닌 협약에 의해 결정된 가상의 단위이다. 즉, 1℃, 1년, IQ 1은 협약에 의해 결정된 것이다. 등간척도는 교육현장에서 가장 자주 사용되는 척도이다.

(4) 비율척도

비율척도는 서열척도와 등간척도가 갖고 있는 서열성과 등간성을 모두 갖고 있으면서 절대영점인 원점을 갖고 있는 척도이다. 비율척도에서 말하는 원점인 절대영점은 임의영점과는 다르게 실제수치가 0(영, zero)을 의미하는 것으로 아무것도 존재하지 않는 것을 말한다. 이러한 비율척도의 예로는 무게, 길이, 월 평균수입 등이 있다. 비율척도는 사물이나 사람에 대한 측정치의 분류, 서열성, 등간성, 비율을 나타내는 절대영점을 지니고 있다는 점에서 여러 척도 중에서 가장 완전한 측정단위라고 할 수 있다(김석우, 2015). 비율척도는 절대영점이 존재하므로 사칙연산을 할 수 있으며, 측정치로 얻은 수치가 몇 배라고 말할 수 있는 비율적 비교를 할 수 있다. 예를 들어, 체중 100kg은 체중 50kg의 두 배의 몸무게라고 할 수 있으며, 신장 200cm는 신장 150cm보다 키가 1.33배 더 크다고 말할 수 있다. 또 월 평균수입 1,000만 원을 버는 사람은 월 평균수입 100만 원을 버는 사람보다 열 배의 돈을 번다고 말할 수 있다. 비율척도의 측정단위는 절대단위가 아닌 협약에 의해 결정된 가상의 단위이다. 즉, 1kg, 1cm, 1원 등은 협약에 의해 결정된 것이다.

(5) 절대척도

절대척도는 분류, 서열, 등간성, 절대영점을 갖고 있으면서 가상의 단위가 아닌 절대단위의 측정단위를 갖는 척도이다. 절대단위란 특별히 협약을 하지 않아도 모든 사람이 동의하는 단위를 말한다. 연필 수, 사람 수, 자동차 수 등이 절대척도의 예이다. 연필 수를 말할 때 한 자루, 두 자루의 단위에 대하여 모든 사람이 특별한 협약을 맺을 필요는 없다.

이상에서 살펴본 척도의 종류와 그 특징을 비교하여 제시하면 〈표 3-4〉와 같다.

표 3-4 척도의 종류와 특성

척도	특징	예	주요 통계량
명명척도	구분, 분류	성별(남자 1, 여자 2) 장애유형(신체장애 1, 　　　　　지적장애 2, 　　　　　정서장애 3)	x^2 검정
서열척도	분류, 서열	키 순위 석차 백분위점수 연령등가점수 학년등가점수	x^2 검정 순위상관
등간척도	분류, 서열, 등간성 임의영점, 가상단위	온도 연도 표준점수	대부분의 통계방법
비율척도	분류, 서열, 등간성 절대영점, 가상단위	길이 무게 월 평균수입	모든 통계방법
절대척도	분류, 서열, 등간성 절대영점, 절대단위	사람 수 결석일 수	모든 통계방법

3. 타당도와 신뢰도

교육현장에서 평가활동을 수행할 때 평가도구의 양호도를 고려해야 한다. 평가도구의 양호도를 나타내는 가장 필수적인 요건으로 타당도와 신뢰도가 있다.

1) 타당도

타당도(validity)란 검사도구가 측정하고자 하는 능력이나 특성을 실제로 측정하고 있는 정도, 즉 검사목적에 따른 검사도구의 적합성(appropriateness)의 정도를 의미한다(이승희, 2019). 예를 들어, 인간의 잠재적 특성인 지능을 측정하기 위하여 지능검사를, 적성을 측정하기 위하여 적성검사를, 적응행동을 검사하기 위하여 적응행동검사를 사용하는 것이 타당하다.

타당도의 개념 이해와 관련하여 다음 네 가지를 주의해야 한다(김석우, 2015 재인용).

첫째, 타당도는 피험자 집단에 사용된 측정도구나 검사에 의하여 얻은 검사 결과의 해석에 대한 적합성이지 검사 자체와 관련된 것은 아니다. 즉, 검사의 타당도라는 표현을 사용하기는 하지만 엄밀하게 말하자면 검사 결과에 따라 만들어진 해석에 대한 타당성을 말하는 것이다.

둘째, 타당도는 정도의 문제이다. 타당도가 있다 혹은 없다고 말하는 것이 아니라 낮다, 적절하다, 높다 등으로 표현한다. 다만, 내용타당도의 경우에는 '타당도가 있다' 또는 '타당도가 없다'라는 표현을 사용한다.

셋째, 타당도는 특별한 목적이나 해석에 제한된다. 즉, 한 검사가 모든 목적에 부합될 수 없으므로, '이 검사는 무엇을 측정하는 데 타당하다.'고 표현해야 한다.

넷째, 타당도는 단일한 개념이다. 타당한 개념을 다양한 종류로 구분하기보다는 다양한 종류의 근거에 기초한 단일한 개념으로 해석하고 있다.

타당도는 추정하고 확인하는 방법에 따라 내용타당도, 준거 관련 타당도, 구인타당도로 구분되며, 준거 관련 타당도 속에 예언타당도와 공인타당도가 포함된다.

(1) 내용타당도

내용타당도(content validity)는 평가도구의 문항이 측정하고자 하는 영역을 대표하고 있는 정도를 의미한다. 내용타당도는 검사내용에 대한 검사전문가의 전문지식과 논리적 사고를 통하여 판단하는 주관적 타당도이다. 그러므로 내용타당도는 구체적인 수치로 표시되지 않고, 일반적으로 '타당도가 있다' 또는 '타당도가 없다' 등으로 표현된다. 이처럼 내용타당도는 주관적 판단에 따라 추정되기 때문에 내용타당도에 의한 검사도구의 타당성 입증에 논란이 따르기도 한다. 그러나 평가도구 개발의 전 과정에서 전문가의 전문적 판단이 의사결정에 중요한 역할을 하므로 수량화되지 않는다고 해서 내용타당도를 잘못된 것으로 간주해서는 안 된다. 내용타당도는 평가도구가 그것이 평가하려는 내용을 어느 정도로 충실히 측정하고 있는지를 분석하려는 타당도라는 점에서 논리적 타당도(logical validity)라고 불리기도 한다.

한편, 내용타당도와 혼동하는 개념으로 안면타당도(face validity)가 있다. 안면타당도는 검사문항이 피검자에게 친숙한 정도를 의미한다. 내용타당도가 전문가에 의해 판단되는 반면에 안면타당도는 피검자에 의해 판단된다. 그러므로 이 두 개념은 분명히 구별되어야 한다.

(2) 준거 관련 타당도

준거 관련 타당도(criterion-related validity)는 한 검사도구의 측정결과와 외적 준거가 되는 변인의 측정결과와의 관련성 분석을 통해 검사도구의 타당도를 추론하는 방법으로, 경험적 타당도(empirical validity)라고도 한다. 여기에서 말하는 외적 준거로는 검사(예: 대학수학능력시험)가 예측하고자 했던 어떤 특성에 대한 점수(예: 대학 학점)를 사용하거나 또는 검사(새로 개발한 지능검사)와 같은 목적의 다른 검사(기존의 지능검사)의 점수가 사용된다. 준거 관련 타당도는 어떤 준거를 사용하느냐에 따라 예언타당도와 공인타당도로 구분된다.

① 예언타당도

예언타당도(predictive validity)는 검사 결과가 예언하고자 하는 준거측정치를 정확하게 예언할 수 있는 정도를 말한다. 이때 준거는 미래의 행동 특성이 된다. 즉, 검사점수가 미래의 행동을 얼마나 정확하게 예측하느냐가 중요하다. 예언타당도를 예측타당도라고도 한다.

예를 들어, 대학수학능력시험의 목적은 대학 입학 후 학생들의 수학능력을 알아보려는 것이다. 대학수학능력시험의 타당도를 검증하기 위해서는 대학수학능력시험 점수와 학생의 대학 학점의 관련성을 살펴보면 된다. 여기에서 사용된 준거는 학점이다. 대학수학능력시험 점수와 해당 학생의 대학 학점 간의 상관이 높을 때 예언타당도가 높다고 말할 수 있다. 예언타당도는 검사점수와 준거측정치 간의 상관계수로 나타낼 수 있다.

② 공인타당도

공인타당도(concurrent validity)는 하나의 검사 결과와 다른 검사 결과의 일치하는 정도를 말하며 공유타당도, 공존타당도, 동시타당도라고도 한다. 공인타당도는 새로운 검사의 타당도를 이미 타당성을 인정받고 있는 기존 검사와의 일치성에 의하여 검증하며, 이때 비교가 되는 준거는 다른 기존 검사의 결과이다.

예를 들어, 새로운 아동용 지능검사를 개발하고, 이 검사의 타당도를 검증하려고 한다고 가정해 보자. 동일한 아동 집단에 새로 개발한 지능검사와 이미 타당성을 인정받고 있는 K-WISC-V를 거의 동시에 실시하여 두 검사 결과 간의 상관을 산출함으로써 새로 개발한 지능검사의 타당성을 검증할 수 있다.

공인타당도를 검증하는 주된 이유는 다음과 같다. 첫째, 새로 제작된 검사의 결과를 이미 타당도를 인정받고 있는 기존의 검사를 기준으로 점검해 볼 수 있다. 둘째, 복잡하고 많은 시간을 요하는 기존의 검사를 좀 더 단순하고 간결한 검사로 대체할 수 있다. 셋째, 새로 제작된 검사의 예언타당도를 검증할 것인지를 결정할 수 있다. 즉, 공인타당도 검증은 예언타당도 검증의 선행단계가 될 수 있다. 왜냐하면 공인타당도가 낮아 현재의 수행에 대한 적절한 결과를 제공하지 못하는 검사가 미래의 수행을 예언해 줄 것이라고 기대할 수는 없기 때문이다(이승희, 2019).

(3) 구인타당도

구인타당도(construct validity)란 검사도구가 조작적으로 정의된 이론적 구인을 실제로 측정하는 정도를 말하며, 구성타당도라고도 한다. 구인타당도(내적 기초에 근거한 증거)는 측정하고자 하는 인간의 심리적 특성이나 성질을 심리적 구인으로 분석하여 조작적 정의를 부여한 후, 검사점수가 조작적 정의에서 규명한 심리적 구인을 제대로 측정하였는가를 검증하여 추정한다.

여기에서 말하는 구인(construct)이란 직접 관찰할 수 없는 추상적이고 가설적인 인간의 심리적 특성을 말한다. 예를 들어, 지능, 성격, 불안, 자아개념 등과 같은 심리적 특성은 직접 관찰할 수 없다. 그러므로 이러한 구인을 측정하기 위해서는 그 구인을 이론에 따라 조작적으로 정의하고 검사를 제작해야 한다. 예를 들어, 지능에 관한 Thurstone의 기본정신능력이론에 근거하여 지능은 어휘력, 수리력, 추리력, 공간력, 지각력, 기억력, 언어유창성으로 구성되어 있다고 정의할 수 있다. 지능이 일곱 가지 하위 구성요인으로 구성되어 있다고 간주하고, 이러한 요인들을 대표할 수 있는 문항들을 개발한다. 그런 다음, 이러한 문항들을 기초로 하여 경험적 자료를 수집하고, 수집된 자료에 대한 통계적 과정을 통해 타당도를 추정한다. 즉, 구인타당도는 검사의 결과가 측정하고자 하는 구인을 적절히 측정하고 있는가의 정도를 확인함으로써 타당도를 추정한다.

구인타당도를 검증하기 위해 주로 다음과 같은 네 가지 방법이 사용된다.

첫째, 요인분석법이다. 요인분석법은 문항 간 상호 관련성을 분석하여 문항들이 공통으로 측정하고 있는 잠재적 구인을 파악하는 방법이다. 그래서 요인분석은 검사로 측정하는 구인(혹은 요인)이 원래 측정하고자 하는 구인인지, 각 문항들이 측정하고자 하는 구인을 잘 나타내고 있는지를 파악하는 데 사용된다(김성훈 외, 2018).

예를 들어, 지능검사의 타당도를 요인분석을 통하여 검증한다고 하자. 지능을 측정하기 위하여 지능이 어휘력, 수리력, 추리력, 공간력, 지각력, 기억력, 언어유창성의 일곱 개 요인으로 구성되어 있다고 조작적으로 정의하고 이에 근거하여 지능검사 문항들을 개발하였다고 가정하자. 이 문항들로 구성된 검사를 실시한 후 문항들의 점수를 이용하여 요인분석을 실시했을 때, 규명된 요인들이 검사에서 정의한 일곱 개의 요인들을 반영한 것으로 나타나면 이 검사는 구인타당도가 있다고 추정할 수 있다.

둘째, 수렴타당도와 판별타당도를 확인하는 방법이다. 검사가 동일한 구인을 측정하는 다른 검사들과 높은 정적 상관을 보이고, 다른 구인을 측정하는 다른 검사들과 낮은 상관을 보이는지를 확인하는 것이다. 전자를 수렴타당도라 하고, 후자를 판별타당도라 한다. 예를 들어, 읽기능력 검사의 구인타당도를 수렴타당도와 판별타당도의 확인을 통하여 검증한다고 하자. 이때 읽기능력 검사의 점수가 어휘력검사 점수와는 높은 상관을 보이고, 수리력검사 점수와는 낮은 상관을 보이면, 수렴타당도와 판별타당도가 있다고 해석할 수 있다. 그리고 이러한 결과로서 읽기능력 검사의 구인타당도가 높다고 추정할 수 있다.

셋째, 상관관계법이다. 상관관계법은 검사의 각 구성요인 또는 하위검사 점수와 검사 총점과의 상관계수에 의하여 타당도를 검증하는 방법이다. 만약에 한 검사의 각 구성요인 또는 하위검사 점수와 검사 총점 간의 상관이 높으면 그 검사의 구인타당도가 높은 것으로 추정하며, 상관계수가 낮으면 구인타당도가 낮은 것으로 추정한다. 예를 들어, 지능이 어휘력, 수리력, 추리력, 공간력, 지각력, 기억력, 언어유창성의 일곱 개 요인으로 구성되어 있다고 조작적 정의를 내렸다면, 각 구성요인의 점수와 지능검사 총점 간의 상관계수를 산출하여 구인타당도를 검증할 수 있다.

넷째, 실험설계법이다. 실험설계법은 실험처치 효과를 확인하여 구인타당도의 증거를 수집하는 방법이다. 예를 들어, 읽기능력검사의 구인타당도를 검증하기 위하여 읽기능력이 낮은 아동들을 대상으로 하여 읽기능력 향상에 매우 효과가 좋은 교육프로그램을 실시한다(실험처치)고 가정하자. 그 결과, 교육프로그램을 적용하기 전에 비해 교육프로그램을 적용한 후에 아동들의 읽기능력 점수가 의미 있게 향상된 것으로 측정되었다면 이 읽기능력검사는 구인타당도가 있다고 추정할 수 있다.

2) 신뢰도

　신뢰도(reliability)란 동일한 검사도구를 반복 실시했을 때 측정하고자 하는 대상의 특성을 오차 없이 안정성 있고 일관성 있게 측정하는 정도를 의미한다. 타당도가 무엇(what)을 측정하고 있느냐에 관심을 둔다면, 신뢰도는 어떻게(how) 측정하고 있느냐에 관심을 두고 있다. 타당도가 검사도구의 적합성(appropriateness)을 강조하는 데 비해 신뢰도는 검사도구의 일관성(consistency)을 강조한다.

　신뢰도는 그 추정방법에 따라 검사-재검사 신뢰도, 동형검사 신뢰도, 반분신뢰도, 문항내적 합치도, Cronbach α 계수가 있다. 이 중에서 검사-재검사 신뢰도와 동형검사 신뢰도는 동일한 대상에게 검사를 2회 반복하여 신뢰도를 추정한다. 이에 비해 반분신뢰도, 문항내적 합치도, Cronbach α 계수는 1회의 검사를 통해 부분검사 혹은 문항 간의 일관성의 정도를 추정한다. 이 세 가지 신뢰도를 하나로 묶어서 내적 일관성 신뢰도라고 한다. 각 신뢰도에 대해 좀 더 자세히 살펴보면 다음과 같다.

(1) 검사-재검사 신뢰도

　검사-재검사 신뢰도(test-retest reliability)는 동일한 검사를 동일한 집단에게 일정한 시간간격을 두고 2회 실시하여 얻은 두 점수 간의 일치 정도를 상관계수에 의해 추정하는 신뢰도이다. 이 방법은 두 시점 간에 피검자가 검사에 얼마나 일관성 있게 반응하는지를 알기 위해 사용하므로 안정성 계수(coefficient of stability)라고도 한다.

　검사-재검사 신뢰도는 추정방법이 간단하다는 장점이 있는 반면에, 실시하는 시간 간격에 따라 신뢰도 계수가 달리 추정된다는 단점이 있다. 일반적으로 검사의 실시 간격이 너무 짧으면 연습의 효과와 기억의 효과로 인하여 신뢰도가 높게 추정될 수 있다. 반면에 검사의 실시 간격이 너무 길면 망각효과가 나타나거나 행동 특성 자체가 변화될 가능성이 커지게 되어 신뢰도가 낮게 추정될 수 있다. 검사의 목적에 따라 다르겠지만, 일반적으로 적절한 검사 실시 간격은 2주 정도이다.

(2) 동형검사 신뢰도

　동형검사 신뢰도(equivalent-form reliability)는 미리 두 개의 비슷한 검사(동형검사)를 제작하고, 이를 동일한 집단에게 거의 연속적으로 실시하여 얻은 점수 간의 일치 정도를 상관계수에 의해 추정하는 신뢰도이다. 흔히 동형성 계수(coefficient of equivalence)라고도 한다. 동형검사란 표면적 내용은 다르지만 두 검사가 측정이론에서 동질적이며 동일하다고 추정할 수 있는 문항으로 구성된 검사이며, 문항의 난이도 및 변별도가 같거나 비슷하고 문항 내용도 유사한 것으로 구성된 검사이다(김석우, 2015).

동형검사 신뢰도의 장점은 동일한 검사를 사용하지 않으므로 기억의 효과가 없으며, 검사 실시 간격을 짧게 해서 피검자의 특성 변화에 따른 문제가 나타나지 않는다는 점이다. 반면에 동형검사 신뢰도의 단점은 동질적인 동형검사를 만들기가 어렵다는 점이다. 즉, 두 검사의 내용, 형식, 문항 수, 난이도, 변별도 등을 거의 같게 제작하는 것은 실제로 매우 어려운 일이다.

(3) 내적일관성 신뢰도

검사-재검사 신뢰도와 동형검사 신뢰도는 동일 집단에게 검사를 두 번 실시해야 하는 어려움이 있다. 교육평가와 진단의 실제에서는 실시하는 검사의 개수가 하나이고 검사 시행도 1회에 한정되는 경우가 대부분이다. 이러한 경우에는 불가피하게 1회의 검사 시행으로 내적일관성 신뢰도(internal consistency reliability)를 추정해야 한다. 내적일관성 신뢰도는 하나의 검사를 두 개의 부분이나 문항 수로 나누고, 각 부분 또는 각 문항을 하나의 검사로 간주하여 두 부분 간 또는 각 문항들 간의 일치 정도를 상관계수에 의해 추정하는 신뢰도이다. 내적일관성 신뢰도에는 반분검사 신뢰도, 문항내적일관성 신뢰도(KR-20과 KR-21, Cronbach α계수, Hoyt 신뢰도)가 있다.

① 반분신뢰도

반분신뢰도(split-half reliability)는 한 검사를 동일한 집단에게 실시한 다음 그 검사를 두 부분으로 나누고, 이렇게 반분된 두 부분검사 점수 간의 일치 정도를 상관계수에 의해 추정하는 신뢰도이다. 흔히 동질성 계수(coefficient of homogeneity)라고도 한다.

반분신뢰도를 구하는 과정에서 한 검사를 반분하여 이들 간의 상관계수를 구하면 이는 전체 검사의 절반에 해당하는 신뢰도에 불과하다. 따라서 반분신뢰도는 반분된 검사점수들 간의 상관계수를 그대로 사용하지 않고 스피어만-브라운

(Spearman-Brown) 공식을 활용하여 2배 늘렸을 때의 신뢰도 값으로 교정해서 이용해야 한다(황정규 외, 2017).

검사를 두 부분으로 나누는 방법에는 여러 가지가 있다. 전반부와 후반부로 나누는 방법, 홀수 문항과 짝수 문항으로 나누는 방법, 무선적인 절차에 의해 나누는 방법, 문항 내용을 고려하여 나누는 방법 등이 있다. 일반적으로는 홀수 문항과 짝수 문항으로 반분하는 방법이 가장 많이 사용된다.

② 문항내적일관성 신뢰도

문항내적일관성 신뢰도(inter-item consistency reliability)는 검사 속의 한 문항, 한 문항을 모두 하나의 검사로 간주하여 문항들 간의 일관성을 추정한 신뢰도이다. 문항내적일관성 신뢰도에는 KR-20, KR-21, Cronbach α계수, Hoyt 신뢰도가 있다.

KR-20과 KR-21은 Kuder와 Richardson이 개발한 것이다. KR-20은 문항의 반응이 맞으면 1, 틀리면 0으로 채점되는 이분 문항에만 적용되는 반면에, KR-21은 문항점수가 1, 2, 3, 4, 5점 등의 연속점수일 때 사용한다.

Cronbach α계수는 Fisher가 개발한 것으로, 맞으면 1, 틀리면 0으로 채점되는 이분 문항뿐만 아니라 한 개의 문항이 여러 단계의 점수로 채점되는 연속점수의 경우에도 사용할 수 있다. Cronbach α계수는 요즘 가장 많이 사용되고 있는 신뢰도의 하나이다.

Hoyt 신뢰도도 내적일관성 신뢰도의 하나로서 부분점수가 있는 문항(다분 문항)인 경우에도 사용 가능하다. Hoyt 신뢰도, KR-21, Cronbach α계수는 계산하는 방법에는 차이가 있지만 최종 신뢰도 값은 모두 동일하게 산출된다(황정규 외, 2017).

⑷ 신뢰도에 영향을 주는 요인

성태제(2019)는 검사도구의 신뢰도에 영향을 주는 요인을 다음과 같이 다섯 가지로 정리하였다.

첫째, 신뢰도에 영향을 주는 요인은 문항 수이다. 적은 수의 문항으로 인간의 특성을 측정할 때보다 많은 수의 문항으로 검사를 실시할 때 오차를 줄일 수 있다. 양질의 문항 수를 증가시키면 신뢰도 계수는 계속 선형적으로 증가하는 것이 아니라 곡선 형식으로 증가한다.

둘째, 문항의 난이도가 적절할 때, 즉 지각이나 느낌을 묻는 질문의 경우 극단으로 치우치지 않은 수준의 문항들이 신뢰도를 증가시킨다. 문항이 응답자의 수준과 상이하면 일관성 있는 응답을 하지 못하므로 신뢰도가 낮아진다.

셋째, 문항변별도가 높을 때 검사의 신뢰도는 증가한다. 즉, 문항이 피검자의 능력에 따라 또는 피검자의 정의적 특성에 따라 구분할 수 있는 변별력이 있어야 검사의 신뢰도가 높아진다.

넷째, 검사도구의 측정 내용이 보다 좁은 범위의 내용일 때 검사의 신뢰도는 증가한다. 예를 들어, 어떤 현상에 대하여 질문할 때, 광범위한 현상보다는 구체화되고 세부적인 현상에 대하여 질문할 때 신뢰도가 높아진다. 이는 검사내용의 범위를 좁힐 때, 문항 간의 동질성을 유지하기가 용이하기 때문이다.

다섯째, 검사시간이 충분하여야 한다. 이는 문항 수와 관계되는 문제이기도 하다. 충분한 시간이 부여될 때 응답의 안정성을 보장받을 수 있다. 그러므로 속도검사보다는 역량검사가 신뢰도 측면에서 바람직하다.

3) 타당도와 신뢰도의 관계

타당도와 신뢰도는 검사도구의 양호도를 결정짓는 중요한 기준이다. 이승희(2019)는 성태제(2010)와 이종승(2009)의 견해를 종합하여 타당도와 신뢰도의 관계를 다음과 같이 네 가지로 정리하였다.

첫째, 신뢰도는 타당도의 선행조건이다. 만약 반복 시행된 검사에서 검사점수가 일관성 없이 나타난다면 그 검사의 타당도는 기대할 수 없다.

둘째, 신뢰도는 타당도의 필요조건이지 충분조건은 아니다. 어떤 검사도구의 신뢰도가 입증되어 타당도의 선행조건을 갖추었다 하더라도 그 신뢰도가 검사도구의 타당도를 보장하지는 못한다. 즉, 타당도가 결여된 검사라도 신뢰도는 높게 나타날 수 있다.

셋째, 타당도는 신뢰도보다 더 높을 수 없다. 왜냐하면 타당도계수는 신뢰도계수의 제곱근 값보다 작거나 같기 때문이다.

넷째, 검사도구의 양호도를 판단할 때 신뢰도보다는 타당도가 우선시되어야 한다.

검사도구의 양호도를 나타내는 대표적인 지표로서 타당도, 신뢰도, 객관도, 실용도 중에서 가장 중요한 것은 타당도이고, 그다음이 신뢰도라고 할 수 있다. 아무리 일관성이 있는 측정이고 평가라 할지라도 그것이 평가의 목적에 부합하지 않는 것이라면 무의미하기 때문이다. 그럼에도 평가의 실제에서 신뢰도보다 타당도에 대한 정보가 더 미흡하게 다루어지고 있다. 황정규 등(2017)은 그 이유를 다음과 같이 세 가지로 제시하고 있다.

첫째, 신뢰도에 대한 확신 없이는 타당도도 확신할 수 없기 때문이다.

둘째, 타당도에 대한 증거 수집이 신뢰도에 비해 훨씬 어렵기 때문이다.

셋째, 타당도보다 신뢰도와 객관도를 더 중시하는 사회적 분위기 때문이다.

앞으로 교육평가와 진단의 실제에서는 신뢰도 제고를 위한 노력 못지않게 타당도를 확보하려는 노력을 경주할 필요가 있다.

4. 측정의 표준오차와 신뢰구간

1) 측정의 표준오차

어떤 검사든지 한 번의 시행으로 측정하고자 하는 심리적 특성을 오차 없이 정확하게 측정할 수는 없다. 예를 들어, 철수의 지능을 알고 싶어 지능검사를 실시하여 IQ 115를 얻었다고 가정해 보자. 이때 얻은 IQ 115(획득점수)가 철수의 진짜 지능지수(진점수)라고 말하기는 어렵다. 즉, 모든 측정에는 어느 정도의 오차가 있을 수밖에 없으며, 우리는 획득점수를 가지고 진점수를 추정해야 한다. 즉, 어떤 지능검사를 철수에게 무한히 반복해서 실시한다고 가정할 때 얻어지는 획득점수들의 평균이 철수의 진짜 지능지수(진점수)라고 할 수 있다. 그리고 그 표준편차를 측정의 표준오차(standard error of measurement: SEM)라고 한다.

2) 신뢰구간

앞에서 예를 든 철수의 지능 측정에서 철수에게 하나의 지능검사를 무한히 반복하여 실시할 수는 없다. 대부분의 교육장면에서 아동의 지능지수는 지능검사를 한 번 실시하여 얻은 획득점수를 가지고 추정한다. 그런데 한 번의 측정으로 얻어진 점수를 가지고 철수의 지능지수를 단정적으로 말하는 것은 바람직하지 않다. 왜냐하면 측정에는 항상 오차가 따르기 때문이다. 그러므로 한 번의 측정에서 얻어진 지능지수(획득점수)와 측정의 표준오차를 고려하여 철수의 진짜 지능지수가 포함되는 점수의 범위를 말하는 것이 보다 바람직하다.

이처럼 획득점수를 중심으로 진점수가 포함되는 점수의 범위를 신뢰구간 (confidence interval)이라 한다. 신뢰구간은 다음과 같은 공식을 이용하여 설정할 수 있다. 이 공식에서 z점수는 신뢰수준을 나타내는데, 일반적으로 교육장면에서는 90% 신뢰수준(z=1.65), 95% 신뢰수준(z=1.96), 99% 신뢰수준(z=2.58)을 적용한다. 신뢰수준을 높이면 신뢰구간은 넓어지고, 신뢰수준을 낮추면 신뢰구간은 좁아진다.

$$신뢰구간 = 획득점수 \pm z \times SEM$$

예를 들어, 측정의 표준오차(SEM)가 3인 지능검사에서 철수가 115점을 획득했을 때 95% 신뢰수준에서 신뢰구간을 산출하면 다음과 같다.

$$115 \pm 1.96 \times 3 = 115 \pm 5.88$$

그러므로 철수의 지능지수를 115라고 말하기보다는 철수의 지능지수는 109.12~ 120.88 범위에 있을 가능성이 매우 높다고 말하는 것이 합리적이다.

신뢰수준과 반대의 개념이 유의수준이다. 즉, 95% 신뢰수준은 100번 측정할 경우 95번은 신뢰구간 안에 있을 것임을 의미한다. 이는 곧 5%의 유의수준이 되며, 100번 측정할 경우 5번은 신뢰구간을 벗어날 수 있음을 의미한다.

신뢰구간은 교육적 의사결정이나 가치판단을 할 때 매우 유용하게 활용될 수 있다. 예를 들어, 지능검사(SEM=3)와 읽기성취도 검사(SEM=2)를 실시하여 지능지수에 비해 읽기성취도 점수가 20점 이상 낮을 경우에 학습장애로 판정하는 기준이 있다고 가정해 보자. 만약에 철수가 지능지수 115, 읽기성취도 점수 93을 받았다면, 두 점수의 차이가 22점이므로 철수를 학습장애로 판정해야 할 것인가? 95% 신뢰수준에서 철수의 지능지수와 읽기성취도 점수의 신뢰구간을 산출해 보면 다음과 같다.

$$지능지수 = 115 \pm 1.96 \times 3 = 115 \pm 5.88 \ (109.12 - 120.88)$$
$$읽기성취도 점수 = 93 \pm 1.96 \times 2 = 93 \pm 3.92 \ (89.08 - 96.92)$$

이렇게 보면, 철수의 지능지수가 109.12, 읽기성취도 점수가 96.92가 되어 두 점수의 차이가 12.20에 불과할 수도 있다. 그러므로 두 점수의 차이가 20점이 되지 않으므로 철수를 학습장애로 판정해서는 안 된다.

5. 객관도

객관도(objectivity)는 자격을 갖춘 여러 채점자가 주관적 편견 없이 공정하게 동일한 채점 결과를 산출하는 정도를 말하는 것으로서 평가자 신뢰도라고도 한다. 객관도는 평가자가 주관적인 편견을 얼마나 배제하였는가를 보는 것으로서 평가자 내 신뢰도와 평가자 간 신뢰도가 있다.

평가자 내 신뢰도(intra-rater reliability)는 동일한 평가자가 모든 평가 대상을 계속해서 일관성 있게 측정하였는지 혹은 시간의 흐름에 따라서도 평가기준이 변하지 않고 동일하게 측정하였는지를 의미한다. 이에 비해, 평가자 간 신뢰도(inter-rater reliability)는 평가결과가 평가자 간에 얼마나 유사한가를 의미하는 것이다. 즉, 한 채점자가 다른 채점자와 얼마나 유사하게 평가하였는가를 의미하는 것이다.

평가자 간 신뢰도를 지수로 나타내는 방법에는 두 가지가 있다. 첫째는 채점자 간 상관을 구하는 것이다. 즉, 동일한 응시생의 답안을 각기 다른 채점자가 채점한 후, 각 채점자의 채점 결과 간 상관계수를 구하는 방법이다. 둘째는 채점자 간 일치도(일치율)를 구하는 것이다. 채점자 간 일치도는 동일한 응시생의 답안을 각기 다른 채점자가 채점한 후 동일한 점수를 부여한 비율을 말한다. 예를 들어, 어떤 학생의 응답에 대해 두 명의 채점자가 '맞다' 또는 '틀리다'로 채점을 한다고 가정해 보자. 학생의 응답 10개에 대하여 두 명의 채점자가 6개를 '맞다' 또는 '틀리다'로 일치되게 채점을 했다면 일치도는 6 ÷ 10 = .60(일치율 60%)이다.

일치도(일치율)는 두 평가자의 평가결과가 우연에 의하여 동일하게 평가될 확률을 통제하지 못하기 때문에 과대 추정되는 위험이 있다. Cohen(1960)은 이러한 문제를 해결하기 위하여 우연에 의하여 동일하게 평가될 확률을 제거한 Kappa 계수(k)를 제안하였다. Kappa 계수는 일치도(일치율)보다 낮게 계산되지만 더 정확한 신뢰도를 제공한다(김석우, 2015 재인용).

6. 점수의 유형

학생의 특성에 관한 수량적 정보를 수집한 결과는 다양한 형태의 점수로 보고된다. 점수의 유형은 학자에 따라 다양하게 분류되고 있지만, 여기에서는 점수가 제공하는 정보가 무엇인지에 중점을 두어 원점수, 백분율점수, 발달점수, 상대적 위치점수로 나누어 살펴보고자 한다.

1) 원점수

원점수(raw score)는 검사(평가) 도구를 이용하여 대상을 측정한 결과 얻게 되는 원래의 점수로서 다른 유형의 점수로 바꾸기 전의 점수를 말한다. 일반적으로는 옳은 반응을 보인 문항의 수가 된다. 예를 들어, 철수가 50문항의 국어시험에서 30문항의 정답을 맞혔다면, 철수의 국어시험 원점수는 30(또는 60점)이 된다.

이러한 원점수는 검사 대상의 수행결과를 숫자로 요약하여 나타낼 수 있지만, 그 자체만으로는 검사 대상의 수행에 관한 의미 있는 해석을 할 수 있는 정보를 주지 못한다. 예를 들어, 철수의 국어 원점수 60으로 철수의 수행 수준(예: 0학년 수준)이나 상대적 위치(예: 상위 00%)에 관한 구체적인 정보를 얻을 수 없다. 또 철수의 국어 원점수 60과 수학 원점수 50을 가지고 철수가 어느 과목을 더 잘한다고 말하기도 어렵다. 그 이유는 원점수는 의미 있는 해석을 할 수 있는 기준점이 없기 때문이다. 그래서 원점수는 백분율점수, 발달점수, 상대적 위치점수로 변환하여 사용하는 경우가 많다.

2) 백분율점수

백분율점수(percentage score)는 전체 문항에서 정답을 맞힌 문항(점수)의 백분율을 말한다. 예를 들어, 철수가 읽기능력검사 20문항에서 12문항을 맞혔다면, 철수의 읽기능력검사 백분율점수는 60%이다. 백분율점수는 특별한 통계지식이 없는 사람도 쉽게 이해할 수 있기 때문에 교육현장뿐만 아니라 일상생활에서도 아동의 수행수준을 나타내는 데 많이 사용되고 있다.

그러나 백분율점수 역시 그 자체만으로는 다른 점수와 상대적인 비교를 할 수 없다는 한계를 갖고 있다. 예를 들어, 철수가 읽기능력시험과 쓰기능력시험에서 모두 백분율점수 60%를 받았다 하더라도, 철수의 읽기능력과 쓰기능력 중에서 어느 능력이 더 우수한지를 비교하여 말할 수는 없다. 이러한 상대적 해석을 위해서는 원점수를 발달점수 또는 상대적 위치점수로 변환하여 사용해야 한다.

3) 발달점수

발달점수(developmental score)는 아동의 심리적 특성이나 학업적 특성의 발달정도를 나타내는 점수를 말하는 것으로서 연령등가점수, 학년등가점수, 지수점수가 대표적이다. 발달점수는 아동의 발달수준에 대한 정보는 제공해 주지만, 아동의 상대적 위치에 대한 정보를 제공해 줄 수는 없다.

(1) 연령등가점수

연령등가점수(age-equivalent score)란 아동의 수행이 특정한 연령의 평균적 수준임을 나타내는 것을 의미한다. 연령등가점수는 년 수와 개월 수를 하이픈(예: 6-5)으로 연결하여 표시한다. 년 수와 개월 수 사이에 소수점(예: 6.5)을 사용하지 않는다는 점에 유의할 필요가 있다. 예를 들어, 철수의 적응행동검사 결과 6-5라는 연령등가점수를 받았다면, 철수의 적응행동 수준이 6년 5개월 된 아동의 평균과 같은 수준임을 의미한다.

(2) 학년등가점수

학년등가점수(grade-equivalent score)란 학생의 수행이 특정한 학년의 평균적 수준임을 나타내는 것을 말한다. 학년등가점수는 학년과 달을 소수점(예: 3.4)으로 연결하여 표시한다. 연령등가점수처럼 하이픈(3-4)을 사용하는 것이 아니라는 점에 유의할 필요가 있다. 학년등가점수에 소수점을 사용하는 것은 일 년에 2개월은 방학으로 인하여 학교 교육이 이루어지지 않고 10개월만 학교 교육이 이루어지는 것으로 간주하기 때문이다. 예를 들어, 철수가 읽기능력검사 결과 3.4라는 학년등가점수를 받았다면, 철수의 읽기능력은 3학년 넷째 달까지 학교 교육을 받은 학생의 평균과 같은 수준임을 의미한다. 각 심리검사에 따라 또는 각 국가의 교육제도에 따라 학년등가점수를 표시하는 방법에 약간의 차이가 있으므로, 학년등가점수를 사용할 때는 사용하는 검사도구의 지침서를 참고할 필요가 있다.

(3) 지수점수

지수점수(quotient score)란 아동의 연령에 비해 특정한 심리적 특성의 발달 정도를 나타내는 점수를 말한다. 지수점수는 아동의 연령등가점수를 생활연령으로 나눈 값에 100을 곱하여 산출한다. 지수점수는 100을 기준으로 하여, 100보다 높을수록 아동의 생활연령에 비해 심리적 특성이 많이 발달한 것이며, 100보다 낮을수록 아동의 생활연령에 비해 심리적 특성이 적게 발달한 것을 의미한다. 지수점수로 표현되는 대표적인 것에는 지능지수(비율 IQ, ratio IQ), 발달지수(developmental quotient), 사회지수(social quotient), 언어지수(language quotient) 등이 있다.

대표적인 지수점수인 비율 IQ의 산출 공식은 다음과 같다.

$$IQ = (정신연령 \div 생활연령) \times 100$$

예를 들어, 생활연령이 8년 4개월(100개월)인 철수의 정신연령이 6년 8개월(80개월)로 측정되었다고 가정하고 비율 IQ를 산출해 보자. IQ = (80 ÷ 100) × 100에 의해 80이 된다. 즉, 철수의 IQ(비율 IQ)는 80이다. 이러한 결과를 통해 우리는 철수의 지능발달이 생활연령에 비해 많이 뒤떨어져 있음을 알 수 있다.

한편, 비율 IQ는 청소년기가 지난 성인의 지능지수를 산출하는 데 제한점이 있기 때문에 오래 전부터 비율 IQ 대신에 편차 IQ를 통하여 개인의 지능지수를 산출한다. 편차 IQ는 능력점수의 일종으로서 이후 표준점수에서 자세히 살펴보기로 한다.

4) 상대적 위치점수

상대적 위치점수(score of relative standing)는 아동의 수행 수준이 전체 규준집단에서 어디에 해당하는지 그 상대적 위치를 알려 주는 점수이다. 상대적 위치점수는 일종의 규준점수로서 아동의 상대적 위치를 알려 줌으로써 상대적 비교를 용이하게 하는 장점이 있다. 반면에 아동이 무엇을 알고 모르는지에 대한 정확한 정보를 제공할 수 없다는 한계를 갖고 있다. 상대적 위치점수에는 백분위점수, 표준점수, 스테나인 등이 있다.

(1) 백분위점수

백분위점수(percentile score)는 집단의 크기와 상관없이 집단을 100으로 잡고 아동들의 원점수를 100등분하여 낮은 점수부터 크기 순으로 늘어놓은 값을 말한다. 그러므로 백분위점수는 특정 원점수 이하를 받은 아동의 백분율(%)로 해석한다. 보통 약칭으로 퍼센타일(percentile)이라고 부른다.

예를 들어, 철수가 원점수 60점을 받고, 이 60점의 백분위점수(퍼센타일)가 40이라면 전체 아동 중에서 40%의 아동들이 철수의 점수인 60점 이하의 원점수를 받은 것으로 해석할 수 있다. 이는 철수가 전체 아동들 중에서 하위 40%에 해당하는 위치에 있다는 것을 의미한다.

백분위점수는 한 학생의 상대적 위치를 알 수 있을 뿐만 아니라, 동일한 검사를 서로 다른 집단에서 실시하고 얻은 백분위점수를 서로 비교할 수 있다는 장점을 갖고 있다. 또 백분위점수는 통계학에 대한 전문지식이 부족한 일반인들도 쉽게 이해할 수 있기 때문에, 많은 심리검사에서 검사 결과를 보고할 때 표준점수와 함께 제공되고 있다.

(2) 표준점수

표준점수(standard score)는 규준집단에서 얻은 점수의 분포, 즉 평균과 표준편차를 가지고 원점수를 정규분포의 개념에 비추어 변환한 척도를 말한다. 표준점수는 평균을 기준으로 하여 원점수와 평균의 차이를 구하고, 이를 다시 표준편차로 나누어 점수를 표시한다. 표준점수가 갖는 공통적인 장점은 다음과 같다(김석우, 2015).

첫째, 원점수 또는 백분위점수와 달리 유의미한 기준점을 갖고 있다.

둘째, 피검자가 얻은 점수 간의 등간성이 있어 능력의 차이로 비교할 수 있다.

셋째, 표준편차를 단위로 하기 때문에 피검자의 상대적 수준을 집단 내, 집단 간에 비교할 수 있다.

넷째, 여러 검사에서 나온 결과를 의미 있게 피검자 내, 피검자 간에 비교할 수 있다.

일반적으로 심리검사에서 가장 많이 사용되는 대표적인 표준점수에는 z점수, T점수, 능력점수, 척도점수 등이 있다.

① z점수

z점수(z score)는 평균이 0이고, 표준편차가 1인 정규분포를 이루는 표준점수이다. z점수는 원점수와 평균의 차이인 편차점수를 표준편차로 나누어 산출하며, 그 공식은 다음과 같다.

$$z점수 = (원점수 - 평균) \div 표준편차$$

예를 들어, 철수와 영희의 읽기능력검사의 원점수가 62와 50이고, 규준집단의 평균이 53, 표준편차가 5라고 가정하여 철수와 영희의 읽기능력점수에 대한 z점수를 산출하면 다음과 같다.

$$철수의 z점수 = (62 - 53) \div 5 = 1.8$$
$$영희의 z점수 = (50 - 53) \div 5 = -.6$$

철수와 영희의 z점수를 [그림 3-10]에서 그 상대적 위치를 확인해 보면, 철수의 읽기능력은 평균이상으로 상당히 높은 수준인 반면에, 영희의 읽기능력은 평균에 조금 못 미치는 낮은 수준임을 알 수 있다.

많은 심리검사에서 z점수 2와 z점수 -2는 중요한 의미를 갖는다. z점수 2는 그 상대적 위치가 상위 약 2.27%에 해당하고, z점수 -2는 하위 약 2.27%에 해당한다. 상위 또는 하위 2.27%는 정규분포에서 정상적인 범주와 이상적인 범주를 나누는 기준이 될 수 있다. 즉, $-2 \leq z \leq 2$는 보통 수준을 의미하며, 이 범위를 벗어난 경우는 보통의 수준을 벗어나 임상적인 의미를 갖는 높은(우수한) 또는 낮은(부족한) 수준을 의미한다. 예를 들어, 어떤 학생의 지능검사 결과가 z점수 2 이상에 해당한다면, 이 학생의 지능은 또래집단에서 상위 약 2.27% 이상에 해당하는 높은 지능을 갖고 있으며, 영재아의 조건을 갖고 있을 가능성을 고려할 수 있다. 반면에 어떤 학생의 지능검사 결과가 z점수 -2 이하에 해당한다면, 이 학생의 지능은 또래집단에서 하위 약 2.27% 이하에 해당하는 낮은 지능을 갖고 있으며, 지적장애아의 조건을 갖고 있을 가능성을 고려해 보아야 한다.

다만, z점수는 소수점 이하나 음수로 표현되어 사용에 다소 불편함이 따른다. 이러한 불편함을 보완한 것이 T점수이다.

② T점수

T점수(T score)는 평균이 50이고, 표준편차가 10인 정규분포를 이루는 표준점수이다. T점수는 z점수를 계산하는 공식을 이용하여 얻은 점수에 평균을 50으로 설정하여 음수 부호가 없어지게 하고 표준편차를 10으로 하여 소수점이 생기지 않도록 보정한 것이다. 즉, z점수에 10을 곱한 후 50을 더함으로써 산출된다. T점수의 산출 공식은 다음과 같다.

$$T점수 = 10 \times z점수 + 50$$

예를 들어, 앞에서 예를 들었던 철수와 영희의 읽기능력점수에 대한 T점수를 구하면 다음과 같다.

$$철수의 \; T점수 = 10 \times (1.8) + 50 = 68$$
$$영희의 \; T점수 = 10 \times (-.6) + 50 = 44$$

철수와 영희의 T점수를 [그림 3-10]에서 그 상대적 위치를 확인해 보면, 정규분포상의 위치가 z점수의 위치와 일치한다. 즉, 철수의 읽기능력은 평균이상으로 상당히 높은 수준인 반면에, 영희의 읽기능력은 평균에 조금 못 미치는 낮은 수준임을 알 수 있다.

많은 심리검사에서 T점수 70과 T점수 30은 중요한 의미를 갖는다. T점수 70은 z점수 2에 해당하며, T점수 30은 z점수 −2에 해당한다. 그러므로 T점수 70과 T점수 30이 갖는 의미는 앞에서 살펴본 z점수 2와 −2가 갖는 의미와 동일하다. 즉, 30≤T ≤70은 보통 수준을 의미하며, 이 범위를 벗어난 경우는 보통의 수준을 벗어나 임상적인 의미를 갖는 높은(우수한) 또는 낮은(부족한) 수준을 의미한다. 그러므로 어떤 학생의 적응행동검사 결과가 T점수 70 이상에 해당한다면, 이 학생의 적응행동 수준은 또래집단에서 상위 약 2.27% 이상에 해당하는 상당히 높은 수준이라고 할 수 있다. 반면에 어떤 학생의 적응행동검사 결과가 T점수 30 이하에 해당한다면, 이 학생의 적응행동 수준은 또래집단에서 하위 약 2.27% 이하에 해당하는 상당히 낮은 수준이라고 할 수 있다.

③ 능력점수

능력점수(ability score)는 평균이 100이고, 표준편차가 15(또는 16)인 정규분포를 이루는 표준점수이다. 그러므로 능력점수 100은 z점수 0, T점수 50에 해당한다. 또 능력점수 130(또는 132)은 z점수 2와 T점수 70에 해당하며, 능력점수 70(또는 68)은 z점수 -2와 T점수 30에 해당한다. 능력점수, z점수, T점수, 백분위점수의 관계는 [그림 3-10]을 통해 그 상대적 위치를 확인할 수 있다.

능력점수는 주로 인간의 능력(학업능력, 지능, 인지능력 등)을 측정하는 검사에서 많이 사용하며, 비율 IQ(ratio IQ)와 대비되는 편차 IQ(deviation IQ)가 대표적인 예이다. 비율 IQ는 지수점수인 데 비해, 편차 IQ는 능력점수이다. 그러므로 편차 IQ는 비율 IQ가 성인의 지능지수를 표현하는 데 갖고 있는 한계를 보완할 수 있다. 오늘날 대부분의 지능검사 결과는 편차 IQ 형태로 제공된다.

④ 척도점수

척도점수(scaled score)는 평균이 10이고, 표준편차가 3인 정규분포를 이루는 표준점수이다. 그러므로 척도점수 10은 z점수 0, T점수 50, 능력점수 100에 해당한다. 척도점수 16은 z점수 2, T점수 70, 능력점수 130(또는 132)에 해당하며, 척도점수 4는 z점수 -2, T점수 30, 능력점수 70(또는 68)에 해당한다. 그러므로 4≤척도점수≤16은 보통 수준을 의미하며, 이 범위를 벗어난 경우는 보통의 수준을 벗어나 임상적인 의미를 갖는 높은(우수한) 또는 낮은(부족한) 수준을 의미한다. 척도점수, 능력점수, z점수, T점수, 백분위점수의 관계는 [그림 3-10]을 통해 그 상대적 위치를 확인할 수 있다.

척도점수는 심리검사가 여러 가지의 하위검사로 구성되어 있을 때, 각 하위검사의 결과를 보고하는 점수로 자주 사용된다. 예를 들어, K-WPPSI-IV 한국판(웩슬러 유아지능검사-제4판)에서 전체척도와 5개 하위척도(언어이해, 시공간, 유동추론, 작업기억, 처리속도)의 지표점수는 능력점수로 제공되며, 각 소검사(예: 토막짜기, 상식, 행렬추리 등)의 환산점수는 척도점수로 제공된다.

[그림 3-8]과 [그림 3-9]는 K-WPPSI-IV의 검사 결과에서 능력점수(해당되는 백분위점수와 신뢰구간 포함)와 척도점수(백분위점수 포함)가 사용되는 구체적인 예를 보여 주고 있다.

기본분석 Ⅱ

지표점수 분석

척도		환산점수 합	지표점수	백분위	신뢰구간[1] 90%(95%)	분류범주	SEM
언어이해	VCI	18	95	36.0	87 - 103 (85 - 105)	평균	5.15
시공간	VSI	16	87	19.0	76 - 98 (74 - 100)	평균 이하	6.54
유동추론	FRI	22	107	67.0	100 - 114 (99 - 115)	평균	3.91
작업기억	WMI	15	86	18.0	78 - 94 (76 - 96)	평균 이하	4.81
처리속도	PSI	26	117	88.0	107 - 127 (105 - 129)	평균 이상	6.54
전체척도	FSIQ	57	95	36.0	84 - 106 (82 - 108)	평균	6.35

[1] 신뢰구간은 추정값의 표준오차를 사용하여 산출하였다.

지표점수 프로파일

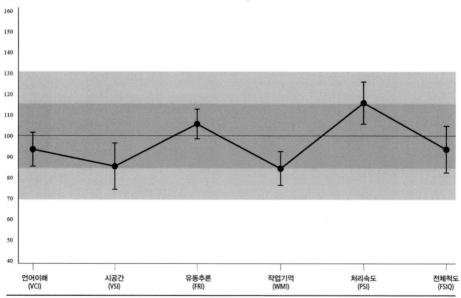

* 세로선은 90% 신뢰구간을 나타낸다.

[그림 3-8] 능력점수 사용의 예

출처: 인싸이트(https://inpsyt.co.kr) K-WPPSI-Ⅳ 검사 결과에서 일부 내용 발췌.

기본분석 I

소검사점수 분석

소검사		원점수	환산점수	백분위	추정연령	SEM
토막짜기	BD	18	7	16.0	4:1	1.3
상식	IN	16	8	25.0	4:7	1.33
행렬추리	MR	10	8	25.0	4:6	0.93
동형찾기	BS	45	15	95.0	6:7	1.85
그림기억	PM	13	9	37.0	4:11	1.02
공통성	SI	19	10	50.0	5:4	1.17
공통그림찾기	PC	16	14	91.0	6:7	0.91
선택하기	CA	34	11	63.0	5:5	1.04
위치찾기	ZL	7	6	9.0	<4:0	1.44
모양맞추기	OA	24	9	37.0	4:9	1.54
어휘	VC	17	11	63.0	5:9	1.25
동물짝짓기	AC	45	15	95.0	7:1	1.82
이해	CO	25	14	91.0	7:0	1.3
수용어휘	RV	17	8	25.0	4:8	1.17
그림명명	PN	15	9	37.0	4:9	1.48
선택하기(비정렬)	CAR	13	9	37.0	4:4	1.53
선택하기(정렬)	CAS	21	12	75.0	6:1	1.37

소검사 환산점수 프로파일

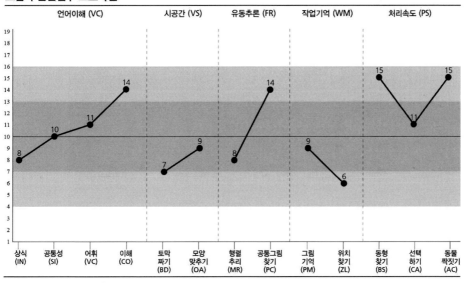

[그림 3-9] 척도점수 사용의 예

출처: 인싸이트(https://inpsyt.co.kr) K–WPPSI–IV 검사 결과에서 일부 내용 발췌.

(3) 스테나인

스테나인(stanine)은 standard nine의 합성어로서 구분점수라고도 한다. 스테나인은 표준점수를 변환하여 9개의 구간으로 나눈 점수로서 일종의 정규화된 표준점수이다. 스테나인은 점수를 순차적으로 배열한 후 4%, 7%, 12%, 17%, 20%, 17%, 12%, 7%, 4%의 비율로 점수를 분할하고, 가장 아래 비율부터 1, 2, 3, 4, 5, 6, 7, 8, 9를 부여한다(김성훈 외, 2018). 원점수가 정규분포를 이룰 경우 z점수 기준 −1.75 이하를 최하위 급간(구간 1)으로 설정하고, z점수를 0.5점씩 올려 가면서 급간을 구성하여 마지막 급간(구간 9)은 z점수 1.75점 이상으로 설정하게 된다. 이를 T점수로 환산하면 32.5점 이하가 구간 1이 되고, 이후 5점 단위로 구간이 형성된다(황정규 외, 2017).

점수의 범위는 1~9이며, 점수가 정규분포를 이룰 경우 평균은 5, 표준편차는 2가 된다. 스테나인은 백분위점수처럼 규준집단에서 개인의 상대적 위치에 관한 점수를 제공한다. 스테나인을 z점수, 백분위점수와 비교하여 상대비율과 누적비율을 표시하면 다음 〈표 3-5〉와 같다.

표 3-5　스테나인, z점수, T점수, 백분위점수의 비교

스테나인	1	2	3	4	5	6	7	8	9
z점수	−1.75 이하	−1.75 ~ −1.25	−1.25 ~ −.75	−.75 ~ −.25	−.25 ~ .25	.25 ~ .75	.75 ~ 1.25	1.25 ~ 1.75	1.75 이상
T점수	32.5 이하	32.5 ~ 37.5	37.5 ~ 42.5	42.5 ~ 47.5	47.5 ~ 52.5	52.5 ~ 57.5	57.5 ~ 62.5	62.5 ~ 67.5	67.5 이상
백분위	4 미만	4~10	11~22	23~39	40~59	60~76	77~88	89~95	96 이상
상대비율 (%)	4	7	12	17	20	17	12	7	4
누적비율 (%)	4	11	23	40	60	77	89	96	100
수능등급	9	8	7	6	5	4	3	2	1

출처: 김성훈 외(2018), p. 302와 황정규 외(2017), p. 341을 참고하여 재구성한 것임.

지금까지 살펴본 백분위점수, z점수, T점수, 능력점수, 척도점수, 스테나인은 상대적 위치점수이다. 이 점수들의 관계를 정규분포 곡선과 함께 제시하면 [그림 3-10]과 같다.

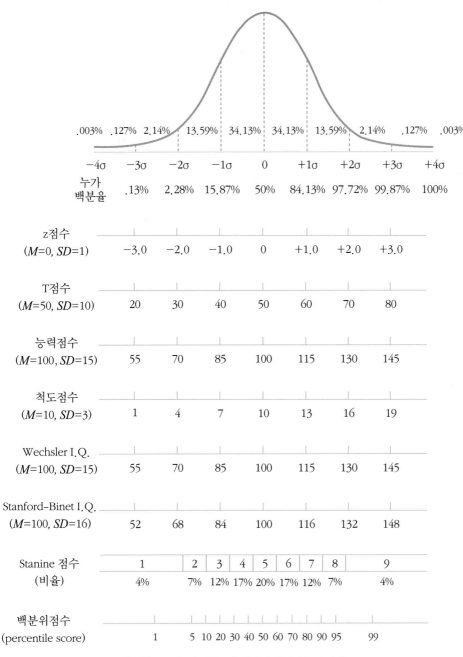

[그림 3-10] **정규분포와 상대적 위치점수의 관계**

생각해 볼 문제

1. 평균, 중앙값, 최빈값의 개념을 예를 들어 설명해 보시오.

2. 정규분포에서 평균과 표준편차 사이의 퍼센타일을 제시하고, 그 의미를 설명해 보시오.

3. 타당도와 신뢰도의 개념을 비교하여 설명해 보시오.

4. 타당도의 유형을 제시하고, 간략히 설명해 보시오.

5. 신뢰도의 유형을 제시하고, 간략히 설명해 보시오.

6. 측정의 표준오차가 2인 적응행동검사에서 길동이가 85점을 획득했다고 가정하고, 95% 신뢰수준에서 길동이의 적응행동점수에 대한 신뢰구간을 산출해 보시오.

7. 연령등가점수, 학년등가점수, 지수점수의 개념을 예를 들어 설명해 보시오.

8. 백분위점수, z점수, T점수, 능력점수, 척도점수의 개념을 예를 들어 설명해 보시오.

제2부

특수아동의 진단

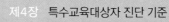

특수교육평가 이론과 실제

특수교육대상자 진단 기준

　　특수교육대상자의 많은 부분을 차지하고 있는 장애아동을 진단하기 위해서는 장애유형별 진단 기준이 요구된다. 진단 기준은 각 나라마다 차이가 있으며, 시대에 따라 기준이 변화하기도 한다. 특수교육대상자로 진단된다는 것은 특수교육과 관련서비스에 대한 지원을 받을 수 있는 적격성을 갖춘다는 것을 의미한다. 그러므로 진단 기준을 어떻게 정하느냐에 따라 특수교육과 관련 서비스를 받을 수 있는 대상자의 범위가 결정된다. 이하에서는 우리나라「장애인 등에 대한 특수교육법」과「장애인복지법」에 근거하여 특수교육대상자에 대한 진단 기준을 설명하였다.

1. 시각장애

　　시각장애라 함은 시기능의 현저한 저하 또는 소실에 의해 일상생활 또는 사회생활에 제약이 있는 것이라 할 수 있다. 시각은 시력(visual acuity)과 시야(visual field)에 의해 결정된다. 시력은 사람이 볼 수 있는 명료도를 나타내는 것으로서 얼마나 사물을 정확하게 볼 수 있는지를 나타내는 것이다. 시야는 눈으로 어느 한 점을 바라볼 때 눈에 보이는 범위를 의미한다. 그러므로 시각장애라 함은 명확하게 세상을 보지 못하거나 볼 수 있는 범위가 제한된 경우라 할 수 있다.

　교육적 측면에서는 단순한 시력과 시야의 심각한 문제에 초점을 맞추기보다는 학습의 수단으로서 시력을 사용할 수 있는 능력에 초점을 두고 시각장애의 선정기준을 정하고 있다. 실제 「장애인 등에 대한 특수교육법」에서는 다음과 같이 시각장애인의 선정기준을 제시하고 있다.

> 시각장애인이란 시각계의 손상이 심하여 시각기능을 전혀 이용하지 못하거나 보조공학기기의 지원을 받아야 시각적 과제를 수행할 수 있는 사람으로서 시각에 의한 학습이 곤란하여 특정의 광학기구·학습매체 등을 통하여 학습하거나 촉각 또는 청각을 학습의 주요 수단으로 사용하는 사람

　그러나 「장애인 등에 대한 특수교육법」의 기준은 시각장애를 진단하기 위한 명확한 준거를 제시하지 않고 있기 때문에 시각장애 진단을 위한 기준은 「장애인복지법」에 근거한다. 동법 시행령 별표 1에서는 시각장애의 진단 기준을 다음과 같이 규정하고 있다.

> 가. 나쁜 눈의 시력(공인된 시력표에 따라 측정된 교정시력)이 0.02 이하인 사람
> 나. 좋은 눈의 시력이 0.2 이하인 사람
> 다. 두 눈의 시야가 각각 주시점에서 10도 이하로 남은 사람
> 라. 두 눈의 시야 2분의 1 이상을 잃은 사람

　그러므로 우리나라에서는 시각장애인을 진단하는 기준으로 시력과 시야를 모두 활용하고 있음을 확인할 수 있다. 동법 시행규칙 별표 1에서는 시각장애의 정도에 따른 분류를 하고 있다. 시력과 시야 중 어느 하나라도 심각한 제한이 있으면 정도에 따라 장애의 정도가 심한 시각장애인과 장애의 정도가 심하지 않은 시각장애인으로 나눌 수 있으며, 구체적 기준은 다음과 같다.

가. 장애의 정도가 심한 장애인

　　1) 좋은 눈의 시력(공인된 시력표로 측정한 것을 말하며, 굴절이상이 있는 사람은 최대 교정시
　　　력을 기준으로 한다. 이하 같다)이 0.06 이하인 사람

　　2) 두 눈의 시야가 각각 모든 방향에서 5도 이하로 남은 사람

나. 장애의 정도가 심하지 않은 장애인

　　1) 좋은 눈의 시력이 0.2 이하인 사람

　　2) 두 눈의 시야가 각각 모든 방향에서 10도 이하로 남은 사람

　　3) 두 눈의 시야가 각각 정상시야의 50퍼센트 이상 감소한 사람

　　4) 나쁜 눈의 시력이 0.02 이하인 사람

이러한 기준에 따라 시각장애를 진단하기 위해서는 적절한 검사가 이루어져야 한다. 대표적인 시각장애 진단 방법으로는 시력검사, 시야검사, 색각검사, 대비감도검사 등이 있다.

시력검사에는 객관적 시력검사, 주관적 시력검사, 기능적 시력검사의 세 가지가 있다(임안수, 2008). 객관적 시력검사는 임상적 저시력 평가라고도 하는데, 피검자의 신체적 반응이나 뇌파검사와 같은 객관적인 검사를 통하여 시력을 검사하는 방법이다. 일반적으로 객관적 시력검사는 안과 의사에 의해 실시되며, 눈의 생김새와 안저 반응, 양안의 위치 및 안구운동, 빛에 대한 동공의 크기와 모양 변화, 안진검사에 대한 반응 등의 검사로 이루어진다.

주관적 시력검사는 피검자가 검사자의 지시에 따라 반응하는 검사를 의미한다. 주관적 시력검사를 실시할 때에는 원거리에서 검사하거나 근거리에서 검사를 실시할 수 있다. 원거리 시력검사는 5m의 거리에서 눈의 움직임을 가능한 한 멈추게 한 교정상태에서 검사를 실시한다. 일상적으로 신체검사를 받을 때 숫자나 모양을 보면서 실시하는 시력검사가 원거리 검사에 해당하며, 한천석 시시력표, 진용한 시시력표, 스넬렌 시표, 저시력자용 원거리 시력표, 유아용 원거리 시력표 등이 있다.

그러나 원거리 시력검사는 시기능, 굴정이상, 조명과 눈부심 효과, 안질환의 종류, 지각 상태 등을 파악하기가 어렵다. 이러한 제한점을 극복하기 위하여 근거리 시력검사를 실시한다. 근거리 시력검사는 일반적으로 35cm 정도의 거리에서 시력을 측정하는 것을 의미한다. 대표적인 검사로는 란돌트 고리, 스넬렌 문자, 진용한

의 근거리 시시력표가 있다. 이 중 진용한의 근거리 시시력표는 우리나라에서 개발된 검사이다. 근거리 시력검사는 학령기 아동에게 적합한 글자크기가 어느 정도인지 파악하고 적절한 저시력기구를 처방할 때 적합한 검사이다(권요한 외, 2015).

기능시력검사는 일상생활이나 특정한 상황에서 자신이 원하는 과제를 수행하기 위하여 시력을 사용하는 능력을 측정하는 검사이다. 기능시력검사를 위해서 준거지향 검목표, 관찰보고서, 형식적 검사도구 및 비형식적 검사 등을 실시한다.

시야검사는 눈을 움직이지 않고 한 점을 응시했을 때 볼 수 있는 범위를 의미하는데, 정상적인 시야의 범위는 코 쪽에서 귀 쪽으로 약 150도, 위쪽에서 아래쪽으로 약 120도이다(임안수, 2008). 대표적인 시야검사로는 주변시야계법, 대면법, 탄젠트 스크린법 등이 있다.

색각검사는 가시광선 중 파장의 차이에 따라서 물체의 색채를 구별하여 인식하는 능력을 평가하는 것이다. 색각이상은 정도에 따라 색맹과 색약으로 분류한다. 색약은 정상인과 같이 적색, 녹색, 청색 세 가지의 원추세포를 모두 가지고 있지만 한 가지 또는 두 가지 이상의 원추세포가 부실해서 해당되는 색이 다른 색과 섞여 있을 때 그 색을 구분하지 못하는 것을 의미한다. 색맹은 원추세포에 있는 색소에 이상이 생겨 특정 색을 남들과 전혀 다르게 인식하는 것을 의미한다. 색각검사로는 이시하라 검사법, 색각경 검사, D-15 test를 많이 사용한다.

대비감도검사란 서로 다른 대비를 갖는 대상을 얼마나 잘 구별하는지를 파악하는 검사로서 밝음과 어둠의 비율을 어떻게 인식하는지를 평가한다. 예를 들어, 완전 흰색과 완전검은색 사이의 대비감도는 1(100%)이다. 대비감도를 평가함으로써 저시력 학생이 흰바탕에 검은색 글씨를 잘 인식하는지를 평가할 수 있다.

2. 청각장애

청각장애란 청력의 손실 정도가 심하여 일상생활을 하는 데 어려운 상태를 의미하고, 농과 난청을 모두 포함한다. 농이라 함은 90dB 이상의 청력손실로 인하여 거의 소리를 들을 수 없는 상태를 의미하고, 난청이라 함은 25dB 이상 90dB 이하의 청력손실로 인하여 소리를 잘 들을 수 없는 상태를 말한다. 일반적으로 의사소통의 기본인 듣기와 말하기는 인과적 관계가 매우 높기 때문에 청력에 손실이 있을 경우

언어적 정보를 처리하는 데 어려움이 발생할 뿐만 아니라 구어 능력의 발달에 문제가 발생한다. 이러한 이유로 교육적 측면에서 청각장애를 진단하고자 할 때에는 보청기를 사용하여 청력손실에 대한 보완을 한 상태에서 의사소통이 어느 정도 능력인지를 평가한다. 실제 「장애인 등에 대한 특수교육법」에서는 다음과 같이 청각장애인의 선정기준을 제시하고 있다.

청각장애인이란 청력손실이 심하여 보청기를 착용해도 청각을 통한 의사소통이 불가능 또는 곤란한 상태이거나, 청력이 남아 있어도 보청기를 착용해야 청각을 통한 의사소통이 가능하여 청각에 의한 교육적 성취가 어려운 사람

그러나 「장애인 등에 대한 특수교육법」의 기준은 청각장애를 진단하기 위한 명확한 준거를 제시하지 않고 있기 때문에 청각장애 진단을 위한 기준은 「장애인복지법」에 근거한다. 동법 시행령 제2조 별표 1에서는 청각장애의 진단 기준을 다음과 같이 규정하고 있다.

가. 두 귀의 청력손실이 각각 60데시벨(dB) 이상인 사람
나. 한 귀의 청력손실이 80데시벨 이상, 다른 귀의 청력손실이 40데시벨 이상인 사람
다. 두 귀에 들리는 보통 말소리의 명료도가 50퍼센트 이하인 사람
라. 평형기능에 상당한 장애가 있는 사람

나라마다 청력손실 정도에 따라 청각장애로 진단하는 기준이 다소 차이가 있지만, 우리나라에서는 청력손실과 평형기능의 두 가지 측면에서 청각장애를 진단하고 있다. 동법 시행규칙 별표 1에서는 청각장애의 정도에 따른 분류를 하고 있으며, 청력과 평형기능 중 어느 하나라도 심각한 제한이 있으면 정도에 따라 장애의 정도가 심한 청각장애인과 장애의 정도가 심하지 않은 청각장애인으로 분류하고 있다. 청각장애 분류에 대한 구체적 기준은 다음과 같다.

가. 청력을 잃은 사람

　1) 장애의 정도가 심한 장애인

　　두 귀의 청력을 각각 80데시벨 이상 잃은 사람(귀에 입을 대고 큰 소리로 말을 해도 듣지
　　못하는 사람)

　2) 장애의 정도가 심하지 않은 장애인

　　가) 두 귀에 들리는 보통 말소리의 최대의 명료도가 50퍼센트 이하인 사람

　　나) 두 귀의 청력을 각각 60데시벨 이상 잃은 사람(40센티미터 이상의 거리에서 발성된 말
　　　소리를 듣지 못하는 사람)

　　다) 한 귀의 청력을 80데시벨 이상 잃고, 다른 귀의 청력을 40데시벨 이상 잃은 사람

나. 평형기능에 장애가 있는 사람

　1) 장애의 정도가 심한 장애인

　　양측 평형기능의 소실로 두 눈을 뜨고 직선으로 10미터 이상을 지속적으로 걸을 수 없는
　　사람

　2) 장애의 정도가 심하지 않은 장애인

　　평형기능의 감소로 두 눈을 뜨고 10미터 거리를 직선으로 걸을 때 중앙에서 60센티미터
　　이상 벗어나고, 복합적인 신체운동이 어려운 사람

　이러한 기준에 따라 청각장애를 진단하기 위해서는 적절한 평가를 실시하여야
한다. 청각장애를 진단하는 대표적인 평가방법으로는 순음청력검사, 어음청력검
사, 중이기능검사 등이 있다.

　순음청력검사(pure tone audiometry)는 말 인지와 관련된 여러 가지 주파수의 순
음을 감지하는 피검자의 청감도를 평가하는 주관적 검사이다(고은 외, 2015). 이
검사에서는 검사자가 피검자에게 주파수별로 순음을 점점 크게 제시하고 피검
자가 순음을 듣게 되었을 때 신호를 보내게 한다. 이때 제시된 음을 피검자가 들
을 수 있는 최소 수준인 주파수별 역치(청력 수준)를 구하는데, 각 귀에 대하여
250~8,000Hz의 주파수에 대한 역치를 구한다. 주파수의 역치는 청자가 음을 감지
하는 데 필요한 수준 이상의 데시벨의 수치를 dB HL(hearing level)로 기록한다. 만
약 어떤 주파수에서 0~25dB 사이의 dB HL에서 피검자가 반응하였다면, 정상 감각
수준에서 해당 주파수의 소리를 감지할 수 있음을 파악할 수 있다. 순음청력검사는

기도검사와 골도검사를 실시한다. 이를 통하여 전음성 청력손실이 있는지 아니면 감음성 청력손실이 있는지를 파악할 수 있다.

어음청력검사(speech audition)는 말소리를 직접적인 자극으로 사용하여 청력을 검사하는 방법을 의미한다(고은 외, 2015). 이 검사에서 사용하는 자극으로는 음소, 단어, 문장, 연결된 말 등이 있다. 어음청력검사 방법으로는 어음청취역치와 어음변별점수를 파악하는 방법이 있다. 어음청취역치는 말소리에 대한 청력 수준이 어느 정도인지를 파악하는 방법이고, 어음변별점수는 역치의 수준에 따라 말소리를 이해하거나 변별할 수 있는 능력을 측정하는 방법이다.

중이기능검사는 고막, 이소골(추골, 침골, 등골), 이관 등으로 구성되어 있는 중이가 얼마나 잘 기능을 하고 있는지를 파악하는 검사이다(고은 외, 2015). 중이의 기능을 검사하는 방법으로는 고실계측법(tympanometry)과 청각반사검사(acoustic reflex threshold)가 있다. 고실계측법은 소리를 받아들이는 고막의 능력을 평가하는 검사이고, 청각반사는 큰 소리가 달팽이관(와우)에 들어갈 때 등골에 붙어 있는 긴장근의 수축 정도를 평가하는 검사이다.

3. 지적장애

지적장애(intellectual disabilities)는 지적 기능(추론, 학습, 문제해결 등)과 개념적, 사회적, 실제적 적응기술로 표현되는 적응행동에서 모두 심각한 제한이 있으며 18세 이전에 나타난다(AAIDD, 2010). 지적장애라는 용어는 정신지체라는 용어를 변경한 것이다. 지적장애라는 용어를 사용하게 된 이유는 정신지체보다 지적장애라는 용어에 대하여 장애당사자나 보호자의 거부감이 적고, 기능적 행동과 상황적 요인을 강조하는 현재의 임상 실제를 잘 표현할 수 있으며 사회-생태학적 이론에 기초하여 개별화된 지원을 제공하기 위한 논리적 근거를 제공하기 때문이다(Buntinx & Schalock, 2010).

「장애인 등에 대한 특수교육법」(제15조)에서도 지적장애라는 용어를 사용하고 있으며, 동법 시행령(제10조의 별표)에서 지적장애를 지적 기능과 적응행동상의 어려움이 함께 존재하여 교육적 성취에 어려움이 있는 사람이라고 정의하고 있다.

지적장애로 판별하기 위해서는 지적 기능이 평균보다 유의하게 낮고 적응행동의 결함이 동시에 있어야 하며, 발달기에 해당하는 18세 이전에 발생하여야 한다. 그러므로 지적장애를 진단하기 위해서는 지능검사와 적응행동검사를 실시하여야 한다.

　지적장애로 진단하기 위한 가장 기본적인 검사는 지능검사이며, 일반적으로 평균이 100이고 표준편차가 ±15인 척도를 이용한다([그림 4-1] 참조). 이 척도에서 평균으로부터 −2 표준편차 이하인 IQ 70 이하이면 지적 기능에 문제가 있는 것으로 생각한다. 그러나 IQ만 가지고 지적장애를 정확하게 정의하기가 어렵고 지능검사 도구 간에 미세한 편차가 있기 때문에 IQ가 70~75 사이인 경우 임상적 판단에 의하여 지적장애로 진단할 수 있다. 역사적으로 보았을 때 초기 진단 과정에서는 IQ를 가지고 경도, 중등도, 중도, 최중도로 지적장애를 분류하였다. 그리고 1 표준편차가 낮아질 때마다 수행 수준이 한 단계씩 낮아지도록 분류 기준이 마련되었다. 그러나 1992년 이후에는 진단의 목적이 단순한 분류가 아닌 적절한 지원을 제공하는 것이라는 철학에 근거하여 지능과 상관없이 지원의 정도에 따라 지적장애를 간헐적 지원, 제한적 지원, 확장적 지원, 전반적 지원이라는 네 단계로 분류하였다.

　우리나라에서 지적장애를 판별하기 위하여 많이 사용하는 지능검사도구로는 한국 웩슬러 아동지능검사(K-WISC-V), 한국판 카우프만 아동지능검사(KABC-II), 한국 웩슬러 유아지능검사(K-WPPSI-IV) 등이 있다.

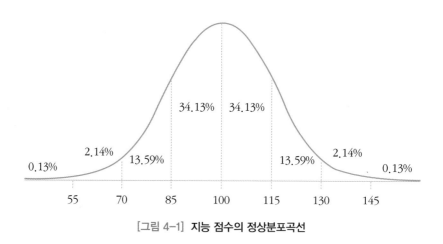

[그림 4-1] 지능 점수의 정상분포곡선

　적응행동이란 한 개인이 생활환경에 적응하는 데 필요한 기능을 의미하고, 일반적으로 개념적, 사회적, 실제적 적응행동으로 구성된다. 개념적 적응행동으로는 읽기, 쓰기, 표현언어, 수용언어, 화폐 개념, 자기지시(self-direction) 등이 있고, 사회적 적응행동에는 대인관계, 책임감, 자아존중감, 타인에게 속는 정도, 규칙 지키기,

법 준수하기 등이 있다. 실제적 적응행동에는 식사하기, 이동하기, 화장실 사용하기, 옷 입기와 같은 일상생활 활동과 식사 준비하기, 청소하기, 교통수단 이용하기, 약 복용하기, 금전 관리하기, 전화 사용하기와 같은 일상생활의 도구적 활용, 직업 기술, 안전환 환경의 유지 등이 포함된다. 이러한 적응행동을 구성하는 적응 기술을 정리하면 〈표 4-1〉과 같다.

표 4-1 적응행동의 분류 및 예시

적응행동의 분류	행동의 예시
개념적 적응행동	• 언어(수용, 표현)　• 읽기, 쓰기 • 화폐 개념　• 자기지시
사회적 적응행동	• 대인 관계　• 책임감 • 자아 존중감　• 타인에게 속는 정도 • 순진한 정도　• 규칙 지키기 • 법 준수하기　• 손해 보지 않기
실제적 적응행동	• 일상생활 활동: 식사하기, 이동하기, 화장실 이용하기, 옷 입기 • 일상에서 도구 활용: 식사 준비, 가사활동, 교통수단 이용, 약 복용, 돈 관리, 전화 사용 • 직업기술 • 안전한 환경 유지하기

　　일반적으로 적응행동을 진단하기 위해서는 표준화된 검사도구를 사용하며, 그 결과 적응행동에 심각한 제한이 나타나야 지적장애로서 진단될 수 있다. 심각한 제한이라 함은 개념적, 사회적, 실제적 적응행동 중 어느 하나에서 -2 표준편차 이하로 나타나거나 또는 개념적, 사회적, 실제적 적응행동을 포함하는 표준화된 측정도구에서 -2 표준편차 이하인 경우를 의미한다.

　　우리나라에서 적응행동을 측정할 수 있는 검사도구로는 국립특수교육원 적응행동검사(NISE-K·ABS), 지역사회적응검사(CIS-A), 한국판 적응행동검사(K-SIB-R), 파라다이스 한국표준 적응행동검사(PABS: KS) 등이 있다. 「장애인 등에 대한 특수교육법」에는 사회성숙도 검사도 제시하고 있으나, 이 검사는 표준화가 이루어진 지 너무 오래되어 재표준화 작업이 절대적으로 필요하다.

4. 지체장애

지체장애(physical disabilities)란 골격, 근육, 신경계통의 질환, 손상, 기능 및 발달 이상으로 신체의 움직임 등에 상당한 제한이 있는 장애를 의미한다(국립특수교육원, 2009). 이러한 지체장애는 우리나라 장애인 중 가장 높은 비율을 차지하고 있으며, 장애 부위와 정도 및 유형 등에 따라 매우 광범위하고 다양하게 나타나고 있다. 특히 지체장애에는 소아마비, 뇌성마비, 이분척추, 근이영양증, 외상성 뇌손상 등 다양한 원인에 의해 발생하기 때문에 신체 기능이나 형태를 고려하여 정의를 내리고 있다. 실제 「장애인 등에 대한 특수교육법 시행령」 제10조에서는 지체장애가 있는 특수교육대상자를 '기능·형태상 장애를 가지고 있거나 몸통을 지탱하거나 팔다리의 움직임 등에 어려움을 겪는 신체적 조건이나 상태로 인해 교육적 성취에 어려움이 있는 사람'으로 정의하고 있다. 그러나 「장애인 등에 대한 특수교육법 시행령」에서는 명확한 진단 준거를 제시하지 않고 있을 뿐만 아니라 뇌병변 장애를 지체장애에서 분류하지 않고 있다. 이 때문에 지체장애 진단을 위한 기준을 파악하기 위해서는 「장애인복지법 시행령」 제2조 별표 1을 살펴보아야 한다. 동법 제2조 별표 1에서는 지체장애의 기준을 다음과 같이 규정하고 있다.

---

1. 지체장애인(肢體障碍人)

   가. 한 팔, 한 다리 또는 몸통의 기능에 영속적인 장애가 있는 사람

   나. 한 손의 엄지손가락을 지골(指骨: 손가락 뼈) 관절 이상의 부위에서 잃은 사람 또는 한 손의 둘째 손가락을 포함한 두 개 이상의 손가락을 모두 제1지골 관절 이상의 부위에서 잃은 사람

   다. 한 다리를 가로발목뼈관절(lisfranc joint) 이상의 부위에서 잃은 사람

   라. 두 발의 발가락을 모두 잃은 사람

   마. 한 손의 엄지손가락 기능을 잃은 사람 또는 한 손의 둘째 손가락을 포함한 손가락 두 개 이상의 기능을 잃은 사람

   바. 왜소증으로 키가 심하게 작거나 척추에 현저한 변형 또는 기형이 있는 사람

   사. 지체(肢體)에 위 각 목의 어느 하나에 해당하는 장애정도 이상의 장애가 있다고 인정되는 사람

2. 뇌병변장애인(腦病變障碍人)

뇌성마비, 외상성 뇌손상, 뇌졸중(腦卒中) 등 뇌의 기질적 병변으로 인하여 발생한 신체적 장애로 보행이나 일상생활의 동작 등에 상당한 제약을 받는 사람

이러한 지체장애의 기준에 근거하여 「장애인복지법 시행규칙」은 지체장애인을 진단하는 기준으로 신체 일부의 손상, 관절장애, 기능장애, 신체변형으로 분류하고 있고, 뇌병변 장애를 별도로 제시하였다. 특수교육적 맥락에서 지체장애 속에 뇌병변을 포함한다고 하였을 때, 지체장애의 장애 정도에 따른 분류는 〈표 4-2〉와 같다.

표 4-2 지체장애의 분류

하위 분류	장애의 정도가 심한 경우	장애의 정도가 심하지 않은 경우
신체손상	가) 두 손의 엄지손가락과 둘째손가락을 잃은 사람 나) 한 손의 모든 손가락을 잃은 사람 다) 두 다리를 가로발목뼈관절(Chopart's joint) 이상의 부위에서 잃은 사람 라) 한 다리를 무릎관절 이상의 부위에서 잃은 사람	가) 한 손의 엄지손가락을 잃은 사람 나) 한 손의 둘째손가락을 포함하여 두 손가락을 잃은 사람 다) 한 손의 셋째손가락, 넷째손가락 및 다섯째손가락을 모두 잃은 사람 라) 한 다리를 발목발허리관절(lisfranc joint) 이상의 부위에서 잃은 사람 마) 두 발의 발가락을 모두 잃은 사람
관절장애	가) 두 팔의 어깨관절, 팔꿈치관절, 손목관절 중 2개 관절기능에 상당한 장애가 있는 사람 나) 두 팔의 어깨관절, 팔꿈치관절, 손목관절 모두의 기능에 장애가 있는 사람 다) 두 손의 엄지손가락과 둘째손가락의 관절기능에 현저한 장애가 있는 사람 라) 한 손의 모든 손가락의 관절기능에 현저한 장애가 있는 사람 마) 한 팔의 어깨관절, 팔꿈치관절, 손목관절 중 2개 관절기능에 현저한 장애가 있는 사람	가) 한 손의 둘째손가락을 포함하여 3개 손가락의 관절기능에 상당한 장애가 있는 사람 나) 한 손의 엄지손가락의 관절기능에 상당한 장애가 있는 사람 다) 한 손의 둘째손가락을 포함하여 2개 손가락의 관절기능에 현저한 장애가 있는 사람 라) 한 손의 셋째손가락, 넷째손가락, 다섯째손가락 모두의 관절기능에 현저한 장애가 있는 사람 마) 한 팔의 어깨관절, 팔꿈치관절, 손목관절 모두의 기능에 장애가 있는 사람 바) 한 팔의 어깨관절, 팔꿈치관절 또는 손목관절 중 하나의 기능에 상당한 장애가 있는 사람

	바) 한 팔의 어깨관절, 팔꿈치관절, 손목관절 모두의 기능에 상당한 장애가 있는 사람 사) 두 다리의 엉덩관절, 무릎관절, 발목관절 중 2개 관절기능에 현저한 장애가 있는 사람 아) 두 다리의 엉덩관절, 무릎관절, 발목관절 모두의 기능에 상당한 장애가 있는 사람 자) 한 다리의 엉덩관절, 무릎관절, 발목관절 모두의 기능에 현저한 장애가 있는 사람	사) 두 발의 모든 발가락의 관절기능에 현저한 장애가 있는 사람 아) 한 다리의 엉덩관절, 무릎관절, 발목관절 모두의 기능에 장애가 있는 사람 자) 한 다리의 엉덩관절 또는 무릎관절의 기능에 상당한 장애가 있는 사람 차) 한 다리의 발목관절의 기능에 현저한 장애가 있는 사람
기능장애	가) 두 팔의 기능에 상당한 장애가 있는 사람 나) 두 손의 엄지손가락 및 둘째손가락의 기능을 잃은 사람 다) 한 손의 모든 손가락의 기능을 잃은 사람 라) 한 팔의 기능에 현저한 장애가 있는 사람 마) 한 다리의 기능을 잃은 사람 바) 두 다리의 기능에 현저한 장애가 있는 사람 사) 목뼈 또는 등·허리뼈의 기능을 잃은 사람	가) 한 팔의 기능에 상당한 장애가 있는 사람 나) 한 손의 둘째손가락을 포함하여 세 손가락의 기능에 상당한 장애가 있는 사람 다) 한 손의 엄지손가락의 기능에 상당한 장애가 있는 사람 라) 한 손의 둘째손가락을 포함하여 두 손가락의 기능을 잃은 사람 마) 한 손의 셋째손가락, 넷째손가락 및 다섯째손가락 모두의 기능을 잃은 사람 바) 두 발의 모든 발가락의 기능을 잃은 사람 사) 한 다리의 기능에 상당한 장애가 있는 사람 아) 목뼈 또는 등·허리뼈의 기능이 저하된 사람
신체변형		가) 한 다리가 건강한 다리보다 5센티미터 이상 짧거나 건강한 다리 길이의 15분의 1 이상 짧은 사람 나) 척추옆굽음증(척추측만증)이 있으며, 굽은각도가 40도 이상인 사람 다) 척추뒤굽음증(척추후만증)이 있으며, 굽은각도가 60도 이상인 사람 라) 성장이 멈춘 만 18세 이상의 남성으로서 신장이 145센티미터 이하인 사람 마) 성장이 멈춘 만 16세 이상의 여성으로서 신장이 140센티미터 이하인 사람 바) 연골무형성증으로 왜소증에 대한 증상이 뚜렷한 사람

| 뇌병변 장애 | 가) 보행 또는 일상생활동작이 상당히 제한된 사람
나) 보행이 경미하게 제한되고 섬세한 일상생활동작이 현저히 제한된 사람 | 가) 보행 시 절뚝거림을 보이거나 섬세한 일상생활동작이 경미하게 제한된 사람 |

이러한 기준에 따라 지체장애를 진단하기 위해서는 적절한 평가를 실시하여야 한다. 지체장애를 진단하는 대표적인 평가방법으로는 체크리스트, 뇌성마비반사검사, 대근육운동 기능평가, 정상관절 운동범위검사 등이 있다.

5. 정서행동장애

정서행동장애는 한 개인의 정서나 행동이 또래 집단의 규준에서 심각하게 일탈하여 일상생활이나 학업을 수행함에 있어 자기 자신이나 다른 사람을 매우 어렵게 만드는 장애를 의미한다. 실제 「장애인 등에 대한 특수교육법 시행령」에서는 정서행동장애를 장기간에 걸쳐 다음과 같은 사항 중 어느 하나에 해당하여 특별한 교육적 조치가 필요한 사람이라고 정의하고 있다.

가. 지적 · 감각적 · 건강상의 이유로 설명할 수 없는 학습상의 어려움을 지닌 사람

나. 또래나 교사와의 대인관계에 어려움이 있어 학습에 어려움을 겪는 사람

다. 일반적인 상황에서 부적절한 행동이나 감정을 나타내어 학습에 어려움이 있는 사람

라. 전반적인 불행감이나 우울증을 나타내어 학습에 어려움이 있는 사람

마. 학교나 개인 문제에 관련된 신체적인 통증이나 공포를 나타내어 학습에 어려움이 있는 사람

정서행동장애로 진단받기 위해서는 의료기관의 전문의에게 진단을 받아야 한다. 우리나라의 정서행동장애와 유사한 형태의 진단 기준은 미국정신의학회(American Psychiatric Association: APA)의 『정신장애의 진단 및 통계 편람 5판(Diagnostic and Statistical Manual of Mental Disorders, 5th ed: DSM-5)』에서 제시하고 있는 정신장애이다. DSM-5에서는 정신장애를 신경발달장애, 정신분열, 양극성장애, 우울장애,

불안장애, 강박장애, 외상 및 스트레스 장애, 섭식 및 급식장애, 배설장애, 파괴적 장애 및 충동조절과 품행장애 등으로 구분하고 있다. DSM-5의 정신장애의 범주에 「장애인 등에 대한 특수교육법」에서 제시하고 있는 정서행동장애와 비슷한 우울, 불안, 양극성 감정 문제, 공포 등이 포함되어 있다.

정서행동장애에 대한 판정 기준은 「장애인복지법」의 기준에 따른다. 「장애인복지법」에서는 정서행동장애를 따로 규정하고 있지 않고 정신장애에 대한 진단에서 정서행동장애의 핵심적인 문제인 불행, 우울 등의 문제를 다루고 있다. 「장애인복지법 시행령」 제2조에서는 정신장애를 "지속적인 양극성 정동장애(情動障碍, 여러 현실 상황에서 부적절한 정서 반응을 보이는 장애), 조현병, 조현정동장애(調絃情動障碍) 및 재발성 우울장애에 따른 감정조절·행동·사고 기능 및 능력의 장애로 인하여 일상생활이나 사회생활에 상당한 제약을 받아 다른 사람의 도움이 필요한 사람"으로 규정하고 있다. 정신장애를 진단하기 위해서는 기준이 필요한데, 「장애인복지법 시행규칙」에서는 정신장애를 장애의 정도가 심한 장애로 규정하면서 각각의 하위 유형에 대하여 다음과 같이 정의하고 있다.

가. 조현병으로 인한 망상, 환청, 사고장애 및 기괴한 행동 등의 양성증상이 있으나, 인격변화나 퇴행은 심하지 않은 경우로서 기능 및 능력 장애로 일상생활이나 사회생활에 간헐적으로 도움이 필요한 사람

나. 양극성 정동장애(情動障碍, 여러 현실 상황에서 부적절한 정서 반응을 보이는 장애)에 따른 기분·의욕·행동 및 사고의 장애증상이 현저하지는 않으나, 증상기가 지속되거나 자주 반복되는 경우로서 기능 및 능력 장애로 일상생활이나 사회생활에 간헐적으로 도움이 필요한 사람

다. 재발성 우울장애로 기분·의욕·행동 등에 대한 우울 증상기가 지속되거나 자주 반복되는 경우로서 기능 및 능력 장애로 일상생활이나 사회생활에 간헐적으로 도움이 필요한 사람

라. 조현정동장애(調絃情動障碍)로 가목부터 다목까지에 준하는 증상이 있는 사람

정서행동장애 학생의 문제는 크게 내재적 문제와 외현적 문제로 나누어 살펴볼 수 있다. 내재적 문제라 함은 개인의 심리 정서적인 문제로 인하여 우울, 위축, 불안 등과 같은 문제가 외적으로 표현되기보다는 내면적인 어려움으로 나타나는 상태를

의미한다. 외현적 문제는 공격성이나 반항행동과 같이 문제행동이 밖으로 표출되어 나타나는 상태를 의미한다. 내재적 문제와 외현적 문제는 〈표 4-3〉과 같이 정리할 수 있다.

표 4-3 내재적 문제행동과 외현적 문제행동

문제	하위 유형	행동문제
내재적 문제	기분장애 불안장애 우울증 외상후스트레스	슬픈 감정, 우울, 자기비하의 감정을 나타낸다. 갑자기 울거나 특정 상황에서 전혀 예측하지 못한 비전형적 감정 표출한다. 공포나 불안으로 인한 심각한 두통이나 기타 신체적인 문제(복통, 메스꺼움, 현기증, 구토)를 보인다. 자살에 대하여 말하고 죽음에 몰두한다. 활동수준이 심각하게 제한되고 사람들과의 관계를 기피한다. 신체적, 정서적, 성적 학대의 증후를 나타낸다. 환청이나 환각을 경험한다. 이전에 흥미를 보였던 활동에 대한 관심이 줄어든다.
외현적 문제	과잉행동장애 품행장애 반항장애	사람이나 사물에 대한 공격적 양상을 반복적으로 보인다. 물기, 차기, 던지기, 때리기, 싸우기, 물건 파괴하기, 동물 괴롭히기 등의 문제행동을 나타낸다. 자리이탈, 큰 소리 지르기, 욕하기 등의 과잉행동을 나타낸다. 지속적으로 성질을 부린다. 거짓말이나 훔치기 등 규칙을 위반하거나 비행행동을 한다. 자기조절력이 부족하고 과도한 행동을 자주 보인다. 어른 무시하기, 불평하기, 지시 따르지 않기 등의 불복종 태도를 보인다.

출처: 고은 외(2015), p. 231.

우리나라에서 정서행동장애를 진단하는 데 많이 사용하는 표준화된 검사로는 한국 아동·청소년 행동평가척도(K-ASEBA), 국립특수교육원 정서행동장애학생 선별척도, 한국판 정서행동문제 검사(K-SAED), 한국판 정서행동 평가시스템-2(K-BASC-2) 등이 있다.

6. 주의력결핍 및 과잉행동장애

주의력결핍 및 과잉행동장애(Attention Deficit Hyperactivity Disorder: ADHD)는 부주의, 과잉행동, 충동성으로 인하여 아동기에 주로 나타나는 신경발달장애의 한 종류이다. ADHD는 일반적으로 주의집중 문제와 과잉행동이나 충동적인 행동문제로 인하여 학습과 또래와의 관계 형성에 어려움을 겪고 있다.

우리나라「장애인 등에 대한 특수교육법」이나「장애인복지법」에서는 주의력결핍 및 과잉행동장애에 대한 정의나 진단 기준을 제시하고 있지 않다. 그러나 최근 사회적으로 주의력결핍 및 과잉행동장애에 대한 관심과 진단의 필요성이 지속적으로 제기되고 있다.

미국정신의학회(APA)의『정신장애의 진단 및 통계 편람 5판(DSM-5)』에서는 ADHD의 진단 기준을 다음과 같이 제시하고 있다.

A. ⑴ 또는 ⑵ 중에 한 가지

⑴ 부주의에 관한 다음의 증상 중에 여섯 가지(또는 그 이상) 증상이 6개월 동안 지속적으로 부적응적이고 발달 수준에 맞지 않을 정도로 나타난다.

부주의

ⓐ 자주 세부적인 사항에 대해 면밀하게 주의를 기울이지 못하거나 학업, 작업 또는 다른 활동에서 부주의한 실수를 저지른다.

ⓑ 자주 일을 하거나 놀이를 할 때 지속적으로 주의를 집중할 수 없다.

ⓒ 자주 다른 사람이 직접 말을 할 때 경청하지 않는 것처럼 보인다.

ⓓ 자주 지시를 완수하지 못하고, 학업, 잡일, 작업장에서의 임무를 수행하지 못한다.
(반항적 행동이나 지시를 이해하지 못해서가 아님)

ⓔ 자주 과업과 활동을 체계화하지 못한다.

ⓕ 자주 지속적인 정신적 노력을 요구하는 과업(학업 또는 숙제 같은)에 참여하는 것을 피하고, 싫어하며, 저항한다.

ⓖ 자주 활동하거나 숙제하는 데 필요한 물건들(예: 장난감, 학습과제, 연필, 책 또는 도구)을 잃어버린다.

(h) 자주 외부의 자극에 의해 쉽게 산만해진다.

(i) 자주 일상적인 활동을 잊어버린다.

(2) 과잉행동–충동에 관한 다음의 증상 중 여섯 가지(또는 그 이상) 증상이 6개월 동안 지속적으로 부적응적이고 발달 수준에 맞지 않을 정도로 나타난다.

과잉행동

(a) 자주 손발을 가만히 두지 못하거나 의자에 앉아서도 몸을 꼼지락거린다.

(b) 자주 앉아 있도록 요구되는 교실이나 다른 상황에서 자리를 이탈한다.

(c) 자주 부적절한 상황에서 지나치게 돌아다니거나 기어오른다(청소년이나 성인의 경우에는 주관적으로 좌불안석하는 모습으로 제한될 수 있다).

(d) 자주 조용히 여가 활동에 참여하거나 놀지 못한다.

(e) 자주 '끊임없이 활동하거나' 마치 '자동차(무엇인가)에 쫓기는' 것처럼 행동한다.

(f) 자주 지나치게 수다스럽게 말을 한다.

충동성

(g) 자주 질문이 채 끝나기도 전에 성급하게 대답을 한다.

(h) 자주 차례를 기다리지 못한다.

(i) 자주 다른 사람의 활동을 방해하고 간섭한다(예: 대화나 게임에 참견한다).

B. 장애를 유발하는 과잉행동–충동 또는 부주의 증상이 12세 이전에 있었다.

C. 증상으로 인한 장애가 두 가지 또는 그 이상의 장면에서 존재한다(예: 학교 또는 작업장, 가정 등)

D. 사회적 · 학업적 · 직업적 기능에 임상적으로 심각한 장애가 초래된다.

E. 증상이 광범위성 발달장애, 정신분열증 또는 기타 정신증적 장애의 경과 중에만 발생하지 않으며, 다른 정신장애(예: 기분장애, 불안장애, 해리성장애, 또는 인격장애)에 의해 잘 설명되지 않는다.

유형에 기초한 진단 부호

• 314.01 주의력–결핍 및 과잉행동장애, 복합형: 지난 6개월 동안 진단 기준 A1과 A2 모두를 충족시킨다.

> - 314.00 주의력-결핍 및 과잉행동장애, 주의력-결핍 우세형: 지난 6개월 동안 진단 기준 A1은 충족시키지만 A2는 충족시키지 않는다.
> - 314.01 주의력-결핍 및 과잉행동장애, 과잉행동-충동 우세형: 지난 6개월 동안 진단 기준 A2는 충족시키지만, A1은 충족시키지 않는다.

주의력결핍 및 과잉행동장애를 진단하기 위해서는 여러 가지 검사도구를 종합적으로 사용해야 한다. 대표적으로 활용되고 있는 검사도구를 살펴보면, 한국 주의력결핍 과잉행동장애 진단검사(K-ADHDDS), 한국판 ADHD 평정척도(K-ARS), 주의력결핍 과잉행동장애 종합 교사평정척도(ACTeRS), WWP 활동평정척도(WWPARS), ADHD 평정척도(ADHD RS-IV), 코너스 교사 평정척도 개정판(CTRS-R), 코너스 부모 평정척도 개정판(CPRS-R) 등이 있다. 또한 국립특수교육원의 정서행동장애 선별척도는 정서행동장애를 조기선별 및 진단하기 위하여 개발되었으나, 하위 척도에 주의집중 결합, 과잉행동장애군 등을 포함하고 있어 주의력결핍 및 과잉행동장애를 진단하는 데 사용할 수 있도록 구성되어 있다.

7. 자폐 범주성 장애

자폐 범주성 장애에 대한 개념적 정의는 사회적 상호작용과 의사소통에 결함이 있고, 제한적이고 반복적인 관심과 활동을 보임으로써 교육적 성취 및 일상생활 적응에 도움이 필요한 사람(「장애인 등에 대한 특수교육법」 제2조)으로 정의할 수 있다. 그러므로 자폐 범주성 장애를 진단할 때에는 사회적 상호작용, 의사소통, 도전적 행동이라는 세 가지 측면이 항상 고려되어야 한다.

자폐 범주성 장애를 진단하기 위한 기준은 「장애인복지법」에 제시되어 있다. 「장애인복지법」에서는 자폐 범주성 장애를 '제10차 국제질병사인분류(International Classification of Diseases, 10th Version)의 진단 기준에 따라 정상발달의 단계가 나타나지 않고, 기능 및 능력 장애로 일상생활이나 사회생활에 간헐적인 도움이 필요한 사람'라고 규정하고 있다. 그러므로 우리나라에서 자폐 범주성 장애에 대한 장애 진단을 하기 위해서는 ICD-10의 기준을 확인하여야 한다. ICD-10에 제시된 아동기 자폐 범주성 장애를 진단하기 위한 기준은 다음과 같다.

A. 다음과 같은 영역 중 최소한 하나의 영역에서 비정상적인 발달이 3세 이전에 명확하게 나타난다.

   (1) 사회적 상호작용에서 사용되는 수용 또는 표현 언어

   (2) 선택적인 사회적 애착이나 호혜적인 사회적 상호작용의 발달

   (3) 기능적이거나 상징적 놀이

B. (1)부터 (3)에 제시된 항목 중 적어도 6가지의 증상이 나타나야만 한다. 이때 (1)에서 최소한 두 가지, (2)와 (3)에서는 최소 한 가지의 증상이 나타나야 한다.

   (1) 사회적 상호작용의 질적 손상이 다음의 영역 중 적어도 두 가지 이상에서 발생한다.

      a. 사회적 상호작용을 조절하기 위한 눈 마주침, 얼굴표정, 자세, 제스처를 적절하게 사용하지 못하는 경우

      b. 재미, 활동, 감정의 상호 공유를 포함하는 또래 관계가 (정신 연령에 부합하는 방식으로, 충분한 기회가 주어졌음에도 불구하고) 발달하지 못하는 경우

      c. 다른 사람의 감정에 대한 손상되거나 일탈된 반응에서 나타나는 사회-정서적 상호작용의 결여, 또는 사회적 맥락에 맞는 행동 조절의 결여, 또는 사회적, 감정적, 의사소통적 행동의 약한 통합

      d. 다른 사람과 즐거움, 흥미 또는 성과를 공유하려는 자발적 노력의 부족(예: 개인에게 관심 있는 대상을 다른 사람에게 보여 주거나 가져오거나 지적하는 것의 부족)

   (2) 의사소통에 있어서 다음 영역 중 적어도 하나 이상에서 나타나는 질적 이상

      a. 대안적 의사소통 수단으로서 제스처나 몸짓을 사용하여 보상하려는 시도가 수반되지 않는 구어의 발달 지연 또는 전반적인 결함

      b. 대화의 시작이나 유지에 대한 상대적 실패(언어기술의 수준과 상관없이), 이 문제는 상대방의 의사소통에 대해 상호 대응성이 있음

      c. 정형화되고 반복적인 언어의 사용이나 단어나 구의 특이한 사용

      d. 다양하고 자발적인 가장 놀이 또는 사회적 모방 놀이의 결여

   (3) 제한적이고 반복적이며 정형화된 패턴의 행동과 관심 그리고 활동들이 다음의 사항 중 최소한 한 가지 이상에서 나타남

      a. 내용이나 초점이 비정상적인 하나 이상의 정형화되고 제한된 집착, 또는 내용이나 초점은 아니지만 강도 및 제한적인 환경에서의 하나 이상의 비정상적인 관심

> b. 명백하게 특정적이고 비기능적인 일상 활동이나 의례에 대한 강박적인 집착
>
> c. 손이나 손가락을 흔들거나 몸을 비틀거나 흔드는 것을 포함하는 정형화되고 반복적인 운동 습관
>
> d. 놀이 재료의 비기능적 요소로서 사물의 특정부분에 대한 집착(예: 냄새, 표면의 느낌, 소음이나 진동 등)

출처: https://iancommunity.org/cs/autism/icd10_criteria_for_autism (검색일: 2020. 7. 31.)

이러한 ICD-10의 진단 기준은 자폐 범주성 장애를 진단하기 위한 국제적인 표준으로 활용되고 있다. 그러나 미국의 경우에는 미국정신의학회(APA)의 DSM-5의 기준에 의해 자폐 범주성 장애를 진단하고 있다. DSM-5에 제시된 자폐 범주성 장애의 진단 기준은 다음과 같다.

> A, B, C, D에서 언급한 기준을 모두 만족시키는 사람만이 자폐스펙트럼으로 진단된다.
>
> A. 일부에 한정되지 아니하고 전체에 걸치는 발달 지연으로 말미암아 발생하지 않은 사회적 소통과 상호작용의 결여
>
> 다음의 3가지 증상을 모두 만족해야 한다.
>
> 1. 사회적-정서적 상호관계의 결여
>
> 2. 사회적 상호작용을 위해 사용되는 비언어적 의사소통에 있어서의 결함
>
> 3. 발달 수준에 적절한 관계 형성, 유지, 이해에서의 결함
>
> B. 제한적이고 반복적인 행동 패턴, 관심 혹은 활동 패턴
>
> 다음 중 2가지 이상을 만족해야 한다.
>
> 1. 상동적 혹은 반복적인 동작이나 움직임, 물건의 사용, 말(반향어)
>
> 2. 의식적인 언어적 혹은 비언어적 행동에 고착됨, 변화에 강한 반항, 동일성 고집
>
> 3. 행동이나 관심의 강도나 초점이 비정상적이고 매우 제한적으로 고착됨
>
> 4. 감각 자극에 대한 과대반응이나 과소반응, 환경의 감각적 자극에 대한 이례적인 관심
>
> C. 이러한 증상들은 발달 초기에 나타난다(단, 사회의 요구가 아동의 제한된 능력을 넘어서는 시점까지는 드러나지 않을 수도 있다).

D. 이러한 증상들은 현재 기능의 사회적, 직업적, 또는 기타 중요한 영역에 임상적으로 유의미한
손상을 유발한다.

출처: https://www.autismspeaks.org/autism-diagnosis-criteria-dsm-5 (검색일: 2020. 7. 17.)

우리나라에서 자폐 범주성 장애를 진단하는 데 많이 사용하는 표준화 검사도구로는 한국판 자폐행동 체크리스트(ABC), 아동기 자폐증 평정척도(CARS), 이화–자폐아동 행동발달 평가도구(E–CLAC), 한국자폐증 진단검사(K–ADS), 자폐증 진단면담지–개정판(ADI–R), 자폐증 진단 관찰 스케줄 2판(ADOS–2), 심리교육프로파일(PEP–R), 사회적 의사소통 설문지(SCQ) 등이 있다.

8. 의사소통장애

의사소통이라 함은 말과 언어 그리고 비형식적 의사소통체계를 모두 포함하는 개념으로서 정보를 전달하고 자신의 감정이나 요구를 전달하는 행위 전체를 의미한다(고은 외, 2015). 「장애인 등에 대한 특수교육법 시행령」에서는 의사소통장애를 정의함에 있어 다음과 같은 네 가지 측면을 반영하고 있다.

다음 각 목의 어느 하나에 해당하여 특별한 교육적 조치가 필요한 사람

가. 언어의 수용 및 표현 능력이 인지능력에 비하여 현저하게 부족한 사람

나. 조음능력이 현저히 부족하여 의사소통이 어려운 사람

다. 말 유창성이 현저히 부족하여 의사소통이 어려운 사람

라. 기능적 음성장애가 있어 의사소통이 어려운 사람

「장애인복지법 시행령」제2조에서는 의사소통장애라는 용어를 사용하지 않고 언어장애라는 용어를 사용하고 있으며, '음성기능이나 언어기능에 영속적으로 상당한 장애가 있는 사람'으로 정의하고 있다. 동법 시행규칙에서는 언어장애의 정도에 대

한 구분을 장애의 정도가 심한 장애와 그렇지 않은 장애를 〈표 4-4〉와 같이 구분하고 있다.

표 4-4 언어장애의 장애정도에 따른 분류

장애정도	내용
심한 장애	음성기능이나 언어기능을 잃은 사람
심하지 않은 장애	음성·언어만으로는 의사소통을 하기 곤란할 정도로 음성기능이나 언어기능에 현저한 장애가 있는 사람

의사소통장애를 진단하기 위해서는 일반적으로 단순언어장애, 조음장애, 음성장애, 유창성장애로 구분할 수 있다.

먼저, 단순언어장애는 표현언어와 수용언어 가운데 하나 또는 둘 모두에서 어려움을 보이는 장애로서, 언어발달지체나 음운론, 의미론, 구문론 등에서 문제가 발생한다. 그러므로 단순언어장애를 진단하기 위해서는 그림어휘력검사(PPVT-R), 영·유아 언어발달 검사(SELSI), 취학전 아동의 수용언어 및 표현언어 발달척도(PRES), 수용·표현 어휘력 검사(REVT), 구문의미 이해력 검사(KOSECT), 한국판 맥아더-베이츠 의사소통발달 평가(K M-B CDI), 학령기 아동 언어 검사(LSSC) 등의 검사를 이용한다.

조음장애란 말을 만드는 조음기관의 결함으로 인하여 발생하는 장애로서, 말소리를 올바르게 발음하는 음운 문제와 함께 나타나는 경우가 많다. 그러므로 조음장애를 진단할 때에는 우리말 조음·음운 평가 2판(U-TAP2), 한국어 표준 그림 조음음운 검사(KS-PAPT), 조음기관 구조·기능 선별검사(SMST) 등을 사용할 수 있다.

유창성장애는 말의 흐름이 끊겨 자연스럽게 이야기를 하지 못하는 장애이며 말더듬이 가장 대표적인 예이다. 유창성장애를 진단할 수 있는 검사로는 파라다이스-유창성검사(P-FA)와 아동용 한국판 보스톤 이름대기검사(K-BNT-C) 등이 있다.

음성장애는 비정상적인 목소리의 크기나 성량 또는 음질 상태를 나타내는 장애이다. 음성장애를 진단할 수 있는 검사로는 GRBAS 평정법, 음성장애지수 등이 있다.

9. 학습장애

학습장애는 「장애인 등에 대한 특수교육법」에만 존재하고 「장애인복지법」에는 포함되어 있지 않다. 이로 인하여 우리나라에서는 학습장애에 대한 진단과 장애등록에 대하여 보수적인 특성을 나타내고 있으며, 학습장애의 출현율도 다른 OECD 국가에 비하여 낮게 나타나고 있다. 이러한 현상은 학습장애에 대한 사회적 관점의 차이일 뿐이며, 우리나라에도 진단되지 않은 학습장애학생이 상당할 것으로 추정된다. 학습장애에 대한 우리나라의 정의와 미국 장애인교육법(IDEA) 정의를 살펴보면 다음과 같다.

「장애인 등에 대한 특수교육법 시행령」

학습장애를 지닌 특수교육대상자란 개인의 내적 요인으로 인하여 듣기, 말하기, 주의집중, 지각(知覺), 기억, 문제해결 등의 학습기능이나 읽기, 쓰기, 수학 등 학업 성취 영역에서 현저하게 어려움이 있는 사람을 의미한다.

미국 장애인 교육법(IDEA, 2018 수정)

308.8 특정학습장애(SLD)

(i) 일반원칙: 특정학습장애란 구어나 문어의 사용이나 이해와 관련된 하나 이상의 기본심리처리 과정에서 나타나는 장애이며, 듣기, 생각하기, 말하기, 읽기, 쓰기, 철자, 수학적 계산에서 불완전한 능력으로 나타날 수 있는 장애를 의미한다. 또한 이 장애에는 지각적 장애, 뇌 손상, 미소 뇌기능장애, 난독증, 그리고 발달적 실어증과 같은 조건을 포함한다.

(ii) 배제요인: 특정학습장애에는 기본적으로 시각, 청각, 운동장애, 지적장애, 정서장애, 또는 환경적, 문화적, 경제적 불이익으로 인한 학습문제도 포함하지 않는다.

출처: https://sites.ed.gov/idea/regs/b/a/300.8/c/10 (검색일: 2020. 8. 5.)

이와 같은 학습장애에 대한 개념적 정의에 기초하여 학습장애를 진단하기 위해서는 적절한 진단 방법을 활용하여야 한다. 학습장애를 진단하기 위한 대표적인 방법으로는 불일치 모델, 중재반응모델, 인지처리과정 결함 접근 등이 있다.

불일치 모델은 일반적으로 기대되는 수행 수준에 비하여 실제적 수행 수준이 현저하게 낮은 경우를 의미한다. 여기에서 기대되는 수행 수준은 지능검사의 결과를 이용하고, 실제적 수행 수준은 표준화된 학업성취도 검사를 이용하여 평가한다. 연구마다 다소 차이가 있지만, 일반적으로 지능검사와 학업성취도 검사 사이에서 발생하는 불일치 수준이 −1 표준편차 또는 −2 표준편차 정도의 차이가 나타나면 현저하게 심각한 불일치가 발생했다고 가정한다.

중재반응모델은 과학적으로 확인되었거나 연구에서 효과가 있다고 확인된 효과적인 중재를 이용하여 지도하였음에도 불구하고, 학생이 적절한 변화를 나타내지 않을 경우 학습장애로 진단한다. 물론 학습장애로 진단하기 위해서는 학생이 이중불일치 현상을 나타내어야 한다. 이중불일치는 수행 수준과 발달속도에 있어서 불일치가 동시에 나타나는 경우이다. 이러한 이중불일치가 일반학급에서 나타날 경우 집중교육의 단계로 넘어가고, 집중교육을 제공했음에도 이중불일치 현상이 나타나게 되면 개별지도 단계로 넘어가게 된다. 개별지도의 단계에서부터 특수교육적 서비스를 제공하게 되는 3단계 배치과정을 통하여 학습장애를 진단하게 된다. 그러나 중재반응모델을 적용하기 위해서는 학생들의 변화과정을 파악할 수 있는 교육과정중심측정 검사가 필요한데, 우리나라의 경우에는 기초학습기능 수행평가체제(BASA) 시리즈(읽기, 쓰기, 수학, 기초읽기, 기초수학)가 대표적이다. 그러나 전반적으로 교육과정 중심 측정 검사가 충분하지 않아 중재반응모델을 적용하는 데 어려움이 있다.

인지처리과정 결함 접근은 인지처리과정에서 나타나는 결함이 전반적인 인지 능력이나 교과를 학습하는 데 영향을 미치기 때문에, 학습장애를 진단함에 있어 학생의 인지처리과정에 문제가 있는지 그리고 그러한 결함이 학습에 어떠한 영향을 미치는지를 분석하는 접근 방식이다. 그러나 인지처리과정 결함 접근은 아직 이론적으로나 실제적인 검증이 충분히 이루어지지 않았기 때문에 학습장애의 진단에 적용하기까지 시간이 필요하다.

현재 우리나라 상황에서는 여러 진단 모델 중 불일치 모델을 활용한 학습장애 진단이 주로 이루어지고 있다. 이러한 맥락에서 학습장애를 진단하기 위해서는 지능검사와 기초학습능력을 평가할 수 있는 검사가 시행되어야 한다. 먼저, 지능검사로는 한국판 웩슬러 지능검사 V(K−WISC−V)나 한국 카우프만 아동지능검사(KABC−II)가 대표적으로 활용되고 있다. 다음으로, 기초학습능력을 평가할 수 있는 검사도구로는 국립특수교육원 기초학습능력검사(NISE−B·ACT), 학습장애선별검사, 조기 읽기 및 수학 검사(E-RAM), 기초학습기능 수행평가체제-읽기(BASA-Reading), 기초학습기능 수행평가체제-쓰기(BASA-Writing), 기초학습기능 수행평가체제-수학(BASA-Math), 기초학습기능 수행평가체제-초기문해(BASA-Early Literacy), 기초학습기능 수행평가체제-초기수학(BASA-Early Math), 읽기 성취 및 읽기 인지처리 능력검사(RA-RCP), 학습준비도 검사 등이 있다.

10. 발달지체

발달지체라 함은 또래 수준에 비하여 전반적인 발달수준이 지체되어 있는 상태를 의미하는 장애이다. 「장애인 등에 대한 특수교육법」 제2조에서는 발달지체를 '신체, 인지, 의사소통, 사회·정서, 적응행동 중 하나 이상의 발달이 또래에 비하여 현저하게 지체되어 특별한 교육적 조치가 필요한 영아 및 9세 미만의 아동'이라고 정의하고 있다. 그러나 발달지체를 어떻게 진단하여야 하는지에 대한 기준이 명확하게 제시되어 있지 못하다.

이소현(2003)은 유아에 대한 발달지체 진단 기준을 다음의 〈표 4-5〉와 같이 제시하였다.

표 4-5 **발달지체의 진단 기준**

연령	기준
0~24개월	하나 이상의 발달 영역에서 25% 또는 표준편차 2 이상의 지체 둘 이상의 발달 영역에서 20% 또는 표준편차 1.5 이상의 지체 전문가 팀의 전문적인 임상적 판단
24~36개월	하나 이상의 발달 영역에서 20% 또는 표준편차 1.5 이상의 지체 둘 이상의 발달 영역에서 15% 또는 표준편차 1 이상의 지체 전문가 팀의 전문적인 임상적 판단

발달지체를 진단할 수 있는 검사도구로는 발달을 다루는 대부분의 검사를 이용할 수 있다. 예를 들어, 인지능력의 발달지체를 측정하고자 할 때에는 지능검사를 이용할 수 있고, 사회성의 발달 지체를 측정하고자 할 때에는 적응행동검사나 사회성숙도 검사 등을 이용할 수 있다.

생각해 볼 문제

1. 지적장애의 개념에 포함되어야 할 핵심적인 요소 세 가지를 설명해 보시오.

2. 학습장애를 진단하기 위한 모델 중 중재반응모델을 적용하기 위하여 필요한 요소에는 무엇이 있는지 설명해 보시오.

3. 우리나라 「장애인 등에 대한 특수교육법」과 「장애인복지법」에서 진단 준거를 명확하게 제시하지 않고 있는 장애 영역에는 어떠한 것이 있는지 설명해 보시오.

제**5**장

자료수집 및 보고서 작성

특수교육대상자의 진단을 위해서는 아동에 대한 다양한 정보를 수집하여야 하고, 이에 대한 구체적이고 명확한 분석이 요구된다. 정보를 수집하는 방법에는 다양한 검사를 실시하여 아동에 대한 인지적, 정서적, 정의적 측면에서의 자료를 수집하는 방법이 있고, 아동이 일상생활 속에서 표현하는 말이나 행동을 세밀하게 살펴보면서 기록하는 관찰이 있다. 그리고 직접적인 검사와 관찰이 어려울 경우에는 진단을 받아야 하는 아동 자신이나 아동을 잘 알고 있는 부모 또는 주변인을 대상으로 하는 면담의 방법을 활용할 수 있다. 이 장에서는 진단을 위한 자료수집방법과 자료수집을 통해서 얻어진 내용을 어떻게 보고서로 작성하여야 하는지에 대하여 설명하였다.

1. 검사

1) 심리검사의 유형

교육현장에서는 아동에게 맞는 적절한 교육과 지원을 제공하기 위하여 학습자의 다양한 특성을 파악하기 위한 다양한 노력을 하고 있다. 이러한 노력을 보다 체계적으로 실시하기 위해서는 적절한 도구가 필요한데, 이때 다양한 심리검사가 활용된다. 심리검사는 개인의 지능, 성격, 인성 등을 측정하기 위하여 사용하는 검사로서, 피검자에 대해 심층적이고 분석적인 이해를 위하여 실시한다. 예를 들어, 철수라는 아동의 지능은 어느 정도이고, 어떤 성격을 가지고 있으며, 발달이나 학습수행능력은 어느 정도인지 올바르게 파악하여야 적절한 교수 계획과 교수방법을 적용할 수 있다. 그러므로 심리검사는 어떤 아동이 가지고 있는 다양한 특성을 진단할 수 있는 다양한 정보를 제공할 뿐만 아니라 다양한 의사결정의 근거를 제공한다.

심리검사는 검사의 목적과 방법 그리고 검사의 구조화 및 해석의 표준화 정도에 따라 객관적 검사와 투사 검사, 형식적 검사와 비형식적 검사, 표준화 검사와 비표준화 검사 등으로 분류할 수 있다.

먼저, 심리검사가 얼마나 객관화되어 있느냐에 따라 객관적 검사와 투사 검사로 나누어 볼 수 있다. 객관적 검사는 검사 방법이 구조화되어 있어 검사 진행이 객관적이고 편리하며, 검사 결과와 해석 기준이 표준화되어 있어 결과 해석이 객관적이고 일관되게 산출되는 검사이다. 이러한 객관적 검사의 대표적인 예로는 K-WISC-V, MMPI, MBTI 등이 있다. 반면에 투사 검사는 개인의 동기, 정서, 성격 등을 평가하기 위한 검사로서, 간단한 지시를 활용하여 피검자의 다양하고 자유로운 반응을 이끌어 낸다. 투사 검사는 피검자가 모호한 자극에 대하여 어떻게 해석하는지를 평가하는 검사이다. 투사 검사로는 집-나무-사람 검사(House-Tree-Person Test)와 Rorschach 검사가 있다.

다음으로 형식적 검사와 비형식적 검사가 있다. 형식적 검사는 공식적 검사라고도 하는데, 검사를 실시하는 방법과 절차, 채점 및 검사 결과의 해석에 있어 명확하고 구체적인 지침을 가지고 있는 검사를 의미한다. 형식적 검사의 대표적인 예로는 규준참조검사가 있다. 비형식적 검사는 검사 실시에 대한 명확하고 구체적인 절차나 방법이 제시되지 않거나 비구조화된 방법으로 실시하는 검사를 의미한다. 대표적인 비형식 검사의 방법으로는 학교에서 선생님에 의해 제작되는 다양한 준거참조검사가 있다.

마지막으로, 검사도구의 표준화 여부에 따라 표준화 검사와 비표준화 검사로 분류할 수 있다. 표준화 검사(standardized test)란 검사 문항과 도구, 명시적 지시와 절차, 객관적 채점 방법, 검사 결과의 해석, 모집단을 대표하는 표집 등 구조화된 과정을 통하여 제작한 검사를 의미한다. 표준화 검사에서 모든 피검자들은 동일한 검사문항과 검사자료를 이용하는 검사에 참여하고, 객관적으로 만들어진 채점 방법과 해석 방법에 근거하여 평가를 받는다. 표준화 검사에는 규준참조검사(norm referenced test)와 준거참조검사(criterion referenced test)가 있다.

반면에 비표준화 검사는 표준화 과정을 거치지 않고 개발된 검사로서, 표준화 검사에 비해 신뢰도와 타당도가 낮지만 짧은 시간에 적은 비용으로 피검자에 대한 정보를 수집할 수 있다. 비표준화 검사는 피검자가 가지고 있는 개별적 특성이나 특정 문제에 대해 집중적으로 평가할 수 있으며, 중재를 계획하거나 평가하는 데 유용하다(김춘경, 이수연, 이윤주, 정종진, 최웅용, 2016).

표준화 검사와 비표준화 검사 중 일반적으로 피검자의 능력을 평가하기 위하여 많이 사용하고 있는 것은 표준화 검사이다.

2) 규준참조검사

규준참조검사(norm referenced test)는 모집단을 대표하는 표본을 표집하여 규준을 개발하고, 그 규준에 피검자의 검사 결과를 비교함으로써 피검자의 상대적 위치를 파악하는 검사이다. 여기서 규준(norm)이란 피검자의 수행능력을 비교할 수 있는 규준 집단의 점수 분포를 의미한다(이승희, 2019).

규준을 제작할 때에는 모집단을 대표하는 표본을 표집하여야 한다. 시간적, 경제적, 물리적 이유 등으로 피검자의 수행능력을 비교할 수 있는 모집단을 모두 검사하기 어렵기 때문에 모집단을 대표할 수 있는 일정한 수의 표본을 선정한다. 표본을 선정할 때에는 성(性), 연령, 지역, 사회경제적 수준 등을 고려하여야 한다. 만약 그렇지 못할 경우에는 규준이 모집단의 수행특성을 잘 반영하지 못하기 때문에 피검자의 상대적 위치를 적절하게 파악할 수 없게 된다. 이러한 이유로 규준집단의 양호도가 확보되어야 한다.

규준집단의 양호도를 확보하기 위해서는 집단의 대표성, 크기, 적절성이라는 세 가지 요인이 갖추어져야 한다(Sattler, 2002). 집단의 대표성이란 검사도구가 측정하고 자 하는 모집단의 특성을 얼마나 잘 대표하고 있는지를 나타내는 것을 의미한다. 일 반적으로 집단의 대표성에는 성(性), 연령, 사회경제적 지위, 지역 등이 고려된다. 집 단의 크기는 검사도구를 표준화할 때 모집단의 특성을 대표할 수 있는 정도의 표본 이 규준집단에 포함되어 있는지를 나타내는 것이다. 일반적으로 검사도구를 표준화 할 때에는 최소한 연령별 남녀 각 100명 정도를 규준집단에 포함한다. 집단의 적절 성은 검사를 실시하는 목적에 부합하는 규준 집단의 형태를 의미하는데, 전국 수준 의 규준을 사용할지 아니면 지역 수준의 규준을 사용할지를 결정하는 것을 말한다. 일반적으로 규준참조검사의 경우에는 전국 수준의 규준을 많이 사용한다. 이러한 규준집단의 양호도를 확보하는 예를 살펴보면, 국립특수교육원 기초학습능력검사 (NISE-B·ACT)에서는 만 5세에서 14세까지 10년의 연령에 대하여 남녀 각 100명씩 표본으로 선정하였고, 해당 연령의 지역적 인구분포를 고려하여 표본을 선정하였다.

또한 규준참조검사는 피검자의 상대적 위치를 파악하기 위하여 일반적으로 문항 난이도가 쉬운 것에서부터 어려운 것으로 문항이 구성되어 있다. 즉, 능력이 뛰어난 사람은 쉬운 문항에서부터 어려운 문항까지 많은 문항을 올바르게 풀 수 있지만, 능 력이 낮은 사람은 쉬운 문항만을 맞히게 되어 낮은 수행 수준을 나타낼 것이다.

특수교육분야에서 규준참조검사는 피검자의 장애 여부를 파악하기 위한 선별과 진단, 특수교육을 받을 자격이 있는지를 파악하기 위한 적격성 결정, 그리고 피검자 에게 맞는 적절한 교육을 제공하기 위한 교육적 배치 결정 등에서 사용되고 있다.

규준참조검사에서는 일반적으로 피검자의 검사 결과를 백분율(percentage scores) 과 유도점수(derived scores)로 나타낸다. 백분율은 검사도구에 포함된 총 문항 수에 대하여 피검자가 맞힌 정답 문항 수의 백분율을 의미하고, 유도점수는 점수들 간의 상대적 비교가 가능하도록 원점수를 변환시킨 점수를 의미한다(이승희, 2019). 일반 적으로 유도점수에는 피검자의 발달 정도를 나타내기 위한 발달점수(developmental scores)와 피검자의 수행 수준을 규준집단(예: 동일연령 집단)의 수행 수준에 있어 서 상대적 위치를 파악하기 위하여 사용하는 상대적 위치점수(scores of relative standing)가 있다.

발달점수에는 어떤 원점수를 평균수행으로 나타내는 연령이나 학년과 같은 등가점수와 피검자의 연령등가점수를 아동의 생활연령으로 나눈 후 100을 곱하는 지수점수가 있다(이승희, 2019). 상대적 위치점수에는 어떤 원점수 이하의 점수를 받은 사람들의 백분율을 나타내는 백분위점수(percentile score)와 사전에 결정된 평균과 표준편차를 이용하여 정규분포를 구성하도록 변환한 점수(예: z점수, T점수, 척도점수, 능력점수 등)를 나타내는 표준점수(standard scores), 그리고 정규분포를 9개의 범주로 나눈 점수를 나타내는 구분점수(stanine score) 등이 있다.

3) 준거참조검사

준거참조검사(criterion referenced test)는 다른 사람들과 상관없이 검사하고자 하는 영역에 대한 피검자의 수행 수준을 파악하기 위하여 제작된 검사를 의미한다. 여기서 준거(criterion)란 사전에 설정된 숙달수준으로서 피검자가 달성해야 할 성취수준을 의미한다. 준거참조검사는 피검자의 수행 수준에 대한 정보를 제공하기 위하여 일반적으로 백분율점수를 사용한다. 그리고 준거참조검사는 피검자가 어떠한 준거를 달성했는지를 파악하기 위하여 문항난이도가 유사한 문항으로 구성하며, 교육계획의 수립이나 형성 및 총괄 평가에서 많이 활용되고 있다.

준거참조검사는 피검자의 상대적 위치를 파악하기보다는 피검자의 수행 수준이 어느 정도 도달했는지를 파악하기 때문에 피검자의 수행능력이 어떻게 변화하고 있는지를 파악할 수 있다. 그러므로 준거참조검사는 수행능력이 낮은 특수교육대상자의 목표 달성 정도나 중재에 대한 반응 정도를 파악하는 데 효과적으로 활용할 수 있다.

우리나라의 대표적인 준거참조검사의 예로는 교과별 학업성취 추이를 파악하기 위하여 실시하고 있는 국가수준 학업성취도 평가(NAEA)가 있다. 국가수준 학업성취도 평가는 준거참조평가로 개발되었고, 평가에 참여한 피검자들에게 각 교과에 대한 성취수준을 우수, 보통, 기초, 기초미달로 제공하고 있다(한국교육과정평가원, 2019). 성취수준 중 우수는 80% 이상의 수준이고, 보통은 50% 이상 80% 미만, 기초는 20% 이상 50% 미만, 기초미달은 20% 미만으로 기초학력수준에 도달하지 못한 경우를 나타낸다.

4) 규준참조검사와 준거참조검사의 비교

특수교육에서는 규준참조검사와 준거참조검사를 적절하게 사용하여야 하는데, 이를 위해서는 두 유형의 검사에 대한 차이점을 명확하게 파악하여야 한다. 규준참조검사와 준거참조검사를 비교하여 정리하면 〈표 5-1〉과 같다.

표 5-1　규준참조검사와 준거참조검사의 비교

	규준참조검사	준거참조검사
목적	상대적 위치 파악	수행 수준 파악
비교대상	규준집단의 규준	숙달수준인 준거
사용영역	선별, 진단, 특수교육 적격성, 배치	교육프로그램계획, 형성평가, 총괄평가
문항구성	문항 난이도를 고려한 문항 구성으로 개인 간 차이를 명료화함 (쉬운 문항에서 어려운 문항)	준거 달성 여부를 파악하기 위하여 문항 난이도가 유사한 문항으로 구성
결과 제시	백분율, 유도점수	백분율

표준화 검사를 선정하고 적절하게 사용하기 위해서는 검사도구의 양호도가 확보되어야 한다. 양호도는 검사를 통하여 피검자의 능력을 평가하기 위해서 타당도, 신뢰도, 실용도를 모두 고려하여야 함을 의미한다(서울대학교 교육연구소, 1995). 그러므로 검사자는 피검자를 검사할 때, 검사도구가 얼마나 검사하고자 하는 것을 충실하게 검사하고 있는지를 나타내는 타당도와 검사가 얼마나 일관성 있게 피검자의 능력을 측정해 주고 있는지를 보여 주는 신뢰도, 검사를 실시할 때 드는 노력과 비용에 비추어 검사를 실시하는 것이 적절한지를 나타내는 실용도가 높은 검사도구를 선정하여 활용하여야 한다.

2. 관찰

1) 관찰의 개념 및 절차

특수교육대상자를 선정할 때 검사만을 사용한다면 올바른 진단과 평가를 하는 데 어려움이 발생한다. 다양한 검사는 각 검사 자체의 목적에 한정된 문항들로 구성되어 있어 다른 영역을 파악하기가 어려울 뿐만 아니라 각 검사가 다루지 못하는 아동의 세세한 특성과 문제까지 모두 파악하는 것은 현실적으로 불가능하다. 이러한 검사의 한계를 보완하기 위한 방법으로 고려되고 있는 것이 관찰(observation)이다.

관찰이란 아동에 대한 객관적인 자료를 수집하기 위하여 자연스러운 일상생활 속에서 아동이 표현하는 다양한 생각과 말, 그리고 행동 등을 면밀하게 살펴보고 기록하거나 기술하는 것을 의미한다(양명희, 2016). 그러므로 관찰을 위해서는 관찰자와 피관찰자 및 특정한 관찰 상황이 있어야 하고, 관찰자는 피관찰자가 표현하는 다양한 생각과 말 그리고 행동을 객관적으로 기술 혹은 기록하기 위한 관찰 능력을 갖추고 있어야 한다.

관찰자가 피관찰자인 아동을 관찰할 때에는 체계적 절차에 기초하여야 한다. 일반적으로 관찰을 할 때에는 준비 단계, 관찰 기록 단계, 결과정리 단계로 나누어 볼 수 있다(이승희, 2019). 먼저, 준비 단계에서는 목적에 맞게 관찰을 할 수 있도록 사전에 필요한 사항들을 준비하여야 하는데, 다음과 같은 사항들을 고려할 수 있다.

첫째, 관찰 목적의 명료화이다. 관찰을 실시하고자 하는 근본적인 목적이 명확하여야 한다. '나는 왜 관찰하여야 하는가?' 관찰자가 관찰하는 목적에 따라 관찰의 깊이와 수준이 달라지고, 관찰자의 관점도 다양하게 설정될 수 있다. 예를 들어, 아동의 행동 특성을 단순히 관찰하는 것인지, 과업 수행 모습을 확인하는 것인지, 특수교육 대상 선정을 위한 적격성을 결정하기 위하여 관찰하는 것인지와 같이 관찰의 목적에 따라 관찰자가 아동을 바라보는 관점과 태도 및 기록 방법 등이 달라질 수 있다. 그러므로 관찰의 목적을 명료하게 하는 것은 준비 과정에서 갖추어야 할 가장 중요한 활동이라 할 수 있다.

둘째, 관찰행동의 구체화이다. 예를 들어, '철수의 좌석이탈 행동이 얼마나 발생하는가?'라는 문제에서 관찰자가 관찰하고자 하는 행동은 '좌석이탈 행동'이므로 좌석이탈 행동에 대한 조작적 정의가 구체적으로 정의되어야 한다. 그래야 어떤 것이 좌석이탈 행동에 해당하고 어떠한 것이 해당하지 않는지에 대한 구분이 명확하게 이루어질 수 있다. 관찰행동에 대한 모호한 정의는 올바른 관찰을 방해할 뿐만 아니라 관찰 결과의 신뢰도를 떨어뜨린다.

셋째, 관찰에 대한 기록 방법을 선택하여야 한다. 관찰자는 관찰행동을 조작적으로 정의한 후에 어떻게 관찰한 행동을 기록할 것인지에 대한 방법을 정하여야 한다.

예를 들어, 관찰행동을 횟수로 기록할 것인지 아니면 시간의 길이로 표현할 것인지, 혹은 행동평정척도로 기록할 것인지를 정하여야 한다. 만약 관찰행동에 대한 적절한 기록 방법을 사용하지 못할 경우에는 아동의 행동을 적절하게 평가하지 못하게 되어 올바른 중재나 처치를 제공하는 데 어려움이 발생할 수 있다. 이 밖에 관찰행동을 기록할 때에는 관찰자의 기록이 얼마나 객관적으로 이루어졌는지를 파악하기 위하여 관찰자 간 신뢰도를 산출하여야 한다.

넷째, 관찰 상황의 구체화이다. 관찰 상황이라 함은 '언제', '어디서' 관찰을 실시할 것인지를 구체화하는 것이다. 관찰할 장소와 시간을 구체적으로 정의함으로써, 관찰하고자 하는 행동을 보다 적합하게 관찰할 수 있다. 예를 들어, 좌석이탈 행동의 경우에는 교실의 어떤 특정 교과 수업시간이 적절할 것이고, 편식 행동의 경우에는 점심시간 급식실이 적절할 것이다. 그러나 일화기록의 경우 특정한 시간이나 장소에 제한 없이 기록할 가치가 있다고 생각되는 사건을 중심으로 서술하는 것이기 때문에 관찰 장소와 시간을 설정할 필요가 없다.

효과적인 관찰 준비를 위해서는 관찰자가 항상 준비 사항을 확인하고, 관찰자 자신이 설정한 관찰행동과 기록 방법 등이 적절한지 검증하여야 한다.

다음으로, 관찰 기록 단계는 관찰자가 관찰을 하면서 기록하는 과정을 의미한다. 관찰에 대한 기록으로는 서술기록, 간격기록, 사건기록, 그리고 평정기록이라는 네 가지 방법이 있고, 각 방법은 여러 하위 기록 방법으로 나누어 볼 수 있다. 관찰자가 어떤 대상의 행동을 관찰할 때에는 관찰의 목적과 관찰행동의 특성 등을 종합적으로 고려함으로써 적절한 방법을 선택하여 사용해야 한다. 구체적인 기록 방법에 대한 설명은 다음 절의 '관찰 기록 방법'의 내용을 참고하면 된다.

마지막으로, 결과정리 단계는 관찰자가 관찰한 행동에 대한 기록의 내용을 분석하고 정리하는 단계이다. 결과정리 단계에서는 기록 방법에 따라 자료를 분석하고, 각 방법에 적합한 방식으로 내용을 정리하여야 한다. 결과정리에 기초하여 보고서를 작성할 때에는 관찰대상의 특성과 행동의 원인, 그리고 배경 및 환경 등을 종합적으로 고려하여야 한다.

2) 관찰 기록 방법

관찰자가 관찰을 할 때에는 관찰하고자 하는 행동에 적합한 기록 방법을 선택하여 활용하여야 한다. 관찰 기록 방법에는 서술기록, 간격기록, 사건기록, 그리고 평정기록 등 네 가지가 있으며, 각 방법에는 기록하는 방법에 따라 여러 가지 세부적인 기록 방법이 포함되어 있다. 이를 구체적으로 살펴보면 다음과 같다.

서술기록	어떤 사건이나 행동이 일어나는 전체의 이야기를 있는 그대로 사실적으로 묘사하는 방법
일화기록	시간이나 장소에 상관없이 관찰자가 기록할 필요가 있다고 생각하는 사건이나 행동을 있는 그대로 서술하는 기록 방법
연속기록	일정한 시간의 범위 내에서 발생한 사건이나 관찰하기로 결정한 활동에 대하여 발생한 순서대로 이야기하듯이 서술하는 방법
ABC기록	일정한 시간 동안 관찰하는 행동이나 사건이 발생할 때마다 선행사건과 후속사건을 시간의 흐름에 따라 서술하는 기록 방법
간격기록	관찰기간 동안 일정한 간격으로 여러 번에 걸쳐 행동을 관찰하여 기록하는 방법
전체간격 시간표집	관찰시간 전체를 일정한 시간간격으로 나누고, 행동이 어떤 간격의 처음부터 끝까지 나타났을 때 행동발생을 기록하는 방법
부분간격 시간표집	관찰시간 전체를 일정한 시간간격으로 나누고, 행동이 어떤 간격에서 조금이라도 나타났을 경우 행동발생을 기록하는 방법
순간 시간표집	관찰시간 전체를 일정한 시간간격으로 나누고, 어떤 간격의 끝부분에 관찰행동이 나타났을 때 행동발생을 기록하는 방법
사건기록	관찰기간 동안 관찰행동이 발생할 때마다 관련 사항을 기록하는 방법
행동 빈도	관찰기간 동안 관찰행동이 발생하는 횟수를 기록하는 방법
행동 강도	관찰기간 동안 행동의 세기, 정도, 크기 등을 기록하는 방법
행동의 지속시간	관찰행동이 발생하는 순간부터 종료하는 순간까지의 전체시간을 기록하는 방법
행동의 지연시간	어떤 자극이 주어지고 난 후, 관찰행동이 발생하기까지 얼마나 시간이 걸리는지를 측정하여 기록하는 방법
평정기록	행동을 관찰한 후에 사전에 정한 평정방법을 이용하여 행동의 발생 유무, 특성, 발생 정도 등을 기록하는 방법
범주기록	행동을 잘 표현할 수 있는 범주를 연속적으로 설정한 후, 관찰행동을 가장 잘 설명하는 범주를 선택하여 기록하는 방법
척도기록	행동의 정도를 나타낼 수 있는 몇 개의 값을 설정한 척도를 이용하여 관찰행동을 기록하는 방법
검목표기록	사전에 정의된 행동이나 특성의 목록을 이용하여 관찰행동을 기록하는 방법

먼저, 서술기록(narrative recording)은 어떤 사건이나 행동이 일어나는 전체의 이야기를 있는 그대로 사실적으로 묘사하는 방법을 의미한다(Sattler, 2002). 서술기록에는 일화기록과 연속기록이 있으며, 최근에는 ABC기록을 서술기록에 포함시키기도 한다. 일화기록(anecdotal record)은 시간이나 장소에 상관없이 관찰자가 기록할 필요가 있다고 생각하는 사건이나 행동을 있는 그대로 서술하는 기록 방법을 의미한다. 즉, 일화기록은 일상생활에서 발생하는 일들에 대하여 기록하기 때문에 일반적으로 과거형으로 서술한다. 일화기록에서 가장 중요한 것은 일화를 정확하고 객관적으로 기록하는 것이다. 이를 위해서는 관찰자의 주관적인 생각이나 판단을 최대한 배제하고 있는 그대로의 사실을 객관적으로 기술하여야 한다(Cohen & Spenciner, 2007). 또한 사건이나 행동이 발생한 이후 즉각적으로 기록하지 않으면 중요한 내용이나 단서를 기억하지 못하거나 기록에서 누락할 가능성이 있다. 그러므로 일화기록을 할 때에는 사건이나 행동이 발생한 이후 가능한 빠른 시간 내에 관찰한 내용을 객관적으로 기록하는 것이 필요하다. 일화기록 작성 방법은 〈표 5-2〉와 같다.

표 5-2 일화기록의 예

관찰정보	날짜	20. 10. 28.	시간	5교시 사회수업
	장소	3학년 4반	관찰자	조승희(가명)
관찰대상	대상이름	김승준(가명)	성별	남
	생년월일	10. 10. 28.	현재연령	10년
관찰내용	승준이는 사회시간에 교통질서 지키기에 대한 모의수업을 진행할 때, 큰 소리를 지르며 이곳저곳을 뛰어다녔다. 그리고 손을 터는 행동을 반복적으로 보이는 상동행동을 나타내었다. 친구들의 이야기는 듣지 않고, 교사가 손을 잡고 눈을 마주 보며 이야기를 하자 가만히 한 곳에 서서 자신의 차례를 기다렸다.			
요약	승준이는 활동 중심의 모의 수업에서 과잉행동과 상동행동을 나타내는 성향이 있으며, 교사의 손을 잡고 주의를 주는 것에 대해 긍정적인 반응을 하였다.			

연속기록(running record)은 관찰하는 일정한 시간의 범위 내에서 발생한 사건이나 관찰하기로 결정한 활동에 대하여 발생한 순서대로 이야기 하듯이 서술하는 방법을 의미한다(Sattler, 2002). 즉, 연속기록에서는 사건이 발생하는 동안 사건의 발생 순서에 맞게 기록하여야 하고, 일반적으로 현재형으로 서술한다. 기록하는 과정

에서는 관찰자의 주관적 생각과 의견 및 판단을 최대한 제외하고 객관적이고 사실적인 내용만 기술한다. 만약 관찰자의 의견이나 생각을 기록하고자 할 경우에는 별도의 칸(예: 비고 또는 주석 등)을 만들어 작성하고자 하는 내용을 기술한다. 일반적으로 연속기록의 관찰시간은 10분 내외가 적당하며, 가급적 30분을 넘기지 않도록 한다(전남련, 권경미, 김덕일, 이미순, 2005). 연속기록 작성 방법은 〈표 5-3〉과 같다.

표 5-3 연속기록의 예

관찰정보	날짜	20. 10. 23.	시간	2교시 실과수업
	장소	6학년 1반	관찰자	최행진(가명)
관찰대상	대상이름	송다영(가명)	성별	여
	생년월일	08. 10. 28.	현재연령	약 13년
관찰내용	9:50 수업 시간에 다영이가 자리에 앉는다. 9:51 자리에서 일어나서 교실 뒤로 달려가서 혼잣말을 하며 서성인다. 같은 자리에 서서 몸을 좌우로 움직이며 "사탕, 사탕, 사탕"이라고 반복적으로 이야기를 한다. 교사가 다가가 "다영아 자리에 앉아 주세요!"라고 이야기하면 교사의 손을 잡고 자리에 와서 앉는다. 9:56 다영이가 자리에 다시 자리에서 일어나서 뒤로 가려고 한다. 교사가 손을 잡고 눈을 마주 보면서 "다영아 자리에 앉아 주세요!"라고 이야기하면 다시 자리에 앉는다.			
요약	• 다영이는 수업 시간에 좌석이탈 행동을 한다. • 다영이는 교사가 손을 잡고 눈을 마주 보면서 자리에 앉으라고 이야기하면 자리에 앉는다.			

ABC기록(ABC record)은 일정한 시간 동안 관찰하는 행동이나 사건이 발생할 때마다 선행사건과 후속사건을 시간의 흐름에 따라 서술하는 기록 방법을 의미한다(Sattler, 2002). ABC기록에서는 행동이나 사건이 발생하는 시간을 제시하여야 하고, 관찰 사건과 선행사건 및 후속사건을 구분하여 구체적으로 제시하여야 한다. 각 사건이나 행동은 이미 발생한 것이므로 과거형으로 기술하여야 하고, 객관적이고 사실적인 내용을 기록하여야 한다. ABC기록 방법은 〈표 5-4〉와 같다.

표 5-4　ABC기록의 예

관찰정보	날짜	20. 10. 21.	시간	점심시간
	장소	급식실	관찰자	송영진(가명)
관찰대상	대상이름	최도진(가명)	성별	남
	생년월일	09. 8. 14.	현재연령	약 12년 2개월

● 관찰행동: 소리 지르기

관찰내용	시간	선행사건(A)	행동(B)	후속사건(C)
	12:30	도진이는 점심 반찬으로 나온 햄을 이미 먹었다. 그런데 옆에 있는 철수가 햄을 먹는 것을 보았다. 도진이는 "햄 먹고 싶어요."라고 이야기했다. 그러자 철수는 식판에 있는 햄을 재빨리 먹었다.	도진이는 자신이 좋아하는 햄을 먹지 못하자 자리에서 일어나면서 큰 소리로 "아, 아, 아, 아"라고 소리를 질렀다.	철수는 도진이의 행동을 교사에게 이야기했다. 교사는 "도진아, 네 것은 이미 먹었잖아. 다른 사람 것을 달라고 하면 안 돼. 이제 그만 소리 지르고 자리에 앉아서 밥 먹자."라고 말했다. 그러자 도진이는 소리 지르기를 멈추고 자리에 앉았다.

요약	● 도진이는 자신이 좋아하는 반찬인 '햄'을 먹지 못하면 소리를 지르는 행동을 한다. ● 도진이는 교사의 언어적 지시를 잘 따르는 경향이 있다.

　이러한 서술기록은 관찰대상의 활동에 관한 객관적 기록과 사건이나 행동의 전후 관계에 대한 정보 및 문제행동에 대한 구체적이고 체계적인 정보를 얻을 수 있다는 장점이 있다. 그러나 서술기록은 양적 정보를 제공하기 어렵기 때문에 관찰 결과에 대한 일반화가 어렵고, 사건이나 활동에 대한 사실적 서술이나 묘사를 해야 하기 때문에 시간이 오래 걸린다는 단점이 있다. 그러므로 관찰자는 서술기록을 활용하기 전에 관찰대상의 특성이나 행동 등을 고려하여 서술기록을 어떻게 적용하여야 하는지를 종합적으로 고려하여야 한다.

　다음으로 간격기록(interval recording)은 관찰기간 동안 일정한 간격으로 여러 번에 걸쳐 행동을 관찰하여 기록하는 방법을 말한다. 간격기록을 적용할 때에는 관찰할 사건이나 행동에 대하여 조작적 정의를 내려야 하고, 이것이 간격기록으로 적용하는 것이 적절한지를 결정하여야 한다. 예를 들어, 일상생활에서 발생하는 사건을 사실적으로 기록하는 것이라면 간격기록을 적용할 수 없다. 간격기록의 전체 관찰시간은 일반적으로 약 10~30분 정도가 적절하고, 1회 관찰시간은 5~30초 범위 내에서 이루어진다(Cohen & Spenciner, 2007). 간격기록 방법으로는 전체간격 시간표집법과 부분간격 시간표집법, 그리고 순간 시간표집법의 세 가지 방법이 있다.

전체간격 시간표집법(whole interval time sampling)은 관찰시간 전체를 일정한 시간간격으로 나누고, 행동이 어떤 간격의 처음부터 끝까지 나타났을 때 행동발생이 있음을 기록하는 방법이다(이승희, 2019). 그러므로 시간 범위 중 일부분에서만 관찰행동이 발생했다면 행동이 발생하지 않은 것으로 간주한다. 예를 들어, 자폐 범주성 장애아동의 상동행동을 10초 간격으로 나누어 관찰한다고 했을 때, 10초 내내 상동행동이 일어난다면 문제행동이 발생한 것으로 기록한다. 그러나 1~4초 사이 또는 8~10초 사이에 상동행동이 발생한다면 문제행동이 발생한 것으로 기록하지 않는다. 전체간격 시간표집법에서는 관찰 결과를 관찰행동 발생에 대한 백분율(행동발생 범위 수÷전체 관찰 범위 수×100)로 계산하여 제시한다. 그러나 이 방법은 일정 시간 동안 지속되지 않고 순간적으로 나타나는 행동에 적용하는 데는 어려움이 있다. 전체간격 시간표집법에 대한 기록의 예는 〈표 5-5〉와 같다.

표 5-5 전체간격 시간표집법 기록의 예

관찰정보	날짜	20. 10. 21.	시간	5교시
	장소	4-2	관찰자	최수지(가명)
관찰대상	대상이름	강영수(가명)	성별	남
	생년월일	10. 5. 14.	현재연령	약 11년 5개월

• 관찰행동: 상동행동

관찰내용	관찰시간	관찰간격 (10초)	행동유무	관찰시간	관찰간격 (10초)	행동유무
	1분	10초	×	6분	10초	○
		20초	×		20초	○
		30초	×		30초	○
		40초	×		40초	○
		50초	×		50초	○
		60초	×		60초	○

관찰내용	2분	10초	○	7분	10초	×
		20초	○		20초	×
		30초	○		30초	×
		40초	×		40초	×
		50초	×		50초	×
		60초	×		60초	×
	3분	10초	×	8분	10초	×
		20초	×		20초	×
		30초	×		30초	×
		40초	×		40초	×
		50초	○		50초	×
		60초	○		60초	×
	4분	10초	○	9분	10초	○
		20초	○		20초	○
		30초	×		30초	○
		40초	×		40초	○
		50초	×		50초	○
		60초	×		60초	○
	5분	10초	×	10분	10초	○
		20초	×		20초	×
		30초	×		30초	×
		40초	×		40초	×
		50초	×		50초	×
		60초	×		60초	×

요약	• 백분율＝(20÷60)×100＝약 33.3% • 영수의 상동행동은 수업이 진행될수록 늘어나는 경향이 있다.

부분간격 시간표집법(partial interval time sampling)은 관찰시간 전체를 일정한 시간간격으로 나누고, 행동이 어떤 간격에서 조금이라도 나타났을 경우 행동발생이 일어났음을 기록하는 방법이다(이승희, 2019). 그러므로 부분간격 시간표집법에서는 행동의 지속성보다는 행동의 발생 여부에 초점을 두고 기록한다. 예를 들어, 지적장애아동이 손을 들었는지를 여부를 기록하고자 했을 때, 손을 얼마나 오랫동안

들고 있었는지가 중요한 것이 아니라 손을 들었다는 것 자체가 중요하다. 10초라는 시간간격에서 어느 순간에라도 손을 들었다면, 손들기 행동이 발생한 것으로 기록하여야 한다.

순간 시간표집법(momentary time sampling)은 관찰시간 전체를 일정한 시간간격으로 나누고, 어떤 간격의 끝부분에 관찰행동이 나타났을 때 행동이 발생했다고 기록하는 방법을 의미한다(이승희, 2019). 그러므로 순간 시간표집법에서는 시간간격 내내 관찰자가 아동의 행동을 지속적으로 관찰하지 않고, 관찰의 끝부분에 집중적으로 관찰하면 된다. 예를 들어, 30초 간격으로 지적장애학생의 손가락 빨기에 대하여 관찰한다고 했을 때, 30초의 관찰간격 중 마지막 10초에서 손가락 빨기 행동이 진행되고 있는지 관찰하면 된다. 순간 시간표집법은 안정적으로 자주 발생하는 행동을 관찰할 때 적절하지만, 발생의 지속 시간이 너무 짧은 행동에는 관찰에 어려움이 있기 때문에 적용하기가 어렵다(Sattler, 2002). 전체간격 시간표집법과 부분간격 시간표집법, 순간 시간표집법을 비교하면 〈표 5-6〉과 같다.

표 5-6 시간표집법의 비교

■ 전체간격 시간표집법: 관찰간격이 30초라고 했을 때, 30초간 문제행동이 지속적으로 나타날 경우 문제행동이 발생한 것으로 인정

행동발생율=(2÷8)×100=25%

■ 부분간격 시간표집법: 관찰간격이 30초라고 했을 때, 30초 사이에 어느 때라도 문제행동이 나타나면 문제행동이 발생한 것으로 인정

행동발생율=(4÷8)×100=50%

■ 순간 시간표집법: 관찰간격이 30초라고 했을 때, 0~30초 중 마지막 10초에서 문제행동이 나타나면 문제행동이 발생한 것으로 인정

행동발생율=(2÷8)×100=25%

이상과 같은 간격기록은 짧은 시간 내에 관찰행동에 대한 많은 정보를 수집할 수 있고, 시간과 행동 간의 관계를 밝힐 수 있으며, 관찰자 간 신뢰도를 산출하기 용이하다는 장점이 있다. 그러나 행동 발생의 원인이나 특성에 관한 정보를 파악하기 어렵고, 적절한 시간간격을 설정하지 못할 경우에는 낮은 발생비율의 행동에 대해서는 과대추정, 높은 발생비율의 행동에 대해서는 과소추정의 문제가 발생할 수 있다.

사건기록은 관찰기간 동안 관찰행동이 발생할 때마다 관련 사항을 기록하는 방법이다. 사건기록을 적용하기 위해서는 관찰행동에 대한 조작적 정의를 내려 행동의 개념을 구체적이고 명료화하여야 하고, 관찰행동의 시작과 끝을 명확히 하여야 한다. 사건기록에는 행동의 빈도, 강도, 지속시간, 지연시간 등을 측정하여 기록하는 방법이 있으며, 이 방법들 중 어떠한 방법으로 관찰행동을 기록할지를 결정하여야 한다.

행동의 빈도(frequency of behavior)는 관찰기간 동안 관찰행동이 발생하는 횟수를 기록하는 방법으로서, 어떤 관찰행동이 시작되어 끝나는 일련의 과정을 1회의 발생으로 간주한다(Miltenberger, 2016). 행동의 빈도를 나타내는 방법은 관찰기간 내에 발생한 행동의 횟수를 제시하거나 관찰기간 내에 발생한 행동을 관찰기간으로 나누어 비율로 나타내는 방법이 있다. 예를 들어, 자폐 범주성 장애아동의 갑자기 큰 소리를 내는 행동을 관찰한다고 했을 때, 10분의 관찰기간에 5번 문제행동이 발생했다고 횟수로 나타낼 수도 있고, 10분 동안에 5번이 나타났으므로 5÷10＝0.2라는 행동의 비율로 나타낼 수도 있다. 그러나 너무 자주 나타나거나 지속시간이 다르게 나타나는 행동에는 적용하지 않는 것이 바람직하다. 예를 들어, 자폐 범주성 장애아동이 몸을 앞뒤로 흔드는 상동행동이 너무 자주 나타날 경우 그 숫자를 세는 것이 어려울 수 있고, 손가락 빨기의 경우 상황에 따라 손가락을 빼는 시간이 다르게 나타날 수 있기 때문에 행동의 빈도로 측정하여 표현하는 데 한계가 있다. 행동의 빈도를 기록하는 방법의 예시는 〈표 5-7〉과 같다.

표 5-7 사건기록(행동의 빈도) 기록의 예

관찰정보	날짜	20. 10. 23.	시간	2교시 음악시간
	장소	2학년 2반	관찰자	정은지(가명)
관찰대상	대상이름	주상희(가명)	성별	여
	생년월일	11. 3. 28.	현재연령	약 9년 7개월

관찰내용

■ 관찰행동
- 소리 지르기: 음악 시간에 상황에 맞지 않는 큰 소리를 지른다.
- 교실 이탈: 율동할 때 교실에서 벗어나서 복도나 운동장으로 뛰쳐나간다.

관찰시간	관찰행동		합계	
	소리 지르기	교실이탈	소리 지르기	교실이탈
40분	卌 //	//	7	2

요약

• 소리 지르기
 1) 행동의 횟수: 40분 동안 7회
 2) 행동의 비율: 7÷40=0.175(10분당 약 1.75회)
• 교실이탈
 1) 행동의 횟수: 40분 동안 2회
 2) 행동의 비율: 2÷40=0.05(10분당 약 0.5회)

행동의 강도(intensity of behavior)는 관찰기간 동안 나타나는 행동의 세기, 정도, 크기 등을 기록하는 방법이다(Miltenberger, 2016). 행동의 강도를 측정하는 방법으로는 특정 기구를 이용하여 강도를 직접 측정하거나 강도를 표현하는 척도를 사용하여 기록하는 방법이 있다. 예를 들어, 수업 방해 행동을 하는 자폐 범주성 장애아동의 큰 소리 지르기 행동의 강도를 측정하기 위하여 소음측정기를 사용하여 어느 정도 소음이 나타나는지를 측정할 수 있다. 또한 자폐 범주성 장애아동이 다른 사람을 때리는 행동을 할 때 때리는 강도를 강, 중, 약이라는 척도를 사용하여 평가할 수 있다. 그러나 행동의 강도를 척도를 이용하여 측정하는 경우, 객관적인 평가에 어려움이 있을 수 있다. 예를 들어, 때리는 행동의 강도를 강, 중, 약이라는 척도에 의해 분류한다고 할 때 관찰자가 느끼는 정도에 따라 때리는 행동의 강도를 다르게 평가할 수 있다. 그러므로 기록의 일관성을 확보하기 위하여 관찰자 간 신뢰도를 산출하는 것이 바람직하다. 행동의 강도를 기록한 예는 〈표 5-8〉과 같다.

표 5-8   **사건기록(행동의 강도) 기록의 예**

관찰정보	날짜	20. 10. 23.	시간	중간 놀이 시간
	장소	2학년 2반	관찰자	정은지(가명)
관찰대상	대상이름	주상희(가명)	성별	여
	생년월일	11. 3. 28.	현재연령	약 9년 7개월

관찰내용

■ 관찰행동
　－공격성: 친구들을 밀치거나 넘어뜨린 후 발로 차는 행동을 한다.

■ 작성 방법
　－신체적 공격성이 나타날 때마다 다음과 같이 강, 약, 중(1~3) 중에 하나를 선택하여 ○ 표시를 하시오.

관찰시간	관찰행동의 강도			
	관찰횟수	약	중	강
		1	2	3
20분	1		○	
	2			○
	3		○	
	4			○
	5			

요약   • 행동의 강도: (2+3+2+3)÷4=2.5

　행동의 지속시간(duration of behavior)은 관찰행동이 발생하는 순간부터 종료하는 순간까지의 전체시간을 기록하는 방법을 의미한다(Miltenberger, 2016). 이는 행동이 얼마나 지속되고 있는지를 중요하게 고려할 때 적용하는 방법이다. 행동의 지속시간을 측정하기 위해서는 일반적으로 초시계를 사용하지만, 경우에 따라 일반 시계를 이용하여 측정하기도 한다. 예를 들어, 지적장애아동이 수업 중 좌석을 이탈하였다가 다시 착석하기까지의 시간을 중요하게 인식할 경우, 행동의 지속시간 방법을 적용할 수 있다. 지속시간은 총 지속시간, 평균지속시간, 지속시간 백분율의 세 가지 방법으로 기록할 수 있다. 총 지속시간은 관찰시간 동안 발생한 관찰행동의 지속시간을 모두 더하여 나타내는 값이고, 평균지속시간은 관찰시간 동안 발생한 관찰행동의 지속시간을 모두 더한 후 관찰행동의 발생횟수로 나누는 값이다. 그리고 지속시간 백분율은 총 지속시간을 총 관찰시간으로 나눈 후 100을 곱한 값이다. 예를 들어, 지적장애아동이 10분 동안 상동행동을 4번(20초, 25초, 15초, 30초) 나타냈다고 했을 때, 총 지속시간은 90초(1분 30초)이고, 평균 지속시간은 22.5초(90÷4)이며, 지속시간 백분율은 15%(90초÷600초×100)이다. 행동의 지속시간에 대한 작성의 예는 〈표 5-9〉와 같다.

표 5-9 사건기록(행동의 지속시간) 기록의 예

관찰정보	날짜	20. 10. 24.	시간	3교시 국어시간
	장소	2학년 4반	관찰자	강영수(가명)
관찰대상	대상이름	최희정(가명)	성별	여
	생년월일	11. 6. 14.	현재연령	약 9년 4개월

<table>
<tr><td rowspan="8">관찰내용</td><td colspan="5">■ 관찰행동
−좌석이탈 행동: 자기 자리에서 일어나거나 자리를 떠나 다른 곳으로 돌아다니는 경우</td></tr>
</table>

관찰시간	관찰행동의 강도			
	관찰횟수	시작	종료	지속시간
40분	1	11시 4분 15초	11시 6분 30초	135초
	2	11시 15분 30초	11시 17분 40초	130초
	3	11시 25분 23초	11시 27분 28초	125초
	4			
	5			

요약	• 총 지속시간: 135+130+125=390초(6분 30초) • 평균지속시간: (135+130+125)÷3=130초(2분 10초) • 지속시간 백분율: (390초÷2,400초)×100=16.25%

행동의 지연시간(latency of behavior)은 어떤 자극이 주어지고 난 후 관찰행동이 발생하기까지 얼마나 많은 시간이 걸리는지를 측정하여 기록하는 방법을 의미한다(Miltenberger, 2016). 이는 어떤 자극에 대하여 관찰행동이 발생하기까지의 시간을 중요하게 인식할 때 사용하는 방법이다. 예를 들어, 지적장애아동이 교사의 언어적 촉구를 받은 후 올바른 행동을 하는 데 걸리는 시간을 측정하여 기록한다거나, 화면에서 제시된 영상을 보고 그 행동을 따라하는 데 걸리는 시간을 측정하는 것 등이 있다. 지연시간은 관찰기간 동안 측정된 지연시간의 총합을 관찰횟수로 나누는

평균 지연시간으로 나타낼 수 있다. 예를 들어, 수학 시간에 교사의 언어적 촉구를 받은 후 수학 문제를 풀기 시작하는 데 걸리는 지연시간이 1회 30초, 2회 20초, 3회 10초라고 한다면, 평균 지연시간은 20초(60초÷3회)이다. 행동의 지연시간에 대한 작성의 예는 〈표 5-10〉과 같다.

표 5-10 사건기록(행동의 지연시간) 기록의 예

관찰정보	날짜	20. 10. 24.	시간	4교시 수학시간
	장소	2학년 4반	관찰자	강영수(가명)
관찰대상	대상이름	최희정(가명)	성별	여
	생년월일	11. 6. 14.	현재연령	약 9년 4개월

관찰내용	■ 관찰행동 −교사의 언어적 촉구에 대한 반응: 교사가 수학 문제를 풀라는 언어적 지시를 제시하면, 희정이가 수학 문제를 푸는 행동을 시작한다.

관찰시간	관찰행동의 강도			
	관찰횟수	자극종료	행동시작	지연시간
40분	1	11시 50분 15초	11시 50분 40초	25초
	2	12시 00분 30초	12시 1분 00초	30초
	3	12시 10분 40초	12시 11분 25초	35초
	4			
	5			

요약	• 평균지연시간: (25+30+35)÷3=30초

사건기록은 간단하고 객관적으로 관찰행동을 측정할 수 있고, 관찰의 목적에 따라 다양한 방법으로 관찰행동을 측정하여 기록할 수 있다는 장점이 있다. 그렇지만 관찰행동의 모습이나 관찰행동이 발생하게 되는 상황정보 등을 제공하지 못한다는 한계가 있다.

평정기록은 행동을 관찰한 후에 사전에 정한 평정방법을 이용하여 행동의 발생 유무, 특성, 발생 정도 등을 기록하는 방법을 의미한다. 평정기록 방법에는 범주기록, 척도기록, 그리고 검목표기록이라는 세 가지 방법이 있다.

먼저, 범주기록(category recording)은 행동을 잘 표현할 수 있는 범주를 연속적으로 설정한 후, 관찰행동을 가장 잘 설명하는 범주를 선택하여 기록하는 방법이다.

범주기록은 관찰행동을 연속적인 내용으로 범주화하여 기록한다. 그러므로 관찰행동의 각 범주가 명확하게 구분되어야 하고, 각 범주의 내용은 각각 독립적이어야 하며, 연속적인 관계성이 있어야 한다. 그리고 관찰행동의 양상이 하나의 범주에 해당하여야 한다. 만약 두세 가지의 범주에 부합한다면, 각 범주의 내용이 부적절하게 구성된 것이라 할 수 있다. 범주기록 작성의 예는 〈표 5-11〉과 같다.

표 5-11　범주기록의 예

관찰정보	날짜	20. 10. 24.	시간	4교시 사회시간
	장소	2학년 3반	관찰자	이명수(가명)
관찰대상	대상이름	남정수(가명)	성별	남
	생년월일	11. 9. 14.	현재연령	약 9년 1개월
관찰내용	■ 관찰행동: 사회적 규칙 ■ 아동의 행동을 가장 잘 진술한 범주에 대하여 ✓를 하시오. 1. 줄서기 활동 　✓ 1) 줄서기를 전혀 하지 않는다. 　___ 2) 교사의 언어적 촉구를 통해 줄서기를 한다. 　___ 3) 스스로 줄서기에 적극 참여한다. 　___ 4) 스스로 줄을 설 수 있고 다른 친구들도 줄을 서도록 한다. 2. 차례 지키기 활동 　___ 1) 자신의 차례를 지키지 못하고 새치기를 한다. 　✓ 2) 교사의 언어적 촉구가 있어야만 차례를 지킨다. 　___ 3) 스스로 차례를 지킨다. 　___ 4) 스스로 차례를 지키고, 다른 친구들도 차례를 지키도록 한다. 3. 신호등 지키기 　___ 1) 신호등을 무시하고 길을 건너려고 한다. 　___ 2) 교사의 언어적 촉구를 통해 신호등을 지킨다. 　✓ 3) 스스로 신호등을 지키며 길을 건넌다. 　___ 4) 스스로 신호등을 건널 수 있고, 다른 친구들이 길을 건너는 것을 도와준다. 4. 쓰레기를 휴지통에 넣기 　___ 1) 쓰레기를 아무 곳에나 버리거나 치우지 않는다. 　___ 2) 교사의 언어적 지시가 주어지면 쓰레기를 휴지통에 치운다. 　___ 3) 스스로 자기 책상 위에 있는 쓰레기를 휴지통에 넣는다. 　✓ 4) 자기 책상뿐만 아니라 다른 친구의 책상에 있는 쓰레기도 휴지통에 넣는다.

요약	• 범주 1): 1개÷4문항=25% • 범주 2): 1개÷4문항=25% • 범주 3): 1개÷4문항=25% • 범주 4): 1개÷4문항=25%

척도기록(scale recording)은 행동의 정도를 나타낼 수 있는 몇 개의 값을 척도로 설정한 후, 관찰행동을 척도에 따라 기록하는 방법이다. 일반적으로 척도기록은 3점 척도, 5점 척도, 혹은 7점 척도가 많이 사용된다. 예를 들어, 지적장애학생의 행동 특성을 파악하기 위하여 5점 척도(1점 아주 못함, 2점 못함, 3점 보통, 4점 잘함, 5점 아주 잘함)를 적용할 수 있다. 숫자 척도를 적용할 때에는 높은 점수가 긍정적인 모습을 나타낼 수 있도록 구성하는 것이 바람직하다. 척도기록 작성의 예는 〈표 5-12〉와 같다.

표 5-12 척도기록의 예

관찰정보	날짜	20. 10. 24.	시간	4교시 사회시간
	장소	2학년 1반	관찰자	조남수(가명)
관찰대상	대상이름	김정희(가명)	성별	여
	생년월일	11. 8. 14.	현재연령	약 9년 2개월

■관찰행동: 사회적 규칙
■아동의 사회적 규칙을 준수하는 정도를 다음과 같이 1~5로 판단하여 해당 부분에 ○표 하시오

번호	문항	아주 못함	못함	보통	잘함	아주 잘함
1	혼자서도 줄을 설 수 있다.	1	2	3	④	5
2	혼자서 차례 지키기를 할 수 있다.	1	2	3	④	5
3	신호등을 보고 길을 건널 수 있다.	1	②	3	4	5
4	손을 들고 횡단보도를 건넌다.	1	2	③	4	5
5	쓰레기를 휴지통에 버릴 수 있다.	1	2	3	4	⑤

관찰내용

요약	• $[(4\times2)+(2\times1)+(3\times1)+(5\times1)]\div5=3.6$

검목표기록(checklist recording)은 사전에 행동이나 특성의 목록을 만들고, 이를 이용하여 관찰행동을 기록하는 방법이다. 대표적으로 체크리스트를 활용하여 관찰행동의 발생 여부나 행동의 특성을 기록하는 방법이 있다. 검목표를 구성할 때에는 각 행동이나 특성에 대하여 모호하고 추상적으로 기술하기보다는 구체적이고 명확하게 기술하여야 한다. 또한 부정적인 기술보다는 '화장실 문을 열 수 있다.' 또는 '양말을 벗을 수 있다.'와 같이 긍정적으로 기술하는 것이 바람직하다. 문장을 기술할 때에는 문장을 일관성 있게 작성하여야 한다. 예를 들어, '스스로 양치질을 할 수 있다.'와 같이 문장으로 기술하였다면, 다른 문항도 '스스로 세수를 할 수 있다.'와 같이 동일한 형태의 문장으로 작성하여야 한다. 또한 검목표에 대한 응답을 '예/아니요', '유/무', '+/−' 등과 같은 다양한 방식 중 어떤 방법을 적용할 것인지도 명확하게 결정하여야 한다. 검목표기록 작성의 예는 〈표 5−13〉과 같다.

표 5−13   검목표기록의 예

관찰정보	날짜	20. 10. 19.	시간	1교시 사회시간
	장소	2학년 4반	관찰자	강영수(가명)
관찰대상	대상이름	김정희(가명)	성별	여
	생년월일	11. 6. 14.	현재연령	약 9년 4개월

관찰내용	■ 관찰행동: 사회적 규칙 ■ 기록 작성 방법 + 행동이 나타남 − 행동이 나타나지 않음			

영역	번호	문항	관찰기록
사회적 규칙	1	혼자서도 줄을 설 수 있다.	+
	2	혼자서 차례 지키기를 할 수 있다.	+
	3	신호등을 보고 길을 건널 수 있다.	−
	4	손을 들고 횡단보도를 건넌다.	−
	5	쓰레기를 휴지통에 버릴 수 있다.	+

요약	• $(3 \div 5) \times 100 = 60\%$

일반적으로 평정기록을 사용하면 빠르고 명확하게 많은 것을 관찰하여 평가할 수 있다는 장점이 있지만, 관찰행동의 발생 상황이나 관련 정보를 정확하게 파악하기 어렵다는 한계가 있다.

3) 관찰의 타당도 및 신뢰도

관찰자가 관찰한 내용이 적합한지 그리고 일관된 결과가 나오는지를 파악하기 위해서는 관찰의 타당도와 신뢰도를 확인하여야 한다.

일반적으로 관찰의 타당도를 확인하기 위해서 기존에 개발된 관찰도구를 활용할 수 있다. 이 방법은 도구 개발을 위한 시간이나 노력을 줄일 수 있고, 관찰의 목적에 따라 관찰도구를 적절하게 수정하여 활용할 수 있다. 그러나 관찰도구를 수정 및 보완하여 사용할 때에는 반드시 내용의 적합성을 재검토하여야 하고, 신뢰도를 재확인하여야 한다.

적합한 관찰도구가 없거나 새로운 관찰도구를 개발하여 이용하고자 할 때에는 관찰도구의 타당도를 확보하여야 한다. 대표적인 방법으로는 전문가나 관계인들을 통해 내용타당도를 검토하거나, 수집된 내용 또는 기록이 다른 특성이나 준거를 예측할 수 있는지를 파악하는 예언타당도를 활용하는 방법이 있다. 또한 예비 조사 등을 통하여 수집된 자료를 활용함으로써 관찰도구의 구성 요인이 적합한지 확인하는 구인타당도나, 어떤 상황에서 관찰대상자가 나타내는 행동이 다른 상황에서도 그 행동을 정확히 확인할 수 있는지를 파악하는 공인타당도를 적용할 수 있다.

관찰의 신뢰도는 관찰한 내용이 얼마나 일관성을 가지고 있는지를 파악하는 것으로서, 관찰자 간 신뢰도(inter-observer reliability), 검사-재검사 신뢰도(test-retest reliability), 내적 일관성 신뢰도(internal consistency reliability) 등이 있다. 이 중 관찰에 있어서는 관찰자 간 신뢰도가 가장 많이 활용되고 있다.

관찰자 간 신뢰도는 어떤 관찰행동에 대하여 관찰자들이 관찰한 내용이 얼마나 일치하는지를 나타내는 것으로서, 일치율(percentage of agreement)이나 카파계수(Kappa: κ)와 같은 일치계수(coefficient of agreement)로 산출된다. 일치율이란 관찰자들 사이에 관찰한 결과에 대하여 일치한 비율을 나타내는 것이다. 일치율은 간격기록, 사건기록, 평정기록 등의 기록 방법에 따라 다소 다르게 산출한다.

간격기록의 경우에는 일치한 간격의 수를 전체간격의 수로 나눈 후 100을 곱하여 산출한다. 예를 들어, 지적장애학생의 자리에서 일어나는 행동의 발생 여부를 관찰자 A와 관찰자 B가 다음과 같이 기록하였다고 가정하자.

관찰자	관찰간격(분)									
	1	2	3	4	5	6	7	8	9	10
A	○	×	○	×	○	×	○	×	○	×
B	○	×	×	×	○	×	○	○	○	×

행동 발생: ○, 행동 미발생: ×

A와 B의 관찰기록을 살펴보면, 총 10개의 관찰간격에서 일치한 간격은 8개이고 일치하지 않은 간격은 2개이다. 이를 이용하여 일치율을 산출하면 80%가 된다. 이를 공식으로 나타내면 다음과 같다.

$$일치율 = \frac{일치한\ 간격의\ 수}{전체간격의\ 수} \times 100 = \frac{8}{10} \times 100 = 80\%$$

사건기록에서는 관찰자가 기록한 내용(빈도, 강도, 지속시간, 지연시간) 중 작은 값을 큰 값으로 나눈 후 100을 곱하여 일치율을 산출한다. 예를 들어, 20분이라는 관찰시간 동안 자폐 범주성 장애아동이 좌석이탈을 한 지속시간에 대하여 일치율을 산출한다고 가정해 보자. 관찰자 A는 총 지속시간을 240초(4분)라고 기록하고 관찰자 B는 220초(3분 40초)라고 기록하였을 경우, 관찰자 간의 일치율은 91.67%(소수점 세 번째 자리에서 반올림)이다. 이를 공식으로 나타내면 다음과 같다.

$$일치율 = \frac{작은\ 값}{큰\ 값} \times 100 = \frac{220}{240} \times 100 = 91.67\%$$

평정기록에서는 평정기록의 형태에 따라 관찰자 간 신뢰도를 산출하는 방법이 다르게 적용되지만, 기본적으로 동일하게 선택된 문항 수를 전체 문항 수로 나눈 후 100을 곱하여 일치율을 산정한다. 예를 들어, 범주기록에서 두 명의 관찰자가 세 개의 범주 중 하나를 선택하는 10문항에 대하여 기록한다고 가정하자. 이때 두 명의 관찰자가 7개 문항에서 동일한 범주를 선택했다면(예: '스스로 세수를 할 수 있다'), 관찰자 간 일치율은 70%이다. 이를 공식으로 나타내면 다음과 같다.

$$일치율 = \frac{일치한\ 범주의\ 문항\ 수}{전체\ 범주의\ 문항\ 수} \times 100 = \frac{7}{10} \times 100 = 70\%$$

척도기록에서는 동일한 척도를 선택한 문항 수를 전체 문항 수로 나눈 후 100을 곱하여 산출하고, 검목표기록에서는 동일한 응답을 선택한 문항 수를 전체 문항 수로 나눈 후 100을 곱하여 일치율을 산출한다.

일반적으로 평정기록에서 신뢰도를 일치도로 산출할 때에는 80% 이상의 일치율이면 신뢰도가 있다고 간주한다. 그러나 가능한 90% 이상의 일치율이 나타나는 것이 바람직하다(한국교육평가학회, 2004).

관찰자가 신뢰도를 산출하는 과정에서 일치율 이외에 사용할 수 있는 다른 방법은 카파계수(kappa: κ)가 있다. 카파계수는 범주적 자료에 대하여 우연의 일치 부분을 제외하고 순수하게 일치된 부분이 어느 정도인지를 파악하기 위하여 사용한다(Cohen & Spenciner, 2007). 카파계수는 −1.00에서부터 +1.00의 값을 가진다. 카파계수가 +1.00 방향으로 가면 갈수록 관찰자 간의 일치된 정도가 우연보다는 실제적으로 의견이 일치되었음을 보여 주는 것이고, −1.00 방향으로 가면 갈수록 관찰자 간의 일치된 정도가 실제적 의견보다는 우연에 의한 것임을 보여 준다. 카파계수가 0인 경우에는 실제적 의견과 우연에 의한 의견의 일치가 동등함을 보여 주는 것이다. 일반적으로 카파계수가 .70이면 만족할 만한 신뢰도를 갖추었다고 고려하지만, 가능한 .80 이상을 나타내는 것이 바람직하다(Sattler, 2002). 일반적으로 2명의 관찰자에 대한 일치도는 Cohen의 카파계수(Cohen' kappa coefficient)로 구하지만, 3명 이상의 관찰자에 대한 일치도는 Fleiss 카파계수(Fleiss kappa coefficient)를 사용하여 산출한다. Cohen의 카파계수는 SPSS 통계 프로그램을 이용하면 간단하게 산출할 수 있고, Fleiss 카파계수의 경우 dBSTAT를 이용하여 간단하게 산출할 수 있다.

3. 면접

1) 면접의 개념 및 절차

면접(interview)이란 면접자와 피면접자가 면대면으로 심층적인 대화를 하면서 진행되는 질문과 대답을 기록하여 자료를 수집하는 일련의 방법을 의미한다(Pierangelo & Giuliani, 2006: 이승희, 2019 재인용). 특수교육에서 이루어지는 모든 평가활동에서 면접은 매우 중요하게 활용되고 있으며, 이를 통해 직접적인 평가활동이나 관찰을 통해 확보하지 못했던 다양한 정보를 수집하고 있다. 특수교육에서 이루어지는 면접에서는 아동 당사자뿐만 아니라 아동과 관련된 다양한 관계자(예: 부모, 형제, 교사, 친구 등)가 주요한 면접의 대상이며, 이들과의 심층적인 면접을 통하여 아동에 대한 다양한 정보와 자료를 수집하게 된다.

일반적으로 면접은 준비 단계, 면접 단계, 결과정리 단계라는 세 과정을 통하여 진행된다. 먼저, 준비 단계에서는 면접을 실시하고자 하는 목적과 이유에 맞게 면접을 실시할 수 있도록 사전에 필요한 사항들을 준비하여야 한다. 이를 위해서는 다음과 같은 사항들을 고려하여야 한다.

첫째, 목적의 명료화이다. 즉, 면접을 실시하는 목적이 무엇인지가 명확해야 한다. '나는 왜 면접을 하여야 하는가?' 면접자가 면접의 목적을 인지하는 수준에 따라 면접에 대한 인식과 관점, 면접의 깊이와 태도가 달라지기 때문이다. 아동의 특성을 보다 심층적으로 파악하고 싶은 것인지, 수업에 대한 아동의 심리적 상황을 이해하고 싶은 것인지와 같이 면접의 목적에 따라 면접의 방식과 깊이가 달라질 수 있다.

둘째, 면접자는 피면접자와의 협의를 통하여 면접을 실시할 장소와 날짜 및 시간 등을 정하여야 한다. 이때 가능한 한 피면접자의 여건과 상황을 우선적으로 고려하여야 한다. 피면접자가 불편하게 느끼거나 접근하기 어려운 장소 또는 너무 소란스러워 면접 내용을 파악하기 어려운 장소는 피하는 것이 좋다. 또한 피면접자가 충분하게 면접에 참여할 수 있는 시간적 여유가 있는 시간을 면접 시간으로 정하는 것이 바람직하다. 그리고 면접자는 면접을 실시하기 전에 피면접자에게 면접 일정과 장소를 확인시켜 주어야 한다.

셋째, 면접의 유형을 정하여야 하다. 면접을 실시하기 전에 구조화 면접을 진행할 것인지 아니면 비구조화 면접이나 반구조화 면접을 실시할 것인지를 결정하여야 한다. 또한 피면접자가 아동인지 아니면 부모나 교사인지에 따라 면접의 방법을 다르게 적용하여야 한다.

넷째, 면접 유형에 따른 적절한 면접 도구를 준비하여야 한다. 구조화 면접이나 반구조화 면접의 경우, 면접자가 피면접자에게 물어볼 질문 목록을 사전에 갖추어야 하고, 어떤 순서로 질문을 할 것인지 등에 대하여 인지하고 있어야 한다. 비구조화 면접의 경우에도 특별한 지침이나 도구를 활용하지는 않지만 면접의 목적이나 이유에 따라 어떻게 면접을 진행할 것인지에 대한 계획을 준비하여야 한다.

면접 단계는 면접자가 피면접자와 면접을 진행하면서 기록하는 과정을 의미한다. 면접자는 면접 유형에 따라 적절한 질문을 하고, 피면접자의 반응을 기록하여야 한다. 또한 면접자는 피면접자가 편안하고 안정된 상태에서 면접에 참여할 수 있도록 분위기를 유지하여야 하고, 자신의 생각이나 주장을 이야기하는 것을 삼가야 한다. 면접 시간은 가능한 1시간을 넘지 않는 것이 적절하다. 면접 시간이 너무 길어질 경우에는 피면접자가 주의집중이 흐트러지거나 지칠 수가 있고, 같은 말을 반복하는 등 면접 내용의 질이 낮아질 수 있다. 그러므로 피면접자의 특성을 고려하여 적절한 면접 시간을 운영하는 것이 필요하다. 특수교육대상자의 경우에는 자신의 생각이나 의견을 적절하게 표현하는 데 어려움을 가지고 있는 경우가 있다. 먼저, 면접자는 피면접자인 특수교육대상자와 면접을 위한 공감대를 형성하고, 친숙한 분위기를 형성하기 위한 시간을 갖는 것이 필요하다. 그리고 질문을 할 때에는 구체적이고 명료하게 하여야 하고, 특수교육대상자가 이야기를 잘할 수 있도록 수용적이고 허용적인 분위기를 조성하여야 한다.

결과정리 단계는 면접자가 면담 과정에서 기록한 내용을 분석하고 정리하는 단계이다. 결과를 정리하는 과정에서 면접자의 주관적 생각과 판단보다는 피면접자의 응답에 기초한 객관적이고 타당한 분석이 이루어져야 한다. 그리고 보고서를 작성할 때에는 피면접자의 특성과 행동의 원인, 그리고 배경 및 환경 등을 종합적으로 고려하여야 한다.

2) 면접의 유형

면접을 실시할 때에는 면접의 목적에 따라 여러 가지 유형의 면접을 실시할 수 있다. 일반적으로 면접자가 피면접자에게 제시하는 질문의 유형에 따라 구조화 면접과 반구조화 면접 그리고 비구조화 면접이 있다(한국교육평가학회, 2004).

먼저, 구조화 면접이란 면접자가 피면접자에게 사전에 준비한 질문을 순서에 따라 실시하는 것을 의미한다. 그러므로 구조화 면접에서는 면접의 목적을 명확하게 인지하고 있어야 하고, 목적을 달성하기 위하여 어떠한 질문이 필요한지를 구체화하여야 한다. 그리고 난 후, 면접자는 피면접자에게 묻고자 하는 질문의 논리적인 관계를 고려하여 질문의 순서를 정하여야 한다. 일반적으로 구조화 면접을 실시할 때에는 이미 개발된 표준화 도구를 사용하는 경우가 많기 때문에 면접자에게 재량이나 융통성이 거의 주어지지 않는다.

둘째, 반구조화 면접이란 구조화 면접처럼 사전에 면접의 목적을 달성하기 위한 기초적인 질문을 개발하여 사용하지만, 기초 질문을 한 이후에 추가적인 질문을 하거나 상황에 따라 질문의 순서를 바꾸어 가면서 면접을 진행하는 것을 의미한다. 그러므로 면접을 실시하는 과정에서 면접자에게 어느 정도의 융통성과 재량이 부여된다. 반구조화 면접은 피면접자의 개인의 내재적 관심이나 심리적 상태 등에 대한 질문을 할 때 유용하게 사용될 수 있다. 우리나라에서는 자폐증 진단 면담지-개정판(박규리 외, 2014)이 대표적으로 반구조화 면접 방식으로 검사를 실시하는 도구이다.

셋째, 비구조화 면접이란 특정한 지침이나 사전에 준비한 질문 없이 면접자가 자유롭게 면접의 목적을 달성하기 위한 질문을 하는 것을 의미한다. 비구조화 면접은 면접자에게 많은 재량과 융통성이 부여되며, 어떤 특정 영역에 대하여 심층적으로 탐색하거나 정보를 수집하고자 할 때 많이 사용된다. 비구조화 면접이라고 하여 면접자가 아무런 준비도 하지 않는 것이 아니다. 면접자는 면접을 위한 주제를 설정하여 점검하고, 면접의 목적을 달성하기 위한 개략적인 면접의 방향성과 면접의 진행 방식 등에 대하여 생각하여야 한다. 그리고 면접을 잘 진행하기 위한 사전 계획을 수립하여야 한다.

이러한 면접 유형이 올바르게 사용되기 위해서는 타당도와 신뢰도를 확보하여야 한다. 일반적으로 면접은 면접자의 자질과 능력, 면접의 질문이 면접의 목적에 부합하는 정도, 면접에서 사용하는 질문의 구조화 정도, 면접에 참여하는 피면접자의 특성 등에 따라 타당도와 신뢰도가 달라질 수 있다.

면접에서 이용할 수 있는 타당도는 예측타당도와 공인타당도이다(이승희, 2019).

면접에서의 예측타당도는 면접을 통하여 수집한 정보가 피면접자의 행동을 예견하거나 예측하는 정도를 의미하는 것이고, 공인타당도는 면접에서 수집된 정보가 다른 방법으로 수집된 정보와 일치하는 정도를 의미한다. 그러나 예측타당도와 공인타당도를 적용하기 위해서는 어떠한 준거가 있어야 하는데, 면접에서는 그 준거를 정하는 것이 어렵다. 예를 들면, 학교에서 지적장애아동의 문제행동을 예측함에 있어 아동 자신이나 부모와의 면담 내용을 준거로 사용해야 하는 것인지 아니면 특수교사나 친구와의 면담 내용 중 어떤 것이 가장 적절한 준거인지를 정하는 것은 매우 어려운 일이다.

면접의 신뢰도를 확보하기 위해서는 검사-재검사 신뢰도와 면접자 간 또는 피면접자 간 신뢰도를 고려할 수 있다. 검사-재검사 신뢰도는 특정 피면접자를 두 번에 걸쳐 반복적으로 면접을 실시하고 면접을 통하여 얻어진 정보가 얼마나 일치하는지를 파악하는 것이다. 또한 면접자 간 신뢰도는 한 명의 피면접자를 다른 두 사람의 면접자가 면접을 실시한 후에 면접을 통하여 얻어진 정보의 일치하는 정도를 구하는 것이다. 그리고 피면접자 간 신뢰도는 한 명의 면접자가 두 명의 피면접자를 면접한 이후 얻어진 정보의 일치하는 정도를 구하는 것이다.

면접의 타당도와 신뢰도를 높이기 위해서는 일반적으로 면접의 내용이 면접의 목적에 부합하는 정도를 높이고, 면접자의 자질과 능력을 향상시켜야 하며, 면접 질문을 매우 구조화하여야 한다. 그러므로 면접자는 면접의 목적과 방식을 명확하게 설정하고, 적합한 질문을 개발하여 사용하여야 하며, 면접자 자신의 자질과 능력을 지속적으로 발달시켜야 한다.

4. 대안적 자료수집방법

1) 교육과정중심사정

교육과정중심사정은 학교에서 배우는 교육과정의 내용에 근거하여 학습자의 수행능력을 평가하기 위해 자료를 수집 및 분석하여 종합하는 과정이다(Idol, Nevin, & Paolucci-Whitcomb, 1987). 교육과정중심사정을 실시하는 목적은 학생의 수행 수준뿐만 아니라 수행능력이 어떻게 변화하고 있는지를 파악하고, 교사가 교수 계획을 수립하기 위한 기본 자료를 수집하며, 교사가 제공하는 교수 프로그램이 아동의 수행능력을 향상시키는 데 적합한지를 평가하는 데 있다. 그러므로 교육과정중심 사정은 아동 중심의 교육을 실시하기 위한 의사결정에서 중요하게 활용될 수 있다 (Cook & Tankersley, 2013).

교육과정중심사정(CBA)과 함께 혼용되며 사용되고 있는 개념이 교육과정중심 측정(curriculum based measurement: CBM)과 교육과정중심평가(curriculum based evaluation: CBE)이다. 두 개념 모두 교육과정중심사정의 개념에 포함된 것으로서, 사용하는 목적에 따라 분리되어 사용되어야 한다. 교육과정중심측정(CBM)은 학교 에서 배우는 교육과정에 근거한 검사를 이용하여 아동의 수행능력을 수치화하여 측정하는 것을 의미한다. 교육과정중심측정(CBM)은 반복적인 평가를 통하여 수행 능력의 변화 정도를 객관적인 수치로 나타내는 데 주안점을 두고 있다. 교육과정중 심측정(CBM)을 통하여 수집된 자료는 진전도 분석과 교수프로그램을 결정하거나 수정할 때 유용하게 활용될 수 있다(Deno, 1987). 교육과정중심평가(CBE)는 교육과 정에 근거하여 개발된 검사를 통해 얻어진 결과를 근거로 아동의 수행 수준을 판단 하는 것을 의미한다. 교육과정중심평가(CBE)는 아동의 목표 달성 정도나 과제 수행 의 정도를 확인하고, 오류나 시행착오와 같은 문제점을 분석하여 교수 계획을 수립 하는 데 필요한 정보를 제공한다. CBA, CBM, CBE라는 세 용어에 대한 구분이 실제 적으로 모호한 측면이 있으나, assessment, measurement, evaluation이라는 세 용 어의 개념적 구분을 이해하면 각각의 용어가 초점을 두고 있는 것이 무엇인지 이해 하기가 수월할 것이다. 각 용어에 대하여 정리를 하면 〈표 5-14〉와 같다.

표 5-14 measurement, evaluation, assessment의 개념 비교

용어	measurement	evaluation	assessment
의미	일정한 기준을 가지고 수집된 자료의 양을 수치화 하는 것	측정된 결과를 가지고 가치를 부여하고 판단하는 것	의사결정을 위하여 자료를 수집하여 분석하고 종합하는 과정

교육과정중심사정(CBA) 계열의 검사들은 교육내용과 교육상황 등에 기초하여 짧은 시간 안에 간편하게 검사를 실시할 수 있고, 반복적인 평가를 통하여 아동의 변화를 직접적이고 지속적으로 파악할 수 있는 형태의 평가를 실시할 수 있게 구성

되어 있다. 대부분의 검사는 1~5분 사이의 시간 안에 실시되고, 간단한 채점 방식과 아동의 수행능력의 변화를 탐색할 수 있는 시각적 그래프를 제공할 수 있도록 개발되고 있다. 우리나라에서는 기초학습기능 수행평가체제(Basic Academic Skills Assessment: BASA) 시리즈가 대표적인 교육과정중심사정 도구의 예라 할 수 있다.

2) 수행사정

수행사정(performance assessment)이란 과제를 수행하는 과정이나 그 결과를 이용하여 아동의 지식, 태도, 기능 등을 평가하는 방법을 의미한다(한국교육평가학회, 2004). 다시 말해서 수행사정에서는 주어진 과제나 문제를 해결하기 위하여 아동이 자신의 능력(지식, 태도, 기능 등)을 어떻게 활용하고 어떤 결과를 만들어 내는지를 평가한다. 그러므로 아동은 자신의 능력을 표현할 수 있는 다양한 활동을 수행하여야 하고, 활동에 대한 결과(산출물)를 만들어 내야만 한다. 그러므로 수행사정에서는 아동의 수행과정과 수행결과를 모두 고려한 평가를 하여야 한다. 수행사정은 과정지향적인 사정과 결과지향적인 사정으로 나누어 볼 수 있다.

과정지향적인 수행사정은 주로 체계적인 절차나 구조로 이루어진 과업을 해결하는 경우, 주어진 과제를 해결하는 데 과정이 절대적인 영향을 미치는 경우, 수행능력을 향상시키기 위하여 문제를 해결하는 과정에 대한 체계적 지도가 필요한 경우에서 활용하는 경향이 있다. 반면에 결과지향적인 사정은 문제를 해결하는 과정보다는 결과에 초점을 두는 경우, 결과가 명확하고 구체적이어서 이론(異論)의 여지가 없이 의사결정을 할 수 있는 경우, 문제를 해결하는 과정이 기계적으로 숙달되어 있는 경우에 주로 활용한다. 그러나 아동의 능력을 면밀하게 평가하기 위해서는 과정이나 결과 중 어느 하나에 초점을 기울이기보다는 과정과 결과를 모두 중요하게 인식하는 것이 필요하다. 예를 들어, 기초학습기능 수행평가체제-수학(Basic Academic Skills Assessment-Math) 검사에서는 연산유창성을 평가하기 위하여 채점을 할 때 문제를 해결하는 과정에 대하여 점수를 부여하는 CD(correct digits) 방식을 취하고 있다. 예를 들어, 45+57=102라는 문제를 살펴보자. 전통적인 결과지향적인 평가에서는 102라는 정답에 대하여 점수를 부여하지만, 과정지향적인 평가에서는 문제를 해결하는 과정에 대하여 점수를 부여하여 각 자릿값에 대하여 점수를 부여한다. 그러므로 각 자릿값에 대하여 올바르게 해결하였을 경우 3점(각 자릿값에 대

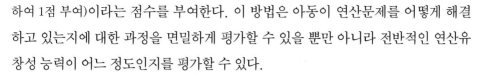

하여 1점 부여)이라는 점수를 부여한다. 이 방법은 아동이 연산문제를 어떻게 해결하고 있는지에 대한 과정을 면밀하게 평가할 수 있을 뿐만 아니라 전반적인 연산유창성 능력이 어느 정도인지를 평가할 수 있다.

수행사정은 다양한 방법으로 실시할 수 있다. 대표적으로 지필시험, 구술시험, 듣기시험, 실기시험, 실험 및 실습, 보고서 작성 등이 있다. 지필시험은 시험지와 필기구를 이용하는 시행하는 모든 시험을 의미하는데, 일반적으로 선택형 시험과 서답형 시험으로 구성된다. 구술시험은 아동이 말로 주어진 문제에 대한 답이나 자신의 생각이나 의견을 표현하는 방법을 의미한다. 구술시험은 아동의 지식을 파악하기 위하여 실시하지만, 아동의 생각과 창의적 사고를 파악할 때에도 사용된다. 듣기시험은 시험 문제를 직접 청취한 이후 그에 대한 답을 하도록 하는 평가방법을 의미하는데, 영어듣기평가와 같은 외국어 시험이나 클래식 음악을 듣고 문제를 해결하는 음악 시험에서 많이 활용된다. 실기시험은 아동이 어떤 특정한 과업을 어느 정도 수행할 수 있는지를 직접적으로 실시하게 함으로써 평가하는 방식이며, 체육, 음악, 미술, 기술, 실과와 같은 교과에서 많이 사용된다. 실험 및 실습은 과학 교과에서 많이 사용되는 평가방법으로서, 어떤 이론이나 사실을 확인하기 위하여 직접적으로 실험이나 실습을 하고 그 결과를 보고하도록 한다. 보고서는 심층적인 탐색과 자료의 수집 및 분석 등을 통하여 어떤 주제에 대한 학습자의 의견이나 생각 혹은 사실에 대한 설명 등을 체계적으로 정리하여 작성한 문서를 평가하는 것을 의미한다. 이러한 수행사정방법들은 교과의 성격과 내용에 따라 다양하게 사용될 수 있고, 평가자의 교육철학이나 교육관 등에 의해 다양한 분야에서 적용될 수 있다.

수행사정을 실시하는 과정에서 얻을 수 있는 이점으로는, 첫째, 아동의 수행능력을 다양한 방식으로 평가할 수 있다(한국교육평가학회, 2004). 전통적으로 지필시험이 학교현장에서 많이 사용되고 있으나 이 방법만으로는 학생들이 학습하고 있는 모든 교과의 성격과 내용을 반영할 수 없다. 그러므로 구술시험이나 실기시험, 실험 및 실습 등의 다양한 평가방법이 활용되어야 한다. 둘째, 사정의 목적에 따라 보다 명료하고 구체적으로 평가할 수 있다. 아동이 문제를 해결하는 과정에 대한 평가를 하는 것인지 또는 수행 수준을 파악하기 위한 평가인지에 따라 수행사정의 목적을 명료하게 정의할 수 있다. 사정 목적의 명료화는 곧 아동이 참여하고 있는 교육프로그램의 목적을 상세화하고 구체화할 수 있다.

3) 포트폴리오 사정

포트폴리오(portfolio)의 사전적 의미는 자료묶음이나 서류 가방을 의미한다. 그러나 포트폴리오는 어떤 사람이 자신의 경력이나 이력 혹은 실력을 보여 줄 수 있는 자료를 담고 있기 때문에 개인의 능력을 드러낼 수 있는 방법으로 인식되고 있다(이승희, 2019). 이러한 맥락에서 포트폴리오 사정(portfolio assessment)은 아동이 직접 수행한 작품이나 활동 결과를 모아 아동의 성취 정도나 수행능력을 평가하는 방법이다(Venn, 2004).

포트폴리오 사정은 아동이 주어진 과제를 어떻게 수행하였는지에 대한 변화 과정을 평가하는 데 초점을 두고 있다. 그렇기 때문에 포트폴리오 사정은 아동의 현재 능력보다는 향후 발달 가능성에 초점을 두어야 하고, 자연스러운 교수 맥락에서 아동의 수행능력을 평가하여야 한다. 이를 위해 교사는 아동이 만들어 낸 산출물을 체계적으로 관리하여야 하고, 지속적이고 개별화된 평가를 실시하여야 한다. 또한 포트폴리오 사정을 적절하게 사용하기 위해서는 수업 활동에 대한 아동의 실제적인 참여와 자연스러운 과제 수행이 반드시 이루어져야 한다. 그리고 아동의 성과물들을 분석하기 위한 명확한 기준이 확립되어야 하고, 평가할 산출물에 대한 선정 기준을 아동에게 명확하게 설명하여야 한다.

포트폴리오 사정을 활용하면 교수 활동에 다음과 같은 긍정적인 영향을 준다(Venn, 2004). 첫째, 포트폴리오 평가는 수업과 평가의 연계성을 높여 준다. 대부분의 평가는 수업과 분리되어 평가를 위한 독립적 시간과 활동이 필요하다. 하지만 포트폴리오 평가는 수업 중에 아동이 수행했던 산출물을 이용하여 평가를 진행하기 때문에 수업과 평가를 유기적으로 연결할 수 있다.

둘째, 포트폴리오 사정은 아동 중심의 개별화 수업을 진행할 수 있게 한다. 포트폴리오 사정은 각 아동의 개별적 산출물에 기초하여 평가를 실시하기 때문에 집단적인 평가보다는 개별 아동의 수행능력에 초점을 둔 평가를 실시하여야 한다. 그리고 각 아동의 수행능력의 변화를 탐색함으로써 교수 프로그램의 효과성을 평가하고, 교수 방법을 수정 및 변경할 수 있는 정보를 제공한다.

셋째, 포트폴리오 사정은 일정 기간 동안 산출된 아동의 성과물로 평가를 실시하기 때문에 결과보다는 과정에 초점을 둔 평가를 진행할 수 있다. 과정 평가의 장점은 어느 한 시점에서의 성과에 초점을 두기보다는 중재가 투입되는 전반적인 기간에 나타나는 변화 정도에 초점을 둔다는 장점이 있다.

넷째, 포트폴리오 사정은 강점 기반의 평가를 할 수 있다. 아동이 만든 산출물들을 지속적으로 평가하기 때문에 아동의 수행능력이 어떻게 변화하는지에 초점을 두고 평가를 진행할 수 있다. 이 과정에서 아동의 약점이나 문제점보다는 아동이 잘할 수 있는 능력을 중심으로 과제를 수행할 수 있도록 유도할 수 있다.

다섯째, 아동의 발달 변화를 부모에게 효과적으로 설명할 수 있다. 실질적인 아동의 성과물을 이용하여 평가 결과를 전달하기 때문에 부모가 자녀의 수행수준이 어떻게 변화하는지 직관적으로 파악할 수 있다. 특히 인지 능력이 낮거나 수업 참여에 어려움이 있는 특수교육대상자의 경우, 부모가 자녀의 과제 수행에 대한 성과물을 직접 볼 수 있기 때문에 평가 결과에 대한 신뢰도가 높아질 수 있다.

이러한 장점에도 불구하고, 포트폴리오 사정은 적용하는 데 있어 많은 시간과 노력이 요구된다는 점과 평가에 대한 신뢰도와 타당도에 대한 문제가 제기될 수 있다는 단점이 있다. 그러므로 포트폴리오 평가를 적용할 때에는 객관적인 평가를 실시하기 위한 준비를 충실히 하여야 한다.

5. 평가보고서 작성

평가보고서는 검사자가 피검자에 대한 평가 결과를 보호자 및 관계인에게 설명하고 안내하기 위하여 작성하는 보고서이다. 평가보고서는 일반적으로 피검자에 대한 검사 결과를 파악할 수 있을 뿐만 아니라 교수계획 수립에도 유용하게 활용될 수 있기 때문에 구체적이고 명료하게 작성하여야 한다. 평가보고서에 들어갈 내용에 대하여 정해진 규칙은 없지만, 일반적으로 평가보고서에 포함되는 내용은 다음의 〈표 5-15〉와 같다.

표 5-15   평가보고서의 구성과 내용

항목	내용
1) 제목	보고서의 제목을 제시함(예: 진단검사 결과 보고서)
2) 피검자 정보	검사를 받는 대상에 관한 정보를 제시함 (예: 이름, 성별, 연령, 학교급, 학년, 검사실시일, 연락처, 주소 등)
3) 검사명	검사를 실시하는 도구의 이름(예: 국립특수교육원−적응행동검사)
4) 의뢰 사유	피검자가 의뢰된 이유를 제시함(예: 특수교육대상자 선정, 장애 진단 등)
5) 피검자 특성	피검자 특성 및 관련 정보를 기록함
6) 검사 태도	검사에 참여하는 피검자의 태도를 기록함
7) 검사 결과	검사 결과 제시 및 표와 그래프의 활용
8) 결과 해석	검사를 실시한 결과에 대한 종합적이고 구체적인 진술을 제시함
9) 요약 및 제언	검사 결과에 대한 결론 및 제언

1) 제목

평가보고서의 제목은 피검자에게 실시하는 평가가 무엇이고, 그에 대한 결과를 보고한다는 것을 명확하게 알 수 있도록 작성하는 것이 필요하다. 예를 들어, 어떤 학생에 대한 지능을 평가하였다면, '지능검사 결과 보고서'라는 제목을 사용하면 적절할 것이다. 그러므로 제목을 설정할 때에는 피검자에게 실시하는 검사가 무엇인지를 염두에 두어야 한다.

2) 피검자 정보

평가보고서를 작성할 때 우선적으로 파악하여야 하는 것은 누구에 대한 검사 결과이고, 피검자에 대한 기본 특성은 어떠한지를 확인하는 것이다. 이를 위해 검사자가 작성해야 하는 것이 피검자에 대한 정보이다. 피검자의 정보를 작성하는 과정에서 너무 세세한 정보까지 밝힐 필요는 없으며, 기초적인 수준에서 이름, 성별, 연령, 학교급, 학년, 검사실시일 등에 대한 내용을 작성하면 된다. 생년월일과 검사실시일은 피검자의 연령점수를 산출할 때 중요하게 사용할 수 있으므로 정확하게 기입하여야 한다.

3) 검사명

피검자에게 실시한 검사의 이름을 명확하게 기입하여야 한다. 이때 검사도구의 이름을 영어의 약자로 기록하는 경우가 많이 있는데, 약자를 쓰기보다는 한글이름을 쓰고 괄호에 영어명과 약자를 함께 제시하는 것이 적절하다. 예를 들어, NISE-K·ABS보다는 국립특수교육원-적응행동검사(National Institute of Special Education-Adaptive Behavior Scale: NISE-K·ABS)로 제시한다. 그러나 여러 번 검사의 이름을 사용할 때에는 처음에만 한글과 영문명을 병기하고, 이후 약자를 활용할수 있다.

4) 의뢰 사유

피검자가 평가에 의뢰된 이유를 간략하게 기술하는 부분이다. 이는 평가의 목적과도 밀접하게 관련되어 있으며, 평가의 방향이나 보고서 작성의 내용 구성에 대한 방향성을 결정한다는 측면에서 매우 중요한 부분이다. 예를 들어, 특수교육대상자선정 여부에 대한 평가를 의뢰하는 것이라고 한다면, 의뢰 사유에 이를 명료하게 기술하여야 한다.

5) 피검자 특성

평가에 의뢰된 피검자에 대한 특성과 배경 정보를 기록하여야 한다. 피검자가 보이는 문제행동이나 심리 정서적 문제를 이해하는 것은 검사 결과에 대한 해석과 교수 계획의 수립에 많은 도움이 된다. 피검자의 특성을 기술할 때에는 피검자의 문제가 나타나게 된 시기에 대한 상황이나 성장 과정 및 가정환경 등에 대한 정보도 함께 기술하는 것이 바람직하다.

6) 피검자의 검사 태도

피검자가 검사에 참여하는 태도는 검사 결과에 많은 영향을 미친다. 특히 주의집중과 과제수행에 대한 욕구가 낮은 특수교육대상자들의 경우에는 검사에 참여하는 태도에 따라 검사 결과가 상이하게 나타나기도 한다. 그러므로 검사자는 피검자의 검사에 참여하는 태도나 검사 중에 보이는 심리적 특성 및 행동 특성을 면밀하게 살피고 기술하여야 한다. 피검자의 검사 태도를 파악하는 것은 검사 결과의 심층적 해석을 하는 데 많은 도움이 된다.

7) 검사 결과

검사 보고서를 작성할 때에는 검사 결과를 명확하게 제시하여야 한다. 일반적으로 표와 그래프가 검사 결과를 이해하는 데 도움이 되기 때문에 대부분의 검사는 표와 그래프로 검사 결과를 나타낸다. 일반적으로 표는 수치 때문에 검사 결과를 이해하는 데 도움이 되고, 그래프는 시각적인 자료 때문에 검사 결과의 이해에 유용하다. 그러므로 표와 그래프로 표현한 자료는 검사 결과를 명시적으로 파악하고, 다양한 하위 영역과의 관련성을 이해하는 데 도움이 된다. 특히 보호자나 검사 의뢰자가 문장으로 기술된 검사 결과를 이해하는 데 많은 어려움이 있기 때문에 표와 그래프는 보호자나 검사 의뢰자들이 피검자에 대한 검사 결과를 직관적으로 이해하는 데 도움이 된다.

8) 결과 해석

결과 해석 단계는 검사를 통하여 얻어진 피검자에 대한 검사 결과를 기술하고, 피검자에게서 얻어진 다양한 정보를 이용하여 해석을 하는 단계이다. 결과를 해석하는 과정은 귀납적 방법과 연역적 방법으로 실시할 수 있다. 귀납적 방법은 개별적인 하위 영역에 대한 검사 결과를 해석하고, 이에 근거하여 전반적이고 종합적인 검사 결과에 대한 해석을 제시하는 방법이다. 반대로 연역적인 방법은 전반적이고 종합적인 검사 결과에 대한 해석을 제시한 후, 그에 대한 근거로서 하위 영역에 대한 개별적 해석을 제시하는 방법이다.

검사 결과에 대한 해석을 할 때에는 검사를 통해 얻어진 객관적인 평가 자료를 활용하여야 하고, 가능한 이해하기 쉬운 말로 설명하여야 한다. 또한 검사 결과를 제시하는 방법으로 표와 그래프를 활용하는 경우가 많은데, 표와 그래프로 제시된 자료에 대해서는 반드시 표와 그래프에 대한 해석이 제시되어야 한다.

9) 요약 및 제언

 이 부분은 전반적인 평가 결과를 요약하고 정리하는 단계이다. 특히 평가에 의뢰된 이유나 평가 목적에 근거하여 평가 결과를 제시하여야 한다. 좋은 평가 보고서는 반드시 검사에 의뢰된 이유에 대한 답을 밝혀야 하고, 검사 결과에 근거하여 논리적이고 객관적으로 도출된 결론이라는 점을 명확하게 밝혀야 한다.

 제언은 피검자의 검사 의뢰 이유에 해당하는 문제를 해결하는 데 도움이 되는 내용을 기술하면 된다. 검사에 의뢰가 되었다는 점은 어떤 문제나 고민이 있다는 점을 의미하기 때문에, 제언에서는 문제해결을 위한 방법이나 전략을 제시하는 것이 바람직하다.

🌱 ■■· 생각해 볼 문제

1. 규준참조검사와 준거참조검사가 특수교육 상황에서 어떻게 활용될 수 있는지를 설명해 보시오.
2. 관찰의 기록 방법 중 서술기록, 간격기록, 사건기록, 그리고 평정기록을 사용하여야 하는 상황을 설명해 보시오.
3. 구체적인 관찰 기록 방법을 교과서에 제시되지 않은 상황의 예를 들어 설명해 보시오.
4. 관찰의 신뢰도를 산출하기 위하여 활용하는 일치도를 구하는 방법에 대하여 설명해 보시오.
5. 면접을 실시하기 전 준비 단계에서 고려해야 할 사항에 대하여 설명해 보시오.

아동발달 진단

인간은 태어나고 자라면서 연속적이고 체계적인 변화의 과정을 거치며, 우리는 이를 '발달'이라고 부른다(Shaffer, 1999). 대부분의 아동은 이론에서 제시된 발달 단계를 따라 성장하지만, 발달 과정에서 지체를 보이는 아동도 있다. 이 장에서는 인간의 발달 단계를 간략하게 소개하고, 발달지체를 보이는 아동을 진단하기 위해 '운동기능', '인지', '의사소통', '사회·정서', '적응행동'의 5개 영역의 발달 특성과 진단방법을 살펴보았다. 끝으로 아동발달을 진단하기 위해 사용되는 검사도구들을 소개하였다.

1. 발달 단계

인간의 발달은 태내에서부터 사망에 이르기까지 생애 전반에 걸쳐 연속적으로 일어난다. 인간의 발달은 개인차가 있지만, 그 과정에는 구분되는 몇 가지 특징이 있으며, 이에 따라 단계별(태내기, 영아기, 유아기, 아동기, 청소년기, 성인기, 중년기, 노년기)로 구분해 볼 수 있다.

첫째, 태내기는 어머니의 자궁 내에서의 약 9개월의 기간으로, 신체의 구조와 기관이 발달하고 성장이 일어나는 시기이다.

둘째, 영아기는 출생 직후부터 24개월까지의 기간을 의미하며, 급속한 신체 발달이 일어나는 시기로 스스로 이동하는 것이 가능해진다. 또한 언어발달이 이루어지며, 단어를 이용하여 의사소통을 시작한다. 이 시기에는 부모와의 애착 관계를 형성하면서 사회성이 발달되기 시작하며, 오감을 통해 인지발달이 이루어지기 시작한다.

셋째, 유아기는 24개월부터 60개월까지의 기간을 의미하며, 뛰기, 균형잡기, 글씨쓰기 등 대근육과 소근육이 발달하며, 다양한 사회적 관계 속에서 친사회적 행동, 공격성 등을 보이기 시작하고, 다양한 감정을 신체 혹은 언어로 표현할 수 있는 시기이다. 또한 어휘가 풍부해지며 문장으로 말을 하기 시작하는 등 언어발달이 이루어지고, '같다'와 '다르다'를 알기, 비교하기, 분류하기 등 인지발달이 이루어지며, 자율성 및 자기통제력의 발달도 이루어진다.

넷째, 아동기는 만 5세에서 12세까지를 의미하며, 유치원 및 학교 교육이 시작되는 시기이다. 이 시기에는 자기중심적인 사고에서 벗어나 학교라는 사회에서 또래들과의 관계 속에서 자아 개념을 형성해 나간다. 또한 논리적인 사고력을 키워나가는 시기로 학교 교육과정에 따라 지식을 축적해 나간다.

다섯째, 청소년기는 만 12세에서 19세까지의 시기로 2차 성징이 나타나는 등 급격한 신체 변화가 이루어지는 시기이다. 인지적으로는 추상적인 사고 능력이 발달하지만, 정서적으로는 미숙한 시기이다. 따라서 부모로부터 벗어나 독립적인 성인으로 나아가는 과정에서 부모와의 갈등, 자아정체성의 혼란을 경험하기도 한다.

여섯째, 성인기는 만 20세에서 39세까지의 시기로 학자에 따라서는 성인 전기라고 표현하기도 한다. 결혼을 하여 가정을 이루고 자녀를 출산하고 양육하는 단계이다. 또한 이 시기에는 직업을 선택하고 직장에서의 성취를 추구하는 시기이기도 하다.

일곱째, 중년기는 만 40세에서 64세까지의 시기로 성인 중기라고 표현하기도 한다. 중년의 부부생활을 하고, 자녀를 기르고 자녀가 성인으로 성장하는 것을 지원하는 시기이기도 하다. 대체로 안정적인 직장생활을 하며, 노후를 준비하는 시기이다.

여덟째, 노년기는 만 65세 이후의 시기로 성인 후기라고 표현하기도 한다. 부모, 직업, 사회에서의 역할로부터 은퇴하는 시기이다(송현종 외, 2017).

그러나 앞서 언급하였듯이, 발달에는 개인차가 있으며, 발달 단계 내에서도 개인에 따라, 개인이 처한 환경에 따라 다른 모습을 보이기도 한다. 하지만 일반적인 발달 과정에서 눈에 띄게 다른 특징을 보이거나 발달 과정이 지나치게 더딘 경우, 검사가 필요할 수 있다. 특히 영유아기에는 조기 진단이 이루어지면 장애 예방이 가능하기 때문이다.

2. 발달 영역별 진단

「장애인 등에 대한 특수교육법」(2007)에서는 '발달지체를 지닌 특수교육대상자'를 정의할 때, 신체, 인지, 의사소통, 사회 · 정서, 적응행동의 다섯 가지 발달 영역으로 구분한다. 따라서 발달지체 진단 시에는 각각의 발달 영역에 대한 평가가 이루어져야 한다. 다음에서는 운동기능, 인지, 의사소통, 사회 · 정서, 적응행동 발달의 하위 영역별 주요 발달 특성을 소개하고, 각 영역별 진단 방법에 대해서 설명하였다.

1) 운동기능 발달

(1) 운동기능 발달 특성

운동기능은 소근육과 대근육을 사용하여 몸의 움직임을 조절하고 협응시키는 능력이다(IDEA, 2004). 운동기능은 움직임, 자세 형성, 균형잡기를 위한 신체적인 토대를 제공한다. 운동기능은 인간 발달의 기본적인 기술로서, 인지, 사회성 및 정서, 적응행동 등의 발달에 영향을 미친다. 영아는 성장하면서 근육이 강화되고 자신의 움직임을 조절하는 능력을 기르며, 눈과 손의 협응 능력과 같은 정교한 기술도 발달하게 된다. 그러나 장애 영유아는 일반적으로 운동기능 발달에서 지체를 보인다. 운동기능 발달이 지체되면 주위 환경과의 상호작용이 제한되고, 이에 따라 경험의 기회가 제한되기 때문에 인지, 사회성, 적응행동 등 다른 영역의 발달에도 부정적인 영향을 미칠 수 있다. 따라서 운동기능 발달은 특수아 진단에서 매우 중요한 영역이다.

운동기능 발달은 크게 소근육 운동기술과 대근육 운동기술의 발달로 구성된다. 소근육 운동기술은 손이나 발, 얼굴 등에 있는 소근육을 사용하는 능력으로, 아동은 손가락으로 집기, 가위로 자르기, 그리기 등을 할 때 소근육을 사용한다. 대근육 운

표 6-1　운동기능 발달의 정의 및 예

하위 영역	정의	행동의 예
소근육 운동기술	손이나 발, 얼굴 등에 있는 소근육을 사용하는 능력	• 시선을 중앙으로 가져온다. • 놀잇감을 잡으려고 팔을 뻗는다. • 크레파스나 색연필로 도형을 그린다. • 가위로 색종이를 모양대로 자른다. • 땅콩을 집어서 먹는다. • 잠옷의 단추를 끼운다. • 운동화 끈을 맨다.
대근육 운동기술	환경 내에서 이동하거나 돌아다니는 기술로 구르기, 앉기, 기기, 서기, 걷기, 던지기, 제자리 뛰기 등에 사용되는 움직임과 근육의 조절	• 엎드린 자세에서 머리를 든다. • 의자에 혼자서 앉는다. • 걸어서 교실/방 안을 돌아다닌다. • 계단을 올라간다. • 공을 던진다. • 자전거를 탄다. • 줄넘기를 한다.

출처: 이소현 외(2009), p. 199.

동기술은 환경 내에서 이동하는 기술로서, 아동은 구르기, 앉기, 기기, 서기, 걷기, 던지기, 제자리 뛰기 등을 할 때 대근육을 사용한다. 소근육과 대근육 운동기술의 정의와 구체적인 행동의 예는 〈표 6-1〉에 제시하였다. 아동의 운동기능 발달을 평가할 때에는 교사뿐만 아니라, 물리치료사, 작업치료사 등 관련 전문가가 함께하는 것이 바람직하다(이소현 외, 2009).

(2) 운동기능 발달 진단

　운동기능을 진단할 때에는 아동의 전반적인 발달 수준은 물론, 특정 운동 기술의 질적인 측면(예: 얼마나 능숙하게 잘 수행하는가?)과 기능적인 측면(예: 이러한 기술을 생활 중에 정확하게 사용하고 있는가?)도 평가해야 한다. 또한 운동기능 진단 시에는 기능적인 움직임을 위한 기회가 있는지에 대해 평가하는 환경에 대한 평가도 이루어져야 한다. 예컨대, 아동의 걷기 기술을 평가할 때, 걷기를 위한 기회가 주어지는 환경인지에 대해서 평가해야 한다는 것이다. 구체적으로는 아동의 가정, 어린이집, 유치원 등의 물리적인 환경, 그러한 환경에서 아동에게 요구되는 운동 발달 수준이 어느 정도인지, 해당 환경에서 아동의 운동 발달을 위한 기회가 주어지고 있는지에 대한 정보를 수집해야 한다(이소현 외, 2009).

　운동기능 발달을 진단하는 방법으로는 체크리스트, 규준참조검사, 준거참조검사 등의 검사도구, 인터뷰, 자연스러운 환경에서의 관찰 등 다양한 방법이 있다. 운동기능 발달 진단을 위한 구체적인 검사도구 및 내용은 '3. 발달 진단의 실제'에서 소개하였다.

2) 인지발달

(1) 인지발달 특성

　인지발달은 연령에 적합한 정신적 기능으로, 인식하고 이해하고 알아 가는 기능의 발달을 의미한다(IDEA, 2004). 인지 능력은 지식, 이해력, 사고력, 문제해결력, 비판력 및 창의력과 같은 정신능력이 포함된다. 기초적인 인지 능력은 사물이나 사건에 대해서 이해하고, 식별하고, 기억하고, 필요할 때 인출해 낼 수 있는 능력을 의미한다. 이러한 인지 능력은 발달하면서 논리적, 비판적, 추론적 사고가 가능해진다. 이러한 특성을 고려해 보았을 때, 인지 능력은 언어, 사회성, 신체 발달과도 상호 관련성이 높다고 할 수 있다. 따라서 운동기능과 마찬가지로, 인지 능력이 지체되면 관련된 발달 영역에서도 지체를 보일 가능성이 높다.

　우리가 아동의 인지발달이 이루어진다고 말할 때는 아동이 주의집중을 하는 모습을 보이거나, 기억했던 정보를 떠올리거나, 새로운 정보를 습득하고 기존에 가지고 있던 정보와 통합할 때, 예측하기와 계획하기 등의 행동을 보일 때이다. 또한 한글을 읽거나, 수 세기, 셈하기 등과 같은 학습 관련 능력을 발달시킬 때에도 인지발달이 이루어진다고 한다(이소현, 2003). 영유아기 아동의 인지발달을 나타내는 행동은 〈표 6-2〉에 제시하였다.

표 6-2　**영유아기 아동의 인지발달을 나타내는 행동**

연령	행동의 예
12개월 이하	• 주변을 살핀다. • 사물을 탐구하기 위하여 손과 입을 사용한다. • 손에 닿지 않는 원하는 물건을 얻기 위하여 노력한다. • 몸짓을 모방한다.

12~24개월	• 사물을 짝짓는다. • 거울 속의 자신을 이해한다. • 사물이 어디에 속하는지를 기억한다. • 동물과 소리를 짝짓는다.
24~36개월	• 관계있는 사물을 짝지어 의미 있게 사용한다(예: 컵과 컵받침을 주면 컵을 받침 위에 올려놓는다). • 자신과 사물을 상징놀이에 사용한다. • 길이를 이해하기 시작한다. • 모양과 색깔을 짝짓는다.
36~48개월	• 정보를 요구하는 질문을 한다. • 자기 나이를 안다. • 크기에 따라 분류한다. • 동그라미를 보고 따라 그릴 수 있다.
48~60개월	• 친숙한 사물의 그림을 짝짓는다(예: 신발, 양말, 사과, 바나나). • 방해받지 않고 10분간 과제를 수행한다. • 세 개의 간단한 그림을 순서대로 나열한다. • 평행선 사이에 선을 긋는다.

출처: 이소현 외(2009), p. 206.

(2) 인지발달 진단

영유아기 인지발달은 크게 감각운동 기술과 학업 전 기술로 구분해 볼 수 있다. 감각운동 기술은 주로 영아기에 발달되는 것으로 대상영속성, 공간관계, 인과관계, 모방, 놀이(사물과 관련된 도식) 등의 행동을 포함한다(Piaget, 1952). 학업 전 기술(pre-academic skills)은 유아기에 발달되는 것으로 읽기 전 기술(pre-reading skills), 쓰기 전 기술(pre-writing skills), 수학 전 기술(pre-math skills) 등을 포함한다. 학업 전 기술은 장애 유아의 인지 능력을 진단할 때 빈번하게 사용된다. 학업 전 기술은 기본적인 학업 영역을 학습하기 위해 갖추어야 할 능력 및 기술 등을 포함한다. 예컨대, 상징을 보고 그것의 뜻을 아는 읽기 전 기술, 쓰기 도구를 이용하여 선 긋기와 같은 쓰기 전 기술 등을 의미한다. 학업 전 기술의 정의 및 구체적인 예는 〈표 6-3〉에 제시하였다.

표 6-3	학업 전 기술의 정의 및 예	

하위 영역	정의	행동의 예
읽기 전 기술 (pre-reading skills)	읽기의 목적을 지닌 교수 활동이 제공되 기 전에 필요한 기술	• 인쇄물을 읽는 행동의 목적을 인식함 • 글자나 단어의 같고 다름을 시각적으로 식별함 • 글자나 단어를 인식하고 판별함 • 글자를 주어진 소리와 연결하거나 소리를 주어진 글자와 연결함 • 좌우, 상하, 전후 방향을 이해함
쓰기 전 기술 (pre-writing skills)	쓰기의 목적을 지닌 교수 활동이 제공되 기 전에 필요한 기술	• 쓰기도구를 쥐고 마구 휘갈김 • 선이나 도형을 모방하여 그림 • 선들이 결합되어 있는 모양을 모방하거나 덧그림 • 모델 없이 글자나 숫자를 씀 • 좌우로 움직이면서 글자를 씀
수학 전 기술 (pre-math skills)	수학의 목적을 지닌 교수 활동이 제공되 기 전에 필요한 기술	• 숫자를 차례대로 말함 • 마지막으로 센 숫자가 그 집합의 개수인 것을 이해함 • 많다, 적다, 같다로 사물의 결합을 식별함 • 숫자를 인식하고 이름을 말함 • 숫자를 정확한 개수에 짝짓고, 사물의 개수를 숫자에 짝지음

출처: 이소현 외(2009), p. 209에서 발췌 후 수정.

　아동의 인지 능력을 진단하기 위해서 검사도구의 사용, 관찰, 인터뷰 등의 다양한 방법을 사용한다. 검사도구는 주로 아동발달 검사의 '인지' 영역에서 연령에 따라 감각운동 기술을 측정하기도 하고, 지식, 이해력, 사고력, 문제해결력, 학업 전 기술을 측정하기도 한다. 또한 웩슬러 지능검사와 같은 인지 검사에서 다양한 소검사를 통해 '언어이해, 시공간, 추론, 작업기억, 처리속도' 등의 검사를 통해 인지 능력을 평가하기도 한다. 한편, 정확한 인지발달을 진단하기 위해서는 다음과 같은 사항들을 고려할 필요가 있다. 첫째, 앞서 언급하였듯이, 인지발달은 다른 발달 영역과 밀접하게 관련이 되어 있으며, 검사하는 환경도 평가 결과에 영향을 미칠 수 있다. 따라서 검사도구를 단독으로 사용하는 것보다 관찰 평가, 부모 인터뷰를 함께 실시하는 것이 바람직하다. 둘째, 검사 대상인 장애아동의 연령과 장애 유형을 고려해야 한다. 아동의 특성을 알고, 적용 가능한 방식의 검사를 선택해야 한다. 셋째, 평가 결과뿐만 아니라, 평가를 하는 동안 아동의 반응을 잘 관찰하고 상세히 기

록하여 진단과 중재가 연결될 수 있도록 해야 한다. 아동의 인지발달 진단을 위해
다양한 접근을 사용할 수 있도록 구성된 검사도구(예: 영유아를 위한 사정, 평가 및 프
로그램 체계) 등은 이 장의 '3. 발달 진단의 실제', 그리고 '제9장 인지 영역 검사'에 소
개하였다.

3) 의사소통 발달

(1) 의사소통 발달 특성

의사소통 발달은 자신의 생각과 느낌을 표현하고 다른 사람의 발성, 비구어, 손
짓, 몸짓, 문자 표현을 이해하는 능력의 발달을 의미한다(IDEA, 2004). 의사소통 발
달을 이해하기 위해서는 의사소통을 크게 세 가지 측면, 즉 말, 언어, 의사소통으로
분류해서 분석해 볼 필요가 있다. 말(speech)은 발성기관에 의해서 만들어지는 소리
와 소리의 합성이며, 언어는 상징체계를 이용하여 다른 사람과 의사소통을 하는 것
을 뜻한다. 의사소통은 말하는 사람과 듣는 사람이 서로 생각이나 의견 등의 의사를
교환하는 것을 뜻한다.

영유아의 의사소통 발달은 언어 이전기의 의사소통과 언어를 이용한 의사소통
발달 단계로 나뉜다. 언어 이전기의 '언어에 대한 반응'과 '소리내기'로 시작한다. 영
아는 말소리, 소리의 변화, 억양 등에 주의를 기울이며, 3, 4개월이 되면 옹알이를
시작한다. 이후, '단어발달' 단계에서는 단순한 소리와 말소리를 구분하게 되고, 말
소리가 합쳐져서 의미 있는 단어로 들린다. '문장' 단계에서는 먼저 행위, 소유, 위치
를 나타내는 두 단어로 시작하게 된다. 이후 다른 사람들이 하는 말을 듣고, 그것들
을 종합하여 문장으로 말하는 방법을 터득한다. '정교화' 단계에서는 어휘력이 빠른
속도로 증가한다. 문장은 길어지고 의사소통을 통하여 사회적 상호작용을 하게 된
다. 그리고 사회 속에서 의사소통의 기회가 늘어나면서, 기술, 서술, 설명, 대화 등
다양한 형태의 말을 사용하기 시작한다. '문자 표현' 단계는 보통 만 5~6세에 나타
나며, 문자 언어도 언어라는 것을 알게 되고, 서서히 글자를 알고 초기 문해가 이루
어지게 된다(Gordon & Browne, 1999).

(2) 의사소통 발달 진단

일반적으로 의사소통 발달의 진단을 위해서는 아동의 표현언어와 수용언어 능력

을 평가한다. 예컨대, 자신의 의사를 표현하기 위해 몸짓, 발성, 단어를 얼마나 잘 사용하는지, 그리고 다른 사람의 말이나 몸짓의 의미를 이해하는지를 평가한다. 또한 의사소통의 기회나 의사소통 대상자와 같은 의사소통 환경에 대한 평가도 함께 이루어져야 한다. 의사소통 발달 진단을 위한 진단 영역과 내용은 〈표 6-4〉에 제시하였다(Bailey & Wolery, 2003).

표 6-4   의사소통 발달 진단 영역 및 내용

진단 영역			진단 내용
표현 언어	형태	발성 및 발화	• 말소리를 모방할 수 있는 구강 근육조직 기능은 어떠한가? • 발어를 위한 음성 조절을 적절하게 하는가? • 발성 및 발화의 질적인 부분에서 부자연스러운 부분은 없는가?
		의사소통 수단	• 의사소통을 위해 어떤 방법(몸짓, 발성, 발화, 기타)을 사용하는가?
		의미론	• 연령에 맞게 의미 있는 어휘를 다양하게 사용하는가?
		형태론 및 구문론	• 여러 가지 단어를 사용할 때 문법적으로 적합하게 단어를 붙여서 혹은 문장으로 만들어서 사용하는가?
	기능	의사소통 기능	• 어떤 목적을 위해 의사소통하는가?
		의사소통 의도	• 의사소통을 하기 위한 욕구나 의도가 있는가?
수용 언어		비언어적 반응 전략	• 의사소통할 때 표정, 몸짓을 적절하게 사용하는가?
		타인의 표현 이해	• 타인이 표현하는 말이나 몸짓의 의미를 이해하는가?
		기능적인 청력	• 환경 내의 소리와 사람의 음성에 대한 반응이 다른가? • 친숙한 사람의 음성에 대한 반응이 다른가?
의사소통 환경		의사소통 기회	• 아동의 환경은 의사소통 기회를 얼마나 제공하는가? • 아동에게 가장 필요하다고 생각하는 의사소통 기술은 무엇인가?
		의사소통 대상자	• 부모, 교사 등 의사소통 대상이 되는 사람들의 상호작용 스타일은 어떠한가?

출처: 이소현 외(2009), p. 215에서 발췌 후 수정.

의사소통 진단 방법은 구조화된 검사, 인터뷰, 자연스러운 환경에서의 관찰의 형태로 이루어진다. 영유아기 아동의 언어 및 의사소통 능력을 진단하기 위하여 많은 검사도구가 개발되어 있다. 아동의 의사소통 진단을 위한 검사도구로는 영유아 언어발달검사, 취학 전 아동의 수용언어 및 표현언어 발달척도, 그림 어휘력 검사, 언어이해 인지력 검사, 구문의미 이해력 검사, 언어문제해결력 검사, 한국 표준 수용 어휘력 검사 등이 있으며, 이 외에도 대부분의 영유아 발달 검사들이 의사소통 영역을 하위 영역으로 포함하여 아동의 의사소통 능력을 진단한다. 앞서 언급하였듯이, 의사소통 발달 진단은 검사도구뿐만 아니라, 체계적인 관찰, 인터뷰 등을 이용하여 정보 수집이 이루어져야 한다. 또한 전문가(예: 언어재활사)와의 협력적 진단이 강조되는데, 이는 진단뿐만 아니라 이후 중재를 계획하고 수행하기 위해서도 중요한 부분이다.

4) 사회, 정서 발달

(1) 사회, 정서 발달 특성

   사회, 정서 발달은 자신과 다른 사람의 느낌을 이해하고 사회적으로 적절한 방법으로 반응하는, 연령 및 상황에 적합하게 행동하는 능력의 발달을 의미한다(IDEA, 2004). 사회, 정서 발달은 가정에서 아이와 부모(양육자)와의 상호작용에서 시작된다. 영아는 부모와 상호작용을 하면서 애착 관계를 형성한다. 긍정적인 애착 관계는 아이에게 안정감을 주고, 아이가 정서적으로 조절할 수 있도록 도와준다. 영아기에서 유아기로 들어서면서 아동은 또래와의 상호작용 속에서 사회적 · 정서적으로 발달하게 된다. 유치원과 학교에서 또래라는 상대와 상호작용하면서 많은 사회적 규칙을 배워 나간다. 아동이 또래와 긍정적인 관계를 형성하고, 집단의 구성원으로서 사회적으로 정해진 행위나 관습을 습득해 간다면, 건강한 사회, 정서 발달이 이루어지고 있다고 할 수 있다. 예컨대, 건강한 사회, 정서 발달이 이루어진 아동이라면, 또래가 화를 냈을 때 또래의 행동을 이해하고 그에 적절한 반응을 할 수 있으며, 자신이 화가 났을 때 자신의 감정을 조절하고 사회적으로 적절한 형태로 표현할 수 있다. 그러나 장애아동은 상호작용을 시작하는 기술이 부족하며, 상대방의 행동에 대해서 적절히 반응하는 기술이 부족하다. 따라서 또래와의 상호작용이 어렵고, 참여 비율이 낮으며, 또래 집단에서 이탈되거나 고립되는 경우가 많다.

사회, 정서 발달의 주요 변수로는 외현적 행동(externalizing behaviors), 내재적 행동(internalizing behaviors), 자기조절(self-regulation), 사회적 기술(social skills) 등이 있다. 외현적 행동은 공격성이나 과잉행동으로 인해 겉으로 드러나는 행동을 말한다. 내재적 행동은 걱정이나 우울, 위축 등과 같이 드러나지 않는 특성을 말한다. 자기조절은 자신의 정서적 상태와 관련된 행동의 억제 및 촉진을 의미한다. 사회적 기술은 대인관계 기술이라고도 불리며, 적응, 애착, 기능적 의사소통 등을 의미한다(Aro, Eklund, Nurmi, & Poikkeus, 2012; Tan & Dobbs-Oates, 2013). 만약, 아동의 정서 및 행동이 또래 집단의 규준 혹은 기대 수준에서 심각하게 벗어나 일반적인 환경에서 사회적 관계, 감정 조절, 활동 수준, 주의집중 등에서 곤란함을 보일 때, 그리고 이로 인해 자신 및 타인을 곤란하게 하면 정서행동장애를 의심해 볼 수 있다.

(2) 사회, 정서 발달 진단

사회, 정서 발달을 진단할 때에는 먼저 아동의 특성 및 기질을 파악해야 한다. 그리고 부모(양육자)와의 애착 관계 또는 상호작용을 살펴보고, 또래와의 사회적 상호작용 및 관계, 사회적 행동 등을 진단한다. 구체적인 사회, 정서 발달의 진단 영역과 진단 내용은 〈표 6-5〉에 제시하였다(이소현 역, 2003).

표 6-5   사회, 정서 발달 진단 영역

진단 영역		진단 내용
기능적 특성		• 아동의 활동 수준, 접근성, 음성, 반응 강도, 관심 전환, 집중력, 집중 유지력
양육자와의 관계	애착	• 아동이 지닌 부모와의 관계에 대한 믿음 • 아동이 양육자와의 분리나 재회 시 보이는 반응
	상호작용	• 상호작용 형태 • 아동에게 촉진적이고 반응적인 환경
또래와의 관계	상호작용	• 또래와의 상호작용 빈도 및 지속 시간, 상호작용의 질
	사회적 관계	• 또래와의 사회적 관계를 형성할 수 있는 사회적 기술
	우정	• 또래와 긍정적인 관계를 유지하는 기술 • 지속적으로 함께 놀이하는 친구의 유무 • 지속적으로 함께 놀이하는 친구의 수

출처: 이소현 외(2009), p. 225에서 발췌 후 수정.

상호작용 관찰 기록지			
대상아동	김은설	관찰일시	2020년 3월 17일 9:10~9:20
또래아동	정민호, 이채은	관찰장면	오전 자유놀이 중 블록영역
관찰자 1	조영은	관찰방법	부분간격 기록법(7초 관찰/3초 기록)

목표행동의 조작적 정의

- 시작행동: 대상아동 또는 또래가 상대를 향해 보이는 말이나 몸짓으로 행동이 발생되기 전 5초 동안 그 행동의 대상자로부터 어떤 사회적 행동도 전달받지 않은 경우에만 시작행동으로 간주함
- 반응행동: 시작행동이 발생한 후 5초 이내에 그 시작행동을 보인 대상자에게 반응하는 말이나 몸짓
- 상호작용: 시작행동이 발생한 후 5초 이내에 그 시작행동을 향한 반응행동이 발생한 경우나 한 번 발생한 상호작용이 다음 구간으로 지속되는 경우

구간	시작행동		반응행동		상호작용	구간	시작행동		반응행동		상호작용
	대상	또래	대상	또래			대상	또래	대상	또래	
1						31					
2						32					
3		✓				33		✓	✓		✓
4						34					
5						35		✓			
6		✓				36		✓	✓		✓
7		✓				37					✓
8		✓	✓		✓	38					✓
9						39					
10						40					
11		✓				41					✓
. . .						. . .					

유의사항:

[그림 6-1] **또래 상호작용 관찰 기록지의 예**

출처: 이소현 외(2009), p. 229에서 발췌 후 수정.

사회, 정서 발달을 진단하기 위한 정보 수집은 검사도구, 부모(양육자)나 또래 등 아동과 가까운 사람들과의 인터뷰, 자연적인 또는 구조화된 관찰 등 다양한 방법을 통하여 이루어진다. 자연스러운 환경에서 아동이 상호작용하는 모습을 관찰하는 방법은 또래와의 상호작용을 진단하기 위해 유용한 방법이다. [그림 6-1]은 장애 아동과 또래가 상호작용하는 것을 관찰한 기록지의 사례이다. [그림 6-1]에 제시된 것처럼 '시작행동', '반응행동', '상호작용'에 대한 조작적 정의가 있으며, 부분간격 기록법을 이용하여 구간별로 해당 행동의 여부를 체크하는 방식으로 구성되어 있다. 이 외에도 발생빈도를 표시하는 등의 관찰법이 있다. 또한 인터뷰 방식으로는 직접 인터뷰를 하는 방법, 혹은 간접적인 방법으로 질문지를 이용하는 방법이 있다. 예를 들면, '우리 반에서 나를 잘 도와주는 친구는 ○○이다.', '우리 반에서 나를 괴롭히는 친구는 ○○이다.'라는 질문 등을 이용하여 친구의 이름을 말하게 함으로써, 또래와의 관계, 사회적 선호도 등을 파악할 수 있다(이소현 외, 2009).

5) 적응행동 발달

(1) 적응행동 발달 특성

적응행동 발달은 다양한 환경에서 성공적으로 적응하게 하는, 연령에 적합한 자조기술 및 기타 행동의 발달을 의미한다(IDEA, 2004). 예전에는 적응행동이라는 용어 대신 자조기술이라는 용어가 사용되었지만, 용어가 변경되면서 적응행동의 범위가 확장되었다. 자조기술은 식사기술, 용변처리, 신체 청결, 옷을 입고 벗는 기술 등 기본생활 습관을 의미한다. 적응행동은 이에 더해서 아동이 스스로 환경에 적응하고 기능하는 등 기능적 생활 기술을 포함한다.

적응행동은 자기관리 능력과 지역사회 적응 능력이라는 두 가지 하위 범주로 구분된다. 자기관리 영역은 의복 착탈의 기술, 식사하기 기술, 용변처리 기술, 신체 청결 및 단정한 옷차림 기술을 포함하며, 지역사회 적응 기술은 지역사회에서 적절한 행동을 하는 기술을 의미한다. 적응행동 발달의 진단 영역과 하위 요소별 사례는 〈표 6-6〉에 제시하였다(이소현 역, 2003).

표 6-6   적응행동 발달의 진단 영역

진단 영역		정의	행동의 예
자기관리	의복 착탈의 기술	옷을 입고 벗는 행동	• 상의나 하의를 입고 벗기 • 양말이나 신발을 신고 벗기 • 지퍼나 단추를 풀거나 잠그기
	식사하기 기술	식사를 위해 도구를 사용하는 행동	• 숟가락이나 젓가락 사용하기 • 컵으로 물 마시기, 컵에 물 따르기 • 빵에 잼 바르기
	용변처리 기술	용변을 처리하는 행동	• 배뇨나 배변을 위한 의사 표현하기 • 화장실에서 배뇨나 배변하기, 물 내리기 • 배뇨나 배변 후 뒷처리 바르게 하기
	신체 청결, 단정한 옷차림 기술	위생적으로 몸과 옷매무새를 잘 유지하는 행동	• 손 씻고 말리기 • 휴지로 코 풀기 • 세수하기, 이 닦기, 목욕하기 • 머리 빗기
지역사회 적응 능력	지역사회에서 적절한 행동을 하는 기술	지역사회를 잘 이용하는 능력	• 식당, 체육관, 목욕탕, 미용실 등 지역사회 기관에서 적절하게 행동하기 • 지역사회 내에서 원하는 장소로 이동하기 • 가게에서 물건 사기 • 지역사회(병원, 식당 등)에서 만나는 사람들에게서 적절한 서비스를 받기 • 대중교통 이용하기 • 공공시설(도서관, 경찰서, 우체국 등) 이용하기 • 극장 또는 여가를 위한 장소 이용하기

출처: 이소현 외(2009), p. 234에서 발췌 후 수정.

적응행동 중 자조기술의 대부분은 만 5세가 되기 이전에 습득되는 기술이다. 만약 이러한 기술이 발달 시기에 맞춰 나타나지 않는 경우, 조기에 진단을 하여 교육을 제공함으로써 장애를 예방할 수 있다.

(2) 적응행동 발달 진단

적응행동 발달 진단은 검사도구, 면담, 관찰과 같은 다양한 방법을 통해서 이루어질 수 있다. 그러나 일반적으로 자연스러운 상황에서 관찰을 통해 발달 수준을 파악한다. 따라서 검사도구를 사용할 때에도 일상생활에서 아동과 가장 잘 아는 사람

(예: 가족)이 평가할 때 가장 신뢰로운 정보를 제공할 수 있다. 예를 들어, AEPS를 이용하여 적응 영역 발달을 진단한 예는 [그림 6-2]에 제시하였다. 또한 교사가 하루 종일 아동을 관찰하는 것은 불가능하므로 신뢰로운 평가를 위해서는 부모(양육자)와의 인터뷰도 함께 진행되어야 한다.

- 영역: 적응

- 이름: 박윤후   • 생년월일: 2016년 1월 14일

- 평가기간: 2020년 1월 20일~1월 27일   • 평가자: 교사, 작업치료사, 물리치료사
- 진단 내용:
  1. 음식 먹기: 고형 음식과 음료수를 먹거나 마실 때 혀와 입술 사용하기/딱딱한 음식물 깨물고 씹기/컵이나 유리잔으로 마시기/포크와 숟가락으로 먹기/다른 용기로 음식물과 음료수 옮기기
  2. 개인 위생: 대소변 가리기 시도하기/손 씻고 말리기/양치질하기
  3. 옷 벗기: 스스로 옷 벗기

일과	진단 내용	관찰 및 면담 기록
등원	• 스스로 옷 벗기	• 외투를 벗을 때 작은 단추의 경우 풀어 주어야 하지만, 단추가 크면 고개를 숙였을 때 보이는 단추는 뺄 수 있음. 두 팔을 벌린 채로 깡총깡총 뛰면서 털어서 벗음 • 한 팔을 교사가 잡아 주면 다른 한 팔은 자신이 손으로 잡아 뺄 수 있음
간식 시간/ 점심 시간	• 고형 음식과 음료수 먹기 • 혀와 입술 사용하기 • 딱딱한 음식물 깨물고 씹기 • 포크와 숟가락으로 먹기 • 다른 용기로 음식물과 음료수 옮기기	• 콩과 같은 단단한 음식을 씹어서 먹을 수 있지만, 사과가 큰 조각일 때 깨물어서 토막을 내어 먹는 것은 하지 않으려고 함 • 우유나 물이 채워져 있는 컵을 혼자서 잡고 마시기에 어려움이 없음 • 포크로 찍는 힘이 부족하여 교사가 포크로 찍어 주면 들고 먹을 수 있으며, 떡은 혼자 포크로 찍어 먹을 수 있음. 숟가락으로 수프나 시리얼을 떠서 먹을 수 있음 • 점심을 먹은 후 남은 음식을 국그릇에 모을 때 교사가 식판을 잡아 주면 할 수 있음

[그림 6-2] AEPS를 사용한 진단 결과

출처: 이소현 외(2009), p. 236에서 발췌 후 수정.

적응행동 발달 또한 다른 영역과 마찬가지로 신체, 사회, 정서, 인지, 의사소통 발달과 유기적으로 연계되어 있다. 따라서 적응행동 발달 진단과 함께 중재를 계획하고자 한다면, 다른 영역의 발달에 대한 진단도 함께 이루어져야 한다. 예컨대, 식사하기 기술에서는 숟가락이나 젓가락을 사용하기 위한 소근육 발달도 함께 이루어져야 한다. 따라서 식사하기 기술을 지도하기 위해서는 운동기능 발달(소근육) 수준을 고려하여 중재 계획을 세워야 할 것이다(이소현 외, 2009).

3. 발달 진단의 실제

다음에서는 총 7개의 영유아 및 아동발달검사를 소개하였다. 영유아발달검사는 크게 한국에서 개발된 것과 해외에서 개발된 것을 번안한 것으로 나누어 볼 수 있다. 한국에서 개발된 것은 영아선별 · 교육진단검사(Developmental Assessment for the Early Intervention Program Planning: DEP)와 한국 영유아 발달선별검사-개정판(Korean Developmental Screening Test for Infants & Children: K-DST)이 있다. 이 중, 영아선별 · 교육진단검사는 장애 여부를 선별하는 것을 주요 목적 중에 하나로 하고 있으며, 검사 결과에 따른 중재 방안에 대해서도 제시한다. 해외에서 개발된 것을 번안한 검사도구는 다양한 것이 있으나 그중 빈번하게 사용되는 것과 장애 선별에 사용되는 것으로는 영유아를 위한 사정, 평가 및 프로그램 체계(Assessment, Evaluation, and Programming System for Infants and Children: AEPS), 한국형 베일리 영유아 발달검사-3판(Korean Bayley Scales of Infant and Toddler Development-Third Edition: K-Bayley-III), 한국형 덴버 검사-2판(Korean Denver Developmental Screening Test-II: K-DDST-II), 한국판 아동발달검사-2판(Korean-Child Development Inventory: K-CDI), 한국판 영유아 발달선별검사(Korean Child Development Review Revised: KCDR-R)가 있다. 다음에서는 한국에서 개발된 검사를 먼저 제시하고, 외국에서 사용된 검사를 소개하였으며, 사용되는 시기에 따라 영아용부터 유아용 순으로 제시하였다.

1) 영아선별 · 교육진단검사

(1) 목적 및 대상

영아선별 · 교육진단검사(Developmental Assessment for the Early Intervention Program Planning: DEP)(장혜성, 서소정, 하지영, 2011)는 영아의 전반적인 발달 수준을 평가하고 장애 가능성이 있는 영아를 조기에 선별하기 위한 도구이다. 국내 연구진에 의해 개발되었으며 2008년에 초판이 출시되었고 2011년에 개정판이 출시되었다. 0~36개월의 영아를 대상으로 하며, 검사를 통해 발달 수준을 확인하고 장애 위험군이라고 판단되면, 평가 자료에 기초하여 DEP 조기중재 교육과정과 연계하여 지도할 수 있도록 개발되었다. 이 검사는 월령 단계별로 세분화되어 있으며, 따라서 보다 객관적이고 체계적인 정보를 제공함으로써 개별화교육프로그램을 개발하는 데 기초자료로 사용될 수 있다.

(2) 검사의 구성

DEP은 6개의 발달 영역, 즉 대근육 운동기술, 소근육 운동기술, 의사소통, 사회정서, 인지, 기본생활로 구성되어 있다. 또한 각 발달 영역은 8개의 월령 단계(0~3, 4~6, 7~9, 10~12, 13~18, 19~24, 25~30, 31~36개월)로 나뉘어 있으며, 각 단계별로 6~16개의 문항으로 구성되어 있다. DEP 검사의 6개 영역에 대한 설명과 측정 내용은 〈표 6-7〉에 제시하였다.

표 6-7 DEP 검사 구성 및 측정 내용

발달 영역	발달 영역 설명	측정 내용
대근육 운동기술	• 이동할 수 있는 능력 • 자세 유지 능력	고개 들기, 앉기, 기기, 서기, 계단 오르내리기, 달리기, 점프하기, 균형잡기 등
소근육 운동기술	• 일상생활을 독립적으로 수행하기 위한 두 손의 협응적인 활동 능력 • 필요한 도구 사용 능력	눈동자의 움직임, 손과 손가락의 사용, 눈과 손의 협응 등
의사소통	• 영아가 생활하고 있는 가정, 교육기관에서 의사소통할 때 필요한 기능적인 언어 능력 • 구어를 사용한 의사소통이 어려운 경우에는 보완대체 의사소통 방법이 필요한지 점검	발성, 옹알이, 듣기, 이해하기, 말하기, 의문어, 부정어, 시제의 사용 등

사회정서	• 다양한 환경에서 의미 있는 사람과 사회적인 행동을 형성해 나가면서 집단에서 요구되는 행동을 배우고 사회에 참여하고 변화를 이해하게 됨 • 양육자 및 또래와의 상호작용의 중요성	양육자와의 상호작용, 또래와의 상호작용, 자아개념, 다양한 감정 표현 등
인지	• 나이에 적절한 (참여) 행동 • 목적에 따른 계획, 의사결정, 의사소통, 식별, 생각하기 등의 다양한 능력 • 지각, 지식, 이해, 추론, 판단 등의 능력 • 독립적인 활동과 사회적인 상호작용을 가능하게 함	대상영속성, 인과관계, 모방, 상징, 문제해결, 수 개념, 분류 등
기본생활	• 신변처리는 영아가 독립적으로 가능하며 사는 데 필요한 능력임 • 생활연령에 적합한 기술 지도의 필요성 • 다양한 환경에서 독립적으로 생활하기 위해서 가정 및 교육기관 일과 안에서 지도	음식 먹기, 배변훈련, 손 씻기, 옷 벗고 입기 등

(3) 실시 방법

DEP은 부모, 교사, 또는 주양육자가 평가자가 되며, 대체로 관찰 결과에 기초하여 평가가 이루어진다. 먼저, 영아의 연령을 확인하고, 그에 해당하는 문항을 시작점으로 하여 검사를 시작한다. 연령은 만 나이를 개월 수로 환산하고, 발달지체로 의심되는 경우 0~3개월부터, 즉 첫 문항부터 검사를 실시한다. 평가자는 문항을 확인하고 영아에게 문항에 제시된 내용을 해 보게 하거나 평소 관찰 결과에 기초하여 문항별로 평정을 한다. 검사자는 문항에 대해 매우 잘 수행하는 경우 '예'(10점), 전체 과제 중 50%만 수행하는 경우 '가끔'(5점), 전혀 또는 거의 수행하지 못하는 경우 '아니요'(0점)로 기록한다. 이러한 방식으로 계속해서 검사를 진행하되, 5문항을 연속해서 실패하면(아니요, 0점) 검사를 중지한다. 또한 처음 자신의 월령대에서 시작하자마자 연속해서 5문항을 실패하면 0~3개월의 첫 문항부터 시작한다.

(4) 결과 해석

검사 결과는 총점과 발달 영역별로 표준점수와 백분위점수로 나타난다. 백분위점수에 따라 발달수준 5단계로 분류되며, 구체적으로는 '매우 빠름'(80%ile 이상), '빠름'(65~80%ile), '보통'(35~65%ile), '느림'(20~35%ile), '매우 느림'(20%ile 이하)으로 제시된다. 검사 결과에서 '느림'으로 나타나면 3개월 후 재검사를 실시하고, 재검사에서도 '느림' 또는 '매우 느림'으로 나타나면 2차 전문가 평가를 실시하여 교육 개입 여부를 결정할 것을 권고한다.

2) 한국 영유아 발달선별검사-개정판

(1) 목적 및 대상

한국 영유아 발달선별검사(Korean Developmental Screening Test for Infants & Children: K-DST) 개정판은 국내 대한소아과학회, 발달의학회, 심리학 등 관련 분야의 전문가들이 함께 개발한 것으로서, 한국 영유아의 발달을 평가하기 위한 도구이다. 이 검사는 국내 영유아 건강검진 시에 사용되며, 6세 미만 영유아, 즉 4개월부터 71개월까지의 영유아를 대상으로 전반적인 발달을 평가하는 데 사용된다.

(2) 검사의 구성

K-DST는 총 6개의 발달 영역, 즉 대근육 운동, 소근육 운동, 인지, 언어, 사회성, 자조로 구성되어 있다. 단, 자조 기술은 선행기술을 갖춘 후에 계발되므로 18개월부터 평가하도록 구성되어 있다. 각 발달 영역은 2개월 단위로 총 20개의 월령 구간(예: 4~5개월, 6~7개월)으로 나뉘며, 각 구간별로 한 영역당 8개의 문항으로 구성되어 있다. 예를 들어, 18개월 이전에는 5개의 발달 영역을 합하여 총 40문항이고, 18개월부터는 6개 발달 영역을 합하여 총 48문항을 포함한다. 한편, 각 검사지 후반에는 추가질문이 제시되어 있다. 추가질문은 발달 과정에서 별도로 고려가 필요한 항목과 신경발달장애를 탐지할 수 있는 항목을 주로 다루며, 4~5개월은 추가 문항이 없고, 6개월부터 71개월까지는 1~7개의 추가 문항이 있다.

(3) 실시 방법

K-DST는 부모 또는 주양육자가 평가자가 되어 관찰 결과에 따라 문항에 답하는 방식으로 검사가 이루어진다. 먼저, 영아 혹은 유아의 월령을 확인하고, 그에 해당하는 구간의 검사지를 선택하여 작성한다. 단, 37주 미만의 미숙아는 생후 24개월까지 실제 출생일이 아닌 출산 예정일을 기준으로 교정 연령을 계산하여 검사지를 선택한다. 검사자는 주로 관찰 결과에 기초하여 문항별로 평정을 하며, 경우에 따라 의사가

영유아에게 직접 수행해 보게 하기도 한다. 일반적인 문항은 '잘할 수 있다'(3점), '할 수 있는 편이다'(2점), '하지 못하는 편이다'(1점), 또는 '전혀 할 수 없다'(0점)의 4점 척도로 되어 있으며, 추가질문은 '예'(1점) 또는 '아니요'(0점)로 답하도록 되어 있다.

(4) 결과 해석

검사 결과는 발달 영역별로 총점과 절단점을 비교하여 네 가지 수준, 즉 '빠른 수준', '또래 수준', '추적검사 요망', '심화평가 권고'로 분류된다. 구체적으로 해당 영역의 총점이 월령 집단 내에서 +1표준편차 이상일 때 '빠른 수준'으로 선별되며, −1표준편차 이상부터 +1표준편차 미만에 해당될 때 '또래 수준'으로 선별된다. −2표준편차 이상부터 −1표준편차 미만에 해당되면 '추적검사 요망'으로 선별되며, −2표준편차 미만에 해당될 경우 '심화평가 권고'로 선별된다. '심화평가 권고'로 선별된 이후 언어장애와 자폐 범주성 장애에 대한 추가질문에 '예'라는 응답이 있으면 언어 및 사회성 발달의 문제에 대해서 심화평가가 필요하다는 결과가 제시된다(김진호 외, 2018, p. 231 재인용).

3) 영유아를 위한 사정, 평가 및 프로그램 체계

(1) 목적 및 대상

영유아를 위한 사정, 평가 및 프로그램 체계(Assessment, Evaluation, and Programming System for Infants and Children: AEPS)는 영유아의 발달 수준을 파악하고 그에 따른 개별화교육계획을 세우기 위한 프로그램 체계이다. 즉, AEPS는 표준화된 평가도구가 아니며, 검사를 통해 영유아에게 적절한 목표를 세우고 그에 맞는 교육과정 및 중재 활동을 포괄적으로 제시하는 사정, 평가 및 프로그램 체계이다. 총 4권으로 구성되어 있으며, 제1권은 지침서, 제2권은 검사도구이며, 제3권은 출생에서 3세 영유아를 위한 교육과정, 제4권은 3세에서 6세의 영유아를 위한 교육과정 및 중재 등을 포함하고 있다. 이 검사는 출생부터 3세까지(출생~36개월) 또는 3세부터 6세까지(36~72개월)의 영유아를 대상으로 한다. 특히 발달장애 및 중재가 필요한 유아에게 유용하게 사용될 수 있으며, 건강장애 유아에게도 적용이 가능하다.

(2) 검사의 구성

　AEPS의 검사도구는 6개의 발달 영역, 즉 소근육 운동, 대근육 운동, 적응, 인지, 사회−의사소통(언어), 사회성으로 구성되어 있다. 그러나 연령수준(0~3세, 3~6세)에 따라 하위 요소와 문항 수에는 차이가 있다. 이러한 내용은 〈표 6−8〉에 제시하였다.

표 6−8 AEPS 검사영역, 요소 및 문항 수

영역	연령수준별 요소 및 문항							
	출생~3세				3~6세			
	요소	문항 수	총 문항 수	최고 가능 점수	요소	문항 수	총 문항 수	최고 가능 점수
소근육 운동	A. 도달하고, 잡고, 놓기	20	33	66	A. 좌우 운동협응능력	5	15	30
	B. 소근육 운동기술의 기능적 사용	13			B. 쓰기출현	10		
대근육 운동	A. 누운 자세와 엎드린 자세의 움직임과 운동력	14	55	110	A. 균형과 운동성	4	17	34
	B. 앉은 자세에서 균형 잡기	10			B. 놀이기술	13		
	C. 균형과 운동성	17			•			
	D. 놀이기술	14			•			
적응	A. 음식 먹이기	18	32	64	A. 음식 먹기	11	35	70
	B. 개인위생	7			B. 개인위생	10		
	C. 옷 벗기	7			C. 옷 입기와 옷 벗기	14		
인지	A. 감각자극	5	58	116	A. 개념	10	54	108
	B. 대상영속성	9			B. 범주화	4		
	C. 인과관계	6			C. 계열화	6		
	D. 모방	5			D. 사건 회상하기	3		
	E. 문제해결	10			E. 문제해결	7		
	F. 물체와의 상호작용	5			F. 놀이	7		
	G. 초기개념	12			G. 수전(premath)	6		
	•				H. 음운론적 인식과 발현적 읽기	9		

구분	하위영역				하위영역			
사회-의사소통(언어)	A. 언어전 상호작용적 의사소통	8	46	92	A. 사회-의사소통적 상호작용	18	46	92
	B. 단어로 전환하기	10			B. 단어, 구, 문장의 생성	28		
	C. 단어와 문장의 이해	10			•			
	D. 사회-의사소통적 신호, 단어, 문장 표현하기	18			•			
사회성	A. 친숙한 어른과의 상호작용	11	25	50	A. 다른 사람과의 상호작용하기	14	47	94
	B. 환경과의 상호작용	5			B. 참여	13		
	C. 또래와의 상호작용	9			C. 환경과의 상호작용	7		
	•				D. 자신과 다른 사람에 대해 표현하기	13		

(3) 실시 방법

AEPS는 영유아의 연령 구간에 따라 검사지를 선택하여 각 문항(목표)별로 검사를 실시한다. 검사자의 '관찰', '직접검사(검사자가 유아에게 직접 수행해 보게 하는 것)', '가족보고서'의 세 가지 방식으로 검사가 이루어진다. 즉, 동일한 문항에 대해서도 관찰법, 놀이를 이용하여 유아에게 직접 수행해 보게 하기, 부모에게 설문지 보내기 등으로 검사가 이루어질 수 있다. 또한 검사 방법에 따라 참조칸에 표시(예: 도움이 제공되었을 때, 행동이 방해되었을 때, 직접검사, 보고 등)하도록 되어 있다. 각 문항을 실시한 후에는 '일관성 있게 준거 수행'(2점), '일관성 없이 준거 수행'(1점), '준거 수행하지 못함'(0점)으로 채점한다. [그림 6-3]에는 문항 예시와 함께 채점을 위한 준거를 제시하였다. 0점이나 1점으로 채점될 경우, 관련된 하위 모든 단기목표를 점검해야 한다. 시각 손상, 청각 손상, 운동 손상 등의 장애를 가진 유아는 수정 지침을 따라 검사를 실시한다.

영역	문항 예시
소근육	엄지와 검지의 옆면을 사용하여 콩 크기의 물건을 잡는다.
대근육	두 팔에 몸무게를 지탱하고 머리와 가슴을 바닥에서 들어 올린다.
적응	유동식(예: 요플레)을 숟가락으로 먹여 주면 받아먹는다.
인지	손에 닿지 않는 물건을 얻기 위해 물건의 부분을 잡아당기거나 물건을 지지하고 있는 부분(예: 바구니, 쟁반)을 이용한다.
언어	물건, 사람, 사건을 언급하기 위해 일관된 소리를 사용한다. 소리는 명칭과 관련되지 않을 수 있지만 같은 물건, 사람, 사건을 일관되게 언급하여야 한다(예: 트럭을 '다'라고 말한다).
사회	배고픔, 목마름, 휴식 등의 내부 신체적 요구를 충족한다(예: 컵을 위로 들면서 어른에게 목마르다고 표시한다).

점수	수행 설명
2 항상 수행	• 유아는 항목을 준거에서 제시한 대로 항상 일관성 있게 수행한다. • 유아는 항목을 독립적으로 수행한다. • 유아가 늘 보이는 행동(레퍼토리)의 일부이다. • 유아는 기술을 시간, 자료, 상황, 사람에 관계없이 전반적으로 사용한다.
1 때때로 수행	• 유아는 항목을 준거에서 제시한 대로 항상 일관성 있게 수행하지 않는다. • 유아는 항목을 도움을 받아서 수행한다. • 유아는 항목의 모든 면을 수행하지 않거나 제시된 준거의 모든 부분을 수행하지 않는다(예: 새롭게 시작한 행동). • 유아는 항목을 특정 환경이나 상태에서만 수행한다(예: 특정 사람이나 상황일 때).
0 전혀 수행하지 않음	• 유아는 항목을 수행할 반복적인 기회나 도움을 주어도 전혀, 준거에서 제시한 대로 수행하지 않는다. • 유아의 발달 수준에서 기대할 수 없기 때문에, 유아가 항목을 수행하는 것을 관찰할 수 없다(예: 6개월 된 영아는 비슷한 물건끼리 범주화하기, 간단한 모양들을 보고 그리기, 또는 계단을 오르내리기와 같은 항목 수행을 기대할 수 없다).

[그림 6-3] AEPS 문항 예시 및 수행 설명

(4) 결과 해석

검사 결과는 각 영역별로 원점수와 백분율로 산출되며, 구성원들로부터의 정보와 코멘트 등 객관적 용어를 사용한 서술 형태로도 제시된다. 또한 검사는 일정 기간에 걸쳐 여러 차례(1~4회기) 실시할 수 있으며, 그 결과에 따라 유아의 행동이 개선되는지에 대해 진전도를 점검할 수 있다.

4) 한국형 베일리 영유아 발달검사-3판

(1) 목적 및 대상

한국형 베일리 영유아 발달검사-3판(Korean Bayley Scales of Infant and Toddler Development-Third Edition: K-Bayley-Ⅲ)(방희정, 남민, 이순행, 2019)은 미국의 베일리 영유아 발달검사-3판을 번역하여 한국의 영유아들을 대상으로 표준화한 검사 도구이다. K-Bayley-Ⅲ는 영유아의 발달 수준을 평가하는 도구로써, 검사 대상은 생후 15일부터 42개월 15일까지의 영유아이다.

(2) 검사의 구성

K-Bayley-Ⅲ는 인지, 언어(표현, 수용언어), 운동(대근육, 소근육), 사회-정서, 적응행동(하위 기술 10가지)의 다섯 개의 영역으로 구성되어 있으며, 영역별 하위검사를 포함하여 총 16가지의 하위검사로 구성되어 있다. 발달 영역 및 구체적인 하위검사는 〈표 6-9〉에 제시하였다.

표 6-9 K-Bayley-Ⅲ 검사영역별 하위검사 및 문항 수

발달 영역		하위검사		문항 수	계
1	인지	①	인지	91	91
2	언어	②	수용언어	49	97
		③	표현언어	48	
3	운동	④	소근육운동	66	138
		⑤	대근육운동	72	
4	사회-정서	⑥	사회-정서	35	35

5	적응행동	⑦	의사소통	25	241
		⑧	지역사회 이용(1세 이상만 해당)	22	
		⑨	학령전 학업기능(1세 이상만 해당)	23	
		⑩	가정생활(1세 이상만 해당)	25	
		⑪	건강과 안전	24	
		⑫	놀이 및 여가	22	
		⑬	자조기술	24	
		⑭	자기주도	25	
		⑮	사회성	24	
		⑯	운동기술	27	

(3) 실시 방법 및 결과 해석

K-Bayley-Ⅲ의 다섯 개의 발달 영역 중 인지, 언어, 운동 영역은 검사자가 직접 실시한다. 사회-정서와 적응행동 영역은 주양육자가 관찰 결과에 기초하여 평정척도에 작성한다. 시작점은 보통 언어 영역 검사로 실시한다. 척도 및 점수 기준을 살펴보면, 인지, 언어, 운동 영역의 하위검사는 2점 척도, 즉 '성공'(1점), '실패'(0점)로 채점하게 되어 있다. 사회-정서 영역 하위검사는 6점 척도, 즉 '항상'(5점), '대부분'(4점), '반 정도'(3점), '때때로'(2점), '알 수 없음'(0점)으로 채점하게 되어 있다. 그리고 적응행동 영역 하위검사는 4점 척도, 즉 '항상 함'(3점), '가끔 함'(2점), '거의 안 함'(1점), '아직 못함'(0점)으로 채점하도록 구성되었다. 검사 결과는 산출된 원점수에 따라, 척도점수, 발달지수, 백분위점수, 발달 월령 단계의 네 가지 형태로 제시된다.

5) 한국형 덴버 검사-2판

(1) 목적 및 대상

한국형 덴버 검사-2판(Korean Denver Developmental Screening Test-Ⅱ: K-DDST-Ⅱ)(신희선, 한경자, 오가실, 오진주, 하미나, 2002)은 미국의 덴버 발달 검사-2판을 번안하여 한국의 유아들을 대상으로 표준화한 검사도구이다. K-DDST-Ⅱ는 발달장애가 의심되는 보이는 영유아들을 대상으로 검사를 실시하여 발달장애 혹은 발달지체를 선별하기 위한 검사도구이다. 이 검사의 대상은 생후 2주부터 5세 12개월까지의 영유아이다.

(2) 검사의 구성

K-DDST-II는 4개의 발달 영역, 즉 개인-사회성, 미세운동-적응, 언어, 운동 영역으로 구성되어 있다. 검사 영역별 내용은 〈표 6-10〉에 제시하였다. 이 외에도 검사를 하는 과정에서 검사 대상이 보이는 행동을 주관적으로 평가할 수 있는 문항이 다섯 개가 있으며, 이는 일상적인 행동, 순응정도, 환경에 대한 관심도, 두려움 정도, 주의집중력으로 구성되어 있다.

표 6-10 **K-DDST-II 검사 영역 및 내용**

영역	내용
개인-사회성	사람들과 상호작용하고 일상생활을 위한 개인적 요구를 스스로 해결할 수 있는 자가간호 능력
미세운동-적응	눈-손의 협응, 작은 물체의 조작, 그리고 문제해결 능력
언어	듣고 이해하고 언어를 사용하는 능력
운동	앉고 걷고 뛰는 등 큰 근육운동

(3) 실시 방법

K-DDST-II를 실시하기 위해서는 먼저 검사 대상의 생활연령(연월령)을 계산한다. 24개월까지는 1개월 간격으로 계산하고, 그 이후부터는 3개월 간격으로 계산한다. 조산의 경우, 수정된 연령을 계산한다. 생활연령을 계산한 다음에는 검사지에 제시된 네 개 발달 영역을 통과하는 '연령선'을 긋는다. 각 항목의 합격여부를 50% 표시 가까이에 기호로 기입한다. 즉, 합격을 한 경우에는 P(pass), 실패한 경우에는 F(fail), 거부할 경우에는 R(refuse), 해당 항목을 한 적이 없을 경우에는 N.O.(no opportunity)로 기입한다. 연령선을 교차하여 지나가지 않는 항목은 막대기(bar) 우측단을 진하게 칠하여 지연이 있음을 표시한다.

(4) 결과 해석

검사 결과는 각 문항별로 '월등한(advanced)', '정상(normal)', '주의(caution)', '지연(delayed)', 또는 '기회 없음(no opportunity)'으로 해석한다. 각 항목별 전체 검사 해

석은 주의나 지연된 항목 수를 기준으로 하여 정상(normal), 의심(questionable), 이상(abnormal), 검사 불능(untestable)으로 해석한다. 구체적인 기준은 〈표 6-11〉에 제시하였다. 1차 검사에서 이상, 의문, 검사 불능으로 평가된 경우, 2~3주 내에 재검사를 실시한다. 재검사에서도 동일한 결과가 나타나면 정확한 발달검사를 위해 다른 검사를 병행하는 등 전문가의 진단이 필요하다.

표 6-11   K-DDST-II 결과 해석 기준

전체 검사 해석	기준
정상	지연 항목이 없고 주의 항목이 1개 이하인 경우
의심	주의 항목이 2개 이상 있거나 1개 이상의 지연 항목이 있는 경우
이상	연령선의 맨 왼쪽의 항목에서 1개 이상의 거부나 78~90% 사이에 연령선이 지나는 항목에서 2개 이상의 거부가 있는 경우
검사 불능	재검사에서 결과가 다시 의심이나 검사 불능으로 나오는 경우

6) 한국판 아동발달검사-2판(K-CDI)

(1) 목적 및 대상

한국판 아동발달검사(Korean-Child Development Inventory: K-CDI)(김정미, 신희선, 2010)은 미국의 Child Development Inventory를 번안하여 한국의 영유아들을 대상으로 표준화한 검사이다. 이 검사는 영유아기 아동의 현행 발달 수준을 파악하고 발달상의 문제를 조기에 선별하는 것을 목적으로 한다. 검사 대상은 15개월부터 6세 5개월까지의 영유아이다.

(2) 검사의 구성

K-CDI의 하위 척도는 발달 영역과 문제 영역으로 구성되어 있다. '발달 영역'은 9개의 하위 영역, 즉 사회성, 자조행동, 대근육운동, 소근육운동, 표현언어, 언어이해, 글자, 숫자, 전체발달로 구성되어 있다. '문제 영역'은 영유아기에 아동에게 관찰될 수 있는 다양한 증상과 행동문제로서, 시각·청각·성숙문제, 운동능력 부조화, 언어문제, 미성숙, 주의집중 문제, 행동문제, 정서문제 등으로 구성되어 있다. K-CDI의 하위 영역별 내용은 〈표 6-12〉에 제시하였다.

표 6-12 K-CDI 검사 영역 및 내용

하위 영역	내용
사회성	개별적 상호작용, 집단 참여 상황에서 부모, 아동, 다른 사람들과의 상호작용
자조행동	먹기, 옷 입기, 목욕하기, 화장실 가기, 독립심과 책임감
대근육운동	걷기, 뛰기, 오르기, 점프하기, 타기, 균형잡기, 협응 능력
소근육운동	뇌와 손의 협응 능력, 물건을 들어올리는 것, 낙서하고 그림 그리는 것을 포함한 눈과 손의 협응 능력
표현언어	간단한 몸짓, 발성, 언어 행동부터 복잡한 언어 표현인 표현적 의사소통 능력
언어이해	간단한 이해에서부터 개념 이해까지 언어이해 능력
글자	쓰기와 읽기를 포함하는 문자와 단어에 대한 인지 능력
숫자	간단한 숫자세기부터 셈하기 문제풀이까지 수의 양과 숫자에 대한 인지 능력
전체발달	발달의 총체적 지표를 제공해 주는 요약척도로서, 위의 하위척도로부터 가장 연령 구분력이 뛰어난 10개의 문항(단, 글자 및 숫자 척도에서 각각 5문항으로 구성)
문제 영역	시각과 청각, 건강과 성장, 언어문제, 미성숙, 주의집중, 행동, 정서 등에서의 문제

(3) 실시 방법 및 결과 해석

K-CDI는 부모 혹은 양육자가 평정하는 형태로 검사가 이루어진다. 발달 영역의 문항은 2점 평정척도이며, 아동이 하는 행동이면 '예', 하지 못하는 행동이거나 이제 막 시작되어 가끔씩 관찰되는 행동은 '아니요'로 표시한다. 문제 영역의 경우, '예'에 해당되는 문항에만 체크하도록 구성되어 있다. 검사 결과는 발달 영역의 9개의 척도별로 발달 연령(예: 2년 1개월)과 발달범위로 제시된다. 발달 연령은 각 영역에 대해 75% 이상 통과한 아동의 연령으로 표시되며, 발달범위는 '정상', '경계선', '지연'으로 표시된다. 또한 발달에 대한 총평이 제시된다. 문제 영역은 검사자가 체크한 문항들의 결과가 제시된다.

7) 영유아 발달선별검사

한국판 영유아 발달선별검사(Korean Child Development Review-Revised: K-CDR-R)는 미국판 영유아 발달선별검사(Child Development Review: CDR)를 번안

하여 국내 타당화 연구를 거쳐 수정 및 출판된 검사이다. CDR은 앞서 제시된 CDI에서 추출한 문항으로 이루어져 있으며, 따라서 K-CDR 역시 K-CDI에 근거하여 개발된 것이다. 2006년에 출판된 K-CDR에서는 다섯 개 영역(사회성, 자조행동, 대근육행동, 소근육행동, 언어)에서 문항들을 통해 영역별 발달 수준을 측정하고, 0~5세 사이 영유아발달표를 사용하였다. 그러나 이후 개정판인 K-CDR-R은 발달 영역에 해당하는 문항을 늘리고, 0~6세 범위에 해당하는 영유아발달표를 사용한다.

생각해 볼 문제

1. 표준화된 검사도구 외에 아동발달의 진단 방법에는 어떤 것이 있는지 설명해 보시오.
2. 신체, 인지, 의사소통, 사회, 정서 등의 각 발달 영역이 서로 영향을 미치는 이유를 설명해 보시오.
3. 영유아를 위한 사정, 평가 및 프로그램 체계(AEPS)와 한국형 베일리 영유아 발달검사-3판 (K-Bayley-III)을 검사의 목적을 중심으로 비교해 보시오.

기능적 행동진단

아동은 발달 과정에서 부적절한 행동을 보이기도 하는데, 이러한 행동이 부모와 교사의 지도 범위를 넘어서서 아동의 사회 적응과 학습에 심각한 영향을 미칠 때 문제행동이라고 한다. 그러나 이러한 문제행동에는 원인, 즉 '기능'이 있다. 이 장에서는 문제행동의 기능을 평가하는 기능적 행동진단에 대해서 소개하였다. 먼저, 문제행동과 기능의 관계를 설명하고, 기능적 행동진단의 정의와 방법을 제시하였다.

1. 문제행동과 기능

대부분의 아동은 장애 여부와 상관없이 부적절한 행동을 보인다. 이것은 발달 과정에서 보편적으로 나타나는 전형적인 현상으로, 시간이 지나면 사라지거나 일반적인 교수 전략으로 감소되기도 한다. 특히 나이가 어린 아동은 어린이집이나 유치원 등 새로운 환경에 적응하는 과정 중에 부적절한 행동을 보이게 되는데, 이것은 이들이 특정 상황에서의 적절한 행동과 부적절한 행동을 구분해 가는 과정이기도 하다. 다시 말해서, 환경과의 상호작용이나 의사소통을 위하여 여러 형태의 행동을 시도하면서 언제, 무엇을, 어떻게 해야 하는지를 학습하게 된다는 것이다.

그러나 부적절한 행동이 연령에 맞지 않거나, 지나치게 빈번하게 나타나거나, 자신이나 타인에게 위험 요인이 될 정도로 나타날 때는 눈여겨볼 필요가 있다. 이러한 행동은 '문제행동'이라고 불리며, 주로 자폐 범주성 장애 혹은 정서행동장애를 가진 유아 및 아동에게 많이 나타난다. 모든 문제행동이 중재의 대상이 되는 것은 아니다. 가끔씩 발생하는 문제행동은 교사나 부모의 관심 대상이 되지 않는다. 중재를 필요로 하는 문제행동으로 간주되기 위해서는 그 행동의 발생 빈도나 강도, 발생 상황, 그 행동을 보이는 아동의 연령 등 많은 요소가 고려되어야 한다. 예를 들어, 만 4세 유아가 유치원에서 한 달에 한 번 정도의 빈도로 물건을 부수는 행동을 보이는 경우, 교사는 그다지 많은 걱정을 하지 않는다. 그러나 만 4세 유아가 일과 중에 하루에도 몇 차례씩 물건을 부수는 행동을 보인다면 문제행동으로 간주된다. 또한 만 1세 영아가 소리를 지르는 것과 초등학교 2학년 학생이 소리를 지르는 행동은 교사에게 매우 다른 의미로 해석될 수 있다. 또한 자해행동이나 공격행동과 같이 자신이나 타인에게 해를 끼칠 수 있는 행동은 그 빈도가 낮다고 하더라도 그 행동이 안전에 미치는 영향으로 인하여 심각한 문제행동으로 간주된다(Allen & Cowdery, 2005).

장애아동을 가르치는 교사는 이들이 보이는 다양한 형태의 문제행동으로 인해 심각한 어려움을 경험한다. 따라서 이들을 양육하는 부모와 교사는 문제행동을 제거 혹은 감소시키기 위한 많은 노력을 기울이고 있다. 아동의 문제행동을 감소시키기 위해서는 무엇보다도 먼저 아동이 그 행동을 보이는 이유를 알아야 한다(Walker, Stiller, & Golly, 1998). 아동이 문제행동을 보이는 원인을 확인하고 그 원인을 적절하게 조절함으로써 더 이상 그러한 행동이 발생하지 않도록 해야 한다. 아동이 문제행동을 보이는 이유, 즉 문제행동의 원인을 문제행동의 '기능(function)'이라고 한다. 이와 같은 문제행동의 기능은 체계적인 절차를 통해 파악할 수 있는데, 이를 기능 평가(Functional Assessment: FA) 또는 기능적 행동진단(Functional Behavior Assessment: FBA)이라고 한다.

2. 기능적 행동진단의 정의 및 근거

문제행동의 기능을 파악하는 과정을 '기능 평가' 또는 '기능적 행동진단'이라고 한다. 구체적으로, 기능적 행동진단은 문제행동을 확인한 후, 문제행동을 일으키고 유지시키는 사건(event) 확인 및 문제행동이 일어나는 환경 조건을 식별하는 등의 체계적인 정보 수집 과정을 통해 문제행동의 기능을 파악하는 것을 의미한다 (Bambara & Kern, 2005). 문제행동의 기능은 크게 다섯 가지 유형으로 나누어 볼 수 있다. 즉, 원하는 것 얻기(예: 물건 얻기), 회피하기(예: 수업 피하기), 관심 끌기(예: 교사가 자신을 보게 하기), 자기 자극하기(예: 손 흔들기, 눈 누르기), 놀이 또는 오락으로 나누어 볼 수 있다(Durand, 1988). 예를 들어, 아동은 장난감을 얻기 위해 소리 지르기를 할 수 있으며, 과제를 피하기 위해 책상 위의 물건을 바닥에 던지는 행동을 할 수 있다. 또한 교사의 관심을 받기 위해 또래를 공격하는 행동을 보일 수 있으며, 자기 조절을 위해 상동행동을 보일 수도 있다.

기능적 행동진단은 문제행동 발생과 관련하여 두 가지 근거에 기초한다. 첫째, 모든 문제행동은 의사소통 기능을 지닌다(Koegel, Koegel, & Dunlap, 1996). 따라서 교사는 아동이 문제행동을 보일 때 그 행동이 의도하는 의사소통 기능(예: 과제 피하기, 원하는 물건 얻기)이 무엇인지를 파악하고, 보다 적절한 방법으로 의사소통을 할 수 있도록 도와주어야 한다. 〈표 7-1〉에서는 앞서 제시한 문제행동 기능의 유형과 그에 따른 의사소통 의도를 제시하였다.

표 7-1   문제행동의 기능 및 의사소통적 의도의 예

문제행동의 기능	문제행동의 의사소통적 의도
관심 끌기	다른 사람의 관심을 얻으려는 목적의 행동으로 인사를 하거나, 자기와 함께 있어 달라고 요구하거나, 자신을 보게 하거나, 자신에게 말을 걸어 주기를 원하는 등의 기능을 지닌다.
과제/자극 피하기	특정 사람이나 활동 등을 피하기 위한 목적의 행동으로 "싫어요.", "하기 싫어요." 등의 거부 표현, 과제가 너무 어렵거나 쉽거나 지루하다는 표현, 쉬고 싶다는 표현 등의 의사소통적 기능을 지닌다.

원하는 물건/ 활동 얻기	원하는 것을 얻기 위한 목적의 행동으로 특정 음식이나 음료수, 놀잇감 등의 물건을 얻거나 특정 활동을 하고자 하는 기능을 지닌다. 때로는 원하는 물건을 잃게 되거나 원하는 활동이 종료될 때 물건을 잃지 않거나 활동을 지속하고자 하는 기능을 지니기도 한다.
자기조절	자신의 에너지(각성) 수준을 조절하기 위한 목적의 행동으로 손 흔들기, 손가락 두들기기, 물건 돌리기 등의 행동으로 나타나며, 상동행동이나 자기자극 행동으로 불리기도 한다.
놀이 또는 오락	단순히 하고 싶어서 하는 행동으로 특히 다른 할 일이 없는 경우에 나타나곤 한다. 자기조절의 기능을 지닌 행동과 유사하게 반복적인 돌리기나 던지기 등의 형태로 나타나지만 자기조절 행동과는 달리 행동에 완전히 몰입되는 경우가 많아 다른 활동이나 과제에 집중할 수 없게 만드는 차이가 있다.

출처: 이소현, 박은혜(2011), p. 526.

둘째, 문제행동은 행동이 발생하는 상황이 있으며, 그 상황에 따라 문제행동이 증가하거나 감소할 수 있다(Chandler & Dahlquist, 2006). 이는 아동의 행동에 영향을 미칠 수 있는 내적 또는 외적 환경이나 사건을 의미한다. 일반적으로 문제행동의 발생과 관련된 상황은 선행사건, 배경사건, 후속결과로 분류된다. 이는 독립적으로 문제행동의 발생에 영향을 미치기도 하며, 이들 간의 상호작용 속에서 문제행동이 더많아지기도 한다.

3. 기능적 행동진단 방법

기능적 행동진단의 수행 과정은 다음과 같은 3단계로 이루어질 수 있다. 첫째, 문제행동을 조작적으로 정의한다. 둘째, 문제행동에 대한 정보를 수집한다. 정보 수집 방법은 간접평가와 직접평가, 기능분석 방법을 이용한다. 셋째, 수집된 정보를 분석하여 문제행동의 기능을 평가한다(Kazdin, 2001).

1) 문제행동의 조작적 정의

행동의 조작적 정의는 관찰 가능하고, 측정 가능하며, 누구나 정확하게 이해할 수 있는 용어로 진술해야 한다. 문제행동을 조작적으로 정의하기 위해서는 문제행동의 유형(예: 파괴행동, 공격행동), 발생 빈도, 강도, 지속시간 등을 확인해야 한다. 문제행동의 특성을 간략하게 설명하는 것이 아니라, 누가, 무엇을, 어떻게 하는지 등 행동이 발생한 상황과 행동의 형태에 대해 정확하고 구체적으로 설명해 줘야 한다. 예를 들면, "성준이는 친구를 자주 때린다."라고 한다면, 공격행동을 보인다는 정보 외에는 구체적인 정보를 확인하기 어렵다. 따라서 "성준이는 모둠 활동을 할 때마다 친구를 때리고, 교사는 모둠 활동 시에는 성준이는 혼자 활동을 하게 하였다."라고 정의하면 문제행동에 대한 보다 정확하고 구체적인 정보를 제공해 줄 수 있다.

2) 기능적 행동진단을 위한 정보 수집

문제행동과 관련된 정보 수집은 기능적 행동진단이 이루어지기 위해 선행되어야 할 과제이다. 이 정보는 크게 두 가지로 나뉜다. 첫 번째는 아동에 대한 전반적인 정보와 해당 문제행동과 관련된 포괄적인 정보이고, 두 번째는 문제행동의 발생과 직접 관련된 특정 정보이다(Bambara & Kern, 2005). 정보 유형별 구체적인 내용은 〈표 7-2〉에 제시하였다.

표 7-2 **기능적 행동진단을 위한 수집해야 할 정보의 유형별 내용**

정보	정보 유형	정보 내용
전반적 정보	삶의 주요 사건	죽음이나 질병, 전학이나 부모의 이혼 등 삶에서 경험한 잊기 어려운 힘든 사건이나 변화
	건강 관련 요소	정신건강(예: 우울증) 및 일반 건강(예: 알레르기, 수면 문제) 관련 요소
	문제행동의 역사	문제행동의 시작 시기 및 주변인의 반응 등 문제행동과 관련된 내용
	이전의 중재 노력	문제행동과 관련하여 이전에 제공되었던 중재의 종류나 결과 등 중재 관련 요소
	학업기술 및 과제 수행력	아동에게 중요한 기술/과제(예: 의사소통, 사회적 상호작용)
	강점 및 약점	활용할 수 있는 강점과 도움이 필요한 약점
	선호도	아동이 좋아하는 사람이나 활동 등
	전반적인 삶의 질	아동의 삶이 아동에게 의미 있는 요소로 구성되어 있는가에 대한 내용(예: 통합환경, 친구, 역할 모델, 좋아하는 활동)

구체적 정보	선행사건	문제행동이 발생하기 직전에 바로 그 환경에서 발생한 사건
	배경사건	문제행동 발생과 관련된 선행사건과 후속결과에 간접적으로 영향을 미치는 사건
	후속결과	문제행동 발생 직후에 바로 그 환경에서 발생한 사건으로 문제행동이 계속 발생할지의 여부에 영향을 미치는 사건

출처: 이소현 외(2009), p. 253.

먼저, 문제행동을 보이는 아동을 보다 정확하게 이해하기 위해서는 아동에 대한 전반적인 정보를 수집할 필요가 있다. 전반적인 정보는 아동의 생육사와 교육적 배경, 건강 및 신체적 문제, 현행 학업 기술 및 과제 수행능력, 아동의 강점과 약점, 가정과 학교에서의 전반적인 삶의 질 등을 포함한다. 〈표 7-2〉에서는 정보의 유형에 따른 구체적인 사례가 제시되어 있다. 아동에 대한 전반적인 정보를 가지고 있으면, 문제행동 발생의 원인을 파악하는 것뿐만 아니라 행동 지원 계획을 세우는 것도 용이해진다.

다음으로, 문제행동 기능 평가 시 가장 중요한 것이 특정 정보를 수집하는 것이다. 특정 정보란 문제행동의 발생과 직접적으로 관련이 있는 정보로서, 보통 배경사건, 선행사건, 후속결과를 의미한다. 선행사건이란 선행자극이라고도 불리며, 행동이 발생하기 직전에 나타난 사건으로서, 행동의 발생에 직접적인 영향을 미친 사건이나 자극을 의미한다. 예를 들어, 아동이 좋아하는 자극을 제거하거나 아동이 싫어하는 자극을 제시하는 것 등이 있다. 후속결과는 행동이 발생한 직후에 나타난 사건이나 자극으로서, 행동을 유지시키는 결과를 의미한다. 후속결과는 일반적으로 아동이 문제행동을 통해 얻게 된 결과이며, 아동은 동일한 후속결과를 얻기 위해 지속적으로 동일한 문제행동을 보인다. 후속결과의 사례로는 아동이 원하는 것을 얻게 되거나, 싫어하는 것을 피할 수 있게 된 것 등이 있다. 배경사건은 행동 발생에 직접적인 영향을 미치기보다는 행동의 발생 가능성을 높이는 사건이나 자극을 의미한다. 문제행동이 발생한 날, 다른 날에 비해 상대적으로 피로감이 더했다거나 기분이 좋지 않은 것 등이 그 예가 될 수 있다. 이 외에도 질병이나 약물 부작용, 낯선 장소에 노출 등이 있다. 배경사건은 문제행동이 일관성 없이 발생할 경우, 중요한 정보가 될 수 있다. 〈표 7-3〉은 선행사건, 행동, 후속결과의 기능적 관계에 대한 사례들을 제시하였으며, 〈표 7-4〉는 배경사건이 행동 발생에 영향을 미친 사례를 제시하였다.

표 7-3 선행사건, 행동, 후속결과의 기능적 관계

선행사건	행동	후속결과	문제행동의 기능
체육시간에 팀별로 나누어 게임을 하였으며, 성연이의 팀이 게임에서 지고 있었음	성연이는 상대편 친구들을 때림	교사는 게임의 규칙을 어긴 것으로 간주하여 게임을 중단하고 새로운 게임을 시작함	원하는 것 얻기
교사가 서진이에게 수학 문제를 5개를 풀 것을 지시함	서진이는 수학 교과서의 해당 페이지가 찢어질 때까지 주먹으로 꽉 쥐고, 연필을 부러뜨림	교사는 "그러면 안 돼."라고 말한 다음, 서진이의 교과서는 교사가 보관함	회피하기
영준이가 발표를 하자 교사가 칭찬을 해 줌	민영이는 책상을 주먹으로 내리치며 "내가 말하려고 했는데……."라고 함	교사는 "민영이도 잘할 수 있었는데……."라고 응답해 줌	관심 끌기

출처: 김동일 외(2019), pp. 291-292.

표 7-4 배경사건이 행동 발생에 영향을 미친 사례

배경사건	선행사건	행동	후속결과
없음	교사는 점심 급식 시간에 교실에 앉은 순서대로 줄을 서서 음식을 받아서 식사를 할 것을 안내함	은경이는 자신의 차례를 기다려서 음식을 받음	은경이는 짝과 옆자리에 앉아 점심 식사를 함
오전에 짝꿍과 싸움		은경이는 차례를 지키지 않고 앞에 줄 서 있는 친구를 때림	교사는 은경이를 맨 뒷줄로 보냈고, 은경이는 짝이 아닌 다른 친구의 옆자리에 앉아 점심 식사를 함

출처: 김동일 외(2019), pp. 291-292에서 발췌 후 수정.

3) 문제행동의 기능 평가

기능적 행동진단 시 앞에서 제시한 것과 같은 정보를 수집하기 위해서는 평가를 거쳐야 한다. 문제행동의 기능을 평가하는 방법으로는 간접평가, 직접평가, 기능분석(functional analysis)의 세 가지 방법이 있다(Alberto & Troutman, 2003; Bambara & Kern, 2005; Scheuermann & Hall, 2008).

(1) 간접평가

간접평가 방법은 장애아동의 부모나 아동을 잘 아는 사람들(예: 교사, 양육자)로부터 정보를 수집하는 방법이다. 이러한 방법으로는 발달력 및 관련 기록 검토, 구조화된 인터뷰, 표준화된 평정척도 등이 있다.

① 발달력 및 관련 기록의 검토

기능적 행동진단을 실시할 때, 일반적으로 아동의 발달력과 유치원/학교 생활과 관련된 기록을 먼저 살펴본다. 이를 통해 아동에 대한 기본적인 정보, 즉 생년월일, 교육 경험, 의료적, 신체적 상태 등에 대한 정보, 장애 진단 및 배치와 같은 특수교육과 관련된 정보, 현재 또는 과거에 받은 적이 있는 관련 서비스의 유형 및 기간 등과 같은 다양한 정보를 수집한다. 이러한 정보는 유치원 및 학교에서의 개별화교육 프로그램, 개별화가족지원계획, 교사와 주양육자와의 상담 기록, 언어치료, 물리치료 등 특수교육 관련 서비스와 관련한 자료 및 기록, 교사의 관찰일지 등을 통해 수집할 수 있다(McEvoy, Neilsen, & Reichle, 2004). 한편, 관련 기록을 평가 자료로 활용할 때에는 신중한 접근이 요구된다. 관련 기록은 과거의 내용이라는 점, 특정 기록은 작성자의 주관이 개입될 수 있다는 점에 유의할 필요가 있다.

② 인터뷰

기능적 행동진단을 위해서 평가자는 아동에 대해서 그리고 아동의 문제행동을 잘 아는 사람들과의 인터뷰를 통해 정보를 수집할 수 있다. 인터뷰는 구조화된 형태 혹은 비구조화된 형태로 진행될 수 있으며, 다음과 같은 정보를 수집할 수 있다. 즉, 목표행동의 조작적 정의, 행동이 발생하거나 발생하지 않은 상황, 문제행동을 예측할 수 있는 선행사건 및 문제행동을 유지시키는 후속결과, 이전에 사용된 중재, 대체행동 및 사용 가능한 강화의 유형이다. Chandler와 Dahlquist(2006)는 기능 행동 진단 인터뷰에서 주로 사용되는 질문의 사례를 〈표 7-5〉와 같이 소개하였다. 이 외에도 기능적 행동진단을 위해 가장 많이 사용되는 것으로 O'Neill 등(1997)이 개발한 기능 행동 인터뷰 질문지가 있다. 10개의 큰 질문 아래에 구체적인 하위문항들로 구성되어 있다. 인터뷰를 통해 수집된 정보는 문제행동을 이해하는 초기 단계에서는 많은 도움을 줄 수 있다. 그러나 인터뷰를 실시하는 사람/인터뷰에 응하는 사람의 주관이 개입될 수 있다는 점에서 신뢰도와 타당도가 떨어진다는 점에 유의할 필요가 있다.

표 7-5	기능 평가를 위해 면담 시 활용할 수 있는 주요 질문의 예

1. 어떤 행동이 문제가 됩니까?
2. 문제행동이 가장 자주 발생하는 시간은 언제입니까?(예: 매주 월요일 집단활동 시간)
3. 문제행동이 가장 자주 발생하는 장소는 어디입니까?(예: 율동실)
4. 어떤 유형의 과제나 활동을 할 때 문제행동이 발생하나요?(예: 소집단 활동, 자유선택활동)
5. 문제행동이 발생할 때 제시되는 과제나 활동의 특성은 무엇입니까?(예: 과제 지속 시간이 길 때, 좋아하지 않는 과제를 제시할 때)
6. 문제행동이 발생할 때 주로 제시되는 과제의 형태는 무엇입니까?(예: 소근육 활동, 미술 활동)
7. 문제행동이 발생하거나 문제행동을 할 때 주로 함께 있는 사람은 누구입니까?
8. 행동 발생 전에 주로 어떤 일이 있었으며, 행동 발생 후에 제시된 결과는 무엇입니까?(예: 질문, 과제 제시, 도움 주기, 꾸지람하기, 칭찬하기)
9. 문제행동에 영향을 미칠 것으로 여겨지는 상황이 있습니까?(예: 지나치게 소란스러운 환경, 신체적인 문제)

출처: Chandler, L. K. & Dahlquist, C. M. (2006), p. 57: 이소현 외(2009), p. 256 재인용.

③ 평정척도

간접평가의 또 다른 방법으로는 체크리스트나 행동평정척도가 있다. 행동평정척도 중 대표적인 것으로는 문제행동 발생동기 평가척도(Motivation Assessment Scale: MAS)가 있다(Durand & Crimmins 1988). 문제행동 발생동기 평가척도는 네 가지의 문제행동의 기능별로 네 가지의 하위 질문들이 있으며, 그 질문에 7점(0~6점) 척도로 표시하도록 되어 있다. 검사 후, 기능별로 점수를 합산하여 기능 간 상대적인 순위를 매겨서 문제행동의 기능을 파악한다. 체크리스트나 평정척도는 간단하고 사용하기 쉽다는 장점이 있다. 그러나 문제행동의 선행사건이나 후속결과에 대한 구체적인 정보를 얻을 수 없다는 단점이 있으므로, 단독으로 사용하는 것은 추천하지 않는다. 구조화된 인터뷰 및 행동진단 체크리스트들 중 대표적인 검사들은 〈표 7-6〉에 제시하였다.

표 7-6 행동진단을 위한 구조화된 면담 및 체크리스트

유형	출처	내용	비고
기능진단면담 (Functional Assessment Interview: FAI)	O'Neill et al. (1997)	• 행동의 형태, 빈도, 지속시간, 강도 • 행동과 관련된 환경적 조건 • 아동의 발달력과 병력, 신체적 상태 등과 같은 문제행동과 관련된 상황적 변인 • 아동이 현재 수행할 수 있는 대체행동과 의사소통 기술 • 잠재적 강화 요인과 중재	타당도와 신뢰도가 높음
문제행동 발생동기 평가척도 (Motivation Assessment Scale: MAS)	Durand & Crimmins (1988)	• 16개 항목의 질문으로 구성 • 문제행동이 발생하는 상황이나 문제행동의 기능을 파악하기 위한 내용으로 구성	빠르고 쉽게 사용할 수 있으나 신뢰도 문제가 지적됨 따라서 추후 직접 관찰을 통한 자료를 보완해야 함
기능분석 선별도구 (Functional Analysis Screening Tool: FAST)	Iwata (1995)	• 18개 항목의 질문으로 구성 • 문제행동 발생에 가장 많이 연관된 요인 파악	
행동기능 질문지 (Questions About Behavioral Function: QABF)	Matson & Volmer (1995)	• 25개의 체크리스트로 구성 • 다양한 환경 내에서 문제행동의 빈도 파악 • 문제행동의 의사소통적 의미 파악	신뢰도와 유용도가 높음
교사를 위한 기능 진단 기록지(Functional Assessment Informant Record for Teachers: FAIR−T)	Edwards (2002)	• 교사가 실시하는 기능적 행동평가 • 방해행동 • 상황적 사건, 선행사건, 후속결과, 이전에 수행하였던 중재방법 등에 대한 정보 기록	

출처: 이소현 외(2009), p. 257.

요약하면, 간접평가는 실시하기 용이하고 시간이 적게 걸려 효율성이 높다는 장점이 있지만, 문제행동을 유발시키는 구체적인 선행사건이나 후속결과를 파악하지 못하는 경우가 있다. 또한 간접평가는 기억이나 주관적인 판단에 의존하기 때문에 그 결과가 객관적이거나 정확하지 않을 수 있다. 따라서 객관적이고 정확한 정보 수집을 위해서는 직접평가가 요구된다.

(2) 직접평가

직접평가는 일정 기간 동안 자연스러운 상황에서 학생의 행동을 직접 관찰하고 기록하는 관찰 평가 방법으로, ABC 관찰, ABC 관찰 검목표(체크리스트 형태), 일화 기록, 산점도 등이 있다.

① ABC 관찰

A(Antecedents, 선행사건)-B(Behavior, 행동)-C(Consequence, 후속결과) 관찰은 발생한 행동과 그 행동의 전후에 나타난 사건 및 상황을 기록하여, 선행사건 혹은 후속결과와 문제행동 간 관계에 대한 정보를 체계적으로 수집하는 방법이다. 선행사건은 문제행동이 발생하기 직전에 나타난 사건 혹은 상황을 의미하며, 후속결과는 문제행동이 발생한 후 교사 혹은 또래의 반응이나 상황의 변화 등을 의미한다. ABC 관찰의 예는 [그림 7-1]을 참고하기 바란다.

- 관찰대상: 김원준
- 관찰날짜: 2020년 9월 14일
- 생년월일(연령): 2015년 2월 7일(5년 7개월)
- 관찰시간: 14:00~14:30
- 관찰장면: 자유놀이 시간
- 관찰행동: 공격행동

시간	선행사건(A)	행동(B)	후속결과(C)
14:05	가은이가 장난감을 가지고 놀려고 하자, 원준이는 가은이에게 다가가 "내가 가지고 놀 거야."라고 말하고 장난감을 가져가려고 함. 가은이는 "원래 내 거야."라고 말함	원준이는 장난감을 빼앗고, 가은이를 밀침	가은이가 울음을 터뜨림. 교사가 원준이와 가은이에게 가서 사이좋게 지내라고 말하며 타이름. 원준이는 만족스럽다는 듯이 웃음
14:13	가은이가 역할놀이 활동 중에 '엄마' 역할을 시작하려고 함	원준이가 가은이에게 "괴물이다."라고 소리 지르고 가은이에게 인형을 던짐	가은이가 울려고 하자, 지윤이가 "가은이 괴물 아니야."라고 말함. 교사는 "원준아, 가은이한테 나쁜 말 하면 안 돼."라고 말함

[그림 7-1] ABC 기록 관찰지 사례

ABC 관찰에서 관찰자는 대상아동을 가장 잘 아는 부모, 교사, 형제 등과 같은 주변 사람이다. 관찰자는 자연스러운 환경에서 문제행동이 발생할 때, 전후에 있었던 상황 및 사건을 관찰한 그대로 기록한다. 이때 사용되는 기록법으로는 빈도기록법, 지속시간기록법, 등간기록법, 순간표집법 등이 있다. ABC 관찰 방법은 평가자의 기억이나 주관이 개입될 수 있는 인터뷰나 평정척도 작성법과는 달리, 행동이 발생할 당시 관찰자가 직접 관찰하여 바로바로 기록한다는 점에서 보다 정확하고 객관적인 정보를 수집할 수 있다는 장점이 있다. 그러나 시간과 노력이 많이 들고, 발생빈도가 낮은 행동의 경우에는 충분한 정보를 수집하기 어려울 수 있다는 점에 유의할 필요가 있다.

② 일화기록

일화기록법은 관찰자가 제3자의 입장에서 아동의 행동에 대해 직접 관찰하고 기록하는 것이다. 아동이 특정한 행동을 보일 때마다 이를 상세하고 종단적으로 기록하는 것이다. 일화기록 방법에는 정해진 양식은 없지만 일반적으로 다음의 내용을 포함해야 한다. 첫째, 하나의 일화기록은 하나의 사건이 기록되어야 한다. 둘째, 언제, 어떤 행동이, 어떤 조건하에서 발생되었는가에 대한 사실적 기술이 있어야 한다. 셋째, 행동과 행동에 대한 해석과 처리방안이 분리되어 기록되어야 한다. 일화기록법은 평가보다 분석에 유용하게 사용될 수 있다. 일화기록의 예시는 [그림 7-2]에 제시하였다.

관찰대상	김성호	관찰날짜	2010년 3월 31일
현재연령	4년 2개월(남)	관찰시간	오전 9:40~9:45(5분)
관찰자	유은희	관찰장면	자유선택활동 시간 중 역할놀이 영역
기록	성호가 창규에게 역할놀이 영역에서 놀자고 하였다. 그러나 창규는 성호의 제안을 거절하고 쌓기놀이 영역으로 가 버렸다. 화가 난 성호는 창규에게 달려가 머리를 한 대 때렸다. "너랑 안 놀아."라고 성호가 말하자 창규는 그 자리에 앉아서 울었다. 교사가 다가오자 창규가 "성호가 때려요."라고 말하였다. 성호는 화가 나서 씩씩거리며 "내가 놀자고 했는데 안 논댔어. 너 나빠."라고 말하였다. 교사는 창규를 달랬다. 창규는 이야기를 하지 않고 계속 울었다. 성호에게 창규가 어떤 기분인지 설명하였다.		
해석			

[그림 7-2] 일화기록 사례

③ 산점도

산점도(scatterplot)는 문제행동이 가장 많이 나타나는 시간 및 장소를 알아봄으로써 행동의 패턴을 파악하기 위하여 사용된다(McEvoy et al., 2004). 산점도는 문제행동의 기능을 평가하는 데 구체적인 정보를 제공하지는 않지만, 언제, 어디에서 문제행동이 발생하는지에 대한 정보를 제공함으로써 문제행동의 기능을 평가하는 데 밑그림을 그릴 수 있도록 도와준다. 따라서 산점도는 ABC 관찰과 같은 직접평가 방법을 더욱 효과적으로 수행하기 위하여 보조적인 방법으로 사용될 수도 있다. 예를 들어, 교사는 성준이의 공격행동(친구를 때리는/놀리는 행동)의 패턴을 살펴보기 위해 산점도를 이용하여 관찰하였다. 일주일간 성준이의 학교생활을 교과시간, 점심시간 등 하루를 40분 등의 단위로 쪼개어 살펴보았다. 성준이는 수업시간 중 모둠활동 시간과 강당 활동 시간에 친구를 때리는 행동을 가장 많이 보였다. 교사는 모둠활동이 있는 수업 시간과 강당 활동 시간이 성준이의 문제행동에 영향을 미치는 요인이 있을 것으로 판단하고 그 시간대에 ABC 관찰을 실시하여 문제행동의 기능을 평가하기로 하였다. 즉, 산점도를 통해 성준이는 집단활동 시간에 문제행동을 가장 많이 보이는 것을 알 수 있었으며, ABC 관찰 결과, 교사는 성준이가 문제행동을 보일 때마다 성준이를 활동에서 제외시키는 모습이 관찰되었다. 따라서 성준이의 문제행동은 모둠활동에서 과제를 회피하기 위한 것이었음을 알 수 있었다. 산점도를 이용한 평가 예는 [그림 7-3]에 제시하였다.

• 학교(초등/중/고): 전남초등학교				• 관찰일: 2020년 5월 18일~2020년 5월 22일		
• 이름(성별): 김성준 (남)				• 관찰자: 김지은		
• 생년월일(학년): 2011년 4월 30일(3학년)				• 문제행동: 공격행동(친구를 때림, 친구를 놀림)		

시간		날짜					전체 빈도
		교과 (○: 모둠활동, ×: 강당활동)					
		월	화	수	목	금	
1교시	9:00~9:40	창체(○) ///	수학(○) ////// /	수학	수학	영어	9
2교시	9:45~10:25	과학(○) ///// //	체육(×)	국어(○) ///	음악	체육(×) //	17
중간놀이	10:25~10:55						
3교시	10:55~11:35	수학	영어	과학(○) ///	국어(○) ////	미술	11
4교시	11:40~12:20	국어(○) /////	국어(○) ////	사회(○) ////	도덕	미술	13
점심시간	12:20~13:10						
5교시	13:10~13:50	음악	창체 /		과학(○) ///// ///	국어(○) ///	12
6교시	13:55~14:35		사회(○) ///		사회(○) /////		8
전체 빈도		15	17	16	17	5	70

[그림 7-3] 산점도 사례

ABC관찰, 일화기록, 산점도와 같은 직접평가 방법은 자연스러운 환경에서 문제 행동 발생할 당시의 정보를 직접 수집하고, 선행사건과 후속결과 등 구체적인 정보도 수집할 수 있다. 그러나 시간과 노력이 많이 들고, 직접 관찰하고 기록하는 과정이 수업을 방해할 수 있다는 단점이 있다.

(3) 기능분석

기능분석 방법은 실험실 환경에서 문제행동의 기능이 되는 환경을 조작하고, 관찰을 통해 아동의 문제행동에 대한 정보를 수집하고 분석하는 과정을 거쳐서 문제행동의 기능을 파악하는 방법이다. 기능분석 실험 조건의 일반적인 예는 〈표 7-7〉

표 7-7 기능분석 실험 조건

실험 조건	선행 조건	결과
과제 회피	과제 제시	과제 중단
요구	장난감(원하는 것) 없음	장난감(원하는 것) 얻음
관심	상호작용 없음	관심 얻음(꾸중, 말, 눈맞춤 등)
자기자극	자극 없음	상호작용 없음
놀이	장난감, 관심	상호작용 없음

출처: 이성봉 외(2019), p. 138.

과 같다. 과제 회피, 요구, 관심, 자기자극은 문제행동의 대표적인 기능이며, 따라서 이 조건을 적용하여 실험을 실시한다. 놀이 조건의 경우 일반적으로 통제 조건으로 사용된다.

기능분석을 실시할 때에는 하나의 조건당 평가 시간은 5~10분으로 하고, 정확한 기능 평가를 위해 각 조건당 서너 번 정도 반복한다. 각 실험 조건에서 평가자는 선행조건에 따라 자극을 조작하고, 이에 따른 아동의 문제행동의 발생 빈도를 기록한다. 그리고 각 조건에 따른 문제행동 발생 빈도의 차이를 비교함으로써 문제행동의 기능을 결정한다. 예를 들어, 과제 회피 조건의 경우, 평가자는 아동에게 학습과제 등을 제시한다. 아동이 문제행동을 보이면 '과제를 제거'해 주는 반응을 제공한다. 이러한 과정을 일정한 시간간격으로 반복적으로 제시하면서, 아동의 문제행동 발생 빈도를 기록하고 수집된 자료를 그래프로 그린다. 다음에는 요구 조건을 가지고 동일한 과정을 거치고, 관심, 자기자극과 같은 조건 또한 동일한 과정을 거쳐 아동의 문제행동 발생 빈도를 기록하고 그래프로 그린다. 그런 다음, 조건별로 문제행동의 빈도 차이를 비교함으로써 해당 문제행동의 기능을 결정한다.

[그림 7-4]는 기능분석의 사례이다. 그래프의 x축은 평가 회기를 나타내며, y축은 분당 문제행동의 빈도를 나타낸다. a 사례의 경우, 관심 기능일 때 가장 높은 빈도의 문제행동을 보인다. 따라서 아동이 보이는 문제행동의 기능은 관심이라고 결정한다. b 사례의 경우 관심, 과제 회피, 요구 조건에서 높은 빈도의 문제행동을 보인다. 이는 문제행동이 여러 가지 기능(과제 회피, 관심 끌기, 장난감 얻기)을 갖고 있음을 의미한다. 일반적으로 문제행동은 b 사례와 같이 다양한 기능을 가지고 있다. 이러한 이유로 인해, 각 조건별 평가가 필요하고, 또 조건별로 3회 이상의 평가가 이

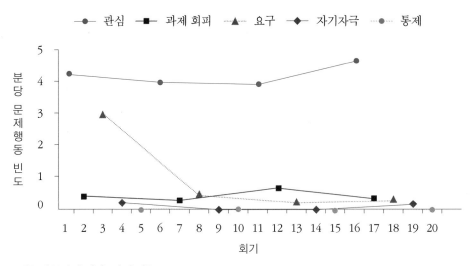

a. 기능행동분석 결과: 관심 기능

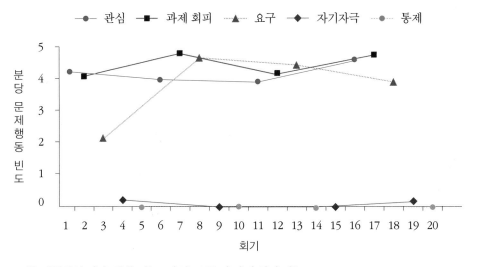

b. 기능행동분석 결과: 복합 기능-관심, 요구 및 과제 회피 기능

[그림 7-4] 기능분석 그래프

출처: 이성봉 외(2019), p. 140.

루어져야 한다. 또한 아동에 따라 앞에서 제시된 기능 외에 다른 기능이 존재할 수 있으므로 체계적인 정보 수집을 통해 또다른 실험조건을 형성하여 평가를 할 필요가 있다(이성봉 외, 2019).

한편, 기능분석은 실험실 환경이 아닌 교실이나 가정에서도 이루어질 수 있다. 이런 경우, 실험실 환경의 기능분석보다 융통성 있는 평가가 이루어지게 된다. 예를 들어, 5~10분으로 평가하는 것이 어려울 수 있으므로, 40분의 수업시간 동안 이루어지기도 하고, 빈도를 측정할 때에도 직접 관찰 대신 Likert 척도를 사용하기도 한다. 기능분석은 평가자의 기억과 주관에 의존하는 간접평가와는 달리 객관적이고 보다 정확한 평가방법이라고 할 수 있다. 그러나 실험 환경 조성, 일련의 실험 절차, 전문가 섭외 등 시간과 비용이 많이 드는 작업이라는 어려움이 있다. 따라서 기능분석은 현장에서는 자주 사용하지 않지만, 심각한 문제행동을 보이는 경우 유용하게 활용할 수 있는 기능적 행동진단 방법이다.

생각해 볼 문제

1. 기능적 행동진단의 '기능'에 대해 설명하고, 기능적 행동진단의 필요성에 대해 설명해 보시오.

2. A 교사는 B 학생의 문제행동의 기능을 진단하기 위해 문제행동 발생동기 평가척도와 일화기록 방법을 사용하여 정보를 수집하기로 하였다. 이때 A 교사가 두 가지의 평가방법을 선택한 이유를 직접평가와 간접평가의 장단점을 중심으로 설명해 보시오.

제8장

학습과 진로 진단

생에게 적절한 교육을 제공하기 위해서는 학생의 학업 능력에 대한 정확한 진단과 평가가 필요하다. 또한 학생이 자신에게 적합한 진로를 선택하기 위해서는 진로에 대한 관심을 갖고 진로 검사를 받는 과정이 필요하다. 이 장에서는 학생의 학업 능력 진단을 위하여 읽기, 수학, 쓰기를 포함한 기초학습능력의 단계별 특성을 소개하였다. 그리고 진로선택과 관련하여 진로발달 및 진로선택 이론을 설명하고 다양한 진로검사를 소개하였다.

1. 기초학습능력 진단

학생의 학업 능력을 진단하기 위해서는 일반적으로 기초학습능력을 평가한다. 학습자의 현재 학업성취도를 측정하여 학업 수준을 확인하고, 학습에 어떤 어려움이 있는지 파악할 수 있다. 기초학습능력은 관점에 따라 다양하게 정의되고 있으나, 이 장에서는 기초학습능력을 교과학습의 도구라는 관점으로 바라보고, 읽기, 수학,

쓰기 능력의 진단 및 평가에 대해 소개하였다.

1) 읽기

읽기는 대표적인 수용언어로서 글을 읽고 이해하는 능력을 포함한다. 읽기 능력은 크게 초기문해, 즉 읽는 방법을 배우기(learning to read)뿐만 아니라, 도구로서의 읽기, 즉 학습을 위한 읽기(reading to learn)까지 포함한다. 그러므로 읽기를 잘하는 학생은 학습 영역 전반에 걸쳐 높은 학업성취 수준을 나타낼 수 있으나, 읽기 능력이 낮은 학생은 심각한 학습부진이나 나아가 학습장애로 진단받기도 한다. 읽기 발달 단계는 여러 가지 모델이 있으나 Chall(1983)이 제시한 발달 단계가 가장 대표적이며, 발달 단계는 〈표 8-1〉에 제시하였다.

표 8-1   Chall(1983)의 읽기 발달 단계

발달 단계	연령	특징
0단계 '읽기 전 단계'	만 0~6세	• 일정한 문자 체계를 가진 문화권에서 생활하면서 철자, 단어, 텍스트에 관한 지식 등 읽기와 관련된 지식 축적
1단계 '문자 해독 단계'	만 6~7세	• 철자를 소리로 바꾸고, 소리를 합성하여 단어를 해독하는 방법을 알게 됨 • 읽기에 대한 지식을 습득하여 철자의 소리 체계를 이해함 • 발음한 후 실수하는 것 등을 깨달음
2단계 '유창성 단계'	만 7~8세	• 문자 해독 과정이 자동화됨에 따라 읽는 속도가 빨라지고 해독의 정확성도 높아짐 • 친숙한 내용과 이야기 형태의 글을 반복하여 읽으면서 문맥을 사용하여 읽는 방법도 알게 되고, 그러한 과정을 통해서 글을 보다 유창하게 읽게 됨
3단계 '새로운 정보 습득을 위한 읽기 단계'	만 8~14세	• 인쇄된 문자 대신 글의 내용에 보다 주의를 기울임 • 새로운 지식과 정보를 습득하기 위해 글을 읽기 시작함 • 내용 이해를 위해 배경지식과 문맥을 통한 추론도 가능함 • 배경지식, 어휘, 인지 능력의 한계로 인해 한 가지 관점에서 제시된 글을 읽을 수 있는 단계임 • 복잡한 내용을 포함한 글을 읽고 이해하는 데 한계가 있음
4단계 '다양한 관점의 읽기 단계'	만 14~18세	• 한 가지 이상의 관점을 지닌 읽기 자료, 즉 질적으로 복잡하고 양적으로 다양한 정보를 포함한 내용의 글을 읽을 수 있음
5단계 '구성과 재구성 단계'	만 18세 이상	• 구성적인 읽기 단계의 완성으로 다양한 입장을 지닌 복잡한 자료들을 통합하고 평가할 수 있음

다음으로, Spear-Sternberg의 읽기 능력 발달 모델(Spear-Swerling & Sternberg, 1996)은 읽기발달의 각 단계에서 중요한 '인지 과정'이 무엇인지를 강조한다는 점이 주요한 특징이라 할 수 있다. Spear-Sternberg 모델의 정상적인 읽기 능력 발달 과정은 총 6단계로 구성되어 있으며 단계별 특징은 〈표 8-2〉에 제시하였다.

표 8-2 **Spear-Sternberg의 읽기 능력 발달**

발달 단계	특징
1단계 '시각적인 단서를 이용한 단어인지 단계'	• 학령기 이전 • 단어를 재인하기 위해 색깔, 특정한 로고와 같은 눈에 띄는 시각적인 단서를 사용
2단계 '음성학적 단서를 이용한 단어인지 단계'	• 초등학교 입학 직후 • 단어인지를 위해 음성적인 단어를 사용 • 초보적인 수준의 음운 인식 능력, 철자-소리 연합 규칙, 철자 체계의 특성에 대한 지식 등이 요구됨
3단계 '통제된 단어인지 단계'	• 철자법에 대한 풍부한 지식을 바탕으로 단어 해독 기술을 완전히 습득
4단계 '자동화된 단어인지 단계'	• 대부분의 단어를 큰 어려움 없이 정확하게 인지 • 읽기를 새로운 정보와 개념을 획득하는 수단으로 사용 • 숙련된 읽기이해력을 갖추기 위해 중요
5단계 '전략적인 읽기 단계'	• 초등학교 3학년 이후 • 단어인지가 자동화되고 메타 인지 능력이 발달하며 배경지식이 증가함에 따라, 읽기이해력을 향상시키기 위한 전략을 습득 및 사용 • 몇몇 읽기 전략은 효율적으로 사용할 수 있지만 보다 높은 수준의 읽기이해력에는 미치지 못함
6단계 '성인들의 숙련된 읽기 단계'	• 매우 숙련된 읽기이해력을 보이며, 배경지식과 어휘력의 증가에 따라 읽기 발달이 촉진

읽기는 일반적으로 다섯 가지 요소, 즉 음운처리, 글자·단어 인지, 유창성, 어휘, 읽기이해로 구성되어 있다.

(1) 음운처리

음운처리는 시각언어나 음성언어의 처리 과정에서 말소리에 기초한 정보, 즉 음운정보의 사용을 의미한다. 이는 Chall(1984)의 발달 단계에서 읽기 전 단계와 문자 해독 단계에 해당한다. 음운처리 능력을 진단하기 위해서는 일반적으로 음운인식, 음운기억 능력 등을 측정한다. 음운인식의 경우, 대표적인 검사로는 음운(절)을 분리, 합성, 변별, 대치 등을 통해 분석해 내는 능력을 측정하는 것이 있다. 예컨대, '공, 공, 곳, 공'의 소리를 듣고, 네 개 중에서 다른 하나를 고르는 것이다. 음운 정보를 처리하는 과정에서 기억과 관련된 능력으로는 빠른 자동 이름대기(RAN)가 있다. RAN은 장기 기억에 저장된 친숙한 글자, 색깔, 숫자, 사물 관련 음운 정보에 빠르고 자동적으로 접근하는 능력을 측정하는 과제이다(Wolf, Bowers, & Biddle, 2000). 즉, 제한된 시간 내에 그림(예: 사물, 색깔)을 보고 빠른 속도로 이름을 대는 방법을 이용하여 그 능력을 측정한다. 음운처리 능력에 문제가 있는 아동은 주로 음운 분석에 오류를 보이며, 특히 음운 변별이나 대치에 더 많은 오류를 보인다. 음운처리 능력은 학령기 전에 습득되는 것이 일반적이며, 따라서 학령기에 들어서고 초등학교 2학년이 되어서도 음운처리에 어려움을 겪는다면 읽기장애를 의심해 볼 필요가 있다.

(2) 글자 · 단어 인지

자소-음소 대응은 자음과 모음에 대한 지식(자음과 모음의 형태, 이름과 소리를 아는 것), 자소-음소 대응 관계를 알아야 하는 것으로서, 이에 익숙해지면 글자 · 단어인지가 가능해진다. 음운처리는 시각언어 또는 음성언어의 처리를 하는 데 반해, 글자 · 단어인지에서는 자음과 모음을 시각적으로 보고 그에 해당하는 소리와 연결시켜서 읽을 수 있어야 한다. 음운변동이 일어나는 경우에는 한글의 표준 발음법에 따라 정확하게 읽을 수 있어야 한다. 이는 Chall(1984)의 발달 단계에서 문자 해독 단계에 해당하며, 일반적으로 초등학교 저학년에 습득된다. 단어인지 능력을 측정하기 위해서 많이 사용되는 검사의 형태로는 자 · 모음 읽기, 초성, 중성, 종성으로 이루어진 음절 읽기, 단어 읽기(유의미 단어, 무의미 단어), 음운변동이 없는 단어, 음운변동이 있는 단어 읽기 등이 있다. 글자, 단어인지에 어려움을 보이는 학생들의 경우, 다음과 같은 오류를 보인다. 즉, 자음과 모음의 이름은 알지만 글자를 읽지 못하는 학생도 있고, 글자를 더듬거리며 읽을 수는 있지만 단어가 제시되었을 때 첫글자만 읽고 다음에 나오는 글자는 자신이 아는 단어로 읽어 버리는 오류를 보이기도 한다. 또한 이러한 특성을 보이는 학생들 대부분이 무의미 단어나 음운변동이 일어나는 단어들을 읽는 검사에서 낮은 점수를 보인다.

(3) 유창성

유창성이란 글을 빠르고, 정확하고, 적절한 표현력을 가지고 읽는 것을 뜻한다. 단어인지 능력이 자동화되어 단어들로 구성된 문장, 그리고 문장들로 구성된 글을 유창하게 읽어 내는 능력이 '유창성' 능력이다. 읽기유창성은 문자 해독과 읽기이해력의 매개 요소로서, 읽기 능력을 신뢰롭고 타당하게 측정할 수 있는 읽기 능력의 중요한 지표이다. 읽기유창성은 Chall의 읽기 능력 발달 단계 중 2단계인 유창성 단계에 해당하는 것으로서 초등학교 2학년에 재학 중인 학생들의 읽기 능력을 측정하는 데 빈번하게 사용된다(이일화, 2003; Deno, 1985). 읽기유창성 능력을 진단하기 위해서 가장 빈번하게 사용되는 검사의 형태로는 한 페이지 분량의 글을 제시하고 제한 시간 내에 정확하게 읽은 음절 수를 세는 것이다. 읽기유창성에 문제가 있는 경우, 글자 하나하나를 천천히 읽거나, 글을 읽는 데 지나치게 많은 오류를 보인다.

(4) 어휘

어휘는 단어가 모여서 이루어진 집합을 의미한다(김광해, 2003). 어휘 지식은 단일 단어의 뜻에 대한 지식, 단어 간의 관계에 대한 지식, 문장에서 단어의 의미를 추론하는 능력, 문맥에 맞게 단어를 사용하는 능력 등을 포함한다(김애화, 김의정, 김자경, 최승숙, 2012). 어휘 지식은 양적 어휘 지식과 질적 어휘 지식으로 나뉜다. 양적 어휘 지식은 어휘의 양(breadth of vocabulary knowledge)을 의미하며, 질적 어휘 지식 혹은 어휘의 깊이(depth of vocabulary knowledge)는 학습자가 어휘의 의미를 얼마나 잘 이해하는지를 의미한다. 어휘 지식을 측정하기 위해 가장 많이 사용되는 검사 형태로는 학생의 학년 수준에 해당하는 단어를 제시하고 의미 찾기, 비슷한 말과 반대말 찾기, 빈칸 채우기 등이 있다.

(5) 읽기이해

읽기이해는 '목적을 지닌 글에서 의미를 얻는 능력'을 의미하며(Vellutino, 2003), 읽기이해를 위해서는 단어인지의 자동화, 읽기유창성, 어휘 지식, 듣기 이해 등의 다양한 지식과 기능이 요구된다(김애화, 김의정, 성소연, 2013). 읽기이해는 Chall의 읽기발달 단계에서 3단계인 '새로운 정보 습득을 위한 읽기 단계'와 그 이후의 단계에 해당한다. 읽기이해는 읽기 기초학습기능검사에서 빠지지 않고 등장하는 영역이며, 그만큼 읽기에서 중요한 영역을 담당하고 있다. 읽기이해력은 크게 사실적 이해와 추론적 이해 능력으로 구성되며, 이러한 능력은 다양한 형태의 문항을 통해 측정한다. 예컨대, WRMT-Ⅲ의 Passage Comprehension 검사는 문장 혹은 짧은 글을 이용하여 문장의 내용에 대한 질문에 답하게 하여 학생의 읽기이해력을 측정한다. WJ-Ⅳ 성취도 검사의 Reading Comprehension 검사는 짧은 글을 주고 문맥을 이용하여 빈칸 채우기를 하거나 짧은 이야기 글을 주고 내용 회상에 대한 질문에 답하게 하여 학생의 읽기이해력을 측정한다.

앞에서 제시한 읽기 하위 영역에서 심하게 지체되었다고 판단되는 학생들의 경우, 읽기 발달 수준을 정확하게 진단하기 위해 표준화된 읽기 검사를 실시해 볼 필요가 있다. 검사를 실시해서 백분위점수, 표준점수, 규준점수를 확인하고 유의미하게 지체된 결과(예: -2 표준편차 이하, 2년 이상 지체)를 보이면 읽기장애를 의심해 볼 수 있으며, 교사가 그에 적절한 교수를 제공함에도 불구하고 읽기 발달 지체가 지속되면 읽기장애로 진단된다.

2) 수학

수학은 연산과 문제해결이라는 핵심적인 기능으로 구성된다. 따라서 수학장애는 연산 수학장애와 문제해결 수학장애로 분류되기도 한다. 수학 문제를 풀기 위해서는 다양한 인지능력을 필요로 한다. 즉, 언어 능력, 기억 능력, 시공간 능력, 주의집중 능력, 처리 속도 등과 밀접한 관련이 있다. 이 외에도 수학 자체로서의 고유한 학습 영역인 동시에 다른 교과를 학습하는 데 필요한 도구적 기능을 가지고 있다. 수학은 크게 수 감각, 연산, 문제해결 능력으로 분류해 볼 수 있다.

(1) 수 감각

수 감각은 수학의 모든 영역을 학습하는 데 기본이 되는 개념이다. 수 감각이란 언어, 공간, 수량의 세 개 요소가 상호작용하여 형성되는 것으로서 구체물의 양을 나타내는 상징(예: ■■, 3, 세 개)이 무엇을 의미하는지에 대한 감각, 어림치(approximate magnitude)에 대한 이해, 그리고 정확한 수 세기를 하는 것 등을 포함한다. 예를 들면, 숫자 5와 8의 크기를 비교하거나 사물의 수를 어림하는 등의 활동을 하며, 숫자를 언어적으로 표현(예: 6는 '육')하기도 한다. 일반적으로 수 감각은 만 6세 전후에 발달하기 시작하여 취학 전에 익히는 것으로 알려져 있으며, 이때 아동의 수 감각의 습득 정도는 초등학교 저학년의 수학 성취(예: 연산)와 상관이 있다고 하였다(Geary & Lin, 1998; Jordan, Suanda, & Brannon, 2008). 따라서 수 감각 문제는 수학장애 유무를 조기에 예측할 수 있는 주요 요인이 된다. 수 감각에 심각한 문제가 있는 경우, 상징체계의 형태에 관계없이 양을 표상하는 데 어려움을 보인다. 또한 수 감각 발달이 지체된 아동들 중, 숫자 이름은 정확하게 말하지만 수 크기를 비교하지 못하는 아동이 있는가 하면, 수 크기는 비교할 수 있으나 숫자 이름을 잘 말하지 못하는 아동도 있다. 수 감각을 측정하기 위해 빈번하게 사용되는 검사도구로는 수 세트 검사(Number Sets Tests)와 수 세기 검사가 있다. 수 세트 검사에서 수 감각의 문항의 예는 '■■ △△△=5'를 들 수 있으며, 수 세기 검사의 문항의 예는 장난감 강아지가 수를 세는 것을 점검하고 수 세기가 '맞다' 또는 '틀렸다'고 이야기하도록 하는 것 등이 있다(Flanagan & Alfonso, 2011).

(2) 연산

연산은 수학의 기본적인 기술로 일반적으로 덧셈, 뺄셈, 곱셈 및 나눗셈을 포함하며, 이를 사칙연산이라고 한다. 연산 능력은 수 감각이 자동화되면서 발달한다. 단순한 연산 문제해결, 즉 한 자릿수 덧셈하기를 예로 들어 보았을 때, 문제를 풀기 위한 초기 전략은 손가락을 이용하여 셈을 하거나, 구어로 숫자를 세어 가며 셈을 하는 것이 있다. 이러한 과정을 통해 절차적 능력이 발달하면, 셈의 개념적 이해에서 향상을 보인다. 연산은 연산에 대한 개념, 문제해결 절차, 장기기억에서 정보를 인출해 내는 능력 등을 복합적으로 활용할 수 있는 능력이 요구되며, 이러한 능력이 갖추어지면 자동화된 연산이 가능해진다. 연산에 어려움이 있으면, 더 높은 수준의 수학 문제해결에 어려움을 겪을 뿐만 아니라 일상생활에도 어려움을 초래한다. 연산 능력은 초등학교 저학년에 발달하기 시작하여, 학년이 올라갈수록 단순한 연산 문제(예: 한 자릿수 덧셈)에서 복잡한 연산 문제(예: 두 자릿수 곱셈)로 나아가게 된다.

대부분의 수학장애학생은 사칙연산에 어려움을 겪는 것으로 나타났다. 수학장애 학생은 문제해결 과정에서 일반 학생과 유사한 혹은 같은 전략을 사용하는 것으로 나타났다. 그러나 일반 학생과는 달리 장기기억에서 연산 개념을 인출하는 데 어려움을 겪거나, 연산 문제를 풀 때 절차적 오류를 나타내거나, 정보 처리 속도가 현저하게 늦어 문제 풀이에 어려움을 겪는 것으로 나타났다. 또한 이러한 학생들은 대체로 비슷한 패턴의 오류를 보이는 것으로 나타났다(Flanagan & Alfonso, 2011). 예를 들어, 덧셈에서는 받아 올림이 있는 계산에서 오류를 많이 보인다. 특히 일의 자리보다 십의 자리와 백의 자리에서 받아 올림을 해야 하는 문제에서 오류를 더 많이 보인다. 뺄셈에서는 받아 내림이 있는 세 자릿수의 뺄셈에서 10의 자리에서는 받아 내림을 하는데 100의 자리에서는 받아 내림을 하지 않는 오류(예: 503−228=375)가 자주 나타난다. 곱셈의 경우, 한 자릿수의 곱셈에서도 오류를 보이는 학생도 있고, 곱셈 과정에서 받아 올림을 제대로 하지 못하거나 받아 올림이 있는 곱셈을 진행하였지만 이후 수를 더하지 않는 오류,[1] 자릿수를 맞춰 곱셈을 실시하지 못하는 오류[2] 등을 보인다. 나눗셈에서도 나머지를 빼놓고 답을 쓰는 오류, 몫을 잘못 설정하는 오류[3] 등을 보인다. 또한 나눗셈 자체의 오류가 아니라 곱셈의 오류, 곱셈 과정에서의 받아 올림 및 받아 올린 수의 계산에서의 오류 및 뺄셈에서의 오류로 인해 나눗셈 계산이 틀리는 것으로 나타났다.[4] 연산 능력을 측정하기 위해 사용되는 문항으로는 사칙연산 문항들로 구성하되, 난이도를 달리하기 위해 자리수를 다양하게 하고, 분수, 소수 등을 포함한 연산 문항들로 포함한다.

(3) 수학 문제해결

수학 문제해결은 일반적으로 수학적 상황을 언어로 표현한 수학 문장제 문제를 해결하는 것을 의미하며, 이는 일상생활에서 일어날 수 있는 여러 가지 수학적 문제를 논리적으로 사고하고 해결하는 능력과 연결된다. 학습자가 수학 문장제 문

---

1)
$$\begin{array}{r} 4 \\ 27 \\ \times\ 7 \\ \hline 149 \end{array}$$

2)
$$\begin{array}{r} 372 \\ \times 41 \\ \hline \end{array}$$

3)
$$\begin{array}{r} 2 \\ 3\,\overline{)\,14} \\ 6 \\ \hline 8 \end{array}$$

4) 연산에서의 오류는 '김애화 외(2012)'의 7장 내용을 요약하여 정리하였음.

제를 해결하기 위해서는 이미 습득한 지식을 토대로 문제를 이해하고 분석하는 능력, 주어진 조건과 해결하려는 것 사이의 관계를 파악하고 사전 지식을 적용하여 해결 계획을 수립하는 능력, 연산 능력, 이 모든 과정에 대한 점검 능력을 필요로 한다 (Bottge, Heinrichs, Chan, & Serlin, 2001). 즉, 수학 문장제 문제를 해결하기 위해서는 학생이 문제를 읽고 이해할 수 있어야 하며, 문제를 해결하기 위해 적절한 수식을 세울 뿐만 아니라, 그것을 정확하게 계산하는 일련의 과정을 거쳐야 정답을 도출해 낼 수 있다(고혜정, 2014).

　일반적으로 수학장애 혹은 수학부진 학생들은 수학을 구성하는 다양한 영역(예: 수감각, 수에 대한 기본 개념 이해와 연산, 문장제 문제해결 등)에서 어려움을 보이지만 그중에서도 수학 문장제 문제해결력에서 가장 많은 어려움을 보인다. 수학 문장제 문제는 수식이나 기호에 대한 지식뿐만 아니라 문제 상황을 이해하고 적절한 수식을 마련하여 해결하는 복잡한 과정의 사고 능력을 필요로 하기 때문이다. 문장제 문제해결에 어려움을 겪는 학생들은 반복적인 계산만을 되풀이하는 수학 학습에 익숙하여 기계적으로 지식을 재생하는 경향이 있다. 또한 수학 문장제 문제에서 제시되는 정보를 정확하게 파악하는 데 어려움이 있으며, 정보를 파악하였다 하더라도 문장제 문제를 수식으로 변형시키는 과정에서 이를 표상하는 능력이 부족하다. 뿐만 아니라, 문제해결을 위해 필요한 전략을 사용하는 능력에도 한계가 있다(고혜정, 2014). 수학 문장제 문제해결에 어려움이 있는 경우, 주로 ① 반성적 오류, ② 이해의 오류, ③ 처리기술의 오류, ④ 전략선택의 오류, ⑤ 부주의와 동기, ⑥ 읽기오류 순으로 오류를 보이는 것으로 나타났다. 수학 문장제 문제해결 능력을 평가하기 위해서 사용되는 문항의 형식은 〈표 8-3〉과 같다.

표 8-3 수학 문장제 문제해결력 검사 문항 사례

의미구조	특성	문항
제거	원래의 상태로부터 최종 상태를 산출하기 위해 원래의 상태에서 감소	학교 도서관에 책이 724권 있었습니다. 오늘 학생들이 287권의 책을 빌려 갔습니다. 학교 도서관에 남아 있는 책은 몇 권입니까?
합병	두 집합의 통합된 관계를 포함	윤희네 학교 3학년 학생 398명, 4학년 학생 423명이 함께 연극 공연을 보기로 하였습니다. 공연 입장권은 모두 몇 장이 필요합니까?

출처: 고혜정(2014).

3) 쓰기[5]

쓰기는 표현언어이며, 음성을 문자로 바꾸어 자신의 생각을 표현하는 언어 능력이다. 쓰기는 문해능력(literacy)의 한 영역으로, 듣기, 말하기, 읽기 등의 능력을 종합적으로 활용해야 하며, 한글의 표현 형식 및 방법을 알고 활용할 수 있어야 한다. 또한 쓰기는 주의, 사고, 지각, 기억, 운동 등의 다양한 인지 능력이 통합되며 조정되는 과정을 거쳐 이루어진다(김동일, 이대식, 신종호, 2009; Mercer & Mercer, 2005). 학생의 쓰기 능력을 효과적으로 평가하기 위해서는 글쓰기에 밑바탕이 되는 글씨쓰기와 철자하기(맞춤법)의 기술을 함께 보유하고 있는지를 평가하여야 하며, 글쓰기의 과정과 결과를 함께 고려해야 한다(Mercer & Mercer, 2005). 쓰기 능력은 크게 글씨 쓰기(hand writing), 철자하기, 글쓰기의 세 가지로 분류해 볼 수 있다(Mercer & Mercer, 2005).

(1) 글씨 쓰기

글씨 쓰기는 손으로 글자를 쓸 수 있는 능력으로, 주로 운동감각이나 운동능력을 이용하여 학습자가 사용하는 언어체계의 활자를 표현한다. 글씨 쓰기 능력은 글씨 쓰기 준비 기술, 글자의 형태를 이해하는 능력과 글씨 쓰기 유창성으로 나뉜다. 글씨 쓰기 준비기술은 점선 따라 긋기, 점 연결하기, 선 긋기, 원, 사각형 등의 도형 그리기, 단순한 디자인의 모양 그리기 등을 포함한다. 글자 형태 이해 능력은 낱자 및 글자의 형태 인식과 같은 표기처리 능력 등을 의미하며, 한글(자음과 모음)의 모양과 형태, 그리고 명칭에 대한 이해도 포함한다. 마지막으로, 글씨 쓰기 유창성은 가독성과 글씨 쓰기 속도와 밀접하게 연결된다. 가독성은 한국어의 활자 형태를 정확히 산출하여 자신과 남들이 알아볼 수 있도록 글자를 쓰는 것으로, 단정한 필체라고 표현하기도 한다. 그러나 너무 천천히 글자를 쓰면 이후 철자나 글쓰기 기능을 적절히 수행하기 어려울 수 있으므로 적절한 속도로 글씨를 쓰는 것도 매우 중요하다. 글씨 쓰기는 초등학교 저학년 시기에 집중적으로 교육하고 발달하는 것으로 알려져 있다. 글씨 쓰기에 문제가 있는 학생의 경우, 소근육이나 운동 통제의 어려움이나 지각, 시기억 등의 문제로 인해 일반적인 형태에서 벗어난 글자를 쓰거나 글씨 쓰기 유

---

5) 이 절의 내용은 이태수 외(2018), pp. 17-27을 발췌 후 수정함.

창성 등에서 어려움을 보인다. 운동기능의 이상으로 글씨 쓰기를 잘 못하는 경우, 필기구를 잡는 것 자체가 쉽지 않을 수도 있고 손의 힘 조절이 잘되지 않아 글자의 모양이나 크기가 일정하지 않거나 글씨를 너무 세게 눌러 쓰거나 약하게 쓰기도 한다. 지각 등의 정보처리에 문제가 있는 경우, 글자의 모양이 엉성하거나 크기가 불규칙적이며, 글자와 글자 사이에 들어가는 공간, 정렬 등이 적절하지 않으며 글씨를 쓰는 속도도 매우 느려진다. 글씨 쓰기에 문제가 있는 학습자는 베껴 쓰기와 같은 기본 기술에서부터 어려움을 보여 마치 글자를 그리는 것처럼 비춰지기도 한다(Moats, 1983). 특히 글씨 쓰기 장애를 가진 학생들의 경우, 글씨를 쓰는 과제 자체에 대한 거부감이 강한 편이다. 또한 글씨 쓰기의 어려움은 철자나 글쓰기 과제를 수행하는 데 부정적인 영향을 미치기도 한다(Graham, Berninger, Abbott, Abbott, & Whitaker, 1997).

　글씨 쓰기 능력의 진단은 검사도구를 통해서 이루어지기도 하지만(예: 브리강스 기초 기술 평가-개정판, 1999; 재너-블로저 손글씨 쓰기 평가척도) 학습자가 쓴 글씨 쓰기 표본을 분석함으로써 평가하는 것이 일반적이다. 이때 다양한 상황에서의 학생의 글씨 쓰기 표본을 수집해야 하는데, 시간을 두고 정성껏 쓴 글씨, 빠르게 쓴 글씨, 그리고 일상적인 글씨 쓰기의 세 가지 형태를 모두 살펴보는 것이 좋다(Mercer & Mercer, 2005). 글씨 쓰기를 평가할 때, 글자의 형태, 글자의 크기, 비율 및 정렬, 경사도, 선의 질, 그리고 글씨 쓰기 속도 등을 살펴보게 되는데, 이를 통틀어 글씨의 질이라고 정의한다.

(2) 철자하기

　철자하기는 낱말을 맞춤법에 맞게 쓰는 것을 말한다. 한글의 경우 표음문자이면서 표기상 표의문자의 속성을 가지고 있다. 또한 한글은 음절어의 속성이 있어서 앞 음절과 뒤 음절의 충돌로 인한 음운변동 현상이 많이 발생하기 때문에 쓰기를 할 때에는 이러한 속성을 고려하여야 한다. 그러므로 철자하기 능력을 평가할 때에는 음운처리 능력과 표기처리 능력 및 형태처리 능력을 평가할 수 있도록 고려해야 한다. 음운처리는 낱자와 음소 간의 관계에 대한 지식을 바탕으로 낱말을 소리 나는 대로 쓸 수 있음을 뜻한다. 표기 처리는 올바른 글자의 표기를 아는 것으로, 소리 나는 대로 처리되지 않는 음운변동 단어를 쓸 때 낱자와 글자의 형태를 연결시켜서 쓰는 능력이다. 형태 처리는 형태소에 대한 지식을 기초로 어간과 어미의 경계를 구분하고, 시제 선어말 어미, 동음이의어에 대한 이해를 바탕으로 한다(Abbott & Berninger,

1993; Berninger, Cartwright, Yates, Swanson, & Aboott, 1994: 김애화 외, 2012 재인용).
철자하기는 보통 받아쓰기 방식, 즉 듣고 쓰기를 통해 학생이 낱말의 맞춤법을 알고
있는지를 살펴본다.

철자하기의 발달은 총 5단계로 이루어진다. 즉, 의사소통 이전 단계의 철자, 반표
음식 철자, 표음식 철자, 전이적 철자, 정확한 철자쓰기이다(Moats, 1995). 각 단계에
서 보이는 특징은 〈표 8-4〉에 제시하였다.

표 8-4 철자하기의 발달 단계

발달 단계	특징
1단계 '의사소통 이전 단계의 철자'	끄적거리기를 하거나 글자와 비슷한 형태의 무언가를 그리거나 쓰는 모습을 보임
2단계 '반표음식 철자'	조금 불완전하지만 철자를 음성적으로 적절하게 쓸 수 있음
3단계 '표음식 철자'	소리에 기초하여 글자를 쓰기 시작
4단계 '전이적 철자'	한글의 맞춤법 방식에 따라 낱말을 쓸 수 있게 되긴 하지만 음운변동이 있는 경우에는 오류를 보임
5단계 '정확한 철자'	한글 맞춤법에 따라 낱말 또는 문장을 쓸 수 있으며 음운변동이 있거나 한글 맞춤법에서 틀리기 쉬운 낱말에 대한 이해도 부분적으로 할 수 있음

출처: Moats (1995).

철자법 체계에 대한 이해가 부족한 경우, 철자하기에서 많은 오류를 보인다. 즉,
한글의 음소와 형태소의 관계를 바탕으로 하는 맞춤법 체계의 이해가 부족하여 오
류가 발생하며, 특히 불필요한 글자를 삽입, 생략, 대치하거나 반전, 소리나는 대로
쓰기 등의 오류가 빈번하게 발생한다. 철자하기의 가장 일반적인 평가방법은 받아
쓰기의 형태이다. 받아쓰기를 할 때, 음성학적으로 규칙 낱말과 불규칙 낱말을 구분
하여 평가하기도 하고, 자주 사용되는 낱말과 학생이 자주 실수하는 낱말로 구분하
여 단어 목록을 만들어 평가하기도 한다. 철자의 평가는 단어 목록을 만들어 목록에
있는 단어를 무작위로(또는 순서대로) 읽어 주고 받아쓰기를 하게 하거나 선택형으
로 여러 개의 답 중에서 답을 고르게 하거나 답을 채워 넣는 완성형의 형태로 진행
하기도 한다. 또한 구나 문장에서 잘못된 부분을 골라 고치게 하는 등의 형태로 진

행되기도 한다. 청각-운동 중심(일반적인 받아쓰기)의 형태 외에도 다른 감각을 조합하여 학생의 철자하기 능력을 평가할 수도 있는데(Westerman, 1971), 청각-음성적 방식, 시각-음성적 방식, 시각-운동적 방식, 그리고 다감각적인 결합방식을 사용하는 방법이 있다.

(3) 글쓰기

글쓰기는 학생이 자신의 생각 또는 지식 등을 표현하기 위한 수단으로서 일반적으로 작문(composition) 또는 쓰기 표현(written expression)이라 불린다. 글쓰기는 쓰기 중 가장 고차원적인 기술에 해당하며, 학생의 생각을 조직화시키는 능력과 이를 문법적으로 정확하게 표현하는 능력을 필요로 한다(Berninger et al., 2002). 글쓰기는 글쓰기 관련 지식과 글쓰기 기술, 그리고 글의 내용과 표현을 살펴보는 기술로 구분된다. 먼저, 글쓰기 관련 지식은 글씨 쓰기와 맞춤법, 그리고 문법적인 기술 중 문장부호와 같은 기계적인 기술(mechanics)을 포함한다. 다음으로, 글쓰기 기술은 문장 쓰기와 구문의 구성, 그리고 정해진 시간 동안 얼마나 많은 문장을 빠르게 쓸 수 있는가를 살펴보는 쓰기 유창성(writing fluency) 등의 기술을 포함한다. 마지막으로, 글의 내용과 표현은 이야기 쓰기(story writing)가 해당되며, 글의 조직화를 위한 과정 등을 포함한다. 글쓰기는 모든 학년 수준에서 다루어지나, 상대적으로 초등학교 중학년(3~4학년) 이상에서 강조하여 교육한다. 글쓰기에 문제가 있는 학생들은 또래들에 비해 글쓰기에 사용하는 낱말과 문장의 수가 상대적으로 적고, 문장의 구조와 이야기 구성도 단순하며, 철자 등에서의 오류도 자주 발견된다(김희규, 강정숙, 2005; Houck & Billingsley, 1989).

따라서 글쓰기 능력을 평가할 때에는 문장 수준의 글쓰기부터 살펴볼 필요가 있다. 문장 수준에서의 글쓰기는 한글 문법 중 문장 작성과 관련된 지식을 살펴보고, 3~5개의 문장을 하나의 주제로 또는 논리적인 흐름에 따라 구성할 수 있는지를 살펴볼 필요가 있다. 예를 들어, 문장의 주어-서술어 호응과 같은 한국어 문장 구성 방식과 문장부호를 포함하여 문장의 기술적 측면에 대해 이해하고 있는지를 파악함으로써 학생이 한글 체계 내에서 문장을 올바르게 작성할 수 있는지를 파악할 수 있다. 나아가 텍스트 수준의 글쓰기를 하기 전에 학생이 특정 주제에 대해 아이디어를 만들어 내고 논리적으로 내용을 제시할 수 있는지도 확인할 수 있다.

박현숙 외(2007)는 글쓰기 평가의 구성요소를 [그림 8-1]과 같이 제시하였다.

[그림 8-1] 글쓰기 평가의 구성요소

[그림 8-1]에 따르면, 글쓰기 능력을 평가하기 위해서 텍스트 수준의 글 표본을 수집한 다음, 글의 내용이나 유창성, 어휘, 내용, 구문, 구조 등을 분석한다(Mercer & Mercer, 2005). 글쓰기 유창성은 언어적으로 산출된 양으로 정의하는데, 문장의 길이와 복잡성이 포함된다. 어휘는 글쓰기에서 사용되는 낱말의 다양성을 말하는데, 학생이 얼마나 낱말 선택에 있어 창의적으로 다양한 어휘를 사용하고 있는가에 관심을 갖는다. 내용은 글쓰기에서 아이디어의 생성, 논리성, 조직, 정보의 정확성, 장르에 대한 이해, 그리고 독자에 대한 인식 등이 포함된다. 구문은 낱말이 결합하여 문장이 되는 방식을 이해하고 있는지의 여부에 초점을 맞추는데 낱말의 생략이나 부정확한 낱말의 사용, 낱말의 순서 왜곡 등을 살펴본다. 마지막으로, 구조는 텍스트의 기술적인 측면을 의미하고 주로 구두점 등에 대한 이해가 있는지를 본다. 이러한 구성요소에 따른 평가를 통해 학생의 글쓰기 수준을 파악하고 특히 어떤 부분에서 오류를 보이는지에 대해서 확인할 수 있다.

글쓰기 역시 표준화된 평가도구가 있기는 하지만(예: 피바디 개인 성취검사 개정판, 1998; 스탠퍼드 쓰기 평가 프로그램-3판, 1996; 테라로바 2판, 2000) 대부분이 외국에서 출판되었으며, 우리나라에서는 글쓰기 자체를 평가하는 검사가 드문 편이다. 글쓰기의 평가는 양적인 측면과 질적인 측면으로 나누어 볼 수 있다. 양적인 평가는 주어진 시간 동안에 쓰인 구문의 양, 즉 단어나 절의 수로 평가하는 것이고, 질적인 평가는 글의 내용을 중심으로 구조와 표현 등을 함께 살펴보는 방식으로 이루어진다.

이보다 중요한 것은 양적인 측면과 질적인 측면이 함께 평가되어야 한다는 것이다(Abbott & Berninger, 1993). 글쓰기 평가의 방법은 다양한데, 글쓰기 자체를 직접 평가하는 직접평가와 글쓰기와 관련된 요소를 간접적으로 평가하여 글쓰기 역량을 살펴보는 간접평가의 방법이 있다(박영목, 1999; 서수연, 2003; 이애진, 양민화, 2011). 직접평가는 설명문이나 서사글과 같이 특정한 방식으로 글쓰기를 하고 이를 평가하는 데 반하여, 간접평가는 학생이 쓴 글을 직접 보는 것이 아니라 선택문항 중 학생이 바르게 고른 답을 근거로 간접적으로 학생의 문법지식이나 글쓰기 능력을 가늠해 볼 수 있도록 하는 것이다(김동일 외, 2009).

국내에서 자주 사용되고 있는 기초학습능력 진단검사로는 국립특수교육원 기초학습능력검사, 기초학습기능 수행평가체제 등이 있다. 각 검사도구의 사용 방법 및 결과 해석 등에 대한 구체적인 정보는 제10장에 제시하였다.

2. 진로 및 적성 평가

진로란 개인의 생애직업발달과 그 과정에 대한 포괄적인 용어로서, 개인의 일과 관련해서 경험하고 거쳐 가는 모든 체험을 의미한다. 따라서 진로에 대한 관심과 진로선택은 인간의 성장 및 발달과 밀접한 관련을 맺고 있다. 진로는 이론적 측면에서 살펴보았을 때, 크게 진로발달의 '내용'에 중점을 둔 이론과 진로발달의 '과정'에 중점을 둔 이론으로 나누어 볼 수 있다. 내용에 중점을 둔 이론은 선택의 관점에서 바라본 것으로서 진로선택 이론이라고도 불린다. 진로선택이론으로는 Parsons의 특성-요인 이론, Roe의 욕구이론, Holland의 성격 유형이론, Krumboltz의 사회학습이론 등이 있다. 과정에 중점을 둔 이론은 진로발달을 개인의 전체 발달의 한 측면으로 본 것으로서 인간발달의 개념을 진로에 도입한 것이다. 진로발달 이론으로는 Super의 생애발달이론, Tiedeman과 O'Hara의 발달이론, Tuckman의 발달이론, Gottfredson의 직업포부발달이론 등이 있다. 이에 대한 특징 및 주요 개념은 〈표 8-5〉에 제시하였다.

표 8-5 진로선택이론과 진로발달이론

구분		이론가	진로	주요 개념
진로선택이론	특성-요인이론	Parsons	개인이 소지한 특성과 직업이 요구하는 제 요인을 분석하여 개인의 특성에 적합한 직업을 선택하게 하는 것	• 특성(trait) • 요인(factor)
	욕구이론	Roe	직업의 선택은 부모의 자녀양육태도에 의해 형성된 개인의 욕구체계에 의해 결정	• 부모양육태도 • 자녀 직업지향성
	성격 유형이론	Holland	개인은 자신이 선호하는 성격 유형을 충족시키기 위한 진로를 선택함	• 직업성격 유형 (RIASEC)
	사회학습이론	Krumboltz	진로결정은 유전적 재능, 환경적 조건과 사건, 학습경험, 과제접근기술의 상호작용, 개인은 과거 학습한 경험을 통해서 미래의 교육적-직업적 의사결정에 영향을 받음	• 진로의사결정 • 과제접근기술
진로발달이론	생애발달이론	Super	자아개념은 학업성취와 진로선택은 물론 인생 전반에 영향, 직업발달 과정은 자아개념을 발달시키고 실천하는 과정	• 자아개념 • 생애역할 • 진로성숙
	발달이론	Tiedeman, O'Hara	진로발달은 직업자아정체감을 형성해 나가는 계속적 과정	• 직업자아정체감 • 진로의사결정
	발달이론	Tuckman	자아인식이 유치원에서 고등학교단계까지 발달함에 따라 진로 인식 및 진로 의사결정의 진로발달이 이루어짐	• 자아인식 • 진로인식 • 진로의사결정
	직업포부 발달이론	Gottfredson	자신이 자아이미지에 알맞은 직업을 원하기 때문에 자아개념은 진로선택의 중요한 요인. 자아개념발달의 중요 결정요인은 사회계층, 지능 수준 및 다양한 경험	• 진로포부 • 생애단계

출처: 김동일 외(2017), p. 267.

앞에서 제시된 이론 중 가장 대표적인 것은 Holland의 성격유형이론과 Super의 생애발달이론이다. 먼저, Holland의 이론은 개인의 성격 유형에 따라 그에 적합한 직무 환경이 있다는 가정에 기초한다. 특정 직업에 종사하는 구성원들은 서로 유사한 성격 및 성장 배경을 가지고 있으며, 다양한 상황에서도 비슷한 방식으로 반응할 것으로 가정한다. Holland는 그 유형을 여섯 가지, 즉 '현실형(Realistic),

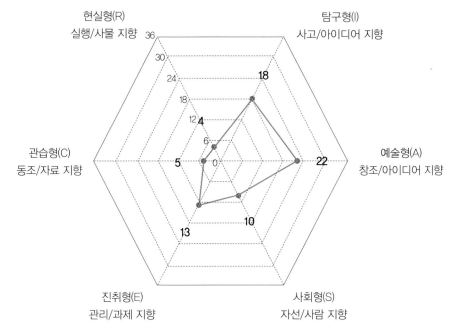

[그림 8-2] Holland의 육각형 모형

탐구형(Investigative), 예술형(Artistic), 사회형(Social), 진취형(Enterprising), 관습형 (Conventional)'으로 분류하였다. 이는 Holland의 육각형 모형이라고도 불리며 [그림 8-2]에 예시를 제시하였다. 각각의 유형에 따른 대표적인 직업, 직업인의 성격 적성, 가치 등은 〈표 8-6〉에 제시하였다.

표 8-6 Holland의 육각형 모델에 의한 직업적 성격 유형

유형	대표적 직업	직업인의 성격 적성	가치	생의 목표
R (현실형)	기술자, 자동차 정비사, 전기기사, IT 전문기사 농업, 어업, 축산업자, 운동선수, 기술, 생산직 종사자	• 물건이나 기계를 잘 다루며, 솔직하고 소박한 성격 • 말을 잘 하지 않고 운동하고 행동하는 스타일 • 감정 표현 적고, 공감능력 및 예술적 감상 능력 적음 • 구체적·실제적이며, 추상적·관념적인 것을 싫어함 • 사회성, 대인관계 능력이 부족하다고 생각함	기술, 기능, 전문성, 유능성, 생산성	기계나 장치의 발견 및 기술자, 전문인, 뛰어난 운동선수

I (탐구형)	과학자, 교수, 생물학자, 의사, 한의사, 약사, 공학자, 엔지니어, 역사학자, 사회학자, 심리학자, 연구원	• 지능이 높고, 과학, 수학 등 우수한 학업성적 • 학구적, 지적 호기심이 많고, 독서 좋아함 • 논리적, 분석적, 비판적, 합리적, 과학적, 신중하고 정확함 • 집중력이 높고, 연구 탐구활동에 열중하기 좋아함 • 인간관계가 적고 개인주의적, 내향적 성격	탐구, 지식, 학문, 지혜, 합리성	사물이나 현상의 발견 및 과학에 대한 이론적 기여
A (예술형)	예술가, 음악가, 화가, 배우, 가수, 연극인, 작가, 소설가, 시인, 도예가, 산업디자이너, 그래픽디자이너	• 심미적, 아름다움, 독창적 예술 추구 • 튀고 별난 행동을 하고 얽매이기 싫어함 • 감수성이 강하고 감정이 풍부하며, 감정 우선, 기분파 • 창의성, 상상력이 풍부, 반복하는 것을 싫어함 • 체계성, 계획성 부족	예술, 창의성, 재능, 변화, 자유, 개성	예술계의 유명인, 독창적인 작품 활동
S (사회형)	사회복지사, 상담심리사, 교사, 유아원 교사, 간호사, 물리치료사, 종교인, 언어재활사, 임상심리사	• 사람을 좋아하고, 친한 사람과 늘 함께 지내려 함 • 인정이 많고 친절하며, 헌신적 사랑이 많은 사람 • 남의 심정을 잘 이해하고, 너그럽고 인간관계 중심 • 공감하고, 또 공감하기 위해 말을 많이 함 • 남을 도와주길 좋아하며, 남의 부탁을 거절 못함	사랑, 평등, 헌신, 공익, 용서, 봉사	타인을 돕고 희생함, 존경받는 스승, 치료전문가
E (진취형)	정치가, 법조인, 기업경영인, 영업사업, 판매원, 상품구매인, 보험회사원, 관리자, 연출가	• 리더십, 지도관리, 통솔하는 일을 하며, 권위적 • 이해관계에 민감, 지위, 권력, 명예, 재산과 부 추구 • 목표를 정해서 몰두, 추진력, 성취지향적 • 말을 가장 잘하는 설득력 있고 사교성 있는 사람 • 모험적, 경쟁적, 열성적, 외향적 성격	권력, 야망, 명예, 모험, 자유, 보상	사회의 영향력 있는 지도자, 금융과 상업 분야의 전문가
C (관습형)	공인회계사, 은행원, 세무사, 경리사원, 감사원, 사서, 법무사, 사무행정직원	• 단순하고 반복적인 일을 잘하고, 창의성은 낮음 • 꼼꼼, 정확, 빈틈없고 조심하며 신중한 성격 • 계획대로 실행을 고집, 철저한 준비, 책임감 강함 • 규정이나 법, 규칙을 잘 지키고, 시키는 것을 잘함 • 사무적, 능률적, 질서정연, 정리정돈 잘함	능률, 체계, 안전, 안정	금융과 회계전문가, 사무 행정 전문가

Holland의 이론에 따라 Holland 진로 및 적성탐색검사가 개발되었다. 이론에서 제시된 바와 같이 개인의 성격 유형에 따라 직업이나 진로 유형을 찾아내는 방식으로 진로 및 적성을 탐색할 수 있도록 개발되었다. 이 검사는 진로정체성에 대한 하위 척도, 즉 '(희망직업과) 일치성, 일관성, 긍정응답률, 변별성'과 6개의 진로ㆍ직업적 성격 유형, 즉 '현실형(Realistic), 탐구형(Investigative), 예술형(Artistic), 사회형(Social), 진취형(Enterprising), 관습형(Conventional)'으로 구성되어 있다. 검사를 실시하면, 6개의 직업적 성격 유형이 육각형 모형으로 나타나고 이 중 점수가 우세한 조합에 따라 진로코드(예: RI, RA, SA 등)가 형성되며, 일치성, 일관성, 변별성 등의 진로정체성에 대한 정보를 수집한다. 따라서 검사를 통해 개인의 성격 유형을 파악하고, 이에 부합하는 진로 및 직업을 선택하여, 장래 자신의 적성에 맞는 라이프스타일을 개발할 수 있으며, 진로 지도 및 상담에서 유용하게 활용될 수 있다.

Super의 생애발달이론(Life-span, Life-space theory)은 진로발달을 개인의 생애 발달 과정으로 보고 진로발달에 자아 개념과 진로성숙 개념을 도입한 이론이다. 먼저, 진로발달을 진로에 대한 자아 개념의 발달로 보았을 때, 자아 개념은 개인적 요인(관심 분야, 가치, 적성, 흥미 등)과 환경적 요인(가족, 이웃, 취업, 경제 상황 등) 간의 상호작용을 통해 형성된다고 본다. 또한 자아 개념은 생애에 걸쳐 끊임없이 변화하며 개인은 자아 개념에 따라 의사 결정을 한다고 본다. 따라서 개인은 성장하면서 직업에 대한 생각이 끊임없이 변화하고, 개인의 의사 결정을 통해 선택한 직업은 자신의 자아 개념을 실현하는 셈이 되는 것이다.

Super는 진로발달을 생애 발달에 따라 일련의 단계로 설명하였다. 각 단계는 필요한 발달 과업이 있고, 각 단계에서의 과업을 성공적으로 수행할 때 자신의 역량을 효과적으로 발휘할 수 있으며, 다음 단계를 적절히 준비할 수 있게 된다고 하였다. 진로발달의 5단계는 일과 관련하여 자기에 대한 이해가 성장하는 '성장기', 진로에 대한 탐색이 구체화되는 '탐색기', 직업 역할 속에서 자아 개념을 실행해 나가는 시도와 안정화를 시키는 '확립기', 지속적 직업 적응 과정이 특징인 '유지기', 일의 효율이 감소하고 은퇴를 준비하는 '쇠퇴기'로 구분된다. 발달 단계별 세부 단계 및 내용은 〈표 8-7〉에 제시하였다.

표 8-7   Super의 진로 발달 5단계

단계(연령)	세부단계	내용
성장기 (0~14세)	환상기(4~10세)	아동의 본능적 욕구가 지배적, 역할 수행 중시
	흥미기(11~12세)	진로의 목표와 내용 결정에 있어 아동의 흥미 중시
	능력기(12~14세)	진로선택에 있어서 능력 중시, 직업에서 훈련 조건 중시
탐색기 (15~25세)	잠정기(15~17세)	자신의 욕구, 흥미, 능력 가치와 취업 기회를 고려하기 시작, 토론이나 일의 경험 등을 통해 잠정적으로 진로선택
	전환기(18~21세)	장래 직업세계에 들어갈 때 필요한 교육이나 훈련을 받으며 자신의 자아 개념을 확립하기 시작. 현실적 요인 중시
	시행기(22~25세)	자기에게 적합하다고 판단되는 직업을 선택하여 종사하기 시작
확립기 (26~45세)	변화기(26~30세)	자신이 선택한 일의 세계가 적합하지 않을 경우 적합한 일을 발견할 때까지 한두 차례 변화 시도
	안정기(31~45세)	진로 유형이 안정되는 시기, 개인은 그의 직업세계에서 안정과 만족감, 소속감, 지위 등을 얻게 됨
유지기 (46~66세)		지위와 상황을 향상시키기 위해서 지속적인 적응 과정, 비교적 만족스러운 삶을 살아감
쇠퇴기 (67세 이후)		정신적·육체적으로 그 기능이 쇠퇴함에 따라 직업일선에서 은퇴하게 되므로 다른 새로운 역할과 활동을 찾게 됨

출처: 김동일 외(2017), p. 272.

학생들의 진로 및 직업 지도 및 상담을 위해서는 학생들에 대한 정확한 이해가 선행되어야 하므로, 다양한 진로 및 적성 관련 검사들이 활용되고 있다. 검사를 통해, 진로 및 직업 결정에 영향을 미치는 요인인 학생들의 가치관, 흥미, 성격, 적성을 파악한다. 국내에서 주로 사용되고 있는 진로검사 도구들은 〈표 8-8〉에 제시하였다.

표 8-8 국내 주요 진로검사(* 온라인검사 가능, 워크넷: www.work.go.kr)

	검사명	대상	저자	발행처	발행연도 (개정연도)
가치관 검사	개인가치관검사	고, 대, 일반	황응연, 이경혜	K. T. C	1987
	대인가치관검사	고, 대, 일반	황응연, 이경혜	K. T. C	1987
	가치관검사	대, 일반	김인자, 황응연	서강대학교 사회문제연구소	1974
	직업가치관검사*	중, 고	한국고용정보원	한국고용정보원	2001
흥미 검사	Strong 직업흥미검사	대, 일반	김정택 외 2인	한국심리검사연구소	2001
	직업흥미검사	중 2~고	노동부	노동부	1994
	흥미검사	중, 고	행동과학연구소	행동과학연구소	1992
	KIB 흥미검사	중, 고	행동과학연구소	한국가이던스	1992 (1995)
	표준흥미검사	중	서울대학교 사범대학	교학사	1982
	직업흥미검사*	중, 고	한국고용정보원	한국고용정보원	2000
	직업선호도검사*	만 18세 이상	한국고용정보원	한국고용정보원	1998 (2008)
	대학전공(학과) 흥미검사	고	한국고용정보원	한국고용정보원	2011
	진로흥미검사	중, 고	임인재	중앙교육진흥연구소	1994 (1998)
	STRONG® 직업흥미검사 II	고, 대, 일반	김정택, 김명준, 심혜숙	어세스타	2001
성격 검사	STRONG™ 진로발달검사	초등	김명준, 김은주	어세스타	2011
	STRONG™ 진로탐색검사 II	중, 고	김정택, 김명준, 심혜숙	어세스타	2012
	Strong 진로탐색검사	중, 고	김정택, 심혜숙, 김명준	어세스타	2012
	U&I 진로탐색검사	중, 고, 대	김만권, 이기학, 한종철	한국심리검사연구소	1999
	중앙진로탐색검사	중, 고	이종승	연우심리연구소	2005
	KPTI 일반인성검사	중, 고	김인수	한국심리검사연구소	1993
	KPI 성격검사	대	행동과학연구소	행동과학연구소	1993
	MMTIC	8~13세	김정택, 심혜숙	한국심리검사연구소	1993
	KPI 성격검사	중, 고	행동과학연구소	행동과학연구소	1992
	KIPA 인성검사	중, 고	염태호, 김정규	한국심리적성연구소	1990

	MBTI	고~성인	김정택 외 2인	한국심리적성연구소	1990
	JTCI-유아용	유아	민병배, 오현숙, 이주영	마음사랑	2007
	JTCI-아동용	아동	민병배, 오현숙, 이주영	마음사랑	2007
	JTCI	청소년	민병배, 오현숙, 이주영	마음사랑	2004
	TCI	성인	민병배, 오현숙, 이주영	마음사랑	2007
	청소년직업인성검사*	중	한국고용정보원	한국고용정보원	2006
적성 검사	청소년적성검사	중, 고	한국고용정보원	한국고용정보원	2006
	Holland 진로적성검사	중, 고	안현의, 안창규	인싸이트	2017
	Holland 전공적성검사	고	안현의, 안창규	인싸이트	2017
	Holland 계열적성검사	고	안현의, 안창규	인싸이트	2017
	종합적성 및 진로검사	유아~중	문용린	대교교육과학연구소	1996
	종합진로적성검사	고	박도순, 성태제, 하대현	대한사립중고등학교 장학회	2000
	진로 및 적성탐색검사	13세 이상	안창규	한국가이던스	1995
	일반직업적성검사	중, 고	노동부	노동부	1994
	KAT-M 적성검사	중	행동과학연구소	한국가이던스	1994
	진로흥미·적성검사	초등~고	김충기, 정채기	한국적성연구소	1993
	직업적성진단검사	중~일반	김재은	한국심리적성연구소	1990
	직업적성진단검사	고	김재은	한국심리적성연구소	2000
	기초적성검사	중	서울대학교 사범대학	교학사	1982
	진로적성검사	중, 고	임인재	사립중고등학교장회	1982

출처: 김동일 외(2017), p. 273에서 발췌 후 수정.

생각해 볼 문제

1. 읽기 학습에서 '단어인지'와 '어휘'의 차이점을 설명해 보시오.

2. 수학 학습에서 지체 혹은 장애를 보이는 학생들은 '연산'에서 어떤 오류들을 보이는지 설명해 보시오.

3. 다음 문제는 학생들의 철자하기 오류를 바르게 교정한 것이다. 각각에 해당하는 철자하기의 하위 처리 능력을 적어 보시오.

   (1) 교시 → 교실 (   )

   (2) 등바지 → 등받이 (   )

   (3) 되어요 → 됐어요 (   )

4. Holland의 성격 유형이론과 Super의 생애발달이론을 진로발달의 '내용'과 '과정' 측면에서 비교해서 설명해 보시오.

제3부

특수아동 진단도구

특 수 교 육 평 가 이 론 과 실 제

제**9**장

인지 영역 검사

동의 인지능력은 일반적으로 지능검사를 통해 측정된다. 이 장에서는 표준화된 지능검사 중 현재 우리나라에서 가장 많이 활용되고 있는 검사들을 중심으로 소개하였다. 먼저, 한국 웩슬러 지능검사를 연령순으로 소개하고, 한국 카우프만 아동 지능검사 2판, 국립특수교육원 한국형 개인 지능검사, 한국판 라이터 비언어성 지능검사 개정판, 종합인지기능 진단검사 순으로 소개하였다.

1. 한국 웩슬러 유아지능검사-4판

Wechsler는 기존 Binet가 제시한 학습 능력 위주의 지능 개념의 오류를 지적하고, 지능검사에 비인지적인 요소를 포함하여야 한다고 주장하였다. 그는 지능을 측정하기 위해서는 인지 능력뿐 아니라 지적인 행동(intelligent behavior)이 포함되어야 한다고 주장하였다(Kapan & Saccuzzo, 2009). 그가 개발한 Wechsler 지능검사는 이를 직접적으로 측정하지는 않더라도 이러한 그의 생각을 반영하고 있다.

Wechsler는 피검자의 연령대에 따라 유아, 아동·청소년, 성인 세 가지의 지능검사를 개발하였으며, 우리나라에서는 이 세 검사 모두 표준화시켜 사용하고 있다.

1) 목적 및 대상

한국 웩슬러 유아지능검사-4판(Korean Wechsler Preschool and Primary Scale of Intelligence-Fourth Edition: K-WPPSI-IV)(박혜원, 이경옥, 안동현, 2016)은 미국의 Wechsler Preschool and Primary Scale of Intelligence-Fourth Edition(WPPSI-IV)(Wechsler, 2012)을 한국의 유아를 대상으로 표준화한 것이다. 이는 유아의 전반적인 인지 능력을 평가하기 위한 것이며, 전체 IQ와 지표점수를 확인하여 인지발달지연, 지적장애 및 영재 판별에 사용할 수 있다. 또한 임상 현장이나 교육프로그램 배치 시 지침으로 활용할 수 있다. 검사 대상은 만 2세 6개월부터 7세 7개월까지의 유아이다.

2) 검사의 구성

K-WPPSI-IV는 총 15개의 소검사로 구성된다. 그러나 만 2세 6개월부터 만 3세 11개월까지의 유아의 경우, 7개의 소검사를 실시하며, 이는 3개의 기본지표척도(언어이해, 시공간, 작업기억)와 3개의 추가지표척도(어휘습득, 비언어, 일반능력)로 구성된다. 검사 척도의 체계는 [그림 9-1]에 제시하였다. 괄호 안에 제시된 검사는 대체 가능한 소검사를 의미한다.

[그림 9-1] K-WPPSI-Ⅳ 2;6-3;11용 검사 체계

K-WPPSI-Ⅳ에서 만 4세부터 만 7세 7개월까지의 유아의 경우, 15개의 소검사로 실시하며, 이는 5개의 기본지표척도(언어이해, 시공간, 유동추론, 작업기억, 처리속도)와 4개의 추가지표척도(어휘습득, 비언어, 일반능력, 인지효율성)로 구성된다. 검사 척도의 체계는 [그림 9-2]에 제시하였다. 괄호 안에 제시된 검사는 대체 가능한 소검사를 의미한다.

[그림 9-2] K-WPPSI-IV 4;0-7;7세용 검사 체계

　　K-WPPSI-IV는 15개의 소검사와 그에 대한 설명은 〈표 9-1〉에 제시하였다. 소검사는 핵심 소검사, 보충 소검사, 선택 소검사로 구분되고, 핵심 소검사는 지표점수와 규준산출에 사용된다. 보충 소검사는 핵심 소검사가 생략되거나 유효하지 않을 때 사용하며, 지적 기능을 평가하거나 임상적 의사결정에 추가 정보를 제공한다. 선택 소검사는 지적 기능에 대한 추가 정보를 수집하기 위해 사용할 수 있지만, 지표점수 산출 시에는 사용되지 않는다.

표 9-1 K-WPPSI-Ⅳ 소검사

소검사		설명
핵심 소검사	토막짜기	제한시간 내에 제시된 모형 또는 토막그림을 보고, 한 가지나 두 가지 색으로 된 토막을 사용하여 똑같은 모양을 만든다.
	상식	그림문항의 경우, 일반 상식에 관한 질문에 가장 적절한 보기를 선택한다. 언어문항의 경우, 일반 상식에 관한 광범위한 주제를 다루는 질문에 답한다.
	행렬추리	완성되지 않은 행렬을 보고 행렬을 완성시키기 위해 적절한 보기를 선택한다.
	동형찾기	제한시간 내에 제시된 벌레그림과 같은 벌레그림을 보기 중에서 찾아 표시한다.
	그림기억	일정 시간 동안 1개 이상의 그림이 있는 자극 페이지를 보고 난 후, 반응페이지의 보기 중에서 해당 그림을 찾아낸다.
	공통성	그림문항의 경우, 제시된 2개의 사물과 같은 범주의 사물을 보기 중에서 선택한다. 언어문항의 경우, 공통된 사물이나 개념을 나타내는 2개의 단어를 듣고 공통점을 말한다.
	공통 그림 찾기	2줄 또는 3줄의 그림을 보고, 각 줄에서 공통된 특성을 지닌 그림을 하나씩 선택한다.
	선택하기	제한시간 내에 비정렬 또는 정렬된 그림을 훑어보고 목표그림을 찾아 표시한다.
	위치찾기	일정 시간 동안 울타리 안에 있는 1개 이상의 동물카드를 보고 난 후, 각 카드를 보았던 위치에 동물카드를 비치한다.
	모양 맞추기	제한시간 내에 사물의 표상을 만들기 위해 조각을 맞춘다.
보충 소검사	어휘	그림문항의 경우, 검사책자에 있는 그림의 이름을 말한다. 언어문항의 경우, 검사자가 읽어 준 단어의 정의를 말한다.
	동물 짝짓기	제한시간 내에 동물과 모양의 대응표를 보고, 동물 그림에 해당하는 모양에 표시한다.
	이해	그림문항의 경우, 일반적인 원칙이나 사회적 상황을 가장 잘 나타내는 보기를 선택한다. 언어문항의 경우, 일반적인 원칙과 사회적 상황에 대한 이해를 기초로 질문에 답한다.
선택 소검사	수용 어휘[1]	검사자가 읽어 주는 단어를 가장 잘 표현하는 보기를 선택한다.
	그림 명명[2]	그림으로 제시된 사물의 이름을 말한다.

1) 2;6~3;11세용에서는 핵심 소검사임.

2) 2;6~3;11세용에서는 보충 소검사임.

3) 실시 방법

K-WPPSI-IV 연령군에 따라 실시되는 소검사가 다르다. 두 연령군 모두에서, 전체 IQ를 위한 핵심 소검사가 제일 먼저 소개되고, 기본지표점수 산출에 필요한 추가적인 핵심 소검사를 실시한다. 보충 소검사와 선택 소검사는 마지막에 실시된다. 연령별로 사용하는 검사와 검사 실시 순서는 다음과 같다. 만 2세 6개월부터 만 3세 11개월까지의 유아의 경우, ① 수용어휘, ② 토막짜기, ③ 그림기억, ④ 상식, ⑤ 모양맞추기, ⑥ 위치찾기, ⑦ 그림명명 순으로 소검사를 실시한다. 만 4세부터 만 7세 7개월까지의 유아의 경우, ① 토막짜기, ② 상식, ③ 행렬추리, ④ 동형찾기, ⑤ 그림기억, ⑥ 공통성, ⑦ 공통그림찾기, ⑧ 선택하기, ⑨ 위치찾기, ⑩ 모양맞추기, ⑪ 어휘, ⑫ 동물짝짓기, ⑬ 이해, ⑭ 수용어휘, ⑮ 그림명명 순으로 소검사를 실시한다. 소검사 실시순서는 임상적으로 필요한 경우(예: 장애유아 집중 저하)에 변경할 수 있다. 실시 순서를 변경할 경우에는 변경사항을 기록지에 표시하고 결과 해석 시 고려해야 한다. 핵심 소검사가 어떤 이유에서든 타당하지 않은 경우, 대체 소검사가 필요하며, 신체적 조건이 수행에 지장을 주는 등의 문제가 발생하면 핵심 소검사 대신 보충 소검사를 실시할 수 있다.

검사는 소검사별로 시작점, 역순규칙, 중지규칙이 있다. 소검사별로 지침서에 기록되어 있는 연령별 시작점에서 실시한다. 만 2;6~3;11세 아동과 지적장애이거나 전반적 지적 결함이 의심되는 아동은 생활연령과 관계없이 항상 1번 문항부터 시작한다. 만 4;0~7;7세용 검사에서는 시작점 문항에서 두 문항 중 어느 하나라도 만점을 받지 못하면 역순으로 검사를 실시한다. 중지규칙은 각 소검사별로 규칙이 다르며, 아동이 특정 개수의 문항에서 연속으로 0점을 받으면 검사를 중지한다. 역순으로 실시할 때에도 특정 개수의 문항에서 연속으로 0점을 받으면 검사를 중지한다. 검사는 만 2;6~3;11세용은 전체 IQ(5개 핵심 소검사)를 얻기 위해서는 약 26분이 소요되며, 3개 기본지표 점수(6개 핵심 소검사)를 얻기 위해서는 약 32분이 소요된다. 만 4;0~7;7세의 경우, 전체 IQ(6개 핵심 소검사)를 얻기 위해서는 약 32분이 소요되며, 5개 기본지표 점수(10개 핵심 소검사)를 얻기 위해서는 약 58분이 소요된다.

4) 결과 해석

K-WPPSI-IV 검사 결과, 만 4;0~7;11세용은 16개 소검사별 환산점수와 전체 IQ 및 9개 지표(5개 기본지표, 4개 추가지표)에 대한 합산 점수를 제공한다. 만 2;6~3;11세 용은 7개 소검사별 환산점수와 전체 IQ 및 6개 지표(3개 기본지표, 3개 추가지표)에 대한 합산점수를 제공한다. 합산점수에 따른 유아의 지능 분류는 〈표 9-2〉에 제시 하였다. 소검사별 환산점수는 평균이 10이고 표준편차가 3인 표준점수이며, 전체 IQ 및 지표에 대한 합산점수는 평균이 100이고 표준편차가 15인 표준점수이다. 전 체 IQ 및 지표에 대해서는 백분위점수도 제공한다.

표 9-2 K-WPPSI-IV 검사 결과의 판단 분류 준거

합산 점수	분류	포함 비율(%)
130 이상	매우 우수	2.2
120~129	우수	6.7
110~119	평균 이상	16.1
90~109	평균	50.0
80~89	평균 이하	16.1
70~79	경계선	6.7
69 이하	매우 낮음	2.2

2. 한국 웩슬러 아동지능검사-4판

1) 목적 및 대상

한국 웩슬러 아동지능검사-4판(Korean Wechsler Intelligence Scale for Children-Fourth Edition: K-WISC-IV)(곽금주, 오상우, 김청택, 2011)은 미국의 웩슬러 아동지능 검사-4판(WISC-IV)을 모체로 한 것이다. 검사 목적은 아동의 전반적인 인지적 기 능에 대한 평가를 위한 것이며, 영재 및 지적장애 판별과 각 지표에서의 인지적 강 점과 약점을 확인하는 데 유용하다. 또한 낮은 학업성취에 기여하는 특정 인지적 결함을 살펴보기 위해 사용하기도 한다. 따라서 K-WISC-IV는 임상 및 교육장면에서의 중재 계획을 위한 참고자료를 수집하기 위해 활용할 수 있다. 검사 대상은 만 6세 0개월에서 16세 11개월까지의 아동이다.

2) 검사의 구성

K-WISC-IV는 언어이해, 지각추론, 작업기억, 처리속도의 4개의 지표로 구성되어 있다. 언어이해(VCI)는 언어적 개념 형성, 언어적 추론 및 이해, 획득된 지식, 언어적 자극에 대한 주의력 등을 측정한다. 지각추론(PRI)은 지각적, 유동적 추론, 공간처리, 세부 주의력, 시각-운동 통합 능력을 측정한다. 작업기억(WMI)은 입력된 정보의 일시적인 저장, 계산 및 변환 산물이 발생하는 작업기억에 대한 용량 등을 측정한다. 처리속도(PSI)는 간단한 단순하고 일상적인 정보를 빠르고 정확하게 처리하는 능력을 측정한다. 각각의 지표 아래에 이를 측정하기 위한 소검사들이 있으며, 소검사는 총 15개로 구성되어 있다. K-WISC-III와 동일한 10개의 소검사와 5개의 새로운 소검사가 추가되었다. 새로운 소검사는 공통그림찾기, 순차연결, 행렬추리, 선택, 단어추리이다. 각 소검사에 대한 설명은 〈표 9-3〉에 제시하였다.

표 9-3 K-WISC-IV 지표 및 소검사

지표	소검사		설명
1. 언어이해	주요 소검사	공통성	아동이 공통적인 사물이나 개념을 나타내는 두 개의 단어를 듣고, 두 단어가 어떻게 유사한지를 말한다.
		어휘	그림문항에서, 아동은 소책자에 있는 그림들의 이름을 말한다. 말하기 문항에서는, 아동은 검사자가 크게 읽어 주는 단어의 정의를 말한다.
		이해	아동은 일반적인 원칙과 사회적 상황에 대한 이해에 기초하여 질문에 대답한다.
	보충 소검사	상식	아동이 일반적 지식에 관한 광범위한 주제를 다루는 질문에 대답을 한다.
		단어추리	아동이 일련의 단서에서 공통된 개념을 찾아내어 단어로 말한다.

		토막짜기	아동이 제한시간 내에 흰색과 빨간색으로 이루어진 토막을 사용하여 제시된 모형이나 그림과 똑같은 모양을 만든다.
2. 지각추론	주요 소검사	공통그림 찾기	아동에게 두 줄 또는 세 줄로 이루어진 그림들을 제시하면, 아동은 공통된 특성으로 묶일 수 있는 그림을 각 줄에서 한 가지씩 고른다.
		행렬추리	아동은 불완전한 행렬을 보고, 다섯 개의 반응 선택지에서 제시된 행렬의 빠진 부분을 찾아낸다.
	보충 소검사	빠진곳 찾기	아동이 그림을 보고 제한시간 내에 빠져 있는 중요한 부분을 가리키거나 말한다.
3. 작업기억	주요 소검사	숫자	숫자 바로 따라하기에서는 검사자가 큰 소리로 읽어 준 것과 같은 순서로 아동이 따라한다. 숫자 거꾸로 따라하기에서는 검사자가 읽어 준 것과 반대 방향으로 아동이 따라한다.
		순차연결	아동에게 연속되는 숫자와 글자를 읽어 주고, 숫자가 많아지는 순서와 한글의 가나다 순서대로 암기하도록 한다.
	보충 소검사	산수	아동이 구두로 주어지는 일련의 산수 문제를 제한시간 내에 암산으로 푼다.
4. 처리속도	주요 소검사	기호쓰기	아동은 간단한 기하학적 모양이나 숫자에 대응하는 기호를 그린다. 기호표를 이용하여, 아동은 해당하는 모양이나 빈칸 안에 각각의 기호를 주어진 시간 안에 그린다.
		동형찾기	아동은 반응 부분을 훑어보고 반응 부분의 모양 중 표적 모양과 일치하는 것이 있는지를 제한시간 내에 표시한다.
	보충 소검사	선택	아동이 무선으로 배열된 그림과 일렬로 배열된 그림을 훑어본다. 그리고 제한시간 안에 표적 그림들에 표시한다.

3) 실시 방법

K-WISC-IV의 검사는 일대일로 이루어지며, 검사 소요시간은 65분에서 80분 정도이다. 검사설명서와 기록용지에 제시된 순서대로 ① 토막짜기, ② 공통성, ③ 숫자, ④ 공통그림찾기, ⑤ 기호쓰기, ⑥ 어휘, ⑦ 순차연결, ⑧ 행렬추리, ⑨ 이해, ⑩ 동형찾기, ⑪ 빠진곳찾기, ⑫ 선택, ⑬ 상식, ⑭ 산수, ⑮ 단어추리 순으로 소검사를 실시한다. 10개의 주요 소검사를 모두 실시하면 전체 IQ와 네 가지 지표를 산출할 수 있다. 필요시 보충 소검사를 실시할 수 있으며, 5개 보충 소검사도 함께 실시하면 아동의 지능에 대해 최대한의 정보를 얻을 수 있다. 검사순서는 피검자의 필요에 따라 변경 가능하며, 수정된 실시 순서를 기록하여 결과 해석 시 고려해야 한다.

검사는 소검사별로 시작점, 역순규칙, 중지규칙이 있다. 소검사별로 지침서에 기록되어 있는 특정 연령의 시작점에서 실시하며, 처음 실시되는 두 문항에서 오류를 보이면 역순으로 검사를 실시한다. 또한 검사를 시작한 후 특정 수의 문항에서 연속적으로 0점을 받으면 검사를 중단한다. '토막짜기, 기호쓰기, 동형찾기, 빠진곳찾기, 선택, 산수' 소검사는 제한시간이 있으며, 초시계를 이용하여 시간을 측정해야 한다.

4) 결과 해석

검사 결과는 아동의 연령 및 소검사들에 대한 원점수 및 환산점수가 제시된다. 또한 지표점수 분석을 위해 환산점수의 합산 및 지표점수, 백분위 등이 제시되며, 이는 전체 IQ 점수에 따른 질적 분류(수준)도 제시된다. IQ 점수에 따른 수준 설명은 〈표 9-4〉에 제시하였다. 소검사별 환산점수는 평균이 10이고 표준편차가 3인 표준점수이며, 지표점수와 전체 IQ 점수는 평균이 100이고 표준편차가 15인 표준점수이다. 이 외에 소검사 및 지표점수 결과 프로파일은 그림으로 제시된다. 또한 각 지표별 수준의 차이와 소검사별 수준의 차이, 소검사별 강점과 약점 평가, 처리점수 도출, 처리점수 간 차이와 비교 결과를 제공한다. 기록 용지의 마지막 페이지에는 검사시간 동안 이루어진 행동 관찰 및 아동에 대한 타당한 정보를 기록한다. K-WISC-IV 검사 결과의 사례는 [그림 9-3]에 제시하였고, 결과 해석하는 방법을 안내하였다.

표 9-4 K-WISC-IV 검사 결과 및 분류 준거

합산 점수	분류	포함 비율(%)
130 이상	매우 우수	2.2
120~129	우수	6.7
110~119	평균 상	16.1
90~109	평균	50.0
80~89	평균 하	16.1
70~79	경계선	6.7
69 이하	매우 낮음	2.2

K-WISC-IV Interpretive Report

2019/05/29	Page 3	오유빈	여	만 10세00개월

소검사점수 분석

구분	검사항목	원점수	환산점수
언어이해	공통성	24	11
	어휘	36	12
	이해	19	8
	(상식)	15	10
	(단어추리)	14	11
지각추론	토막짜기	30	7
	공통그림찾기	13	7
	행렬추리	19	7
	(빠진곳찾기)	29	13
작업기억	숫자	16	9
	순차연결	13	7
	(산수)	23	10
처리속도	기호쓰기	32	3
	동형찾기	27	9
	(선택)	77	8

지표점수 분석

지표	환산점수 합산	지표점수	백분위	95% 신뢰구간	질적분류(수준)
언어이해	31	102	55.8	94-110	평균
지각추론	21	80	9.5	74-91	평균 하
작업기억	17	92	29.1	84-101	평균
처리속도	11	74	4.0	68-87	경계선
전체IQ	80	83	12.8	77-91	평균 하

차이 비교

	환산점수1	환산점수2	차이	임계치	유의미한 차이 (Y)또는(N)	누적비율
지표수준	언어이해지표	지각추론지표	22	9.62	Y	8.5
	언어이해지표	작업기억지표	10	9.6	Y	28.3
	언어이해지표	처리속도지표	28	11.15	Y	6.2
	지각추론지표	작업기억지표	-12	9.98	Y	23.8
	지각추론지표	처리속도지표	6	11.48	N	37.0
	작업기억지표	처리속도지표	18	11.46	Y	16.0
소검사 수준	숫자	순차연결	2	2.21	N	30.31
	기호쓰기	동형찾기	-6	2.98	Y	2.94
	공통성	공통그림찾기	4	2.88	Y	14.99

강점 및 약점 결정하기

소검사	소검사 환산 점수	평균 환산점수	평균과의 차이	임계치	강점(S) 또는 약점(W)	누적비율
토막짜기	7	8	-1	1.71	NA	100.0
공통성	11	8	3	1.85	S	99.9
숫자	9	8	1	1.5	NA	100.0
공통그림찾기	7	8	-1	2.08	NA	100.0
기호쓰기	3	8	-5	1.7	W	94.1
어휘	12	8	4	1.62	S	99.0
순차연결	7	8	-1	1.67	NA	100.0
행렬추리	7	8	-1	1.78	NA	100.0
이해	8	8	0	2.23	NA	100.0
동형찾기	9	8	1	2.32	NA	100.0

* S는 강점, W는 약점 , NA는 뚜렷한 강점이나 약점을 보이지 않는 경우를 의미합니다.

	핵심 소검사	언어이해 소검사	지각추론 소검사
환산점수의 합계	80	31	21
소검사 개수	10	3	3
평균 점수	8	10.3	7

처리분석

총 원점수를 환산점수로 변환

처리점수	원점수	환산점수
시간보너스가 없는 토막짜기	30	7
숫자 바로 따라 외우기	9	9
숫자 거꾸로 따라 외우기	7	9
선택(무선배열)	40	9
선택(일렬배열)	37	7

[그림 9-3] K-WISC-IV 검사 결과

① 예시의 만 10세 0개월의 여자 아동은 검사 결과, 지적능력은 전체 IQ는 83점으로 '평균 하' 수준으로 하위 12.8%에 해당하는 것으로 나타났다. 이는 전체 100명을 기준으로 했을 때, 87번째에 위치함을 의미한다. 지표 중 언어이해(VCI=102)와 작업기억(WMI=92)은 '평균'에 속하여 기능 수준이 다른 지표에 비해 상대적으로 높은 것으로 추정된다. 그러나 지각추론(PRI=80)은 '평균 하'로, 처리속도(PSI=74)는 '경계선'으로 평가되어 전반적으로 아동의 지적능력은 '평균 하' 수준에 해당된다. 따라서 지적장애에 해당하지는 않으며, 언어적 추론, 이해, 개념화, 단어 지식 등을 이용하는 언어 능력과 짧은 시간 동안 집중하고 정보를 유지하는 능력에서 또래 아동의 능력과 비교했을 때 평균적인 수행을 보일 것으로 예상된다. 하지만 시각적 자극을 통합하거나 간단한 시각 정보를 빠르게 탐색하는 것에는 어려움이 예상된다. 한편, 아동의 IQ는 83점이지만, 신뢰구간을 참고해 보았을 때, 아동의 컨디션이나 기타 환경적 요소로 인해 77~91점 사이의 점수를 받을 수도 있다.

② 각 지표의 차이 비교 추정 결과, 언어이해지표는 지각추론지표, 작업기억지표, 처리속도지표와 유의미한 차이를 보이며, 언어이해에서 더 높은 수준을 보이는 것으로 나타났다. 작업기억지표는 지각추론지표와 처리속도지표와 유의미한 차이를 보이며, 작업기억에서 더 높은 수준을 보이는 것으로 나타났다. 소검사에서도 동형찾기에서 기호쓰기보다 유의미하게 높은 수준을 보이는 것으로 나타났으며, 공통성이 공통그림찾기보다 유의미하게 높은 수준을 보이는 것으로 나타났다.

각 소검사의 환산점수에 의한 아동 내적인 강점과 약점 추정 결과, 공통성과 어휘에서 임계치보다 높은 값을 보임으로써 아동이 해당 영역에서 강점을 가지고 있을 것으로 예상된다. 반면 기호쓰기에서는 평균과의 차이가 매우 크고 그 값이 임계치보다 작기 때문에 아동이 기호쓰기에서 약점을 갖고 있을 것으로 예상된다.

3. 한국 웩슬러 아동지능검사-5판

1) 목적 및 대상

한국 웩슬러 아동지능검사 5판(Korean Wechsler Intelligence Scale for Children-Fifth Edition: K-WISC-Ⅴ)(곽금주, 장승민, 2019)은 아동의 지능을 평가하기 위한 검사도구로서, 검사 목적은 K-WISC-Ⅳ와 유사하다. 전반적인 지적 능력을 확인하는 것은 물론, 영재 및 지적장애 판별하기 위해서 사용할 수 있다. 낮은 학업성취를 보이는 학생들의 경우, 인지적 측면에서의 결함을 찾기 위해서 사용하기도 한다. 검사 대상은 만 6세 0개월부터 16세 11개월까지의 아동이다.

2) 검사의 구성

K-WISC-V는 5개 기본지표(언어이해, 시공간, 유동추론, 작업기억, 처리속도)와 5개 추가지표(양적추론, 청각작업기억, 비언어, 일반능력, 인지효율)로 구성되어 있다. 전체 IQ를 측정하기 위해서는 [그림 9-4]의 전체척도에서 색으로 표시된 7개 소검사를 실시한다. 색으로 표시되지 않는 것은 대체 검사로 사용될 수 있는 소검사를 의미한다.

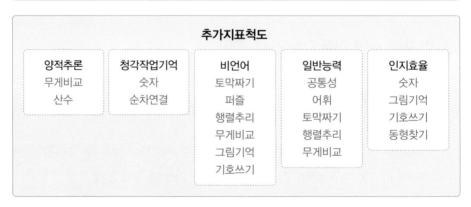

[그림 9-4] K-WISC-V 검사 체계

표 9-5 K-WISC-V 소검사 설명

범주	소검사	소검사 설명
기본 (전체IQ)	토막짜기	아동은 제한시간 내에 주어진 두 가지 색으로 이루어진 토막을 사용하여 제시된 모형이나 그림과 똑같은 모양을 만들어야 한다.
	공통성	아동은 공통적인 사물이나 개념을 나타내는 두 개의 단어를 듣고, 두 단어가 어떻게 유사한지 말해야 한다.
	행렬추리	아동은 행렬이나 연속의 일부를 보고, 행렬 또는 연속을 완성하는 보기를 찾아야 한다.
	숫자	아동은 수열을 듣고 기억하여 숫자를 바로 따라하고, 거꾸로 따라하고, 순서대로 따라해야 한다.
	기호쓰기	아동은 제한시간 내에 기호표를 사용하여 간단한 기하학적 모양이나 숫자와 상응하는 기호를 따라 그려야 한다.
	어휘	아동은 그림 문항에서는 소책자에 그려진 사물의 이름을 말하고, 말하기 문항에서는 검사자가 읽어 주는 단어의 뜻을 말해야 한다.
	무게비교	아동은 제한시간 내에 양쪽 무게가 달라 균형이 맞지 않는 저울 그림을 보고 균형을 유지할 수 있는 보기를 찾아야 한다.
	퍼즐	아동은 제한시간 내에 완성된 퍼즐을 보고 퍼즐을 구성할 수 있는 3개의 조각을 선택해야 한다.
	그림기억	아동은 제한시간 내에 1개 이상의 그림이 있는 자극페이지를 본 후, 반응페이지에 있는 보기에서 해당 그림을 (가능한 한 순서대로) 찾아야 한다.
	동형찾기	아동은 제한시간 내에 반응 부분을 훑어보고 표적 모양과 동일한 것을 찾아야 한다.
추가	상식	아동은 일반적 지식에 관한 광범위한 주제를 다루는 질문에 답변해야 한다.
	공통그림찾기	아동은 두 줄 혹은 세 줄로 이루어진 그림들을 보고 각 줄에서 공통된 특성으로 묶을 수 있는 그림들을 하나씩 골라야 한다.
	순차연결	아동은 연속되는 숫자와 글자를 듣고, 숫자는 오름차순으로, 글자는 가나다순으로 암기해야 한다.
	선택	아동은 제한시간 내에 무선으로 배열된 그림과 일렬로 배열된 그림들을 훑어보고 표적그림에 표시해야 한다.
	이해	아동은 일반적인 원칙과 사회적 상황에 대한 이해에 근거하여 질문에 답해야 한다.
	산수	아동은 제한시간 내에 그림 문항과 말하기 문항으로 구성된 산수 문제를 암산으로 풀어야 한다.

K-WISC-Ⅴ는 총 16개의 소검사로 구성되어 있다. K-WISC-Ⅳ와 동일한 13개 소검사(토막짜기, 공통성, 행렬추리, 숫자, 기호쓰기, 어휘, 동형찾기, 상식, 공통그림찾기, 순차연결, 선택, 이해, 산수)에 유동적 추론을 강화시켜 새로운 3개의 소검사(무게비교, 퍼즐, 그림기억)가 추가되었다. 16개 소검사는 기본 소검사 10개와 추가 소검사 6개의 두 가지 범주로 나뉜다. 각 소검사가 속하는 범주 및 각각의 검사에 대한 설명은 〈표 9-5〉에 제시하였다.

K-WISC-Ⅴ는 K-WISC-Ⅳ와 비교해 보았을 때, 첫째, 전반적인 지적 능력의 구조가 변화하였다. 이와 관련하여, 전체 IQ를 구성하는 소검사가 7개로 수정되면서 전체 IQ를 산출하는 데 소요시간이 단축되었다. 대신, 유동적 추론의 측정을 강

표 9-6 **K-WISC-Ⅴ와 K-WISC-Ⅳ의 구성 비교**

K-WISC-Ⅴ			K-WISC-Ⅳ	
소검사 범주		소검사	소검사 범주	소검사[3]
기본 소검사	①	토막짜기	주요 소검사	토막짜기
	②	공통성	주요 소검사	공통성
	③	행렬추리	주요 소검사	행렬추리
	④	숫자	주요 소검사	숫자
	⑤	기호쓰기	주요 소검사	기호쓰기
	⑥	어휘	주요 소검사	어휘
	⑦	무게비교	–	–
	⑧	퍼즐	–	–
	⑨	그림기억	–	–
	⑩	동형찾기	주요 소검사	동형찾기
추가 소검사	⑪	상식	보충 소검사	상식
	⑫	공통그림찾기	주요 소검사	공통그림찾기
	⑬	순차연결	주요 소검사	순차연결
	⑭	선택	보충 소검사	선택
	⑮	이해	주요 소검사	이해
	⑯	산수	보충 소검사	산수

출처: 이승희(2019), p. 246.

3) K-WISC-Ⅳ의 15개 소검사 가운데 2개(단어추리, 빠진곳찾기)는 K-WISC-Ⅴ에 포함되지 않았음.

화하는 새로운 3개의 소검사(무게비교, 퍼즐, 그림기억)가 추가되었다. 둘째, 구조적으로 변화한 전체 IQ와 5가지 기본지표점수(언어이해, 시공간, 유동추론, 작업기억, 처리속도)와 5가지 추가지표점수(양적추론, 청각작업기억, 비언어, 일반능력, 인지효율)를 제공한다. 셋째, 인지능력에서 좀 더 독립적인 영역에 대한 아동의 수행을 나타내 줄 수 있는 지표점수(예: 시공간지표, 유동추론지표)와 처리점수(예: 토막짜기 소검사의 부분처리점수)를 추가적으로 제공한다. 마지막으로 K-WISC-IV에서 13개의 소검사(토막짜기, 공통성, 행렬추리, 숫자, 기호쓰기, 어휘, 동형찾기, 상식, 공통그림찾기, 순차연결, 선택, 이해, 산수)가 유지되었지만 소검사의 실시 및 채점 절차가 수정되었다. K-WISC-V와 K-WISC-IV의 구성의 차이는 〈표 9-6〉에 제시하였고, 두 검사 간 지표점수의 차이는 〈표 9-7〉에 제시하였다.

표 9-7 K-WISC-V와 K-WISC-IV의 지표점수 비교

		K-WISC-V	K-WISC-IV
기본지표	①	언어이해지표	언어이해지표
	②	시공간지표	지각추론지표
	③	유동추론지표	
	④	작업기억지표	작업기억지표
	⑤	처리속도지표	처리속도지표
추가지표	①	양적추론지표	
	②	청각작업기억지표	
	③	비언어지표	−
	④	일반능력지표	
	⑤	인지효율지표	

출처: 이승희(2019), p. 247.

3) 실시 방법

K-WISC-V 검사는 검사 설명서와 기록용지에 제시된 순서대로 검사를 실시한다. 전체 IQ 소검사들을 제일 먼저 실시하고, 그다음에는 나머지 기본 소검사들을 실시한다. 추가 소검사들을 필요시 그 이후에 실시한다. 구체적으로는 ① 토막짜기, ② 공통성, ③ 행렬추리, ④ 숫자, ⑤ 기호쓰기, ⑥ 어휘, ⑦ 무게비교, ⑧ 퍼즐,

⑨ 그림기억, ⑩ 동형찾기, ⑪ 상식, ⑫ 공통그림찾기, ⑬ 순차연결, ⑭ 선택, ⑮ 이해, ⑯ 산수 순으로 소검사를 실시한다. 소검사 실시 순서의 변경은 임상적으로 필요한 경우에만 가능하다. 실시 순서를 변경할 경우, 변경사항을 기록용지에 기록하고 결과를 해석할 때 고려해야 한다.

검사는 소검사별로 시작점, 역순규칙, 중지규칙이 있다. 소검사별로 지침서에 기록되어 있는 연령별 시작점에서 실시하며, 지적장애나 낮은 인지능력을 보이는 아동은 생활연령과 관계없이 1번 문항부터 시작한다. 그러나 '기호쓰기, 동형찾기' 소검사는 지적능력과 관계없이 항상 아동의 생활연령에 따라 검사를 실시한다. 아동이 처음 제시되는 두 문항 중 어떤 문항에서든 만점을 받지 못하면 역순으로 검사를 실시한다. 중지규칙은 소검사별로 다르며, 일반적으로 아동이 특정 개수의 문항에서 연속으로 0점을 받으면 소검사를 중지한다. 또한 '토막짜기, 기호쓰기, 무게비교, 퍼즐, 동형찾기, 선택, 산수' 소검사는 제한시간이 있으며, 정확한 시간 측정을 위해 초시계를 사용해야 한다.

4) 결과 해석

검사 결과는 16개 소검사별 원점수, 환산점수, 백분위, 추정연령 등이 제시된다. 또한 전체 IQ 및 5개 기본지표(언어이해, 시공간, 유동추론, 작업기억, 처리속도)에 대한 환산점수 합, 지표점수, 백분위, 백분위에 따른 진단 분류(수준) 등이 제시된다. 소검사별 환산점수는 평균이 10이고 표준편차가 3인 표준점수이며, 전체 IQ 및 10개 지표에 대한 합산점수는 평균이 100이고 표준편차가 15인 표준점수이다. IQ 점수에 따른 수준 설명은 〈표 9-8〉에 제시하였다. 소검사와 지표점수 결과에 대해서는 프로파일이 그림으로 제시된다. 이 외에도 지표점수에 대해서는 강점과 약점, 지표점수 간 차이 비교, 소검사에서의 강점과 약점, 소검사 간 차이 비교 결과가 제시된다. K-WISC-IV와는 달리, 추가분석 결과가 제시되는데, 5개의 추가지표(양적추론, 청각작업기억, 비언어, 일반능력, 인지효율)에 대한 환산점수 합, 지표점수, 백분위, 백분위에 따른 진단 분류(수준)가 제공된다. 추가지표에 대해서도 지표 점수 간 차이 비교 결과와 소검사 간 차이 비교 결과가 제시된다. 끝으로 처리점수에 대한 분석이 이루어지는데, 처리점수의 원점수와 환산점수, 처리점수 간 차이 비교, 처리점수의 누적비율, 이에 대한 차이 비교 결과가 제시된다. 검사 결과와 해석의 사례는 [그림 9-5]에 제시하였다.

표 9-8 K-WISC-V 검사 결과 및 분류 준거

합산 점수	분류	포함 비율(%)
130 이상	매우 우수	2.2
120~129	우수	6.7
110~119	평균 상	16.1
90~109	평균	50.0
80~89	평균 하	16.1
70~79	낮음	6.7
69 이하	매우 낮음	2.2

기본분석

소검사 점수 분석

지표	소검사		원점수	환산점수	백분위	추정연령	측정표준오차 (SEM)
언어이해	공통성	SI	25	10	50	9:10	1.12
	어휘	VC	20	11	63	9:10	0.64
	(상식)	IN	11	8	25	8:2	0.83
	(이해)	CO	13	8	25	8:2	1.19
시공간	토막짜기	BD	20	5	5	<6:2	1.28
	퍼즐	VP	10	4	2	<6:2	1.06
유동추론	행렬추리	MR	15	7	16	6:6	1.31
	무게비교	FW	17	7	16	7:2	0.70
	(공통그림찾기)	PC	10	8	25	7:6	1.02
	(산수)	AR	13	5	5	7:2	1.14
작업기억	숫자	DS	25	9	37	8:6	0.83
	그림기억	PS	22	7	16	7:2	1.09
	(순차연결)	LN	10	6	9	<6:2	1.16
처리속도	기호쓰기	CD	40	8	25	8:6	1.06
	동형찾기	SS	28	10	50	9:6	1.35
	(선택)	CA	69	10	50	9:10	1.44

지표점수 분석

지표		환산점수 합	지표점수	백분위	신뢰구간(95 %)	진단분류(수준)	측정표준오차 (SEM)
언어이해	VCI	21	103	57	95-110	평균	3.55
시공간	VSI	9	70	2	65-82	낮음	4.61
유동추론	FRI	14	83	13	77-92	평균 하	4.39
작업기억	WMI	16	89	23	82-97	평균 하	3.93
처리속도	PSI	18	95	36	87-104	평균	4.89
전체 IQ	FSIQ	57	87	18	81-93	평균 하	2.77

지표점수 강점/약점

지표		지표점수	비교점수	차이	임계값	강점(S)/약점(W)	누적비율
언어이해	VCI	103	88	15.0	10.36	S	5-10%
시공간	VSI	70	88	-18.0	12.52	W	2-5%
유동추론	FRI	83	88	-5.0	12.07	-	>25%
작업기억	WMI	89	88	1.0	11.13	-	>25%
처리속도	PSI	95	88	7.0	13.13	-	>25%

지표점수 차이비교

지표 비교			점수1	점수2	차이	임계값	유의미한 차이(Y/N)	누적비율
언어이해 VCI	- 시공간	VSI	103	70	33	14.98	Y	1.8%
언어이해 VCI	- 유동추론	FRI	103	83	20	14.53	Y	9.7%
언어이해 VCI	- 작업기억	WMI	103	89	14	13.64	Y	19.4%
언어이해 VCI	- 처리속도	PSI	103	95	8	15.56	N	34.6%
시공간 VSI	- 유동추론	FRI	70	83	-13	16.39	N	17.8%
시공간 VSI	- 작업기억	WMI	70	89	-19	15.6	Y	13.2%
시공간 VSI	- 처리속도	PSI	70	95	-25	17.31	Y	7%
유동추론 FRI	- 작업기억	WMI	83	89	-6	15.18	N	35.8%
유동추론 FRI	- 처리속도	PSI	83	95	-12	16.93	N	25.9%
작업기억 WMI	- 처리속도	PSI	89	95	-6	16.17	N	36.8%

소검사 강점/약점

소검사	환산점수	비교점수	차이	임계값	강점(S)/약점(W)	누적비율
공통성	10	7.8	2.2	3.49	-	15-25%
어휘	11	7.8	3.2	2.19	S	5-10%
토막짜기	5	7.8	-2.8	3.92	-	10%
퍼즐	4	7.8	-3.8	3.31	W	2-5%
행렬추리	7	7.8	-0.8	4.01	-	>25%
무게비교	7	7.8	-0.8	2.34	-	>25%
숫자	9	7.8	1.2	2.68	-	>25%
그림기억	7	7.8	-0.8	3.38	-	>25%
기호쓰기	8	7.8	0.2	3.3	-	>25%
동형찾기	10	7.8	2.2	4.12	-	15-25%

소검사 차이비교

소검사 비교	점수1	점수2	차이	임계값	유의미한 차이(Y/N)	누적비율
공통성 - 어휘	10	11	-1	3.99	N	43.1%
토막짜기 - 퍼즐	5	4	1	4.63	N	40.4%
행렬추리 - 무게비교	7	7	0	3.7	N	-
숫자 - 그림기억	9	7	2	3.85	N	29.4%
기호쓰기 - 동형찾기	8	10	-2	4.41	N	30.6%

추가분석

추가지표점수 분석

추가지표		환산점수 합	지표점수	백분위	신뢰구간(95 %)	진단분류(수준)	측정표준오차 (SEM)
양적추론	QRI	12	78	7	72-86	낮음	4.02
청각작업기억	AWMI	15	87	18	80-95	평균 하	3.86
비언어	NVI	38	74	4	69-82	낮음	3.25
일반능력	GAI	40	87	19	81-94	평균 하	3.14
인지효율	CPI	34	90	26	84-98	평균	3.68

처리점수 분석

처리점수의 환산점수

처리점수		원점수	환산점수
시간보너스가 없는 토막짜기	BDn	19	5
토막짜기 부분점수	BDp	12	1
숫자 바로 따라하기	DSf	9	9
숫자 거꾸로 따라하기	DSb	8	8
숫자 순서대로 따라하기	DSs	8	10
선택(무선 배열)	CAr	33	11
선택(일렬 배열)	CAs	36	11

[그림 9-5] K-WISC-V 검사 결과

① 예시의 만 9세 5개월 여자 아동은 검사 결과에서 지적능력은 전체 IQ는 87로 '평균 하' 수준으로 하위 18%에 해당된다. 이는 전체 100명의 아동 중 약 82번째에 위치함을 의미한다. 언어이해(VCI=103)와 처리속도(PSI=95)는 '평균'에 속하여 다른 지표에 비해 상대적으로 나은 기능을 발휘할 것으로 추정된다. 그러나 유동추론(FRI=83)과 작업기억(WMI=89)은 '평균 하'로, 시공간(VSI=70)은 '낮음'으로 평가되어 전반적인 학생의 지적능력이 '평균 하' 수준에 해당된다. 따라서 지적장애에 해당하지 않는다. 하위 영역별로 살펴보면, 언어적 추론, 이해, 개념화, 단어 지식 등을 이용하는 언어 능력과 간단한 시각적 정보를 빠르고 정확하게 탐색하고 변별하는 능력은 동일한 연령의 아동들을 기준으로 평균 정도의 수행을 보이는 반면 추상적인 사고 능력이나 주의력, 집중력 등에서는 어려움이 예상되고 특히 시공간 조직화 능력에서 또래에 비해 낮은 능력을 보일 것으로 예상된다. 한편, 아동의 IQ는 87점이지만, 신뢰구간을 참고해 보았을 때, 아동의 컨디션이나 기타 환경적 요소로 인해 81~93점 사이의 점수를 받을 수도 있다.

② 각 지표점수를 5가지 지표점수의 평균인 비교점수와 비교하여 아동의 강점과 약점을 추정한 결과, 언어이해지표와 시공간지표 간 유의한 차이가 있음을 확인할 수 있다. 언어이해지표의 경우 플러스의 값을 보임으로 아동 내 강점으로 예상되는 반면 시공간지표는 마이너스의 값을 보이므로 아동 내 약점으로 예상된다. 각 지표별 차이를 비교한 결과, 언어이해지표는 시공간, 유동추론, 작업기억에 비해 유의미하게 높은 수준을 보이는 것으로 나타난 반면, 시공간지표는 작업기억과 처리속도에 비해 유의미하게 낮은 수준을 보이는 것으로 나타났다. 또한 추기지표 점수를 분석한 결과, 인지효율은 '평균' 수준에 속하여 다른 지표들에 비해 상대적으로 나은 기능을 발휘할 것으로 예상된다. 반면, 청각작업기억과 일반능력은 '평균 하' 수준에 해당하고, 양적추론과 비언어는 '낮음' 수준에 해당하여, 암산을 하거나 시각적 자극을 보고 모양을 완성하거나 동일한 모양을 만드는 등의 과제에서 어려움을 보일 것으로 예상된다.

4. 한국 웩슬러 성인지능검사-4판

1) 목적 및 대상

한국 웩슬러 성인지능검사-4판(Korean Wechsler Adult Intelligence Scale-IV: K-WAIS-IV)(황순택, 김지혜, 박광배, 최진영, 홍상황, 2012)은 성인용 개인 지능검사도구로서, 만 16세 0개월부터 69세 11개월까지를 대상으로 청소년과 성인을 대상으로 한다. 이 검사를 통해 지적장애, 지적으로 우수한 사람, 피검자의 인지적 강점과 약점을 살펴볼 수 있으며, 신경학적 문제와 정신건강의학적 문제를 진단하는 데 사용된다. 특히 교육환경에서는 지적 능력을 평가하여 학업성취가 낮은 학생들의 경우, 구체적인 인지적 결함을 찾아내고 미래의 학업성취를 예측할 수 있다. 이 검사는 청각장애인이거나 난청인 사람들을 포함하여 특수한 집단에서 인지능력에 대한 평가가 가능한 소검사를 포함하고 있다.

2) 검사의 구성

K-WAIS-Ⅳ는 인지능력을 구체적으로 이해할 수 있도록 언어이해, 지각추론, 작업기억, 처리속도의 4개의 지표로 구성되어 있으며, 각 지표에 대한 점수를 제공한다. 검사는 10개의 핵심 소검사와 5개의 보충 소검사를 포함하여 총 15개의 소검사로 구성되어 있다. 검사의 구성, 내용 및 조합은 〈표 9-9〉에 제시하였다.

표 9-9   검사의 구성 및 내용

조합점수	지표	소검사	설명
일반능력 지수	언어이해	공통성	공통적인 사물이나 개념을 나타내는 2개의 단어가 제시되면 피검자는 그 둘이 어떠한 유사점이 있는지를 기술해야 한다.
		어휘	그림 문항의 경우 피검자는 시각적으로 제시되는 물체의 이름을 말해야 한다. 언어적 문항의 경우 인쇄된 글자와 동시에 구두로 제시되는 단어의 뜻을 말해야 한다.
		상식	폭넓은 영역의 상식에 관한 질문에 대답해야 한다.
		(이해)[4]	사회적 상황에 대한 일반적 원리와 이해에 근거해서 질문에 답해야 한다.
	지각추론	토막짜기	제한시간 내에 제시된 그림과 모형 또는 그림만 보고 빨간색과 흰색으로 이루어진 토막을 사용하여 똑같은 모양을 만들어야 한다.
		행렬추론	일부가 빠져 있는 매트릭스를 보고 행렬 매트릭스를 완성할 수 있는 반응 선택지를 골라야 한다.
		퍼즐	제한시간 내에 퍼즐을 보고 그 퍼즐을 만들 수 있는 3개의 반응을 찾아야 한다.
		(무게 비교)	제한시간 내에 양쪽 무게가 달라 균형이 맞지 않은 저울 그림을 보고 균형을 맞추는 데 필요한 반응을 찾는다.
		(빠진 곳 찾기)	사회적 상황에 대한 일반적 원리와 이해에 근거해서 질문에 답해야 한다.

		숫자	숫자 바로 따라 하기(8문항)에서 검사자가 읽어 준 일련의 숫자를 동일한 숫자로 기억해 내야 한다. 숫자 거꾸로 따라 하기(8문항)에서는 검사자가 읽어 준 일련의 숫자를 역순으로 기억해 내야 한다. 숫자 순서대로 따라 하기(8문항)에서는 검사자가 읽어 준 일련의 숫자를 작은 숫자부터 차례로 기억해 내야 한다.
인지효능 지수	작업기억	산수	제한시간 내에 일련의 산수 문제를 암산으로 풀어야 한다.
		(순서화)	검사자는 피검자에게 일련의 숫자와 글자를 읽어 주면 피검자는 숫자와 글자를 순서대로 회상해야 한다.
	처리속도	동형찾기	제한시간 내에 탐색 집단에서 표적 기호와 동일한 것을 찾아야 한다.
		기호쓰기	제한시간 내에 숫자와 짝지어진 기호를 옮겨 써야 한다.
		(지우기)	제한시간 내에 조직적으로 배열되어 있는 도형들 속에서 표적 모양을 찾아 표시해야 한다.

3) 실시 방법

K-WAIS-IV는 10개의 핵심 소검사(토막짜기, 공통성, 숫자, 행렬추론, 어휘, 산수, 동형찾기, 퍼즐, 상식, 기호쓰기)를 실시하여 지표점수와 전체 IQ를 산출한다. 보충 소검사는 주로 부가적인 임상 정보를 제공하기 위해 사용한다. 그러나 필요시 핵심 소검사를 대체해서 사용할 수 있다. K-WAIS-IV는 또한 다른 웩슬러 검사와 마찬가지로 소검사별로 시작점, 역순규칙 및 중지규칙이 있다. 검사 소요 시간은 10개 핵심 소검사만 실시할 경우, 약 70~80분이 소요되며, 15개의 모든 소검사를 실시할 경우, 약 80~100분이 소요된다.

4) 결과 해석

검사 결과는 전체지능지수, 일반능력지수, 인지효능지수로 제시된다. 구체적으로는, 원점수를 입력하면, 언어이해, 작업기억, 처리속도의 환산점수(표준점수)가 제시되며 소검사 환산점수들의 다양한 조합을 토대로 조합점수가 산출된다. 또한 소검사별로 소검사 환산점수와 평균 환산점수와의 차이를 비교하여 평균과의 차이

---

4) 괄호로 표시된 것은 '보충 소검사'임.

를 알고, 임계치를 분석하여 강점과 약점을 알 수 있다. 한편, K-WAIS-IV는 과정점수가 있는데, 검사 중 피검자의 반응 양상을 살펴봄으로써 도출된 점수에 대한 질적인 해석이 가능하다. 현재 토막짜기, 순서, 순서화 소검사에 과정점수가 개발되어 있다.

5. 한국 카우프만 아동지능검사-2판

1) 목적 및 대상

한국 카우프만 아동지능검사-2판(The Kaufman Assessment Battery for Children, Second Edition: KABC-II)(문수백, 2014)은 정보처리와 인지능력을 측정하는 개인 지능검사도구로서, 만 3~18세의 아동 및 청소년을 대상으로 한다. 한국판 KABC-II는 순차처리, 동시처리, 학습력, 계획력, 지식 등 광범위한 인지능력을 측정할 수 있으며, 이에 따라 교육적 측면에서 아동의 상태를 진단하고 중재 및 배치 계획을 세우는 데 활용할 수 있다. 또한 비언어성 척도를 포함하고 있어 언어장애나 다양한 문화적 배경을 가진 다문화가정의 아동과 청소년을 평가하는 데 유용하다.

2) 검사의 구성

한국판 KABC-II는 크게 5개 하위척도(순차처리, 동시처리, 계획력, 학습력, 지식)로 구성되어 있으며, 각 척도에 제시된 능력을 측정하기 위해 다양한 하위검사를 실시한다. KABC-II의 경우, 지능 이론에 따라 모델을 적용하여 검사를 실시한다. 구체적으로는 Luria와 Cattell-Horn-Carroll(CHC) 중 어떤 모델을 사용하느냐에 따라 인지처리척도(Mental Processing Index: MPI) 혹은 유동성 결정 척도(Fluid-Crystallized Index: FCI)로 산출된다. 모델별 하위척도 및 전체척도는 〈표 9-10〉에 제시하였다.

한국판 KABC-II는 총 18개의 하위검사(① 이름기억, ② 관계유추, ③ 얼굴기억, ④ 이야기완성, ⑤ 수회생, ⑥ 그림통합, ⑦ 빠른길찾기, ⑧ 이름기억-지연, ⑨ 표현어휘, ⑩ 언어지식, ⑪ 암호해독, ⑫ 삼각형, ⑬ 블록세기, ⑭ 단어배열, ⑮ 형태추리, ⑯ 손동작, ⑰ 암호해독-지연, ⑱ 수수께끼)로 구성되어 있다. 이 18개 하위검사는 핵심하위검사와 보

표 9-10   한국판 KABC-II의 척도와 모델(Luria 모델, CHC 모델)의 관계

KABC-II 척도		Luria 용어	CHC 용어
하위척도	순차처리	순차처리	단기기억
	동시처리	동시처리	시각처리
	학습력	학습력	장기기억
	계획력	계획력	유동성추론
	지식	–	결정성능력
전체척도		인지처리지표(MPI)	유동성-결정성지표(FCI)

충하위검사의 두 가지 유형으로 나뉘고, 이러한 검사의 유형은 피검자의 연령에 따라 달라진다. 피검자의 연령에 따라 실시하게 될 핵심하위검사와 보충하위검사는 [그림 9-6]에 제시하였다.

연령 3세

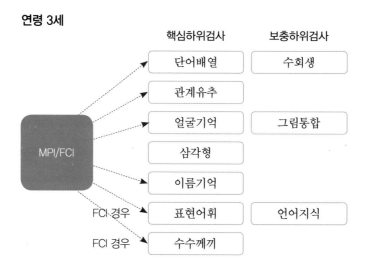

연령 4~6세

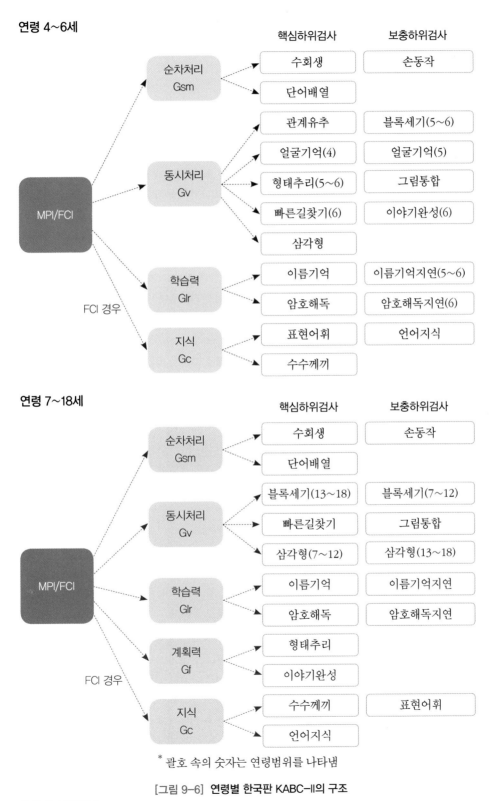

핵심하위검사 | 보충하위검사

순차처리 Gsm
- 수회생
- 단어배열
- 손동작

동시처리 Gv
- 관계유추
- 얼굴기억(4)
- 형태추리(5~6)
- 빠른길찾기(6)
- 삼각형
- 블록세기(5~6)
- 얼굴기억(5)
- 그림통합
- 이야기완성(6)

학습력 Glr
- 이름기억
- 암호해독
- 이름기억지연(5~6)
- 암호해독지연(6)

지식 Gc
- 표현어휘
- 수수께끼
- 언어지식

FCI 경우

연령 7~18세

핵심하위검사 | 보충하위검사

순차처리 Gsm
- 수회생
- 단어배열
- 손동작

동시처리 Gv
- 블록세기(13~18)
- 빠른길찾기
- 삼각형(7~12)
- 블록세기(7~12)
- 그림통합
- 삼각형(13~18)

학습력 Glr
- 이름기억
- 암호해독
- 이름기억지연
- 암호해독지연

계획력 Gf
- 형태추리
- 이야기완성

지식 Gc
- 수수께끼
- 언어지식
- 표현어휘

MPI/FCI

FCI 경우

*괄호 속의 숫자는 연령범위를 나타냄

[그림 9-6] **연령별 한국판 KABC-II의 구조**

출처: 문수백(2014).

5개의 하위척도(순차처리, 동시처리, 계획력, 학습력, 지식)별 하위검사, 실시 연령, 각 검사의 내용은 〈표 9-11〉에 제시하였다.

표 9-11 **한국판 KABC-II의 척도별 하위검사 및 내용**

척도	하위검사	실시 대상 연령			설명
		핵심	보충	비언어성	
순차처리/ Gsm	⑤ 수회생	4~18	3		검사자가 두 개에서 아홉 개 사이의 일련의 숫자들을 말하고 나서 아동이 그것을 똑같은 순서로 반복한다.
	⑭ 단어배열	3~18			검사자가 말한 물체의 이름 순서대로 아동이 그 물체에 해당하는 형태를 손으로 지적한다. 색깔말하기 같은 방해 과제를 자극과 반응 사이에 넣으면 과제가 더 어려워진다.
	⑯ 손동작		4~18	3~18	검사자가 여러 가지 손동작을 책상 위에서 만들어 보여 주면 아동은 검사자가 만들어 보여 준 동작들을 순서대로 그대로 따라한다.
동시처리/ Gv	⑬ 블록세기	13~18	5~12	7~18	아동이 블록이 쌓여 있는 사진을 보고 그 개수를 정확히 파악한다. 블록은 한 개 이상의 블록이 숨겨져 보이지 않거나 일부분이 숨겨져 보이지 않는 상태로 되어 있다.
	② 관계유추	3~6		3~6	아동이 4~5개 정도의 사진들을 보고 나머지 사진들과 어울리지 않는 한 개의 사진을 찾아낸다. 어떤 사진은 의미적인 자극이고 어떤 것은 추상적인 자극이다.
	③ 얼굴기억	3~4	5	3~5	아동에게 한 개 내지 두 개의 얼굴사진을 자세히 보게 한다. 그 사진 속의 사람이 다른 포즈로 여러 사람들과 함께 찍은 사진을 보여 주고 거기에서 그 사람을 찾도록 한다.
	⑮ 형태추리*	5~6			계획력/Gf척도 설명 참고
	⑦ 빠른길찾기	6~18			아동이 장난감 개를 격자모양의 장기판 위에 있는 뼈에 옮기도록 한다. 장기판 위는 바위나 잡초 등의 장애물이 있으며, 아동은 가장 적게 움직여서 뼈까지 갈 수 있는 길을 찾아야 한다.
	④ 이야기완성*		6		계획력/Gf척도 설명 참고

	⑫ 삼각형	3~12	13~18	3~18	아동은 추상적인 디자인이 있는 사진을 보고 그 디자인과 같은 모양이 되도록, 여러 개의 동일한 모양의 삼각형조각(한 쪽은 파란색, 다른 한 쪽은 노란색)을 조립한다. 검사자가 만들었거나 검사틀에 있는 모형을 아동이 보고 여러 색깔로 된 플라스틱 모양판을 사용하여 그 모형과 같은 모양을 만들게 한다.
	⑥ 그림통합		3~18		아동은 일부분만 완성된 잉크로 그려진 그림을 보고 생각으로 비어 있는 부분을 채워 그림에서 묘사된 물체나 동작의 이름을 만들거나 묘사하게 한다.
계획력/ Gf	⑮ 형태추리*	7~18		5~18	아동에게 논리적으로 연결된 패턴을 보여 준다. 이 패턴 중 하나가 빠져 있는데, 아동은 여기에 해당하는 것을 찾아야 한다. 아동은 검사틀의 하단부에 제시된 4~6개 정도의 예를 보고 그중에서 해당되는 모양을 찾아야 한다. 이 예들의 대부분은 추상적이고 기하학적인 형태지만 의미를 보여 주는 사진 같이 알기 쉬운 것도 있다.
	④ 이야기완성*	7~18		6~18	아동에게 어떤 이야기를 말하는 일련의 사진들을 보여 준다. 이 사진들 중 몇 장은 빠져 있으며 이 사진들을 다 보여 준 후, 아동에게 또 다른 몇 장의 사진을 보게 한다. 아동은 이 사진들 중에서 이야기를 이어 가는 데 필요한 사진들을 선택하여 그 사진들을 이야기 전개상 필요한 위치에 둔다.
학습력/ Glr	① 이름기억	3~18			검사자는 어류, 식물, 조개 등의 사진을 보여 주고 상상으로 만든 이름들을 아동에게 가르쳐 준다. 아동은 검사자가 그 사진들에 있는 물체의 이름을 부를 때 그 물체를 손으로 가리켜 배운 것을 안다는 것을 보여 준다.
	⑪ 암호해독	4~18			검사자는 각각의 수수께끼 그림에 연관된 단어나 개념을 아동에게 설명해 준다. 그리고 아동이 이 수수께끼 그림으로 이루어진 문구나 문장을 크게 읽도록 한다.
	⑧ 이름기억– 지연		5~18		검사자가 어류, 식물 또는 조개 등을 호명하면 아동은 15~20분 정도 전에 [1. 이름기억]에서 배운 사물의 이름을 생각해 내어 해당되는 물체를 손으로 가리킴으로써 기억이 지속됨을 보여 준다.

	⑱ 암호해독-지연		5~18		아동이 15~20분 정도 전에 [11.암호해독]에서 배운 조합된 연상들을 이용하여 같은 암호 그림들로 이루어진 문구나 문장들을 읽음으로써 기억이 지속됨을 보여 준다.
지식/ Gc (CHC 모델만 해당)	⑨ 표현어휘	3~6	7~18		아동이 사진에 있는 물체의 이름을 말하게 한다.
	⑱ 수수께끼	3~18			검사자가 물질적인 특징이나 추상적인 특징을 말하면, 아동이 해당되는 것을 손으로 가리키게 하거나(앞 번호 문항), 이름을 말하도록 한다(뒤 번호 문항).
	⑩ 언어지식	7~18	3~6		아동은 6개의 사진에서 특정 어휘의 의미를 나타내는 사진을 선택하거나, 일반적인 정보를 제시하는 신호에 대한 대답을 의미하는 사진을 선택한다.

* 형태추리, 이야기완성 검사는 두 개의 하위 척도에 중복 해당됨.

3) 실시 방법

한국판 KABC-II는 연령별로 [그림 9-6]에 제시된 검사를 실시한다. 각 하위검사는 1번 문항부터 시작하며, 중지규칙은 하위검사별로 다르다. 일반적으로 아동이 특정 개수의 문항에서 연속으로 0점을 받으면 소검사를 중지한다. 검사별로 세 가지 유형의 시간제한(자극문항 노출시간, 시간제한, 시간보너스 점수)이 있는데, 자극문항 노출 시간이 정해져 있는 검사가 [3. 얼굴기억]과 [1. 이름기억]이 있으며, 제한시간이 있는 검사로는 [13. 블록세기]와 [7. 빠른길찾기]가 있다. 이 외에 [12. 삼각형], [15. 형태추리], [4. 이야기완성] 검사에서는 정답반응속도에 따라 보너스 점수가 주어진다. 검사 소요 시간은 핵심하위검사를 실시할 경우, 연령별로 다르지만 Luria 모델은 약 25~60분, CHC 모델은 약 70분이 소요된다.

4) 결과 해석

한국판 KABC-II는 실시된 하위검사별로 원점수, 환산점수(평균 10, 표준편차 3), 백분위점수, 연령점수 등이 제시된다. 그리고 하위검사별 점수에 기초하여 전체척도와 5개의 하위척도의 표준점수(평균 100, 표준편차 15), 백분위점수, 백분위점수에 따른 수준을 제공한다. 또한 5개의 하위척도에 대해서 표준점수와 규준점수를 비교하여 개인 간 강점과 약점을 제시하고, 표준점수와 표준점수의 평균을 비교하여 개인 내 강점과 약점을 제시한다.

검사 결과는 다음의 순서를 따라 해석해 볼 수 있다. 첫째, 전체척도지수(MPI, FCI, NVI)를 해석한다. 둘째, 하위척도별 지수, 백분위를 통해 현행 수준을 확인하고, 표준점수를 분석하여 개인 내, 개인 간 강점과 약점을 확인한다. 셋째, 하위검사별로 점수, 백분위, 연령점수를 확인한다. 하위척도 및 하위검사 점수는 그래프로도 제시된다. 끝으로, 보충 검사를 실시할 경우, 검사 결과를 분석한다. [그림 9-7]은 CHC 모델을 이용한 검사 결과와 해석의 사례이다.

KABC-II Interpretive Report

| 2018/12/26 | Page 2 | | SAMPLE | 여 | 만 10세00개월 |

| 검사모델 | CHC | 연령확대 | X | 시간보너스 | X | 보충검사 | X | 대체검사 | X |

전체척도 지수

전체척도	하위검사 환산점수의합	표준점수(지수) M=100,SD=15	신뢰구간 90%	신뢰구간 95%	백분위	서술적범주
유동성-결정성지표(FCI)	39	57	54 - 60	53 - 61	0.2	매우 낮다

SAMPLE의 전반적인 지적능력의 정도를 나타내는 유동성-결정성지수(FCI)를 추정한 결과 57인 것으로 나타났다.
측정의 오차를 고려하여 95% 신뢰구간을 설정할 경우 SAMPLE의 실제 전체지능지수는53 - 61범위에 있을 것으로 추정된다.
SAMPLE의 유동성-결정성지수는 SAMPLE과 같은 나이 또래들의 능력과 비교할 때 백분위 0.2%에 해당되며 SAMPLE의 전반적인 지능수준은 매우 낮다

하위척도 지수

하위척도	하위검사 환산점수의 합	표준점수(지수) M=100,SD=15	신뢰구간 90%	신뢰구간 95%	백분위	서술적범주
순차처리/Gsm	10	71	65~77	64~78	3.0	보통 이하이다
동시처리/Gv	12	77	72~82	71~83	6.0	보통 이하이다
계획력/Gf	7	64	60~68	59~69	1.0	매우 낮다
학습력/Glr	6	61	55~67	53~69	0.5	매우 낮다
지식/Gc	4	56	51~61	50~62	0.2	매우 낮다
합 계	39					

KABC-II의 5개 하위지표별 지능지수를 추정한 결과,

SAMPLE의 순차처리 지수가 71인 것으로 나타났다.
순차처리능력/Gsm은 즉각적인 지각 속에 정보를 수 초동안 파지하면서 잊어버리기 전에 그 정보를 적절히 사용할 수 있는 능력이며 문제를 해결하기 위해 주어진 정보들을 순차적으로 연속적으로 조작할 수 있는 정보처리 능력을 나타낸다.
측정의 오차를 고려하여 95% 신뢰구간을 설정할 경우 SAMPLE의 실제 순차처리능력은 64~78범위에 있을 것으로 추정된다.
SAMPLE과 같은 나이 또래들의 순차처리능력과 비교할 때 SAMPLE의 순차처리능력은 백분위 3.0%에 해당되며 보통 이하이다

SAMPLE의 동시처리 지수가 77인 것으로 나타났다.
동시처리능력은 시/공간적인 패턴을 지각하고, 생각하고, 조작하고 실제로 해보지 않아도 정신적으로 대상을 공간에서 회전시켜 볼 수 있는 인지능력이다.
문제를 최대한 효율적으로 해석하기 위해서 주어진 개별적 정보들을 하나의 그룹으로 통합하거나 혹은 전체적으로 개념화되어 형태와 같이 시각적으로 통합하기 위해 사용되는 정보처리능력이다.
측정의 오차를 고려하여 95% 신뢰구간을 설정할 경우 SAMPLE의 실제 동시처리능력은 71~83범위에 있을 것으로 추정된다.
SAMPLE과 같은 나이 또래들의 동시처리능력과 비교할 때 SAMPLE의 동시처리능력은 백분위 6.0%에 해당되며 보통 이하이다

SAMPLE의 계획력지수는 64인 것으로 나타났다.
계획력은 새로운 문제를 적응적으로 융통성 있게 풀기위해 사용하는 다양한 정신적 조작능력을 말한다.
정신적 조작이란 귀납적, 연역적 추론을 적용하고 암시를 이해하고 추론을 형상화하는 것 등을 의미한다.
계획력에는 가설을 생성하고 계획을 행동으로 전환시키고 주어진 문제를 해결하기 위해 최상의 가설을 모니터링하고 평가하는 것(결정하기), 융통성, 그리고 충동성을 통제하는 것 등이 요구된다. 추상적인 추론 문제들을 효과적으로 푸는데 필요한 이러한 높은 수준의 기술들은 전두엽의 실행기능과 관련되어 있다.
측정의 오차를 고려하여 95% 신뢰구간을 설정할 경우 SAMPLE의 실제 계획력은 59~69범위에 있을 것으로 추정된다.
SAMPLE과 같은 나이 또래들의 계획력과 비교할 때 SAMPLE의 계획력은 백분위 1.0%에 해당되며 매우 낮다

SAMPLE의 학습력지수는 61인 것으로 나타났다.
학습력은 장기기억고에 정보를 능숙하게 그리고 효율적으로 저장, 검색, 그리고 인출하는 능력 모두를 포함하며 학습과제를 수행하기 위해서 선택적 주의, 유지, 집중이 과제를 성공적으로 수행하기 위한 필요조건이므로 Luria의 세 가지 기능적 단위 즉, 주의력, 순차처리/동시처리, 계획력의 세 가지 기능을 통합하는 능력이다.
측정의 오차를 고려하여 95% 신뢰구간을 설정할 경우 SAMPLE의 실제 학습력은 53~69범위에 있을 것으로 추정된다. SAMPLE과 같은 나이 또래들의 학습력과 비교할 때 SAMPLE의 학습력은 백분위 0.5%에 해당되며 매우 낮다

SAMPLE의 지식지수는 56인 것으로 나타났다.
결정성 능력인 지식은 개인이 자신이 속한 문화 내에서 획득한 특정한 지식의 양과 이러한 지식을 효율적으로 적용하는 능력을 나타내는 것이다.
지식수준은 특정한 정보의 넓이와 깊이를 나타내며 생활의 경험을 통해서 학습하는 과정에서 다른 많은 능력들의 작용으로 이루어진다.
획득된 지식은 언어적 처리과정이외에도 동기, 환경적 자극, 모국어, 학교의 질, 문화 혹은 하위문화에서 강조되는 교육의 내용, 독서의 양, 성취에 대한 아동의 요구, 아동의 성취에 대한 부모의 기대 등 여러 요인들에 영향을 많이 받는 능력이다.
측정의 오차를 고려하여 95% 신뢰구간을 설정할 경우 SAMPLE의 실제 지식수준은 50~62범위에 있을 것으로 추정된다. SAMPLE과 같은 나이 또래들의 지식과 비교할 때 SAMPLE의 지식은 백분위 0.2%에 해당되며 매우 낮다

개인간 및 개인내적 강/약 분석

하위척도	표준점수	규준적강약		표준점수 평균과의차이	개인내적 강/약 PS/PW(P<05)	차이점수빈도 <10%
		NS(>115)	NW(<85)			
순차처리/Gsm	71		NW	5.2	—	-
동시처리/Gv	77		NW	11.2	PS	-
계획력/Gf	64		NW	-1.8	—	-
학습력/Glr	61		NW	-4.8	—	-
지식/Gc	56		NW	-9.8	PW	-
평균	65.8					

규준적 강약판정

순차처리능력의 경우 : 표준점수가 85미만으로써 같은 연령대의 또래들에 비해 낮은 지적수준을 보여주고 있다.

동시처리능력의 경우 : 표준점수가 85미만으로써 같은 연령대의 또래들에 비해 낮은 지적수준을 보여주고 있다.

계획력의 경우 : 표준점수가 85미만으로써 같은 연령대의 또래들에 비해 낮은 지적수준을 보여주고 있다.

학습력의 경우 : 표준점수가 85미만으로써 같은 연령대의 또래들에 비해 낮은 지적수준을 보여주고 있다.

지식의 경우 : 표준점수가 85미만으로써 같은 연령대의 또래들에 비해 낮은 지적수준을 보여주고 있다.

개인내적 강약판정

순차처리능력의 경우 : SAMPLE의 순차처리능력은 다른 지적능력과 통계적으로 유의하게 차이가 없는 것으로 나타났다. 즉, SAMPLE의 순차처리능력은 개인내적으로 다른 지적능력들과 비슷한 수준을 지니는 것으로 나타났다.

동시처리능력의 경우 : SAMPLE의 동시처리능력은 다른 능력들 보다 통계적으로 유의하게 높은 것으로 나타났다. 즉, SAMPLE의 동시처리능력은 개인내적으로 다른 능력보다 상대적으로 우수한 것으로 볼 수 있다.

계획력의 경우 : SAMPLE의 계획력은 다른 지적능력과 통계적으로 유의하게 차이가 없는 것으로 나타났다. 즉, SAMPLE의 계획력은 개인내적으로 다른 지적능력들과 비슷한 수준을 지니는 것으로 나타났다.

학습력의 경우 : SAMPLE의 학습력은 다른 지적능력과 통계적으로 유의하게 차이가 없는 것으로 나타났다. 즉, SAMPLE의 학습력은 개인내적으로 다른 지적능력들과 비슷한 수준을 지니는 것으로 나타났다.

지식의 경우 : SAMPLE의 지식은 다른 능력들 보다 통계적으로 유의하게 낮은 것으로 나타났다. 즉, SAMPLE의 지식은 개인내적으로 다른 능력보다 상대적으로 낮은 것으로 볼 수 있다.

하위검사 점수

하위척도	하위검사	원점수	환산점수	백분위	연령점수	척도별 환산점수의 합
순차처리/Gsm	5.수회생	10	5	5.0	5:10	10
	14.단어배열	15	5	5.0	5:06	
동시처리/Gv	7.빠른길찾기	13	7	16.0	7:06	12
	12.삼각형	18	5	5.0	6:06	
계획력/Gf	4.이야기완성	9	4	2.0	5:08	7
	15.형태추리	8	3	1.0	6:00	
학습력/Glr	1.이름기억	27	2	0.4	3:04	6
	11.암호해독	21	4	2.0	5:04	
지식/Gc	10.언어지식	20	2	0.4	5:00	4
	18.수수께끼	10	2	0.4	4:00	

하위척도 및 하위검사 점수 프로파일 그래프

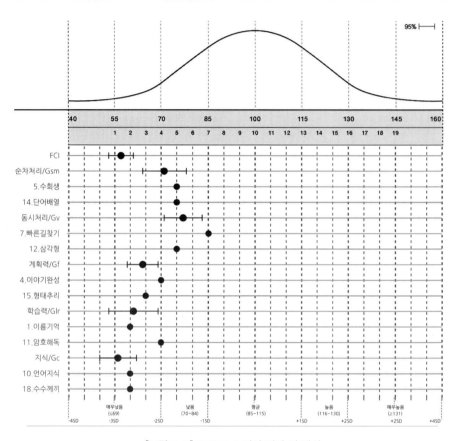

[그림 9-7] KABC-Ⅱ 검사 결과 및 해석

출처: 인싸이트(http://inpsyt.co.kr).

6. 국립특수교육원 한국형 개인 지능검사

1) 목적 및 대상

국립특수교육원 한국형 개인 지능검사(Korea Institute for Special Education-Korea Intelligence Test for Children: KISE-KIT)(박경숙, 정동영, 정인숙, 2002)는 우리나라의 문화적, 사회적 배경에 알맞게 구성한 아동·청소년의 지능을 측정하기 위한 도구이다. 만 5세 0개월부터 17세 11개월까지의 아동과 청소년을 대상으로 한다. KISE-KIT는 장애로 인해 지적 발달이 지체된 아동이나 청소년들의 지능도 측정할 수 있도록 쉬운 문항도 포함시켰다.

2) 검사의 구성

KISE-KIT는 크게 동작성 검사와 언어성 검사의 두 부분으로 구성되어 있으며, 총 12개의 소검사로 구성되어 있다. KISE-KIT의 소검사는 〈표 9-12〉에 제시하였으며, 각 소검사 앞에 제시된 숫자는 실시순서를 의미한다. 소검사들은 10개의 주요 소검사와 2개의 보충 소검사(수 기억, 손동작)로 나뉜다.

표 9-12 KISE-KIT 검사 구성 내용

동작성 검사	언어성 검사
1. 그림배열	2. 낱말이해
3. 이름기억	4. 계산
5. 칠교놀이	6. 낱말유추
7. 숨은그림	8. 교양
9. 그림무늬	10. 문제해결
11. 손동작(보충 소검사)	12. 수 기억(보충 소검사)

3) 실시 방법 및 결과 해석

KISE-KIT는 〈표 9-12〉에 제시된 순서대로 동작성 검사부터 시작하여 언어성 검사와 교대로 소검사를 하나씩 실시하도록 개발되었다. 피검자가 어떤 특정 소검사를 기피하는 등 순서대로 실시하는 것이 어려운 경우에는 소검사의 순서를 바꾸어 실시할 수 있다. 소검사는 총 12개로 구성되어 있지만, 검사를 실제로 실시할 때는 보충검사 2개를 제외하고 동작성 소검사 5개와 언어성 소검사 5개를 실시한다. 검사 소요 시간은 10개의 소검사를 실시하는 데 약 90~120분이 소요된다.

검사 결과는 언어성 지능지수, 동작성 지능지수, 전체 지능지수(평균 100, 표준편차 15인 표준점수)가 산출된다. 검사 결과는 최우수, 우수, 평균 상, 평균, 평균 하, 경계선, 지적장애로 분류되어 나타나며, 이러한 결과는 장애 진단 및 지원 계획의 수립 시 필요한 정보를 제공할 수 있다.

7. 한국판 라이터 비언어성 지능검사 개정판

1) 목적 및 대상

한국판 라이터 비언어성 지능검사 개정판(Korean-Leiter International Performance Scale-Revised: K-Leiter-R)(신민섭, 조수철, 2010)은 표준화된 비언어적인 지능검사 도구로서 유아들의 지적능력, 주의력 및 기억력을 평가하기 위한 검사이다. 이 검사는 또한 언어를 사용한 일반적인 지능검사가 불가능한 장애(예: 청각장애, 의사소통장애, 주의력결핍과잉행동장애, 학습장애, 뇌손상 등) 아동들의 지적 능력, 주의력 및 기억력을 평가할 때 유용하다. K-Leiter-R은 만 2세 0개월부터 7세 11개월까지의 유아 및 아동을 대상으로 한다.

2) 검사의 구성

K-Leiter-R은 크게 아동용 검사와 검사자용/부모용 평정척도의 두 부분으로 이루어져 있다. 검사는 '시각화 및 추론(Visualization and Reasoning: VR) 검사'와 '주의력 및 기억력(Attention and Memory: AM) 검사'로 구성되어 있다. VR 검사에는 9개의 소검사가 포함되어 있고 AM 검사에는 10개의 소검사가 포함되어 있으며, 아동의 연령에 따라 실시되는 소검사가 다르다. K-Leiter-R의 소검사별 실시 연령 및 내용은 〈표 9-13〉에 제시하였다.

표 9-13　K-Leiter-R 소검사 실시 연령 및 내용

	소검사	2~3세	4~5세	6~7세	내용
시각화 및 추론	1. 전경배경(FG)	○	○	○	숨은그림 찾기 게임: 복잡한 그림 자극 안에 숨겨진 그림이나 도형을 찾아내는 검사이다.
	2. 그림유추(DA)			○	알쏭달쏭 도형 맞추기 게임: 2열 2행, 4열 2행 및 그 이상의 복잡한 수열 내에서 기하학적인 도형을 사용하여 다음 빈칸에 올 문항을 유추하는 전통적인 수열유추검사이다. 보다 어려운 일부 문항은 도형에 대한 정신적 회전이 요구된다. 따라서 이 소검사는 공간능력과 관련이 있다.

3. 형태완성(FC)	○	○	○	모양 만들기 게임: 무선적으로 제시된 조각들로부터 '전체적인 대상'을 재인하는 능력을 평가하는 검사이다.
4. 짝짓기(M)	○	○	○	짝짓기 게임: 시각적 자극을 변별하여 짝을 짓는 검사로서, 검사틀에 제시된 자극과 똑같은 카드나 모양을 선택하면 된다.
5. 계기적 순서 추론(SO)	○	○	○	다음은 뭘까 게임: 그림이나 도형의 논리적인 진행 순서를 파악하는 검사로서, 진행 순서에 알맞은 일련의 카드를 선택하면 된다.
6. 반복패턴찾기 (RP)	○	○	○	순서대로 또 나와요: 반복되는 그림이나 도형의 패턴을 찾아내는 검사로서, 피검 아동은 반복되는 패턴의 '빠진' 부분에 해당하는 카드를 자극판의 배열에 맞게 채워 넣으면 된다.
7. 그림맥락추론 (PC)	○	○		어디에 맞을까 게임: 시각적인 맥락 단서를 사용해서 큰 그림판에 생략된 작은 그림의 모양(표시를 통해 빠진 위치를 알려 준다)을 재인하는 검사이다.
8. 범주화(C)	○	○		끼리끼리 맞추기 게임: 대상이나 기하학적 모형을 분류하는 검사이다.
9. 접힌형태추론 (PF)			○	접으면 뭐가 될까 게임: 이차원적으로 펼쳐져 제시된 대상을 머리 속에서 '접어 본 후' 그에 알맞은 대상을 찾는 검사이다.
주의력 및 기억력 10. 쌍대연합(AP)	○	○	○	짝 찾기 게임: 짝지어진 그림 쌍을 5초에서 10초 정도 보여 준 후, 관련이 있는 그림과 관련이 없는 그림 간의 연합에 대한 기억력을 평가한다. 이 검사는 연합-학습 과제와 유사하다.
11. 즉각재인(IR)		○	○	무엇이 빠졌을까 게임: 그림의 자극배열을 5초간 보여 준 후, 제시되거나 제시되지 않았던 대상을 식별하는 능력을 평가하는 검사이다. 이 소검사는 제시되지 않았던 대상이 카드에 포함되기 때문에 회상기억보다는 재인을 반영한다.
12. 바로 따라 기억하기(FM)	○	○	○	기억하는 게임: 검사자가 지적하는 그림의 순서를 차례대로 기억하는 능력을 알아보는 검사이다.
13. 지속적 주의력(AS)	○	○	○	같은 그림 찾기 게임: 종이에 그려져 있는 일련의 기하학적인 도형 중에서 특정 형태를 모두 찾아서 표시하는 것과 같이 '지속적이고 반복적인 과제'로 구성된다.

14. 거꾸로 따라 기억하기(RM)		○	거꾸로 기억하기 게임: 검사자가 지적하는 순서와 반대되는 순서로 그림의 배열을 기억하는 능력을 평가하는 검사이다. 바로 따라 기억하기 검사의 수행과 비교하는 것이 중요하다.
15. 대응도형찾기 (VC)		○	찾아 바꾸기 게임: 웩슬러 지능검사 기호쓰기 검사의 비언어적 버전으로, 그림 및 기하학적 대상과 숫자를 이용한다.
16. 공간기억(SM)		○	위치 외우기 게임: 격자무늬 판에 배열된, 점차 복잡해지는 그림을 10초간 보여 준 후, 방금 전에 보았던 그림의 카드를 빈 격자무늬 판이 정확한 위치에 놓을 수 있는 능력을 평가한다.
17. 지연쌍대연합 (DP)		○	짝 다시 찾기 게임: 쌍대연합검사를 실시한 지 30분 정도의 시간이 지난 후, 쌍대연합검사에서 학습했던 대상을 재인하는 능력을 알아보는 검사이다.
18. 지연재인(DR)	○	○	빠진 것 다시 찾기 게임: 즉각재인검사를 실시한 지 약 30분 후에, 즉각재인검사에서 제시했던 대상을 재인하는 능력을 알아보는 검사이다.
19. 분할주의력 (AD)		○	2RO 동시에 하기 게임: 분할주의력이 요구될 때, 주의력을 계속 유지할 수 있는 정도를 측정하는 검사이다. 이 검사도구에는 검사틀 안에 밝은 색깔의 그림이 그려진 그림 도면이 삽입될 수 있는 그림 도면 창이 포함된다. 삽입된 그림 도면을 일정한 시간간격에 따라 한 칸씩 움직이면 특정 수의 목표자극 그림을 나타내도록 제작된 '창'에 대상 그림이 나타난다. 아동은 검사자가 그림 도면 창에 끼워 넣은 그림 도면을 일정 간격으로 움직일 때마다 그림 도면 창에서 제시된 표적 대상을 지적해야 한다. 그와 더불어, 아동은 숫자가 적힌 카드를 순서대로 정렬하는 과제를 함께 수행해야 한다. 이 소검사는 그림 도면 창에 제시된 표적 대상을 지적하는 것과 숫자 카드를 순서대로 정렬하는 것 간에 주의를 분할하는 능력이 필요하다.

검사자 평정척도와 부모 평정척도는 아동에 대한 다차원적인 행동관찰 정보를 제공하는 척도이다. 검사자 평정척도는 8개의 하위척도(주의력, 조직화/충동통제, 활동수준, 사회성, 활력 및 감정, 조절 및 정서조절, 불안, 감각적 반응)로 구성되어 있으며,

부모 평정척도 또한 8개의 하위척도(주의력, 활동수준, 충동성, 적응능력, 기분과 자신감, 활력과 감정, 사회적 능력, 민감성과 생리적 조절반응)로 구성되어 있다. 두 개의 평정척도 모두 해당 하위척도에 따라 2개 영역(인지/사회, 정서/조절)의 복합점수로 산출된다.

3) 실시 방법

K-Lieter-R 검사에서는 VR 검사, AM 검사, 사회–정서 평정척도(부모용, 검사자용)는 목적에 따라 선택하여 사용할 수 있다. 사회–정서 평정척도의 경우 VR 혹은 AM을 실시한 직후 바로 실시한다. VR 및 AM 검사는 완벽하게 비언어적 방식으로 실시하게 되어 있다. 대부분의 소검사에서 반응은 0점(실패 혹은 틀림) 혹은 1점(통과 혹은 맞음)으로 채점한다. 사회–정서 평정척도 검사자용은 4점 척도(0=거의 그렇지 않다~3=항상 그렇다)로 작성하도록 개발되었으며, 부모용은 3점 척도(긍정적 행동 보임, 긍정적 행동과 부정적 행동 모두 보임, 부정적 행동 보임)로 작성하도록 개발되었다.

4) 결과 해석

검사 결과는 아동의 전체 지능의 수준을 해석하고, 복합점수를 분석하고, 각 소검사 수행 수준을 해석하여 질적 분석법을 이용해 분석 및 해석한다. 결과표에는 다음과 같은 다섯 가지 점수[① 지능점수, ② 성장점수, ③ 복합점수, ④ 소검사 환산점수, ⑤ 주의력 및 기억력(AM) 검사의 특수 진단 점수]를 확인할 수 있다. K-Lieter-R의 VR 검사 결과는 가장 먼저 두 가지 지능점수(전체지능 및 단축지능)와 두 가지 영역(유동적 추론 및 기본적 시각화)의 복합점수를 제공하며, 둘 다 표준점수(평균 100, 표준편차 15)로 산출된다. AM 검사는 6개 영역(기억선별, 연합기억, 기억폭, 주의력, 기억과정, 재인기억)의 복합점수를 제공하며 표준점수로 산출된다. 복합점수는 복합점수 하위 영역을 평가할 수 있을 뿐만 아니라, 지능검사와 복합검사 간 차이를 통해 아동의 강점과 약점을 평가할 때도 사용된다. 검사자용, 부모용 평정척도 결과는 두 가지 영역(인지/사회, 정서/조절)의 복합점수가 제시된다.

8. 종합인지기능 진단검사

1) 목적 및 대상

종합인지기능 진단검사(Cognitive Assessment System: CAS)(문수백, 이영재, 여광응, 조석희, 2007)는 미국의 Das Naglieri Cognitive Assessment System(Naglieri & Das, 1997)를 번안하여 한국의 아동들을 대상으로 표준화한 것이다. 이 검사는 신경심리학에 기초를 두고 상위인지 과정을 포함한 인지기능을 광범위하게 평가한다는 것이 특징이다. 따라서 검사의 목적은 계획기능(Planning), 주의집중(Attention), 동시처리(Simultaneous processing), 순차처리(Successive processing)라는 네 개의 주요 인지과정(PASS)을 측정하고 진단하며, 지능을 종합적으로 검사하는 것이다. 검사는 만 5세부터 12세까지의 아동들을 대상으로 하고, 지적장애, ADHD, 정서행동장애을 포함한 다양한 장애아동을 진단하는 데 활용할 수 있으며 비장애아동의 인지적 특성을 확인하는 데에도 활용할 수 있다.

2) 검사의 구성

CAS는 PASS-계획기능, 주의집중, 동시처리, 순차처리 이론에 근거하여 구성된 4개의 하위척도와 그 아래에 13가지 하위검사로 구성되어 있다. CAS의 하위척도 및 검사 내용은 〈표 9-14〉와 같다.

표 9-14   CAS의 척도 및 내용

척도		내용
계획기능	숫자 짝짓기	제시된 숫자들 중 같은 숫자 두 개 고르기
	부호쓰기	각 알파벳에 지정된 기호짝을 해당 칸에 채우기
	순서잇기	숫자나 문자들 간의 정해진 순서대로 연결하기
주의집중	표현 주의력	제시된 시각적 그림에 대한 내용을 언어적으로 올바르게 응답하기
	숫자찾기	일련의 제시된 숫자들 중 외각선으로 표기된 숫자들 찾아내기
	수용 주의력	제대로 짝지어진 쌍에 밑줄 긋기

동시처리	도형 유추	전체 도형의 빈 공간에 적합한 모양 찾기
	언어-공간 관계	제시된 그림 중 언어적 질문에 부합하는 그림 고르기
	도형기억	제시된 자극을 5초간 보여 주고, 사라진 그림 재인하기
순차처리	단어계열	불러 준 단어 그대로 따라하기
	문장반복	불러 준 그대로 문장 따라하기
	말하기 속도 (5~7세용)	불러 준 단어 10번 빠르게 답하기
	문장이해 (8~12세용)	지시문을 읽어 주고 그에 대해 답하기

3) 실시 방법 및 결과 해석

검사는 실시요강에 제시된 방법(앞서 제시한 내용 참조)과 절차에 따라 검사를 실시한다. 검사 결과는 13개 하위검사별로 척도점수(평균이 10이고 표준편차가 3인 표준점수)를 제공하고, 4개 하위척도와 전체척도별로 해당 하위검사의 척도점수의 합에 의해 백분위점수와 표준점수(평균 100, 표준편차 15)를 제공한다.

●■■ · 생각해 볼 문제

1. 한국 웩슬러 아동지능검사-5판(K-WISC-V)을 통해 피검자에 대해 수집할 수 있는 정보는 어떠한 것들이 있는지 설명해 보시오.
2. 다음 표는 한국 카우프만 아동지능검사-2판(한국판 KABC-II)의 검사 결과의 일부이다. 표에서 제시된 값을 보고 검사 결과를 해석해 보시오.

전체척도	하위검사 환산점수의 합	표준점수(지수) M=100, SD=15	신뢰구간 90%	신뢰구간 95%	백분위	서술적 범주
유동성-결정성 지표(FCI)	50	65	62~68	61~69	1.0	매우 낮다

제10장
학습 영역 검사

학습 영역 검사는 학생들의 학업능력 및 학습준비도를 측정하기 위해 사용된다. 학습 영역 검사는 일반적으로 기능 교과인 읽기, 쓰기, 수학 검사로 구성되어 있다. 이 장은 읽기, 쓰기, 수학을 중심으로 학습능력 평가를 위한 검사와 교육과정중심평가로 구성하였다. 학습능력 평가로는 국립특수교육원 기초학습능력검사, 조기 읽기 및 수학 검사, 읽기 성취 및 읽기 인지처리능력 검사를 소개하였으며, 교육과정중심평가로는 기초학습기능 수행평가체제 읽기검사, 수학검사, 쓰기검사를 소개하였다.

1. 국립특수교육원 기초학습능력검사

1) 목적 및 대상

국립특수교육원 기초학습능력검사(National Institute for Special Education-Basic

Academic Competence Test: NISE−B・ACT)(이태수 외, 2017)는 학생들의 기초학습능력을 평가하여 특수교육대상자와 학습부진 학생들을 선별 및 진단할 수 있는 검사도구이다. NISE−B・ACT에서 기초학습능력이란 아동이 학습을 함에 있어 가장 기초적이고 기본적으로 활용할 수 있는 학습능력으로서 도구적 기능을 수행하는 학습능력으로 정의하고, 읽기와 쓰기, 그리고 수학이라는 세 가지 학습능력을 포함하였다. NISE−B・ACT의 검사는 만 5세 0개월 0일부터 14세 11개월 30일까지의 아동 및 청소년을 검사 대상으로 한다.

2) 검사의 구성

NISE−B・ACT의 검사는 읽기, 쓰기, 수학의 세 가지 영역의 소검사로 구성되어 있으며, 각 영역의 최근 이론적 동향과 교육과정 특성을 고려하여 개발되었다. NISE−B・ACT의 검사의 구성 모형은 [그림 10−1]과 같다.

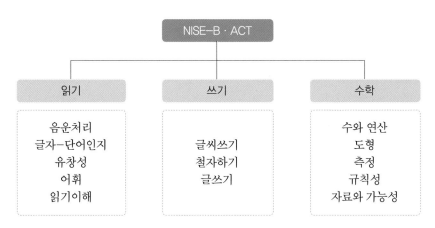

[그림 10−1] **NISE−B・ACT의 구성 모형**

(1) 읽기

NISE−B・ACT의 읽기 검사는 음운처리, 글자−단어인지, 유창성, 어휘, 읽기이해라는 다섯 가지 영역으로 구성되어 있다. 읽기 검사의 구인 및 검사 내용은 〈표 10−1〉에 제시하였다.

표 10-1 읽기 검사의 구인 및 측정 내용

소검사	구인		측정 내용	문항 수	실시 학년
I. 음운처리	음절 합성		음절을 듣고 합성하기	8	유치원~ 초 1
	음절 탈락		음절을 듣고 탈락시키기	8	
	음절 변별		음절을 듣고 변별하기	8	
	음절 대치		음절을 듣고 다른 음절로 대치시키기	8	
	음소 변별		첫음소 변별, 가운데음소 변별, 끝음소 변별	10	
	빠른 자동 이름대기		제한시간 내에 빠르고 정확하게 사물을 인지	1	유치원~ 초 1
			제한시간 내에 빠르고 정확하게 색깔을 인지	1	
II. 글자- 단어인지	글자	자음	예사소리, 울림소리, 거센소리, 목청소리, 된소리 인지	20	유치원~ 초 2
		모음	단모음, 이중모음 인지		
		음절	자음+모음, 자음+모음+받침으로 구성된 음절 인지		
	단어	규칙	음운변동이 없는 고빈도, 저빈도, 무의미 단어 인지	40	유치원~ 초 2
		불규칙	음운변동이 있는 고빈도, 저빈도, 무의미 단어 인지	40	
III. 유창성	글 읽기 유창성		비문학 지문을 빠르고 정확하게 읽기	1	초 2~6
			문학 지문을 빠르고 정확하게 읽기	1	
IV. 어휘	단어가 뜻하는 그림 찾기		단어의 의미에 알맞은 그림 찾기	9	유치원~ 초 2
	반대말		반대말 말하기	14	초 2~ 중 3
	비슷한말		비슷한말 말하기	13	
	유추		단어의 의미와 단어들 간의 관계 알기	10	
	빈칸채우기		문장 안에서 단어의 의미 파악하기	13	
V. 읽기이해	문장 이해		문장을 읽고 동작으로 표현하기	10	유치원~ 초 2
			문장의 내용에 알맞은 그림 고르기		
			글을 읽고 그림 카드를 순서에 맞게 배열하기		
	짧은 글 이해		짧은 글의 내용에 대한 사실적 이해	7	초 2~중 3
	긴 글 이해		긴 글의 내용에 대한 사실 및 추론적 이해	10	초 3~중 3

(2) 쓰기

쓰기검사는 글씨쓰기, 철자하기, 글쓰기라는 세 가지 영역으로 구성되어 있다. 쓰기 검사의 하위 영역별 구체적인 평가 내용 및 문항 수는 〈표 10-2〉에 제시하였다.

표 10-2　쓰기 검사의 구인 및 검사 내용

소검사	구인	측정 내용	문항 수	실시 학년
Ⅰ. 글씨쓰기	쓰기 준비도 글씨의 질	선 따라 그리기/ 도형 똑같이 그리기/같은 글자 찾기/글자 모양과 이름 알기/글자 및 낱말의 조성	7	유치원~초 2
		줄 · 칸에 대한 인식/글자의 모양/쓰기속도	5	
Ⅱ. 철자하기	받아쓰기	낱말/구/문장을 듣고 맞춤법에 맞게 쓰기	11	유치원~중 3
	옳은 철자 쓰기	맞춤법이 틀린 낱말 고치기 의미에 맞는 정확한 낱말 고르기	9	
	기억해서 쓰기	낱말과 문장을 기억해서 쓰기	8	
Ⅲ. 글쓰기	문장 완성하기	문장카드*퍼즐 완성하기 문장에 어울리는 공통된 낱말 찾기 논리적 흐름에 맞게 연결되는 문장 쓰기	10	유치원~중 3
	문법 지식	문장부호, 높임말, 문장성분, 교정부호, 외래어 알기, 주어-서술어 호응	9	
	짧은 글짓기 이야기 구성하기	제시된 낱말로 짧은 글짓기하기 그림카드 배열하여 이야기 구성하기	5	
	쓰기 유창성	교실 내 물건의 이름 빠르게 쓰기 끝말잇기 주어진 시간 내에 제시된 낱말로 문장 만들기	4	

* 표시가 있는 항목에서는 문장카드 또는 그림카드가 사용되므로 검사를 실시하기 전 미리 검사지 옆에 해당 패키지를 준비해 둔다.

(3) 수학

수학 검사는 수와 연산, 도형, 측정, 규칙성, 자료와 가능성이라는 다섯 가지 영역으로 구성하였다. 수학 검사의 하위 영역별 구체적인 평가내용 및 문항 수는 〈표 10-3〉에 제시하였다.

표 10-3 수학 검사의 구인 및 검사 내용

소검사	구분		측정 내용	문항 수	실시 학년
I. 수와 연산	산술	기본 수준	네 자리 이하의 수, 두 자릿수의 덧셈과 뺄셈, 곱셈 구구	53	유치원~중 3
		중간 수준	다섯 자리 이상의 수, 세 자릿수의 덧셈과 뺄셈, 곱셈, 나눗셈, 자연수의 혼합계산, 분수, 소수, 분수와 소수의 덧셈과 뺄셈		
		상위 수준	약수와 배수, 분수의 덧셈과 뺄셈, 분수의 곱셈과 나눗셈, 소수의 곱셈과 나눗셈, 분수와 소수, 소인수분해		
	유창성		덧셈, 뺄셈	30	초 1~초 4
			곱셈, 나눗셈	22	초 3~초 6
II. 도형		기본 수준	입체 도형의 모양, 평면도형의 모양, 평면 도형과 그 구성요소	16	유치원~중 3
		중간 수준	도형의 기초, 평면 도형의 이동, 원의 구성요소, 여러 가지 삼각형, 여러 가지 사각형, 다각형		
		상위 수준	합동과 대칭, 직육면체와 정육면체, 각기둥과 각뿔, 원기둥과 원뿔, 입체도형의 공간 감각		
III. 측정		기본 수준	양의 비교, 시각 읽기, 시각과 시간, 길이	20	유치원~중 3
		중간 수준	시간, 길이, 들이, 무게, 각도, 어림하기(반올림, 올림, 버림), 수의 범위(이상, 이하, 초과, 미만)		
		상위 수준	평면도형의 둘레와 넓이, 무게와 넓이의 여러 가지 단위, 원주율과 원의 넓이, 겉넓이와 부피		
IV. 규칙성		기본 수준	규칙 찾기	15	유치원~중 3
		중간 수준	규칙 찾기, 규칙과 대응		
		상위 수준	비와 비율, 비례식과 비례 배분, 정비례와 반비례, 문자의 사용과 식의 계산, 일차 방정식, 좌표 평면과 그래프, 일차 함수와 그래프		
V. 자료와 가능성		기본 수준	분류하기, 표 만들기, 그래프 그리기	14	유치원~중 3
		중간 수준	자료의 정리, 막대그래프와 꺾은선그래프		
		상위 수준	가능성과 평균, 자료의 표현, 비율 그래프(띠그래프, 원그래프), 자료의 정리와 해석		

3) 실시 방법

NISE-B·ACT는 한 번의 회기에 검사 전체를 시행하는 것이 일반적이나, 피검자의 피로도 등을 고려하여 읽기, 쓰기, 수학 검사로 쪼개서 검사를 실시할 수 있다. 검사는 일대일로 실시한다. 읽기 검사의 경우, 검사 대상의 학년 수준에 맞게 소검사 및 소검사 내 하위검사들을 선정하여 검사 기록지에 제시된 순서대로 실시하는 것을 기본으로 한다. 검사는 '음운처리', '글자·단어인지', '유창성', '어휘', '읽기이해' 순으로 실시하며, 하위검사별로 1번 문항부터 검사를 실시한다. 검사 시간은 '빠른 자동 이름대기'(제한시간 1분)와 '유창성'(제한시간 1분) 외에는 제한시간이 없으며, 문항별 점수는 '유창성'을 제외한 모든 문항에서 맞으면 1점, 틀리면 0점으로 채점한다. 읽기검사에서는 검사 결과, 심한 학습지체를 보일 경우, 보완검사를 실시한다. 이는 검사 조건에서 제시된 '실시 학년'보다 아래 단계의 소검사를 실시하도록 하여 학생의 읽기 특성을 구체적으로 살펴볼 수 있도록 하기 위한 것이다. 학년별 보완검사 실시조건 및 영역은 검사요강에 제시되었다.

쓰기 검사의 경우, 검사 대상의 학년 수준에 맞게 소검사를 선정하여 검사 기록지에 제시된 순서대로 검사를 실시한다. 검사는 '글씨쓰기', '철자하기', '글쓰기' 순으로 실시하며, 하위 영역별로 1번 문항부터 검사를 실시한다. 검사 시간은 쓰기 유창성을 평가하는 문항 외에는 제한시간이 없으며, 문항에 따라 30초, 1분, 1분 30초의 제한시간이 있다. 문항별 점수는 채점 기준에 따라 3점 척도(0점=틀림, 1점=일부만 맞음, 2점=모두 맞음)로 채점한다.

수학 검사의 경우, 검사 대상의 학년 수준에 맞게 소검사를 선정하여 검사 기록지에 제시된 순서대로 검사를 실시한다. 검사는 '수와 연산', '도형', '측정', '규칙성', '자료와 가능성' 순으로 실시한다. 수학 검사에서는 학생의 연령(학년)을 고려하여 하위 영역별로 시작 문항이 다르며, 연속 3개 문항에서 오류를 보이면 원 시작점 문항보다 아래 학년에 배당된 번호의 문항에 대한 검사를 실시한다. 피검자의 연령보다 높은 수준의 문항에 대해서는 3개 문항에서 연속해서 답을 못할 경우 검사를 중지한다. 또한 수와 연산 검사의 보충검사로 연산 유창성 검사가 있다. '연산유창성 1(덧셈, 뺄셈), 연산유창성 2(곱셈, 나눗셈)'로 구성되어 있으며, 피검자의 학년에 따라, 그리고 산출된 규준에 따라 하위검사를 선정하여 검사를 실시한다. 수학 검사에서는 연산유창성 검사(각각 제한시간 3분) 외에는 제한시간이 없으며, 문항별 점수는 맞으면 1점, 틀리면 0점으로 채점한다.

4) 결과 해석

검사 결과는 각 영역별로 원점수를 입력하면, 표준점수, 백분위점수, 학력지수(평균 100, 표준편차 15) 및 학년규준이 산출되어 제시된다. 학력지수 결과에 따른 진단적 분류는 〈표 10-4〉에 제시하였다.

표 10-4 NISE-B · ACT 검사의 학력지수에 대한 진단적 분류

학력지수	분류	포함 비율(%)
130 이상	최우수(Very Superior)	2.3
115~129	우수(Superior)	13.6
105~114	평균 상(High Average)	21.2
95~104	평균(Average)	25.8
85~94	평균 하(Low Average)	21.2
70~84	학습지체(Under Achievement)	13.6
69 이하	심한 학습지체(Severe Under Achievement)	2.3

다음은 읽기 검사 결과와 그에 대한 해석 사례이다. 강지민(가명)은 현재 초등학교 2학년 1학기에 재학 중이며 나이는 만 8세에 해당한다. 따라서 음운처리 검사는 제외하고, 나머지 네 가지 소검사를 실시하였다. 읽기 검사 결과는 〈표 10-5〉와 같다. 결과에 대한 프로파일은 [그림 10-2]에 제시하였으며, 소검사별 해석과 총평을 제시하였다.

표 10-5 읽기 검사 결과

소검사	음운처리	글자-단어인지	유창성	어휘	읽기이해	읽기능력
원점수	–	89	222	20	5	–
표준점수	–	9	4	8	4	77
백분위	–	37.00	2.00	25.00	2.00	6.00
학력지수	–	평균	학습지체	평균 하	학습지체	학습지체
학년규준	–	초 2-1학기	유치원-1학기	초 1-1학기	유치원-1학기	초 1-1학기

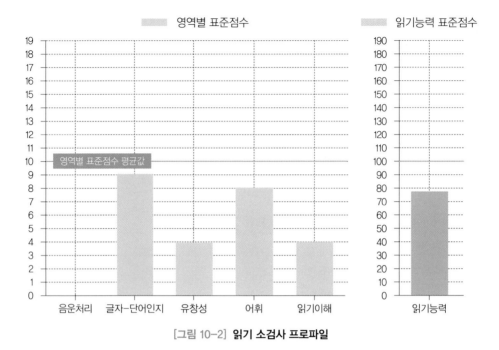

[그림 10-2] **읽기 소검사 프로파일**

읽기 소검사 영역별 해석

글자/단어인지 영역의 원점수는 89점이고, 표준점수는 9점, 백분위점수는 37.00점에 해당한다. 이러한 결과에 기초한 학력지수 분류는 **평균** 수준에 해당하며, 학년규준은 **초 2–1학기**에 해당한다.

유창성 영역의 원점수는 222점이고, 표준점수는 4점, 백분위점수는 2.00점에 해당한다. 이러한 결과에 기초한 학력지수 분류는 **학습지체** 수준에 해당하며, 학년규준은 **유치원–1학기**에 해당한다.

어휘 영역의 원점수는 20점이고, 표준점수는 8점, 백분위점수는 25.00점에 해당한다. 이러한 결과에 기초한 학력지수 분류는 **평균 하** 수준에 해당하며, 학년규준은 **초 1–1학기**에 해당한다.

읽기이해 영역의 원점수는 5점이고, 표준점수는 4점, 백분위점수는 2.00점에 해당한다. 이러한 결과에 기초한 학력지수 분류는 **학습지체** 수준에 해당하며, 학년규준은 **유치원–1학기**에 해당한다.

이상의 영역별 점수를 종합적으로 분석하면, 피검 학생은 표준점수가 10점 미만인 **글자–단어인지** 영역, **유창성** 영역, **어휘** 영역, **읽기이해** 영역에서 약점이 있음을 알 수 있다. 또한 개인 내적인 측면에서 다른 영역에 비하여 **글자/단어인지** 영역에서 강점이 있고, **유창성** 영역에서 약점이 있음을 알 수 있다.

읽기 검사 총평

피검 학생에 대한 **읽기** 검사 결과, 소검사 영역지수별 합산점수의 학력지수는 77점이고, 학력지수 분류는 **학습지체** 수준에 해당한다. 백분위점수는 6.00%이며, 학년 규준은 **초 1–1학기**에 해당한다.

다음은 쓰기 검사 결과와 해석 사례이다. 강지민(가명)은 현재 초등학교 2학년 1학기에 재학 중이며 나이는 만 8세에 해당한다. 따라서 쓰기 소검사 세 가지를 모두 실시하였다. 쓰기 검사 결과는 〈표 10-6〉과 같다. 검사 결과에 대한 프로파일은 [그림 10-3]과 같이 제시되며, 소검사별 해석과 총평을 제시하였다.

표 10-6 쓰기 검사 결과

소검사	글씨쓰기	철자하기	글쓰기	쓰기능력
원점수	22	25	24	–
표준점수	10	9	8	95
백분위	50.00	37.00	25.00	37.00
학력지수	평균	평균	평균 하	평균
학년규준	초 2-1학기	초 1-2학기	초 1-2학기	초 1-2학기

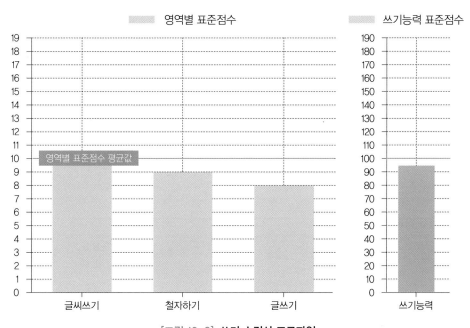

[그림 10-3] 쓰기 소검사 프로파일

쓰기 소검사 영역별 해석

글씨쓰기 영역의 원점수는 22점이고, 표준점수는 10점, 백분위점수는 50.00점에 해당한다. 이러한 결과에 기초한 학력지수 분류는 **평균** 수준에 해당하며, 학년규준은 **초 2–1학기**에 해당한다.

철자하기 영역의 원점수는 25점이고, 표준점수는 9점, 백분위점수는 37.00점에 해당한다. 이러한 결과에 기초한 학력지수 분류는 **평균 수준**에 해당하며, 학년규준은 **초 1–2학기**에 해당한다.

글쓰기 영역의 원점수는 24점이고, 표준점수는 8점, 백분위점수는 25.00점에 해당한다. 이러한 결과에 기초한 학력지수 분류는 **평균 하** 수준에 해당하며, 학년규준은 **초 1–2학기**에 해당한다.

이상의 영역별 점수를 종합적으로 분석하면, 피검 학생은 표준점수가 10점 이상인 **글씨쓰기** 영역에서 강점이 있고, 표준점수가 10점 미만인 **철자하기** 영역, **글쓰기** 영역에서 약점이 있음을 알 수 있다. 또한 개인 내적인 측면에서 다른 영역에 비하여 **글씨쓰기** 영역에서 강점이 있고, **글쓰기** 영역에서 약점이 있음을 알 수 있다.

쓰기 검사 총평

피검 학생에 대한 **쓰기** 검사 결과, 소검사 영역지수별 합산점수의 학력지수는 95점이고, 학력지수 분류는 **평균** 수준에 해당한다. 백분위점수는 37.00%이며, 학년 규준은 **초 1–2학기**에 해당한다.

다음은 수학 검사 결과와 해석 사례이다. 김건호(가명)는 현재 초등학교 5학년 1학기에 재학 중이며 나이는 만 11세에 해당한다. 따라서 수학 소검사 다섯 가지를 모두 실시하였다. 수학 검사 결과는 〈표 10-7〉과 같다. 김건호 학생의 경우, 검사 결과 학년규준이 2학년으로 산출되었고, 따라서 수와 연산에 대한 보충검사인 덧셈과 뺄셈에 대한 유창성 검사(연산유창성 1)를 실시하였다. 검사 결과에 대한 프로파일은 [그림 10-4]와 같이 제시되며, 소검사별 해석과 총평을 제시하였다.

표 10-7 수학 검사 결과

소검사	수와 연산 (산술)	유창성 1	유창성 2	도형	측정	규칙성	자료와 가능성	수학능력
원점수	10	6		8	7	6	4	–
표준점수	2			6	7	7	6	72
백분위	0.40			9.00	16.00	16.00	9.00	3.00
학력지수	심한 학습 지체			학습지체	평균 하	평균 하	학습지체	학습지체
학년규준	초 2–1 학기	초 1–1 학기		초 3–2 학기	초 3–1 학기	초 2–1~ 초 3–1학기	초 1–1 학기	초 2–2 학기

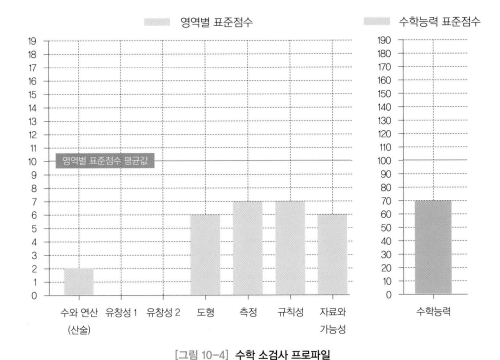

[그림 10-4] **수학 소검사 프로파일**

수학 소검사 영역별 해석

수와 연산(산술) 영역의 원점수는 10점이고, 표준점수는 2점, 백분위점수는 0.40점에 해당한다. 이러한 결과에 기초한 학력지수 분류는 **심한 학습지체** 수준에 해당하며, 학년규준은 **초 2-1학기**에 해당한다.

유창성 1 영역의 원점수는 6점에 해당한다. 이러한 결과에 기초한 학년규준은 **초 1-1학기**에 해당한다.

도형 영역의 원점수는 8점이고, 표준점수는 6점, 백분위점수는 9.00점에 해당한다. 이러한 결과에 기초한 학력지수 분류는 **학습지체** 수준에 해당하며, 학년규준은 **초 3-2학기**에 해당한다.

측정 영역의 원점수는 7점이고, 표준점수는 7점, 백분위점수는 16.00점에 해당한다. 이러한 결과에 기초한 학력지수 분류는 **평균 하** 수준에 해당하며, 학년규준은 **초 3-1학기**에 해당한다.

규칙성 영역의 원점수는 6점이고, 표준점수는 7점, 백분위점수는 16.00점에 해당한다. 이러한 결과에 기초한 학력지수 분류는 **평균 하** 수준에 해당하며, 학년규준은 **초 2-1학기~초 3-1학기**에 해당한다.

자료와 가능성 영역의 원점수는 4점이고, 표준점수는 6점, 백분위점수는 9.00점에 해당한다. 이러한 결과에 기초한 학력지수 분류는 **학습지체** 수준에 해당하며, 학년규준은 **초 1-1학기**에 해당한다.

이상의 영역별 점수를 종합적으로 분석하면, 피검 학생은 표준점수가 10점 미만인 **수와 연산(산술)** 영역, **도형** 영역, **측정** 영역, **규칙성** 영역, **자료와 가능성** 영역에서 약점이 있음을 알 수 있다. 또한 개인 내적인 측면에서 다른 영역에 비하여 **측정** 영역에서 강점이 있고, **수와 연산(산술)** 영역에서 약점이 있음을 알 수 있다.

> **수학 검사 총평**
>
> 피검 학생에 대한 **수학** 검사 결과, 소검사 영역지수별 합산점수의 학력지수는 72점이고, 학력지수 분류는 **학습지체** 수준에 해당한다. 백분위점수는 3.00%이며, 학년 규준은 **초 2–2학기**에 해당한다.

2. 조기 읽기 및 수학 검사

1) 목적 및 대상

조기 읽기 및 수학 검사(Early-Reading and Math Test: E-RAM)(김애화, 유현실, 김의정, 2014)는 만 5~7세 아동의 읽기 및 수학 능력을 평가하는 것을 목적으로 한다. E-RAM은 대상아동의 읽기 및 수학 능력을 조기에 평가하여 향후 읽기 및 수학 영역에서의 능력을 예측할 수 있다. 이 검사는 초등학교 교육과정이 시작되기 전에 읽기 및 수학 영역에서 어려움을 보일 위험성을 가진 아동(예: 난독증 위험군)을 선별하여, 조기에 중재를 제공할 수 있다는 점이 특징이다. 검사 대상은 만 5~7세 아동을 대상으로 하되, 검사의 지시문을 이해할 수 있는 아동이어야 한다.

2) 검사의 구성

E-RAM은 조기 읽기 검사와 조기 수학 검사로 구성되어 있다. 조기 읽기 검사는 만 5~7세 공통으로 음운인식, 자모지식, 빠른 자동 이름대기로 구성되어 있는 데 비해 조기 수학 검사는 만 5세용과 만 6세용이 구분되어 있다. 만 5세의 경우 수량변별과 빈칸에 알맞은 수 넣기로, 만 6~7세의 경우 수량변별과 간단뺄셈으로 구성되어 있다. 각 소검사의 하위검사와 각 소검사에 대한 내용은 〈표 10-8〉과 같다.

표 10-8 E-RAM의 하위검사와 내용

	소검사	하위검사	측정 내용
조기 읽기 검사	음운인식	음절분리 음절탈락 음절대치 음소변별 음소대치	• 말소리를 얼마나 정확하게 식별하고 조작할 수 있는지를 측정 • 향후 읽기 성취도에 대한 예측도가 높은 음운인식 단위(음절인식, 음소인식)와 과제유형(변별, 분리, 탈락, 대치)을 반영하여 5개 하위검사를 구성
	자모지식	자음이름 모음이름	• 자모의 이름을 얼마나 정확하게 말하는지를 측정 • 향후 읽기 성취도에 대한 예측도가 높은 자음이름과 모음이름으로 하위검사를 구성
	빠른 자동 이름대기	글자	• 장기기억에 저장된 음운정보를 얼마나 빠르고 정확하게 인출하는지를 측정(제한시간 1분) • 향후 읽기 성취도에 대한 예측도가 높은 빠른 자동 이름대기-글자로 하위검사를 구성
조기 수학 검사 (만 5세용)	수량변별	1~20까지의 수	• 두 수의 크기를 얼마나 빠르고 정확하게 변별할 수 있는지를 측정(제한시간 1분) • 1~20까지의 수 중 두 수를 무작위로 추출하여 검사를 구성
	빈칸에 알맞은 수 넣기	1~20까지의 수	• 수 선(number line)에서 빠진 숫자를 얼마나 빠르고 정확하게 인지하는지를 측정(제한시간 1분) • 1~20까지의 수 중 연속적인 세 수를 무작위로 추출하여 검사를 구성
조기 수학 검사 (만 6~7세용)	수량변별	1~99까지의 수	• 두 수의 크기를 얼마나 빠르고 정확하게 변별할 수 있는지를 측정(제한시간 1분) • 1~99까지의 수 중 두 수를 무작위로 추출하여 검사를 구성
	간단뺄셈	한 자릿수	• 간단뺄셈의 답을 얼마나 빠르고 정확하게 답할 수 있는지를 측정(제한시간 1분) • '한 자릿수-한 자릿수' 뺄셈 문항으로 무작위 표본 추출하여 검사를 구성

3) 실시 방법

E-RAM은 개별검사이며, 검사 실시 순서는 다양한 유형 중 선택하여 실시할 수 있다. E-RAM의 모든 소검사는 1번부터 실시한다. 조기 읽기 검사의 모든 소검사는 중지점이 있고, 중지점은 소검사별로 차이가 있다. 조기 수학 검사에는 중지점이 없다. 검사 시간의 경우, 조기 읽기 검사에서는 빠른 자동 이름대기 소검사에서만 제한시간이 있으며, 조기 수학 검사는 모든 소검사에서 제한시간이 있다. 소검사별 제한시간은 〈표 10-8〉에 제시하였다. 문항별 점수는 맞으면 1점, 틀리면 0점으로 채점한다.

4) 결과 해석

음운인식과 자모지식을 제외한 모든 소검사는 하나의 하위검사로 구성되어 있다. 하나의 하위검사로 구성되어 있는 소검사는 문항별 점수를 합산하여 소검사의 원점수를 산출한다. 음운인식과 자모지식 검사는 하위검사들의 원점수를 먼저 산출한 다음, 이들을 합산하여 소검사의 총 원점수를 산출한다. 검사 결과는 원점수를 입력하면, 규준에 따른 환산점수(평균 10, 표준편차 3), 지수점수(평균 100, 표준편차 15), 백분위, 신뢰구간이 산출된다. 산출된 점수에 따른 수준 분류는 〈표 10-9〉에 제시하였다. 또한 전체 읽기검사 점수(환산점수의 합)의 백분위가 16 이하에 속하면 읽기 위험군으로 선별하고, 전체 수학검사 점수(환산점수의 합)의 백분위가 16 이하에 속하면 수학장애 위험군으로 선별하여 교육적 지원을 받을 것을 제안한다.

표 10-9 E-RAM 검사 결과에 따른 분류

		환산점수	지수점수	백분위
상위 수준		13 이상	111 이상	76 이상
정상 수준	평균 수준	10~12	97~110	40~75
	평균 이하 수준	8~9	86~96	17~39
위험 수준		7 이하	85 이하	16 이하

3. 읽기 성취 및 읽기 인지처리능력 검사

1) 목적 및 대상

읽기 성취 및 읽기 인지처리능력 검사(Test of Reading Achievement and Reading Cognitive Process Ability: RA-RCP)(김애화, 김의정, 황민아, 유현실, 2014)는 아동의 읽기 성취와 읽기와 관련된 인지처리능력을 측정하기 위한 검사이며 읽기장애학생의 진단과정에도 활용될 수 있다. RA-RCP는 초등학교 1~6학년 학생을 대상으로 하되, 지시문을 이해할 수 있는 학생이어야 한다. RA-RCP는 읽기 성취와 읽기 관련 인지처리능력을 분리하여 평가한다는 점에서 다른 검사와 차이가 있다.

2) 검사의 구성

RA-RCP는 크게 읽기 성취 검사와 읽기 인지처리능력 검사로 나뉜다. 읽기 성취 검사는 '단어인지, 읽기유창성, 읽기이해' 3개의 소검사를 포함하며, 읽기 인지처리능력 검사는 '자모지식, 빠른 자동 이름대기, 음운기억, 문장 따라 말하기, 듣기이해, 어휘' 6개의 소검사를 포함한다. 읽기 성취와 읽기 인지처리능력 검사의 소검사 및 소검사별 하위검사는 〈표 10-10〉에 제시하였다. 그리고 읽기 성취와 읽기 인지처리능력 검사의 하위 영역(단어인지, 읽기유창성, 읽기이해)을 구성하고 있는 소검사들은 〈표 10-11〉에 제시하였다. 검사 결과는 소검사별로 산출되기도 하지만, 전반적인 결과는 영역별로 산출되며 따라서 각 영역을 구성하고 있는 소검사와 그 소검사를 구성하고 있는 하위검사를 인지하고 있어야 한다.

표 10-10 RA-RCP 소검사 및 하위검사

구분	소검사	하위검사
읽기 성취 검사	단어인지	① 고빈도 음운변동 의미 단어, ② 저빈도 규칙 의미 단어 ③ 저빈도 음운변동 의미 단어, ④ 규칙 무의미 단어 ⑤ 음운변동 무의미 단어
	읽기유창성	① 이야기글, ② 설명글
	읽기이해	① 이야기글, ② 설명글
읽기 인지처리능력 검사	자모지식	① 자음이름, ② 모음이름, ③ 초성소리, ④ 종성소리
	빠른 자동 이름대기	① 글자
	음운기억	① 숫자 바로 따라하기, ② 숫자 거꾸로 따라하기
	문장 따라 말하기	① 문장
	듣기이해	① 이야기글
	어휘	① 반대말, ② 비슷한말

표 10-11 RA-RCP의 하위 영역별 소검사 구성

	읽기 영역		
	단어인지	읽기유창성	읽기이해
읽기 성취 검사	전체 읽기 성취		
	• 단어인지	• 읽기유창성	• 읽기이해
읽기 인지 처리능력 검사	전체 읽기 인지처리능력		
	• 자모지식 • 빠른 자동 이름대기 • 음운기억 • 어휘	• 빠른 자동 이름대기 • 어휘	• 문장 따라 말하기 • 듣기이해 • 어휘

3) 실시 방법

RA-RCP 검사는 어휘를 제외한 모든 검사를 일대일로 실시한다. 9개 소검사의 실시 순서는 다양한 유형 중 하나를 선택하여 실시할 수 있다. 모든 소검사는 1번부터 시작하지만, 소검사들 중 일부는 중지점이 있고(단어인지, 자모지식, 빠른 자동 이름대기, 음운기억, 문장 따라 말하기), 일부는 중지점이 없다(읽기유창성, 읽기이해, 듣기

이해, 어휘). 중지점의 기준은 소검사별로 차이가 있다. 검사 소요 시간은 학년 및 개인별로 차이가 있지만 대략 1시간 30분~2시간 정도 소요되며, 읽기유창성 검사와 빠른 자동 이름대기 검사만 제한시간이 있다. 채점은 읽기유창성과 어휘를 제외한 모든 소검사에서 문항별로 맞으면 1점, 틀리면 0점으로 한다. 읽기유창성의 점수는 학생이 올바르게 읽은 어절 수로 산출한다. 어휘에서는 맞으면 2점, 부분 점수 1점 (정답 어휘와 품사나 활용형이 다른 경우에는 부분 점수 1점을 부여), 틀리면 0점으로 매긴다.

4) 결과 해석

RA-RCP는 문장 따라 말하기, 빠른 자동 이름대기, 듣기이해를 제외한 모든 소검사는 하나 이상의 하위검사로 구성되어 있다. 따라서 각 소검사의 원점수를 산출하기 위해서는 각 소검사를 구성하고 있는 하위검사들의 원점수를 먼저 산출한 다음, 하위검사들의 원점수를 합산하여 소검사의 총 원점수를 산출한다. 원점수를 입력하면, 9개 소검사별로 환산점수(평균 10, 표준편차 3)가 산출된다.

또한 RA-RCP의 읽기 성취 검사의 4개 영역(단어인지 성취, 읽기유창성 성취, 읽기이해 성취, 전체 읽기 성취)과 읽기 인지처리능력 검사의 4개 영역(단어인지 인지처리능력, 읽기유창성 인지처리능력, 읽기이해 인지처리능력, 전체 읽기 인지처리능력)에 대한 환산점수의 합이 산출되면서, 지수점수(평균 100, 표준편차 15), 백분위, 신뢰구간이 산출된다. 지수점수와 백분위점수에 따른 수준은 〈표 10-12〉에 제시하였다. [그림 10-5]와 [그림 10-6]에서는 읽기 영역의 지수점수, 백분위, 신뢰구간과 그에 따른 진단 결과의 사례를 제시하였다.

표 10-12 RA-RCP 검사 결과에 따른 분류

		지수점수	백분위
상위 수준		111 이상	76 이상
정상 수준	평균 수준	97~110	40~75
	평균 이하 수준	86~96	17~39
위험 수준		85 이하	16 이하

읽기 영역의 지수점수 프로파일

	단어인지 성취	읽기 유창성 성취	읽기 이해 성취	전체 읽기 성취	단어인지 인지처리 능력	읽기 유창성 인지처리 능력	읽기이해 인지처리 능력	전체 읽기 인지처리 능력
	57	65	84	62	72	76	82	76

읽기 영역의 지수점수 및 백분위 점수

영역	소검사	환산 점수의 합	지수 점수	백분위	신뢰구간 90%	신뢰구간 95%
단어인지 성취	1. 단어인지	1	57	0.2	51-63	50-64
읽기 유창성 성취	2. 읽기 유창성	3	65	1.0	58-72	57-73
읽기 이해 성취	3. 읽기 이해	7	84	14.0	70-98	68-100
전체 읽기 성취		11	62	1.0	53-71	52-72
단어인지 인지처리 능력	4. 자모지식 5. 빠른 자동 이름대기 6. 음운기억 9. 어휘	23	72	3.0	62-82	60-84
읽기 유창성 인지처리 능력	5. 빠른 자동 이름대기 9. 어휘	10	76	5.0	68-84	67-85
읽기이해 인지처리 능력	7. 문장 따라 말하기 8. 듣기이해 9. 어휘	20	82	12.0	69-95	67-97
전체 읽기 인지처리능력		53	76	5.0	66-86	64-88

➜ **지수점수** : 각 읽기 영역에 속하는 소검사들의 환산점수의 합을 구하고, 이를 평균 100, 표준편차 15의 분포로 변환한 점수.
➜ **백분위** : 전체집단을 100으로 보았을 때, 개인의 점수가 밑에서부터 몇 번째에 해당하는가를 나타내는 수치.
➜ **신뢰구간** : 측정의 표준오차를 고려하여 제공되는 대상 학생의 추정된 지수점수가 놓여있는 점수의 범위.

[그림 10-5] RA-RCP 영역별 결과

종합 결과

SAMPLE 님의 읽기 하위 영역별 결과는 다음과 같습니다.

첫째, SAMPLE님의 단어인지 성취와 단어인지 인지처리능력은 모두 위험 수준입니다. 따라서, '단어인지 읽기장애'를 의심해 볼 수 있으니, 아래의 '읽기장애 진단 결과'를 검토하시기 바랍니다.

둘째, SAMPLE님의 읽기유창성 성취와 읽기유창성 인지처리능력은 모두 위험 수준입니다. 따라서, '읽기유창성 읽기장애'를 의심해 볼 수 있으니, 아래의 '읽기장애 진단 결과'를 검토하시기 바랍니다.

셋째, SAMPLE님의 읽기이해 성취와 읽기이해 인지처리능력은 모두 위험 수준입니다. 따라서, '읽기이해 읽기장애'를 의심해 볼 수 있으니, 아래의 '읽기장애 진단 결과'를 검토하시기 바랍니다.

읽기 장애 진단결과

↓ 본 결과는 검사의 점수와 지능점수를 고려하여 읽기장애를 진단 할 수 있습니다.

	단어인지 읽기장애	읽기유창성 읽기장애	읽기이해 읽기장애
단어인지 성취	0.2		
읽기유창성 성취		1.0	
읽기이해 성취			14.0
단어인지 인지처리능력	3.0		
읽기 유창성 인지처리능력		5.0	
읽기이해 인지처리능력			12.0
지능	81		

본 검사 및 지능검사 결과에 따르면, SAMPLE 님은 중복 읽기장애로 진단할 수 있습니다.

[그림 10-6] RA-RCP 결과에 따른 해석

4. 기초학습기능 수행평가체제

1) 목적 및 대상

기초학습기능 수행평가체제(Basic Academic Skills Assessment: BASA)는 기초학습기능, 즉 읽기, 수학, 쓰기 영역의 기능 수행 수준을 선별 및 진단할 수 있으며, 학생의 학습 진전도를 모니터링할 수 있는 진단 평가 체제이다. BASA는 실시 대상 및 평가 영역에 따라 총 8종의 검사로 구성되어 있다. 만 4세 이상을 대상으로 하는 초기문해, 초기수학 검사와 초등학교 1학년 이상을 대상으로 하는 읽기, 수학, 쓰기 검사 그리고 3학년 이상을 대상으로 하는 읽기이해, 어휘, 수학문장제 검사가 있다. BASA 검사는 학습부진 및 학습장애를 진단할 수 있으며, 또한 중재를 위한 형성평가 도구로서의 기능도 한다. BASA는 다음과 같은 측면에서 다른 검사도구와 차이가 있다. 첫째, 교육과정에 기초한 평가도구(Curriculum-Based Measurement: CBM)로서, 학생이 실제로 학습한 내용을 평가하고 그 결과를 중재 계획의 수립 및 변경에 활용할 수 있도록 개발되었다. 둘째, 실시가 간편하고 시간과 비용이 적게 든다. 셋째, 학습 효과 확인 및 진전도 점검 및 중재 계획 수립에 유용하다. 학생의 현행 수준, 즉 기초선(baseline)을 측정하고 목표선을 설정한 다음, 중재에 따른 진전도 모니터링을 통한 목표 또는 중재 방법의 수정을 결정하는 것 등에 검사 결과를 활용할 수 있다.

BASA는 〈표 10–13〉과 같이 초기문해, 읽기, 어휘, 읽기이해, 초기수학, 수학, 수학문장제, 쓰기로 구성되어 있다.

표 10–13 BASA 검사의 구성

구분	읽기(Reading)	수학(Arithmetic)	쓰기(Writing)
기초	BASA–초기문해(EL) (음운인식)	BASA–초기수학(EN) (수감각)	–
유창성	BASA–읽기 (음독유창성, 읽기이해)	BASA–수학 (연산유창성)	–
심화	BASA–어휘 BASA–읽기이해	BASA–수학 문장제	BASA–쓰기검사 (작문/생각쓰기)

2) 읽기 검사의 구성

BASA–읽기 검사는 '초기문해', '읽기(유창성)', '어휘', '읽기이해' 검사로 구성되어 있다. 또한 각각은 기초평가와 형성평가로 나뉘어 있다.

(1) BASA–초기문해 검사

BASA–초기문해 검사는 만 4세 이상을 검사 대상으로 하며, 아동의 초기문해 수행 수준과 발달 정도를 반복적으로 평가하고 진전도를 측정함으로써 읽기와 관련된 문제를 예방할 수 있다. 이 검사는 기초평가와 형성평가 두 가지로 구성되어 있으며, 하위검사 및 구체적인 내용은 〈표 10–14〉와 같다. 검사 결과는 각 하위 영역

표 10-14 BASA: 초기문해 검사의 하위 영역 및 내용

구분	하위 영역	내용
기초평가	음운인식	구어의 음운에 대한 외현적 접근과 인식을 의미하며, 음절과 음소를 각각 변별, 합성, 탈락, 대치의 네 가지 유형으로 나누어 측정
	음운적 작업기억	정보를 처리하는 동안 작업기억에서 정보를 효율적으로 유지하기 위해 문자 상징을 소리에 기초한 표상체계로 재부호화하는 것으로 숫자회상 검사와 무의미 단어회상 검사로 측정
	음운적 정보회상: RAN	문자 상징을 소리에 기초한 체계로 재부호화함으로써 문자단어로부터 어휘 참조로 접근하는 것을 의미하며, 빠른 이름대기(RAN)로 측정
	단어인지	시각적으로 제시된 단어를 해독하고, 그것을 말소리로 바꾸고 말소리에 해당하는 어휘를 자신의 심성어휘집에서 탐색하여 의미와 연결짓는 것을 말하며 '제시된 단어를 얼마나 정확하게 읽는가'로 측정
	읽기유창성 (선택)	단어를 읽는 속도와 정확성 혹은 힘들이지 않고 유창하게 소리 내어 읽을 수 있는 능력으로 '주어진 시간 내에 얼마나 많은 글자를 정확하게 읽는가'로 측정
형성평가	음운인식	구어의 음운에 대한 외현적 접근과 인식을 의미하며, 음절과 음소를 각각 변별, 합성, 탈락, 대치의 네 가지 과제 유형으로 나누어 측정

별로 피검자의 원점수를 입력하면, 표준점수(T점수), 백분위점수, 연령점수 등이 산출된다. 또한 백분위점수를 기준으로 단계를 정하여 현재 수준에 대한 설명도 제시된다.

(2) BASA-읽기 검사

　BASA-읽기 검사는 초등학교 1학년 이상의 학생을 검사 대상으로 하며, 학생의 읽기유창성을 통하여 읽기 능력을 진단한다. 이 검사는 기초평가와 형성평가 두 가지로 구성되어 있으며, 형성평가를 활용하여 진전도를 점검한다. BASA-읽기 검사의 하위검사 및 구체적인 내용은 〈표 10-15〉와 같다. 읽기검사자료 1은 읽기 유창성을 측정하기 위한 것으로 개인검사이다. 읽기검사자료 2는 독해력을 측정하는 집단검사이다. 읽기검사는 읽기검사자료 1(읽기유창성)을 3회 실시하여 원점수의 중앙값을 산출하고, 읽기검사자료 2(빈칸채우기)를 1회 실시하여 원점수를 산출한다.

표 10-15 **BASA: 읽기 검사의 하위 영역 및 내용**

구분	하위검사	내용
기초평가	읽기검사자료 1 (읽기유창성)	개인검사로서 학생들이 1분 내에 얼마나 많은 글자를 정확하게 읽는가를 측정
	읽기검사자료 2 (빈칸채우기)	독해력을 간접적으로 측정할 수 있는 집단용 검사로서 3분 내에 문맥에 맞는 적절한 단어를 선택하는 능력 측정
형성평가	읽기검사자료 (읽기유창성)	기초평가를 통해 읽기수행 수준을 확인한 후, 다양한 이야기 자료를 활용하여 지속적으로 대상아동의 읽기유창성 발달을 측정

검사 결과는 표준점수(T점수), 백분위점수, 학년점수 등이 제공된다. 또한 기초평가를 통하여 기초선을 확인하고 학년규준에 맞추어 목표선을 설정하며, 형성평가를 통하여 발달선이 산출된다.

(3) BASA-어휘 검사

BASA-어휘 검사는 초등학교 3학년 이상의 학생을 검사 대상으로 하며, 학생의 어휘력을 조기에 진단하여 중재를 제공할 수 있도록 개발되었다. 이 검사는 어휘 지식 학습 과정을 대표하는 명시적 정의, 어휘와 제시되는 상황적 맥락, 형태소 분석의 하위 영역으로 구성되어 있으며, 영역별로 다양한 형태의 문항으로 개발되었다. BASA-어휘 검사는 학생들의 유창성을 평가하기 위해 검사시간을 15분으로 제한하였다. BASA-어휘 검사는 3학년부터 6학년까지 학년별로 구성되어 있으며, 기초평가와 진전도 모니터링을 목적으로 하는 6개의 형성평가로 구성되어 있다.

(4) BASA-읽기이해 검사

BASA-읽기이해 검사는 초등학교 3학년 이상의 학생을 검사 대상으로 하며, 학습자의 읽기이해력을 진단하고 평가 결과에 따른 중재를 제공할 수 있도록 개발되었다. 읽기이해 검사는 사실적 이해, 추론적 이해, 평가적 이해의 하위 영역으로 구성되어 있다. 읽기이해검사는 사지선다형으로 개발되었다. BASA-읽기이해 검사는 학생들의 유창성을 평가하기 위해 검사시간을 15분으로 제한하였다. 읽기이해 검사는 3학년부터 6학년까지 학년별로 구성되어 있으며, 각각은 기초평가와 형성평가로 구성되어 있다.

3) 수학 검사의 구성

BASA 검사는 수학 학습부진 및 학습장애를 진단할 수 있으며, 중재를 위한 형성 평가 도구로서의 기능도 한다.

BASA-수학 검사는 '초기수학', '수학(연산 유창성)', '수학 문장제' 검사로 구성되어 있다. 또한 각각은 기초평가와 형성평가로 나뉘어 있다.

(1) BASA-초기수학 검사

BASA-초기수학 검사는 만 4세 이상을 검사 대상으로 하며, 아동의 수감각 능력 발달 정도를 평가할 수 있는 검사이다. 이 검사는 기초평가와 형성평가 두 가지로 구성되어 있으며, 하위 영역 및 구체적인 내용은 〈표 10-16〉과 같다.

표 10-16　BASA-초기수학 검사의 하위 영역 및 내용

하위 영역	검사 내용	문항 수
수인식	1~100까지의 수를 빠르고 정확하게 읽는 능력 측정	80
빠진 수 찾기	1~20까지의 수 중 연속된 세 수에서 수들의 배열 규칙을 찾아 빠진 수를 인식하는 능력 측정	30
수량변별	두 수 중 어떤 수가 더 큰지를 변별하는 능력 측정	40
추정	수직선 위에서 수의 위치를 추정해 보는 능력 측정	30

BASA-초기수학 검사는 수 인식, 빠진 수 찾기, 수량변별, 추정 검사의 순으로 진행된다. 각 소검사는 1분 동안 실시되며, 아동이 정답을 말하면 1점으로 처리하고, 틀리거나 3초 이상 머뭇거리면 정답을 말해 주고 0점으로 처리한 후 다음 문항으로 넘어간다. 1분 동안 아동이 정확하게 대답한 개수를 검사지에 기록한다. 기초평가를 통해 아동의 현재 수준을 점검하고, 형성평가를 이용하여 지속적으로 유아의 초기수학 학습능력을 확인함으로써 발달 정도를 파악하고 궁극적으로 수학 학습에 필요한 능력을 증진시킬 수 있다.

(2) BASA-수학 검사

BASA-수학 검사는 초등학교 1학년 이상의 학생을 검사 대상으로 한다. 이 검사는 수학 연산 문제를 빠르고 정확하게 푸는 능력을 측정한다. BASA-수학 검사는 네 가지 검사로 구성되어 있다. 초등학교 1, 2, 3학년의 교육과정을 반영하여, I단계 검사는 1학년 수준, II단계 검사는 2학년 수준, III단계 검사는 3학년 수준, 통합단계는 1, 2, 3학년의 내용을 모두 다루는 덧셈, 뺄셈, 곱셈, 나눗셈으로 이루어진 사칙연산의 문항들로 구성되어 있다.

BASA-수학 검사 또한 기초평가와 형성평가 두 가지로 구성되어 있다. BASA-수학 검사를 실시할 때, 초등학교 1학년 학생에게는 I단계와 통합단계를, 초등학교 2학년 학생에게는 II단계와 통합단계를, 초등학교 3학년 이상 학생에게는 III단계와 통합단계 검사를 세 번 실시한다. 학년 수준과 통합 수준 점수 중 자신이 원하는 수준의 검사지에서 얻은 점수들 중 중앙값을 기초선으로 삼고, 형성평가를 실시할 때도 선택한 수준의 검사지를 이용한다. 검사 결과는 원점수, 백분위점수, 표준점수, 학년점수, 백분위점수에 따른 단계 및 해석이 제공된다. 검사 결과 백분위가 15% 이하인 경우에는 아래 학년 수준의 검사를 실시하여 백분위점수를 확인한다. 이와 같은 과정을 거쳐, 기초평가를 통하여 기초선을 확인한 다음, 형성평가를 통하여 진전도를 점검한다. BASA-수학 검사는 채점 시 문제풀이 과정을 포함하여 맞힌 숫자의 수, 즉 정확하게 쓴 자릿수만큼 점수화하는 Correct Digits 방식을 채택하여, 오류분석을 통해 학생의 특성 및 진전도를 보다 상세하게 분석할 수 있다. 검사 소요시간은 약 25분이다. 검사 결과는 표준점수, 백분위점수, 학년점수 등을 제공한다.

(3) BASA-수학 문장제 검사

BASA-수학 문장제 검사는 초등학교 3학년 이상의 학생을 검사 대상으로 한다. 이 검사는 수학 문장제 문제를 푸는 능력을 측정하여 학생들의 현재 수학 문제해결력을 파악한다. BASA-수학 문장제 검사는 3학년부터 6학년까지 학년별로 구성되어 있으며, 기초평가와 형성평가로 구성되어 있다.

BASA-수학 문장제 검사는 학년에 맞는 검사를 선정하여 실시한다. 각 문항은 문장제 문제와 함께 식과 답을 쓰는 칸이 있으며, 학생들이 이를 모두 작성하도록 되어 있다. 검사 채점은 식 점수, 답 점수, 자릿수 점수를 부여하게 되어 있으며, 식 점수는 식이 맞으면 2점, 틀리면 0점(예외적인 경우에 해당할 때 1점 부여할 수 있음)

을 부여하며, 답 점수는 답이 맞으면 1점, 틀리면 1점을 부여한다. 또한 자릿수 점수는 답의 자릿수별 숫자 하나당 1점씩 매기는 방식으로 배점을 참고하여 채점한다. BASA-수학 문장제는 총 12세트로 구성되어 학생의 수학 문제해결력 진전도를 측정할 수 있도록 개발되었다.

4) 쓰기 검사의 구성

BASA-쓰기 검사는 초등학교 1학년 이상의 학생을 검사 대상으로 하며, 쓰기 유창성 검사 등을 통해 학생의 쓰기 능력을 정량적, 정성적으로 평가할 수 있는 검사이다. 이 검사는 기초평가와 형성평가 두 가지로 구성되어 있으며 하위 영역 및 구체적인 내용은 〈표 10-17〉과 같다.

BASA-쓰기 검사는 기초평가를 실시할 때 이야기 서두 제시 검사를 1회 실시하는 것을 원칙으로 하되, 아동의 검사수행 태도에 근거하여 검사 결과를 신뢰하기 어려울 때는 이야기 서두 제시 검사를 총 2회 실시하여 더 높은 점수를 채택한다. 채점은 정량적 평가(정확한 음절의 수)와 5점 척도의 정성적 평가(글의 형식, 글의 조직, 글의 문체, 글의 표현, 글의 내용, 글의 주제)의 방식으로 이루어진다. 정량적 평가를 기본으로 하되, 필요한 경우 부가적으로 정성적 평가를 겸해서 실시한다. 기초평가가 완료되

표 10-17 BASA-쓰기 검사의 하위 영역 및 내용

구분	하위 영역	내용
기초평가	정량적 평가	쓰기 유창성을 측정하기 위해 실시되며, 학생이 쓴 글에서 정확한 음절의 수를 계산하여 기록한다. 정확한 음절의 수는 총 음절에서 오류의 수를 뺀 값이다. 이를 위해 아동이 쓴 글에서 발견된 오류를 유형에 따라 기호로 표시해 두어야 하며 오류의 유형에는 '소리 나는대로 쓰기', '삽입', '대치', '생략'이 포함됨
	정성적 평가	부가적인 평가로서 아동의 쓰기 능력에 대한 구체적인 정보를 얻기 위해 실시되며, 이야기 서두 제시 검사에서 학생이 쓴 글에 대해 '글의 형식', '글의 조직', '글의 문체', '글의 표현', '글의 내용', '글의 주제' 영역으로 나누어 분석적으로 평가함
형성평가	정량적 평가	기초평가를 통해 쓰기 수행 수준을 확인한 후, 다양한 이야기 서두를 활용하여 지속적으로 대상아동의 쓰기 발달을 모니터링할 수 있음. 매 검사 회기마다 검사자는 무선적으로 하나의 검사자료를 실시함

면 정량적 평가의 원점수를 근거로 기초평가 기록지를 작성한다. 이러한 기초평가를 통하여 아동의 기초선을 확인하고 이후의 형성평가를 통하여 아동의 지속적인 성장을 점검한다. 형성평가를 통한 쓰기(작문) 유창성의 진전도 모니터링은 정량적 평가 결과를 활용한다. 검사 결과는 표준점수, 백분위점수, 학년점수 등이 제공된다.

5) 실시 방법

BASA의 전반적인 검사 실시 단계와 이에 따른 교육계획의 순서도는 [그림 10-7]에 제시하였다.

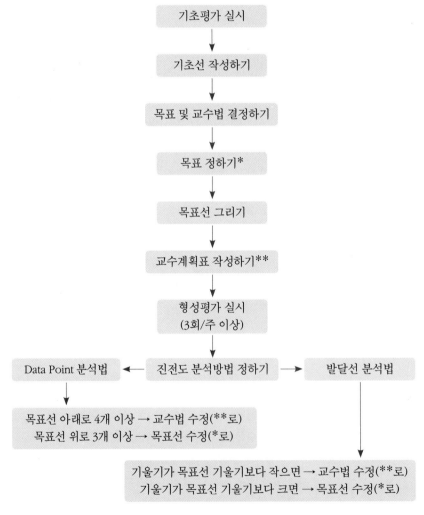

[그림 10-7] BASA 검사 단계와 교육 계획

BASA-읽기 검사를 사례로 검사 실시 방법을 살펴보면, 먼저, 기초평가용으로 제작된 읽기검사자료 1(읽기유창성)을 3회 실시하여 원점수의 중앙값을 산출하고, 읽기검사자료 2(빈칸채우기)를 1회 실시하여 원점수를 산출한다. 이와 같은 기초평가를 통하여 학생의 기초선을 확인하고, 목표와 교수법을 결정한다. 그런 다음, 주 1~3회 읽기유창성 형성평가를 통해 아동의 성장도를 지속적으로 모니터링한다. 형성평가를 실시하면서 3주에 한 번씩 혹은 검사 횟수가 9~12개 정도 되면, 진전도 분석을 하고 그 결과에 따라 교수법을 수정하거나 목표를 수정한다. 진전도를 분석하는 방법으로는 Data Point 분석법과 읽기 발달선 분석법이 있다. Data Point 분석법은 [그림 10-8]에 제시한 바와 같이, 아동의 검사점수가 4회 이상 연속하여 목표선 아래로 떨어지면 교수법을 변경하고, 아동의 검사점수가 3회 이상 연속하여 목표선 위로 올라가면 목표를 상향 조정하는 것이다. 읽기 발달선을 이용하는 방법은 [그림 10-12]에 제시된 것과 같이 읽기 발달선의 기울기가 목표선보다 작으면 중재전략 변경을 고려하고, 기울기가 같으면 현재의 교수법을 계속 사용하며, 읽기 발달선의 기울기가 목표선보다 크면 목표점수를 상향 조정하는 것이다.

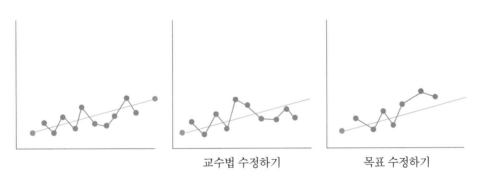

교수법 수정하기   목표 수정하기

[그림 10-8] **Data Point를 이용한 진전도 분석법**

6) 결과 해석

(1) BASA-읽기 검사의 결과 및 해석

BASA 읽기 영역 검사는 학생의 인적사항을 기록하고 실시한 검사 결과를 기록하는 절차를 거친다. 총 3회의 검사의 원점수는 학생이 정확하게 읽은 음절 수로서 1회, 2회, 3회의 검사 중 중앙치를 읽기유창성 검사 결과로 기록한다. 이러한 원점수에 해당하는 T점수, 백분위점수, 현재 수준에 대한 설명, 현재 학년과 학년 점수, 학년 차이 그리고 월 진전도가 각각 기록된다. '현재 수준 설명'은 백분위점수를 기준으로 단계를 정하여 설명하는 것으로서 〈표 10-18〉과 같다. '학년차이'란 '학년점수-현재 학년'의 절댓값을 의미한다. 집단 검사에 해당하는 빈칸 채우기 검사 또한 원점수를 기록하고 이에 해당하는 백분위점수, T점수, 학년점수가 기록된다.

표 10-18 백분위점수에 따른 현재 수준 설명

백분위점수 단계	백분위점수	현재 수준 설명
1단계	95% 초과	매우 우수한 읽기 수준입니다.
2단계	85% 초과 95% 이하	우수한 읽기 수준입니다.
3단계	15% 초과 85% 이하	정상적인 읽기 수준입니다.
4단계	5% 초과 15% 이하	기초 읽기능력 향상을 위하여 지도를 부탁드립니다.
5단계	5% 이하	전반적이고 지속적인 읽기지도가 필요합니다.

〈표 10-19〉는 2학년 한아름(가명) 학생에게 2019년 4월에 실시한 BASA 읽기 영역 검사 결과표이다.

표 10-19 BASA-읽기 검사 결과표

이름		한아름(가명)	검사자	오예빈
학교명		돌담 초등학교	검사실시일	2019년 4월 5일
성별		여	생년월일	2011년 4월 1일
학년-반		2학년 5반 3번	검사 시 연령	8년 0월 4일
읽기 검사 1회	①	원점수		110
읽기 검사 2회	②	원점수		112
읽기 검사 3회	③	원점수		114
읽기 수행 수준	④	원점수(중앙치)		112
	⑤	T점수(중앙치)		34.85
	⑥	백분위점수(중앙치)		6
	⑦	백분위점수 단계		4단계
	⑧	현재 수준 설명		기초 읽기능력 향상을 위하여 지도를 부탁드립니다.

	⑨	현재 학년	2.1
	⑩	학년 점수(중앙치)	1.0
	⑪	학년 차이(학년 점수-현재 학년)	1.1
	⑫	월 진전도	8+
빈칸 채우기	⑬	원점수	3
	⑭	백분위점수	30
	⑮	T점수	42.34
	⑯	학년 점수	1.5

　　BASA-읽기 검사의 기초평가 결과와 형성평가 결과의 사례는 각각 [그림 10-9]와 [그림 10-10]에 제시하였다. 기초선은 아동에 대한 중재전략에 들어가기 전 아동의 수행 수준을 말한다. 이는 교수 목표의 기초가 되어 주는 것으로서 기초선을 잡기 위해 읽기 검사 3회를 실시하고 그중 중앙값을 기초선으로 결정한다. 아름이의 경우 기초선 값은 112점이다. 기초선을 확인한 후에는 이를 토대로 개별적인 목표를 세워야 한다. 이때 목표 설정은 월 진전도만큼 아동의 읽기 수행이 향상될 것을 기대하고 아동의 기초선 값에 아동이 속한 연령집단의 월 진전도를 합산하여 목표치를 정한다. 아름이의 경우 현재 2학년이고 월 진전도가 8이므로, 기초평가를 4월 첫째 주에 실시한 결과 112개의 기초선 값이 결정되었다면 6개월 후인 10월 첫째 주에 도달할 아름이의 읽기 수행 목표는 160개[112+(8×6개월)=160]가 된다. 아동의 1학기 또는 1년의 읽기 지도를 위한 장기 목표를 기초선 값과 이어 그리면 목표선을 그릴 수 있다.

　　아름이의 경우, 형성평가는 주 1회 정도 실시하였으며, 실시한 결과는 매회 그래프에 기록하였다. 또한 교사는 형성평가와 함께 반복읽기 중재를 지속적으로 제공하였다. 형성평가 검사 횟수가 10개 즈음 되었을 때, 진전도 분석을 하였고 발달선의 기울기가 목표선의 기울기보다 높게 나타났고, 이에 따라 목표점수를 상향 조정하기로 하였다.

BASA – R   Basic Academic Skills Assessment - Reading

2019/04/05   Page 4   한아름   F   만 08세00개월

1. 결과 그래프

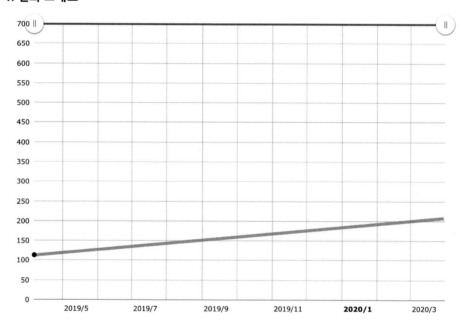

2. 기초평가 결과

읽기검사

원점수	T점수	백분위	백분위 단계	현재 수준 설명	월 진전도
112	33.67	5	5단계	전반적이고 지속적인 읽기 지도가 필요합니다.	8

읽기검사 학년 차이 분석

원점수	학년 점수	-	현재 학년	학년 차이 점수
112	1	-	2.1	1.1

* 학년 차이 점수는 보조 정보로써 활용가치가 있으며, 특히 저학년 결과에서 유용성이 있으므로, 초등 1~3학년 대상만 학년차이 점수가 제시 됩니다.

빈칸 채우기

원점수	T점수	백분위	학년점수
3	42.34	30	1.5

[그림 10-9] BASA-읽기 검사 기초평가 결과

1. 결과 그래프

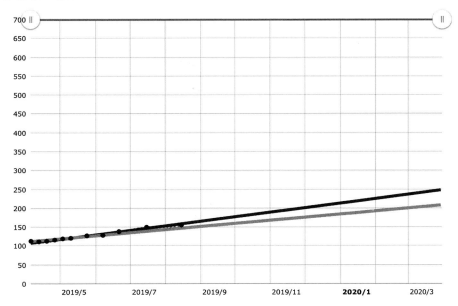

3. 형성평가 결과

번호	날짜	읽기검사(원점수)	중재내용	비고
1	2019-08-15	155	반복 읽기	
2	2019-07-15	148	반복 읽기	
3	2019-06-21	137	반복 읽기	
4	2019-06-07	128	반복 읽기	
5	2019-05-24	127	반복 읽기	
6	2019-05-10	120	반복 읽기	
7	2019-05-03	118	반복 읽기	
8	2019-04-26	115	반복 읽기	
9	2019-04-19	112	반복 읽기	
10	2019-04-12	110	반복 읽기	

[그림 10-10] BASA-읽기 검사 형성평가 결과

(2) BASA-수학 검사의 결과 및 해석

BASA-수학 검사 또한 BASA-읽기 검사와 실시 방법은 유사하다. 〈표 10-20〉은 2학년 한아름(가명) 학생에게 2019년 4월에 실시한 BASA 수학 영역 검사 결과표이다.

표 10-20 **BASA-수학 검사 결과표**

이름	한아름(가명)		검사자	오예빈
학교명	돌담 초등학교		검사실시일	2019년 4월 5일
성별	여		생년월일	2011년 4월 1일
학년-반	2학년 5반 3번		검사 시 연령	8년 0월 4일
(II) 단계	1차 검사	① 원점수		7
	2차 검사	② 원점수		9
	3차 검사	③ 원점수		8
수학 수행 수준		④ 원점수(중간값)		8
		⑤ T점수(중간값)		35.41
		⑥ 백분위점수(중간값)		4
		⑦ 백분위점수 단계		5단계
		⑧ 현재 수준 설명		전반적이고 지속적인 수학지도가 필요합니다.
		⑨ 현재 학년		2.1
		⑩ 학년 점수(중간값)		1.0
		⑪ 학년 차이(학년 점수-현재 학년)		1.1
		⑫ 월 진전도		1+

[그림 10-11]은 한아름 학생의 기초평가 점수(원점수)와 월 진전도 값에 근거하여 작성된 목표선 그래프와 기초평가 결과에 대한 결과 보고서이다. 수학 검사도 읽기 검사와 동일한 방법으로 기초선 값을 구하고 목표를 설정하여 다음과 같이 목표선 을 그린다.

BASA – M   Basic Academic Skills Assessment - Math

| 2019/04/05 | Page 3 | 한아름 | F | 만 00세00개월 |

1. 결과 그래프

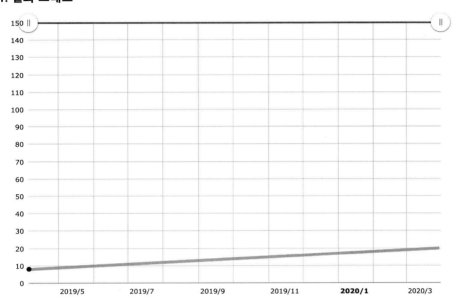

2. 기초평가 결과

학년단계 결과

원점수	T점수	백분위	백분위 단계	현재 수준 설명	월 진전도
8	35.41	4	5단계	전반적이고 지속적인 수학지도가 필요합니다.	1

학년단계 결과 학년 차이 분석

원점수	학년 점수	-	현재 학년	학년 차이 점수
8	1.0	-	2.1	1.1

* 학년 차이 점수는 보조 정보로써 활용가치가 있으며, 특히 저학년 결과에서 유용성이 있으므로, 초등 1~3학년 대상만 학년차이 점수가 제시 됩니다.

통합단계 결과

원점수	T점수	백분위	백분위 단계	현재 수준 설명	월 진전도
7	32.32	6	4단계	기초 수학능력 향상을 위하여 지도를 부탁드립니다.	1

통합단계 결과 학년 차이 분석

원점수	학년 점수	-	현재 학년	학년 차이 점수
7	1.6	-	2.1	0.5

* 학년 차이 점수는 보조 정보로써 활용가치가 있으며, 특히 저학년 결과에서 유용성이 있으므로, 초등 1~3학년 대상만 학년차이 점수가 제시 됩니다.

[그림 10-11] BASA–수학 검사 기초평가 결과

[그림 10-12]는 한아름 학생에게 형성평가를 실시하고 매회 그래프에 기록한 보고서이다. 형성평가는 주 1~3회 정도 실시하고 검사점수가 9~12개 이상 되면, 진전도 분석을 하여 이에 따른 교수수정 여부를 결정해야 한다. 수학 발달선은 아동의 학습 진전도를 요약하고 교수 프로그램의 효과성을 한눈에 알아볼 수 있게 해 준다.

1. 결과 그래프

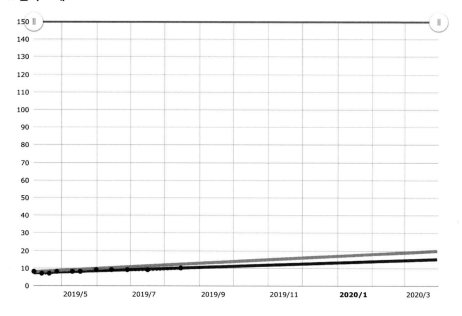

3. 형성평가 결과

번호	날짜	학년단계 점수 (원점수)	중재내용	비고
1	2019-08-15	10	구체물 사용	
2	2019-07-16	9	구체물 사용	
3	2019-06-28	9	구체물 사용	
4	2019-06-14	9	구체물 사용	
5	2019-05-31	9	구체물 사용	
6	2019-05-17	8	구체물 사용	
7	2019-05-10	8	구체물 사용	
8	2019-04-26	8	구체물 사용	
9	2019-04-19	7	구체물 사용	
10	2019-04-12	7	구체물 사용	

[그림 10-12] BASA-수학 검사 형성평가 결과

아름이의 경우, 구체물 사용 교수법을 사용한 결과 시간이 지날수록 발달선이 목표선보다 기울기가 작아지고 있으므로 교수법이 효과적이지 않다고 볼 수 있다. 따라서 현재 중재 전략을 변경할 필요가 있다.

(3) BASA-쓰기 검사의 결과 및 해석

BASA 쓰기 검사는 기초평가용으로 제작된 이야기 서두 제시 검사를 실시하여 아동의 기초선을 확인한다. 기초평가는 1회 실시를 원칙으로 하되, 아동의 검사 수행 태도에 근거하여 검사 결과를 신뢰하기 어려울 때는 이야기 서두 제시 검사를 총 2회 실시하여 더 높은 점수를 채택하도록 한다. 재검사에서 사용될 이야기 서두는 형성평가용 이야기 서두 중 하나를 선택한다. 채점은 정량적 평가를 기본으로 하되, 필요한 경우 부가적으로 정성적 평가를 겸하여 실시할 수 있다. 이야기 서두 제시 검사의 정량적 평가 원점수(정확하게 쓴 음절 수), T점수, 백분위점수, 현재 수준에 대한 설명, 현재 학년과 학년 점수, 학년차이 그리고 월 진전도가 각각 기록된다. 〈표 10-21〉은 2학년 한아름(가명) 학생에게 2019년 4월에 실시한 BASA 쓰기 영역 검사 결과표이다.

표 10-21 BASA-쓰기 검사 결과표

이름	한아름(가명)		검사자	오예빈
학교명	돌담 초등학교		검사실시일	2019년 4월 5일
성별	여		생년월일	2011년 4월 1일
학년-반	2학년 5반 3번		검사 시 연령	8년 0월 4일
쓰기 수행 수준	①	원점수		25
	②	T점수		36.91
	③	백분위점수		10
	④	백분위점수 단계		4단계
	⑤	현재 수준 설명		기초 쓰기 능력 향상을 위하여 지도를 부탁드립니다.
	⑥	현재 학년		2.1
	⑦	학년 점수(중간값)		1.0
	⑧	학년 차이(학년 점수-현재 학년)		1.1
	⑨	월 진전도		2+

		영역	수준	평가기준
정성적 평가 결과 (선택)	⑩	형식	2	글의 종류에 알맞은 형식 및 구성 요소들을 거의 갖추고 있지 않습니다.
	⑪	조직	2	문장 및 단락 간의 연결과 글의 형식 및 구성요소들의 조직이 대부분 자연스럽지 않습니다.
	⑫	문체	1	어휘 선택이 부적절한 부분이 빈번하게 발견되며, 구체적이지 못하고 부정확한 부분이 다수 포함되어 있습니다. 어휘의 사용에 있어서 융통성이 부족한 부분이 자주 발견되고, 대부분 한정된 어휘를 사용하고 있습니다.
	⑬	표현	1	맞춤법, 문장부호, 띄어쓰기를 전반적으로 잘 지키고 있지 않습니다.
	⑭	내용	2	글의 주제와 관련된 내용이 빈약합니다. 글의 주제에서 벗어난 부분이 종종 발견됩니다.
	⑮	주제	2	글을 쓴 목적이나 동기가 잘 드러나지 않습니다. 글의 주제나 중심내용이 잘 드러나지 않습니다.
		총평		
	⑯	예) 한아름 학생은 글의 주제와 관련된 내용이 빈약하고 글의 내용이 주제에서 크게 벗어난 부분이 종종 발견된다. 특히 어휘 선택이 매우 적절하지 못하며, 전반적인 표현이 부정확하고 구체적이지 않다. 어휘의 사용에 있어서 융통성이 매우 부족하고, 전반적으로 한정된 어휘를 사용하고 있다. 또한 맞춤법, 문장부호, 띄어쓰기를 전반적으로 잘 지키고 있지 않다. 따라서 쓰기 전략에 대한 명시적 교수를 통해서 학생이 쓰기 전 아이디어 생성과 조직 활동에 참여하여 쓰기의 질을 향상시킬 수 있도록 할 뿐만 아니라 초고 쓰기, 교정하기 과정 전략을 학습하여 글의 표현에서 자연스럽지 않은 부분을 고치면서 글의 수준을 확장할 필요가 있다.		

[그림 10-13]은 한아름 학생의 기초평가 점수(원점수)와 월 진전도 값에 근거하여 작성된 목표선 그래프와 기초평가 결과에 대한 결과 보고서이다. 쓰기 검사도 읽기나 수학 검사와 동일한 방법으로 기초선 값을 구하고 목표를 설정하여 다음과 같이 목표선을 그린다.

BASA – WE   Basic Academic Skills Assessment - Written Expression
2019/04/05   Page 4   한아름   F   만 08세00개월

1. 결과 그래프

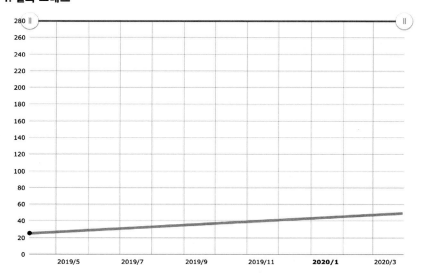

2. 기초평가 결과

쓰기 유창성 점수

원점수	T점수	백분위	백분위 단계	현재 수준 설명	월 진전도
25	36.91	10	4단계	기초 쓰기 능력 향상을 위하여 지도를 부탁드립니다.	2

학년 차이 분석

원점수	학년 점수	-	현재 학년	학년 차이 점수
25	1.0	-	2.1	1.1

* 학년 차이 점수는 보조 정보로써 활용가치가 있으며, 특히 저학년 결과에서 유용성이 있으므로, 초등 1~3학년 대상만 학년차이 점수가 제시 됩니다.

정성적 평가 결과

영역	수준	평가기준
형식	2	- 글의 종류에 알맞은 형식 및 구성 요소들을 거의 갖추고 있지 않습니다.
조직	2	- 문장 및 단락 간의 연결과 글의 형식 및 구성요소들의 조직이 대부분 자연스럽지 않습니다.
문체	1	- 어휘의 선택이 매우 적절하지 못하고, 전반적인 표현이 부정확하고, 구체적이지 않습니다. - 어휘의 사용에 있어서 융통성이 매우 부족하고, 전반적으로 한정된 어휘를 사용하고 있습니다.
표현	1	- 맞춤법, 문장부호, 띄어쓰기를 전반적으로 잘 지키고 있지 않습니다.
내용	2	- 글의 주제와 관련된 내용이 빈약합니다. - 글의 주제에서 벗어난 부분이 종종 발견됩니다.
주제	2	- 글을 쓴 목적이나 동기가 잘 드러나지 않습니다. - 글의 주제나 중심내용이 잘 드러나지 않습니다.

[그림 10-13] BASA-쓰기 검사 기초평가 결과

[그림 10-14]는 한아름 학생에게 형성평가를 실시하고 매회 그래프에 기록한 보고서이다. 다른 영역의 검사와 마찬가지로 형성평가는 주 1~3회 정도 실시하고 검사 점수가 9~12개 이상 되면, 진전도 분석을 하여 이에 따른 교수수정 여부를 결정해야 한다. 아름이의 쓰기 발달선을 분석한 결과, 쓰기 발달선의 기울기가 목표선과 같은 것을 확인하였다. 이러한 결과는 현재 교수법이 아름이의 쓰기 학습에 대체로 효과적이라는 것을 의미한다. 따라서 현재 중재 전략을 계속 사용하기로 하였다.

1. 결과 그래프

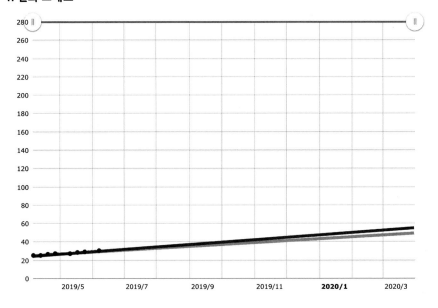

3. 형성평가 결과

번호	날짜	쓰기유창성 점수 (원점수)	정성적 평가						중재내용	비고
			형식	조직	문체	표현	내용	주제		
1	2019-06-07	30	3	3	3	2	3	2	쓰기 전략 교수	
2	2019-05-24	29	3	3	3	2	2	2	쓰기 전략 교수	
3	2019-05-17	28	3	3	2	2	2	2	쓰기 전략 교수	
4	2019-05-10	27	3	2	2	2	2	2	쓰기 전략 교수	
5	2019-04-26	27	2	2	2	2	2	2	쓰기 전략 교수	
6	2019-04-19	26	2	2	2	1	2	2	쓰기 전략 교수	
7	2019-04-12	25	2	2	1	1	2	2	쓰기 전략 교수	

[그림 10-14] BASA-쓰기 검사 형성평가 결과

🌱 ▪▪ 생각해 볼 문제

1. 초등학교 2학년 학생을 대상으로 NISE−B·ACT 검사를 실시하였다고 가정하였을 때, 검사를 통해 수집할 수 있는 정보는 어떠한 것들이 있는지 영역(읽기, 쓰기, 수학)별로 설명해 보시오.

2. BASA는 검사 과정에서 '기초선', '목표선', '발달선'이 산출되는데, 이 용어들이 무엇을 뜻하는지 설명해 보시오.

3. 다음 그림은 BASA 수학검사를 실시한 후 10번의 형성평가를 실행한 후 산출된 그래프이다. 그래프에서 제시된 결과를 분석하여 교사가 조정할 사항에 대해 설명해 보시오.

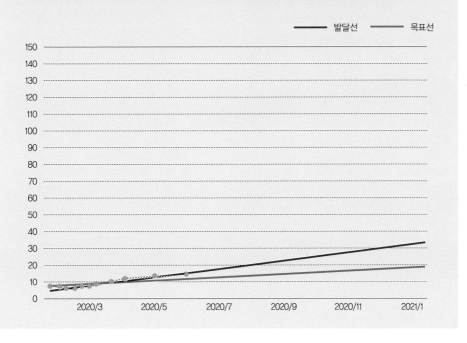

정서행동 영역 검사

정서행동문제는 일반적으로 내재화 행동문제와 외현화 행동문제로 나누어 볼 수 있다. 내재화 행동문제는 불안, 우울, 위축과 같이 정서적인 문제를 의미하고, 외현화 행동문제는 과잉행동, 충동성, 공격행동, 규칙위반, 일탈 등과 같이 외부로 표현되는 행동적인 문제를 의미한다. 최근 들어, 아동·청소년들의 정서행동문제가 사회적 이슈가 되고 있고, 교육현장에서 이 문제를 해결하기 위한 대처방안에 대해 심층적으로 논의를 진행하고 있다. 이러한 중요성을 고려하여 이 장에서는 우리나라에서 활용되고 있는 정서행동장애 검사를 소개하고, 그 사용방법을 설명하였다.

1. 한국판 정서행동문제 검사

1) 목적 및 대상

한국판 정서행동문제 검사(Korea-Scales for Assessing Emotional Disturbance: K-SAED)는 진미영과 박지연(2017)이 우리나라 아동과 청소년들의 정서행동문제를 파악하기 위하여 미국의 Scales for Assessing Emotional Disturbance-Second Edition(SAED-2)(Epstein & Cullinan, 2010)을 우리나라의 상황에 맞게 표준화한 검사이다. K-SAED의 검사 대상은 6세부터 18세까지의 아동과 청소년들이다. 특수교육 분야에서는 이 검사를 이용하여 특수교육에 의뢰되는 학생들의 정서행동문제를 파악할 수 있고, 선별과 진단 자료로 활용할 수도 있다.

2) 검사의 구성

K-SAED는 아동과 청소년들의 정서행동문제 영역과 그 정도를 진단하기 위하여 평정척도 검사, 면담 검사, 직접관찰 검사라는 세 가지 형태의 검사로 구성되어 있다. 먼저, 평정척도 검사는 정서행동문제지수와 교육적 수행에 미치는 불리한 영향으로 구성되었다. 먼저, 정서행동문제지수는 학습에 대한 어려움, 대인관계 문제, 부적절한 행동, 불행감이나 우울, 신체적 증상이나 공포라는 다섯 개의 하위 검사 영역에 총 37개의 문항으로 구성되어 있다. 다음으로, 특별한 교육적 조치가 필요한 정도를 파악하기 위한 교육적 수행에 미치는 불리한 영향은 3개의 문항으로 구성되어 있다. K-SAED의 평정척도 검사의 구체적인 구성은 〈표 11-1〉과 같다.

표 11-1 K-SAED의 평정척도 검사의 구성

종합척도	하위검사	문항 수	합계
정서행동 문제지수	학습에 대한 어려움	10	37
	대인관계 문제	5	
	부적절한 행동	5	
	불행감이나 우울	10	
	신체적 증상이나 공포	7	
교육적 수행에 미치는 불리한 영향		3	3
합계			40

K-SAED의 면담 검사는 피검 학생의 주양육자(부모 또는 보호자)에게 구조화된 질문을 제공하여 심층 면담 조사를 실시하도록 구성되어 있다. 면담 검사의 기록지에는 피검 학생의 기본 정보, 개인 배경정보, 출생과 건강정보, 학생의 발달 상황, 가족 상황, 정서행동에 관한 면담 기록을 작성할 수 있게 되어 있다.

K-SAED의 직접관찰 검사는 피검 학생의 문제행동을 직접 관찰하여 기록할 수 있도록 구성되어 있다. 직접관찰 기록지에는 기본정보, 관찰 및 기록상의 유의점, (문제)행동의 정의, 관찰기록표, 기록 요약, 교실에서의 일화 관찰, 관찰자의 의견 등을 기록할 수 있도록 구성되어 있다.

3) 실시 방법

K-SAED의 평정척도 검사는 학교 환경에서 피검 학생이 어떻게 생활하고 있는지를 잘 알고 있는 성인(교사나 다른 관련 인물)이 질문에 대하여 4점의 리커트 척도(0점: 전혀 그렇지 않음, 1점: 약간 그러함, 2점: 상당히 그러함, 3점: 매우 심각함) 중에 하나를 선택하면 된다. 평정척도 검사는 보통 10분 내외의 시간이 소요된다.

K-SAED의 면담 검사는 피검 학생의 주양육자(부모 또는 보호자)와 면담을 실시하는 것으로 진행되는데, 이때 검사자는 주양육자에게 구조화된 질문을 물어야 하고 면담 기록지에 면담 결과를 자세히 기록하여야 한다. 보통 면담 검사는 1시간 정도 소요된다.

K-SAED의 직접관찰 검사는 학교의 실제 상황에서 피검 학생의 행동을 직접 관

찰하고, 이를 구조화되어 있는 관찰 기록지에 행동발생에 관한 빈도를 기록하는 방식으로 진행한다.

4) 결과 해석

K-SAED의 평정척도 검사는 5개 하위척도별로 원점수와 백분위점수(%ile) 및 척도점수(평균 10, 표준편차 3)를 제공한다. 그리고 각 하위 영역별로 정서행동문제의 특징을 문제없음, 준임상군(정서행동장애의 가능성이 있음), 임상군(정서행동장애의 가능성이 높음)의 세 단계로 분류하고 있다. 평정척도의 검사 결과, 피검 학생의 정서행동문제가 준임상군과 임상군에 포함된다면 특수교육이나 관련 서비스가 제공되어야 함을 의미한다. 이러한 분류 기준은 〈표 11-2〉와 같다.

표 11-2 K-SAED의 평정척도 검사의 하위 영역별 분류

정서행동문제의 척도점수	13 이하	14~16	17 이상
정서행동문제의 해석	문제없음	준임상군	임상군
	정서행동장애가 아님	정서행동장애의 가능성이 있음	정서행동장애의 가능성이 높음

또한 5개 하위척도의 총합 점수를 이용하여 평균이 100이고 표준편차가 15인 정서행동문제지수를 산출한다. 이 지수는 정서행동문제의 심각한 정도를 파악하기 위해서 사용한다. 일반적으로 정서행동문제지수가 121~130은 정서행동문제가 심각한 것을 의미하고, 131 이상일 경우에는 정서행동문제가 매우 심각한 것을 나타낸다. 그러나 이러한 지수가 하위 척도별 해석과 같이 정서행동장애의 가능성이 있는지의 여부를 나타내지는 않는다.

K-SAED의 검사 결과의 예는 [그림 11-1]과 같다.

K-SAED Korea-Scales for Assessing Emotional Disturbance   RESULT SUMMARY

2017/08/04   Page 2   SAMPLE   여자   만 11세11개월

Section 1. 기본 정보

학생이름	SAMPLE	학교	초등
성별	여자	학년	5년
평정 응답일	2017/08/04	평정 응답자 이름 (학생과의 관계)	
생년월일	2005/08/12	검사자의 이름	
생활연령	11세11개월	검사자의 소속/직위	

Section 2. 정서행동문제 특징의 평정 결과

정서행동문제 특징 하위척도	원점수	%ile (백분위)	척도 점수	해석(Descriptive Term)
학습에 대한 어려움(IL)	14	91	14	준임상군
대인관계 문제(RP)	8	91	14	준임상군
부적절한 행동(IB)	15	98	16	준임상군
불행감이나 우울(UD)	10	98	16	준임상군
신체적 증상이나 공포(PF)	11	98	16	준임상군
		척도 점수의 총합 =	76	

Section 3. 정서행동문제 특징의 해석

정서행동문제 특징 척도점수	13 이하	14~16	17 이상
정서행동문제 특징의 해석	정서행동장애가 아님 (문제없음)	정서행동장애의 가능성이 있음 (준임상군)	정서행동장애의 가능성이 높음 (임상군)

Section 4. 평정척도 검사 결과

척도 점수의 총합	76	%ile(백분위)	97	정서행동문제 지수	131

Section 5. 관찰한 바에 따른 해석과 제안

[그림 11-1] K-SAED 검사 결과의 예시

출처: https://inpsyt.co.kr/psy/item/view/KSAED_CO_TG (검색일: 2020. 7. 30.)

2. 한국판 아동 · 청소년 행동평가척도

1) 목적 및 대상

한국판 아동 · 청소년 행동평가척도(Korean ASEBA School-Age Forms: K-ASEBA)
는 오경자와 김영아(2011)가 아동과 청소년들의 정서행동문제를 평가하기 위하
여 Achenbach와 Rescorla(2001)가 개발한 ASEBA(Achenbach System of Empirically
Based Assessment)를 우리나라 상황에 맞게 표준화한 검사이다. K-ASEBA는 부모
가 자녀의 정서행동문제를 평가하기 위한 K-CBCL 6-18(Korean Child Behavior
Checklist)과 교사가 아동의 정서행동문제를 평가하기 위한 YSR(Korean Youth Self
Report), 그리고 아동이 자기 자신의 정서행동문제를 평가하기 위한 TRF(Korean
Teacher's Report Form)의 세 가지 척도로 구성되어 있다. 이 중에서 K-CBCL 6-18과
TRF는 초등학교에서 고등학교에 이르는 만 6~18세 사이의 아동 및 청소년에게 실
시할 수 있고, YSR은 중학교에서 고등학교에 이르는 만 11~18세 사이의 청소년에
게 실시할 수 있다.

2) 검사의 구성

K-ASEBA는 K-CBCL 6-18과 TRF 그리고 YSR의 세 가지 검사로 구성되어 있
다. 이 세 검사에는 공통적으로 불안/우울, 위축/우울, 신체증상, 사회적 미성숙, 사
고문제, 주의집중문제, 규칙위반, 공격행동, 기타 문제의 10개 하위 영역으로 구성
되어 있다. 하위 영역 중 불안/우울, 위축/우울, 신체증상은 내재화 요인에 포함되
고, 규칙위반과 공격행동은 외현화 요인에 포함되어 있다. K-CBCL 6-18과 TRF는
총 120문항으로, YSR은 총 105문항으로 이루어져 있다. K-ASEBA의 척도별 문항
구성은 다음의 〈표 11-3〉과 같다.

표 11-3 K-ASEBA의 구성 체계

척도	하위척도		CBCL 6-18 문항 수	YSR 문항 수	TRF 문항 수	비고
증후군 척도	내재화	① 불안/우울	13	13	16	
		② 위축/우울	8	8	8	
		③ 신체증상	11	10	9	
		⑩ 소계	32	31	33	①+②+③
	외현화	④ 규칙위반	17	15	12	
		⑤ 공격행동	18	17	20	
		⑪ 소계	35	32	32	④+⑤
	⑥ 사회적 미성숙		11	11	11	
	⑦ 사고문제		15	12	10	
	⑧ 주의집중문제		10	9	26	
	⑨ 기타문제		17	10	8	
	⑫ 총 문제행동		120	105	120	⑥+⑦+⑧+ ⑨+⑩+⑪

K-ASEBA는 미국 정신장애편람(Diagnostic and Statistical Manual of Mental Disorder: DSM)의 진단 기준에 맞추어 문제행동 문항을 분류한 DSM 진단 척도와 ASEBA 아동·청소년 행동평가척도의 연구 결과에 기초한 세 개의 문제행동에 대한 특수척도를 포함하고 있다. DSM 진단척도와 문제행동 특수척도는 다음의 〈표 11-4〉와 같다.

표 11-4 K-ASEBA의 DSM 진단척도 및 문제행동 특수척도의 구성 체계

척도	하위척도	CBCL 6-18 문항 수	YSR 문항 수	TRF 문항 수
DSM 진단척도	DSM 정서문제	13	13	10
	DSM 불안문제	6	6	6
	DSM 신체화 문제	7	7	7
	DSM ADHD	7	7	13
	DSM 반항행동문제	5	5	5
	DSM 품행문제	17	15	13
	소계	55	53	54

문제행동 특수척도	강박증상	8	8	8
	외상후 스트레스문제	14	14	13
	인지속도부진	4		5
	소계	26	22	26

K-ASEBA는 집이나 학교에서 아동과 청소년이 가족 및 친구들과 관계를 유지하고 학업을 수행하는 과정에서 얼마나 잘 적응하는지를 평가한다. 이를 위해 CBCL 6-18, YSR, TRF에 따라 각각의 적응 척도를 구성하였고, 그 체계는 다음의 〈표 11-5〉와 같다.

표 11-5 K-ASEBA의 적응척도 구성

척도	하위척도	영역/문항 수	내용 및 점수계산
CBCL 6-18	① 사회성	4개 영역	친구 수+어울리는 정도+관계(3문항의 평균)+(혼자놀기/공부)
	② 학업수행	4개 영역	성적평균(학업수행 4문항의 평균)+특수학급+휴학+학교문제
	③ 적응척도 총점	–	① 사회성+② 학업수행
YSR	① 사회성	4개 영역	친구 수+어울리는 정도+관계(3문항의 평균)+(혼자놀기/공부)
	② 성적	1개 영역	성적평균(학업수행 4문항의 평균)
	③ 적응척도 총점	–	① 사회성+② 학업수행
	④ 긍정자원척도	14개 문항	문제행동척도 중 긍정적 행동과 관련된 14개 문항의 합
TRF	① 성적	1개 영역	성적평균(학업수행 4문항의 평균)
	② 학교적응	4개 영역	성실+행동 적절성+학습+밝은 정서

3) 실시 방법

K-ASEBA는 검사 실시 대상에 따라 실시하는 검사가 다르게 구성되어 있다. 그러므로 부모가 검사에 참여하는 경우에는 CBCL 6-18을 실시하고, 피검 아동이 직

접 검사에 참여할 때에는 YSR를 실시한다. 그리고 교사가 검사에 참여할 때에는 TRF를 실시하여야 한다.

전반적인 검사 시간은 약 15~25분 정도가 소요된다. 부모, 교사, 아동은 각각 자신에게 맞는 검사(CBCL 6-18, YSR, TRF)의 문항을 자세히 읽고 적절한 응답을 하면 된다. 응답은 문제행동 및 적응력과 관련된 행동이 얼마나 나타나는지에 대한 빈도(0점: 전혀 해당하지 않음, 1점: 자주 그런 일이 있음, 2점: 많이 그러함)를 선택한다. 검사 문항을 빠트리거나 중복해서 선택하지 말아야 하고, 피검대상에게 맞지 않는 문항에 대해서는 가장 가까운 빈도를 선택하고 그 옆에 사유를 기록하여야 한다. 검사를 실시하고 난 후 홈페이지(www.aseba.or.kr)에 방문하여 검사 결과를 입력하고, '저장 후 해석'을 클릭하면 검사에 대한 결과 해석을 확인하고 출력할 수 있다.

4) 결과 해석

K-ASEBA의 결과는 문제행동증후군 척도, DSM 진단척도, 문제행동 특수척도라는 하위 척도에 대하여 산출된다. 결과 해석에는 원점수, T점수, 백분위점수가 활용되는데, 주로 T점수로 문제의 정도를 분류한다. 문제의 분류는 정상범위, 준임상범위, 임상범위의 세 가지로 구성되어 있고, 그 분류 기준은 〈표 11-6〉과 같다. K-ASEBA 중 CBCL 6-18 검사에 대한 검사의 예는 [그림 11-2]와 같다.

표 11-6 K-ASEBA의 문제행동의 분류

척도	하위척도	정상범위	준임상범위	임상범위
증후군 척도	모든 하위(①~⑨) 척도	T점수 64 이하	T점수 65~69	T점수 70 이상
	내재화	T점수 59 이하	T점수 60~63	T점수 64 이상
	외현화			
	총 문제행동			
DSM척도	모든 하위 척도	T점수 64 이하	T점수 65~69	T점수 70 이상
문제행동특수척도	모든 하위 척도			

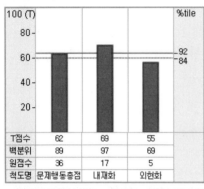

ASEBA 아동청소년 행동평가척도 부모용   CBCL6-18
CHILD BEHAVIOR CHECKLIST

이름 : 김휴노   나이 : 10세   성별 : 남   3학년 1반 1번   기록자 : 어머니 기록일 : 2011-12-07

■ **문제행동척도 프로파일**

› **문제행동증후군 척도**

척도명	문제행동총점	내재화	외현화
T점수	62	69	55
백분위	89	97	69
원점수	36	17	5

* 임상범위 기준 : T점수 64(백분위 92)이상, 준임상범위 기준 : T점수 60(백분위 84)이상, T점수 64미만

결과해석

문제행동 총점은 T점수=62으로 **준임상범위**이며,
내재화 척도는 T점수=69으로 **임상범위**,
외현화 척도는 T점수=55으로 **정상범위**입니다.
현재 임상범위에 해당하는 것으로 보이는 문제행동 증후군은
(신체증상) 이며 준임상범위에 해당하는 문제행동 증후군은 (불
안/우울,사고문제)으로 나타나고 있습니다.

＊ 무응답문항수 : 3개 (8개 이상이면 재검사권고)

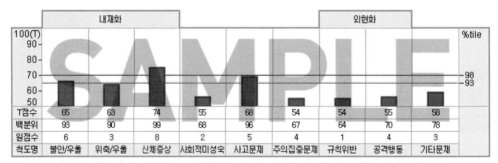

척도명	불안/우울	위축/우울	신체증상	사회적미성숙	사고문제	주의집중문제	규칙위반	공격행동	기타문제
T점수	65	63	74	55	68	54	54	55	58
백분위	93	90	99	68	96	67	64	70	78
원점수	6	3	8	2	5	1	4	4	3

* 증후군 소척도 임상범위기준 : T점수 70(백분위 98)이상, 준임상범위기준 : T점수 65(백분위 93)이상, T점수 70미만

› **DSM 진단척도**

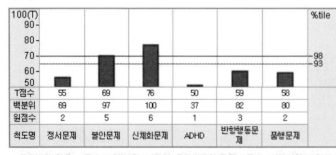

척도명	정서문제	불안문제	신체화문제	ADHD	반항행동문제	품행문제
T점수	55	69	76	50	59	58
백분위	69	97	100	37	82	80
원점수	2	5	6	1	3	2

결과해석

현재 임상범위에 해당하는 것으로 보
이는 DSM진단기준 문제행동은(신체
화 문제) 이며 준임상범위에 해당하는
DSM진단기준 문제행동은(불안문제)
으로 나타나고 있습니다.

* 임상범위 기준 : T점수 70(백분위 98)이상, 준임상범위 기준 : T점수 65(백분위 93)이상, T점수 70미만

■ 문제행동 특수척도 프로파일

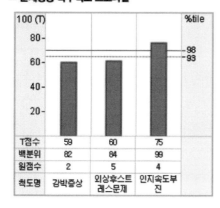

결과해석

강박증상은 T점수=59으로 **정상범위**이며,
외상후 스트레스 문제는 T점수=60으로 **정상범위**,
인지속도부진은 T점수=75으로 **임상범위**입니다.

✦ 문제행동 특수 척도
- 임상범위 기준 :
  T점수 70(백분위 98)이상
- 준임상범위 기준: T점수 65(백분위
  93)이상, T점수 70미만

■ 적응척도 프로파일

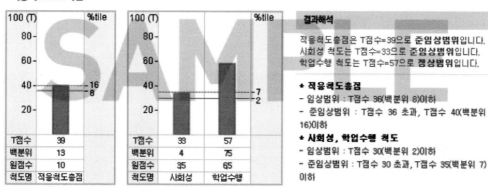

결과해석

적응척도총점은 T점수=39으로 **준임상범위**입니다.
사회성 척도는 T점수=33으로 **준임상범위**입니다.
학업수행 척도는 T점수=57으로 **정상범위**입니다.

✦ 적응척도총점
- 임상범위 : T점수 36(백분위 8)이하
- 준임상범위 : T점수 36 초과, T점수 40(백분위
  16)이하
✦ 사회성, 학업수행 척도
- 임상범위 : T점수 30(백분위 2)이하
- 준임상범위 : T점수 30 초과, T점수 35(백분위 7)
  이하

✱ 결측치가 있을 경우, 해당척도 점수가 산출되지 않음(-1로 표기)

[그림 11-2] K-ASEBA의 CBCL 6-18의 결과 산출의 예

출처: http://aseba.co.kr/info/05.aspx?scode=CBCL6# (검색일: 2020. 7. 30.)

3. 한국판 유아 행동평가척도

1) 목적 및 대상

한국판 유아 행동평가척도(Korean ASEBA School-Age Forms: K-ASEBA)는 영유아
의 정서행동문제를 평가하기 위하여 Achenbach와 Rescorla(2001)가 개발한 ASEBA
(Achenbach System of Empirically Based Assessment) 유아용(Preschool Forms)을 우

리나라 상황에 맞게 표준화한 검사이다. K-ASEBA 유아용 검사는 만 1.5~5세 영유아의 문제행동을 객관적으로 측정할 수 있다. 그러나 초등학교 취학연령이 미국에 비하여 다소 느리다는 특성을 반영하여 만 6세의 미취학아동에게도 적용할 수 있도록 조정하였다(오경자, 김영아, 2013). K-ASEBA 유아용 검사는 K-CBCL 1.5-5(Korean Child Behavior Checklist for Ages 1.5-5)와 K-C-TRF(Korean Caregiver-Teacher Report From)로 구성되어 있다. K-CBCL 1.5-5는 주양육자(주로 부모 또는 보호자)가 평가할 수 있고, K-C-TRF는 유치원 교사나 보육사들이 평가할 수 있다.

2) 검사의 구성

K-ASEBA 유아용 검사에 포함된 K-CBCL 1.5-5와 K-C-TRF의 구성은 문제행동 증후군 척도와 DSM 진단척도로 구성되어 있다. 두 척도를 구성하는 요인들로는 정서적 반응성, 불안/우울, 신체증상, 위축이라는 내재화 요인들과 주의집중문제, 공격행동이라는 외현화 요인이 포함되어 있으며, 그 밖에 수면문제와 기타 문제를 포함하고 있다. 그러나 이 중 수면 문제는 K-CBCL 1.5-5에만 포함되어 있고, K-C-TRF에는 포함되어 있지 않다. K-ASEBA 유아용 검사의 하위 구성에 대한 내용은 〈표 11-7〉과 같다.

표 11-7   K-ASEBA 유아용 검사의 K-CBCL 1.5-5와 K-C-TRF의 구성

척도	하위척도		K-CBCL 1.5-5 문항 수	K-C-TRF 문항 수	비고
문제행동 증후군 척도	내재화	① 정서적 반응성	9	7	
		② 불안/우울	8	8	
		③ 신체증상	11	7	
		④ 위축	8	10	
		⑨ 내재화 총점	36	32	①+②+③+④
	외현화	⑤ 주의집중 문제	5	9	
		⑥ 공격행동	19	25	
		⑩ 외현화 총점	24	34	⑤+⑥
	⑦ 수면문제		7	–	
	⑧ 기타문제		33	34	
	⑪ 총 문제행동		100	100	⑦+⑧+⑨+⑩

	DSM 정서문제	10	7
	DSM 불안문제	10	7
DSM	DSM 전반적 발달문제	13	13
진단척도	DSM ADHD	6	13
	DSM 반항행동문제	6	7
	소계	45	47

또한 K-CBCL 1.5-5에는 유아의 발달에 영향을 미치는 언어발달검사(Language Development Survey: LDS)가 추가적으로 포함되어 있다. 언어발달검사는 어휘력과 문장길이를 측정하는 데 주요한 목적이 있기 때문에 18~35개월 유아의 어휘력과 24~35개월 유아의 문장길이를 평가하는 문항들로 구성되어 있다. 그러나 언어발달에 문제가 있는 만 3세 이상의 아이들에게도 언어발달검사를 실시할 수 있다. K-CBCL 1.5-5의 언어발달검사의 구성은 다음의 〈표 11-8〉과 같다.

표 11-8   K-CBCL 1.5-5의 언어발달검사의 구성

척도명	검사 내용								총 문항 수
어휘력	범주	음식	장난감	야외	동물	신체부위	탈것	행동	310
	문항 수	32	11	11	21	21	10	56	
	범주	의류	개인사물	장소	수식어	집안물건	기타	사람	
	문항 수	17	14	8	31	31	32	15	
문장길이	5개 문장에 사용된 평균 단어(어절) 수								5

3) 실시 방법

K-ASEBA 유아용 검사는 주양육자(부모 또는 보호자)가 평가에 참여하는 경우에는 K-CBCL 1.5-5를 실시하고, 유치원 교사나 보육사가 평가를 실시할 때에는 K-C-TRF를 실시하여야 한다. 전반적인 검사 시간은 약 15~25분 정도가 소요되며, 검사를 실시하기 전에 검사에 관한 설명을 제공하여야 한다. 주양육자나 유치원교사 및 보육사는 검사 문항을 자세히 읽고 유아의 특성과 가장 유사한 빈도(0점: 전

혀 해당하지 않음, 1점: 자주 그런 일이 있음, 2점: 많이 그러함)를 선택하면 된다. 이때 검사 문항을 빠트리거나 중복해서 선택하면 안 되고, 피검자에게 맞지 않는 문항의 경우에는 가장 가까운 빈도를 선택하고 그 옆에 사유를 기록한다. 검사를 실시하고 난 이후에는 홈페이지(www.aseba.or.kr)에 방문하여 검사 결과를 입력하고, '저장 후 해석'을 클릭하면 검사 결과에 대한 해석을 확인하고 출력할 수 있다.

4) 결과 해석

K-ASEBA 유아용 검사는 문제행동증후군 척도, DSM 진단척도, 언어발달검사라는 하위 척도에 대하여 산출된다. 검사 결과는 원점수, T점수, 백분위점수가 제공된다. 이 중 T점수를 활용하여 정상범위, 준임상범위, 임상범위의 세 가지로 검사 결과를 나타낸다. 정서행동문제에 대한 검사 결과는 〈표 11-9〉와 같다.

표 11-9 K-ASEBA 유아용 검사의 검사 결과

척도	하위척도	정상범위	준임상범위	임상범위
증후군 척도	모든 하위(①~⑧) 척도	64 이하	65~69	70 이상
	내재화	59 이하	60~63	64 이상
	외현화			
	총 문제행동			
DSM 척도	모든 하위 척도	64 이하	65~69	70 이상

K-CBCL 1.5-5의 언어발달검사 결과는 점수가 낮을수록 언어발달지체의 가능성이 높아질 수 있다. 언어발달검사에서는 백분위점수(%ile)를 사용하고 있다. 어휘력의 경우에는 15%ile 이하일 경우 임상범위로 간주하고, 문장길이의 경우에는 20%ile 이하일 경우 임상범위로 간주한다.

K-ASEBA 유아용 검사 중 CBCL 1.5-5의 검사 결과 제시의 예는 [그림 11-3]과 같다.

유아 행동평가척도 부모용   CBCL1.5-5
CHILD BEHAVIOR CHECKLIST

ASEBA

| 이름 : 김휴노 | 나이 : 2세 | 성별 : 남 | 기록자 : 어머니 | 기록일 : 2011-12-14 |

■ 문제행동척도 프로파일

› 문제행동증후군 척도

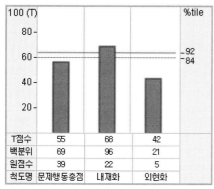

척도명	문제행동총점	내재화	외현화
T점수	55	68	42
백분위	69	96	21
원점수	39	22	5

결과해석

문제행동 총점은 T점수=55으로 **정상범위**이며,
내재화 척도는 T점수=68 으로 **임상범위**,
외현화 척도는 T점수=42 으로 **정상범위**입니다.
현재 임상범위에 해당하는 것으로 보이는 문제행동 증후군은
(불안/우울,위축) 이며 준임상범위에 해당하는 문제행동 증후군
은 (수면문제)으로 나타나고 있습니다.

＊ 무응답문항수 : 2개 (8개 이상이면 재검사권고)

* 임상범위 기준 : T점수 64(백분위 92)이상, 준임상범위 기준 : T점수 60(백분위 84)이상, T점수 64미만

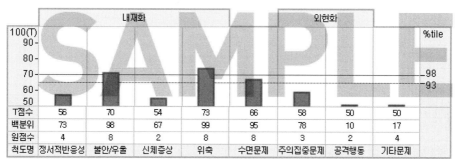

척도명	정서적반응성	불안/우울	신체증상	위축	수면문제	주의집중문제	공격행동	기타문제
T점수	56	70	54	73	66	58	50	50
백분위	73	98	67	99	95	78	10	17
원점수	4	8	2	8	8	3	2	4

* 증후군 소척도 임상범위기준 : T점수 70(백분위 98)이상, 준임상범위기준 : T점수 65(백분위 93)이상, T점수 70미만

› DSM 진단척도

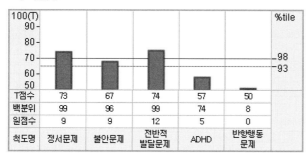

척도명	정서문제	불안문제	전반적발달문제	ADHD	반항행동문제
T점수	73	67	74	57	50
백분위	99	96	99	74	8
원점수	9	9	12	5	0

결과해석

현재 임상범위에 해당하는 것으로 보
이는 DSM진단기준 문제행동은(정서
문제,전반적 발달문제) 이며 준임상범
위에 해당하는 DSM진단기준 문제행
동은(불안문제)으로 나타나고 있습니
다.

* 임상범위 기준 : T점수 70(백분위 98)이상, 준임상범위 기준 : T점수 65(백분위93)이상, T점수 70미만

유아 행동평가척도 부모용 CBCL1.5-5 CHILD BEHAVIOR CHECKLIST

언어발달 검사 (LDS)

▶ 어휘력 결과

	원점수	백분위	0 10 20 30 40 50 60 70 80 90 100(%)
총점	181	50	

범주	음식	장난감	야외	동물	신체부위	탈 것	행동
백분위	33	50	45	53	33	48	55
범주	집안물건	개인사물	장소	수식어	의류	기타	사람
백분위	48	40	88	33	65	68	33

▶ 문장길이 결과

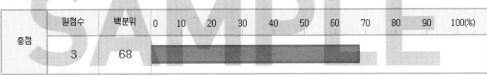

	원점수	백분위	0 10 20 30 40 50 60 70 80 90 100(%)
총점	3	68	

▶ 결과 해석

- **어휘력총점(%tile) = 50**
  유아가 사용하는 단어의 숫자를 기준으로 한 어휘력 총점은 50 %tile 로 현재 어휘력 발달 지연 문제가 관찰되지 않습니다.

- **문장길이총점(%tile) = 68**
  현재 유아가 사용하는 문장 길이는 68 %tile로, 또래 평균과 비교할 때 문제가 관찰되지 않습니다.

* 위 결과는 남아 24-29개월의 규준집단으로 평가한 결과입니다.

[그림 11-3] K–ASEBA의 CBCL 1.5–5의 결과 산출의 예

출처: http://aseba.co.kr/info/05.aspx?scode=CBCL6# (검색일: 2020. 7. 30.)

4. 한국판 정서행동 평가시스템

1) 목적 및 대상

한국판 정서행동 평가시스템-2(Korean Behavior Assessment System for Children-Second: K-BASC-2)는 미국의 Behavior Assessment System for Children, Second Edition을 안명희(2015)가 우리나라 상황에 맞게 표준화한 검사로서, 만 2세에서 25세 사이의 유아, 아동, 청소년 및 대학생의 정서행동문제를 종합적으로 평가하기 위하여 개발된 도구이다. K-BASC-2의 주요한 목적은 피검자의 문제행동과 적응 특성을 평가하고 정신장애를 선별하는 것이다. 이러한 목적을 위하여 검사 결과에서는 아동과 청소년의 사고, 정서행동을 포괄적으로 평가하고, 자기인식과 타인에 대한 태도를 바탕으로 긍정적 성격 특성, 사회성 기술, 적응 탄력성 그리고 문제행동 양상에 관한 포괄적 정보를 제공한다.

2) 검사의 구성

K-BASC-2는 교사보고형 검사(Teacher Rating Scale: TRS), 부모보고형 검사(Parent Rating Scale: PRS), 및 자기보고형 검사(Self-Report of Personality: SRP)의 세 가지 검사 형태로 구성되어 있다. 또한 실시하는 연령에 따라 유아용 검사(P), 아동용 검사(C), 청소년용 검사(A), 대학생용 검사(COL)의 네 종류가 있다. 유아용 검사는 부모용 검사와 교사용 검사만 있고, 아동용 검사(C), 청소년용 검사(A)는 피검 학생이 직접 응답하는 자기보고형 검사와 부모용 검사 및 교사용 검사로 구성되어 있으며, 대학생용 검사(COL)는 자기보고형 검사로만 구성되어 있다.

K-BASC-2의 교사보고형 검사(TRS)와 부모보고형 검사(PRS), 및 자기보고형 검사(SRP)는 모두 종합척도, 소척도, 내용소척도로 구성되어 있으며, 자기보고형 검사(SRP)는 SAD 3요소를 추가적으로 포함하고 있다. 그리고 교사보고형 검사(TRS)와 부모보고형 검사(PRS) 및 자기보고형 검사(SRP)의 각 연령대별 검사는 척도의 구조와 문항 내용에 있어서 많은 부분 일치하도록 개발되어 있다.

먼저, 교사보고형 검사(TRS)를 살펴보면, 아동용(C) 검사와 청소년용(A) 검사는 외현화 문제행동, 내면화 문제행동, 학교문제, 행동증상지표, 적응기술의 다섯 가지로 종합척도로 구성되어 있다. 그러나 유아용(P) 검사의 경우에는 유아가 학교생활을 하지 않는다는 점을 고려하여 학교문제를 뺀 나머지 네 가지 척도로 구성되었다. 종합척도 점수는 주요 소척도에 포함된 항목 중 적합한 항목을 결합하여 산출한다.

소척도는 임상소척도, 적응소척도, 내용소척도로 구성되어 있는데, 임상소척도와 적응소척도의 구성은 연령별 검사도구에 따라 차이가 있다. 아동용(C) 검사와 청소년용(A) 검사의 임상소척도는 과잉행동, 공격성, 품행문제, 불안, 우울, 신체화, 주의집중문제, 학습문제, 비정형성, 사회성 철회라는 열 가지로 구성되어 있으나, 유아용(P) 검사는 품행문제와 학습문제를 제외한 여덟 가지로 구성되어 있다. 적응소척도에서는 아동용(C) 검사와 청소년용(A) 검사가 적응성, 사회성기술, 리더십, 학습기술, 기능적 언어소통이라는 다섯 가지로 구성되어 있으나, 유아용(P) 검사는 리더십과 학습기술을 뺀 세 가지로 구성되어 있다. 그러나 내용소척도는 모든 연령별 검사

표 11-10 **교사보고형 검사(TRS)의 구성**

	척도명	유아(P)	아동(C)	청소년(A)
종합 척도	외현화 문제행동	소척도①+②	소척도①+②+③	
	내면화 문제행동	소척도④+⑤+⑥	소척도④+⑤+⑥	
	학교문제		소척도⑦+⑧	
	행동증상지표	소척도①+②+⑤+⑦ +⑨+⑩	소척도①+②+⑤+⑦+⑨+⑩	
	적응기술	소척도⑪+⑫+⑮	소척도⑪+⑫+⑬+⑭+⑮	
임상 소척도	① 과잉행동	9	11	11
	② 공격성	11	10	10
	③ 품행문제		9	12
	④ 불안	9	7	7
	⑤ 우울	9	11	11
	⑥ 신체화	10	9	8
	⑦ 주의집중문제	6	7	7
	⑧ 학습문제*		8	8
	⑨ 비정형성	9	10	9
	⑩ 사회성 철회	8	8	7

적응 소척도	⑪ 적응성	7	8	8
	⑫ 사회성 기술	6	8	8
	⑬ 리더십		6	6
	⑭ 학습기술*		7	9
	⑮ 기능적 언어소통	9	10	8
내용 소척도	① 분노조절	11	11	10
	② 집단 괴롭힘	8	12	10
	③ 발달적 사회성 장애	14	14	14
	④ 정서적 자기통제	9	6	6
	⑤ 고등실행기능	7	7	8
	⑥ 부정적 정서성	4	4	4
	⑦ 회복력	11	12	11

* 교사보고형 검사에만 포함된 소척도임.

가 동일하게 구성되어 있는데, 분노조절, 집단 괴롭힘, 발달적 사회성 장애, 정서적 자기 통제, 고등실행기능, 부정적 정서성, 회복력이라는 7개의 항목으로 구성되어 있다. 교사보고형 검사(TRS)의 각 검사별 검사 문항의 구성은 〈표 11-10〉과 같다.

다음으로, 부모보고형 검사(PRS)를 살펴보면, 유아용(P) 검사, 아동용(C) 검사, 청소년용(A) 검사 모두 종합척도를 외현화 문제행동, 내면화 문제행동, 행동증상지표, 적응기술이라는 네 가지로 구성되어 있다. 종합척도의 각 하위 척도는 주요 소척도에 포함된 항목 중 적합한 항목을 결합하여 산출한다.

소척도는 임상소척도, 적응소척도, 내용소척도로 구성되어 있는데, 임상소척도와 적응소척도의 구성은 연령별 검사도구에 따라 차이가 있다. 아동용(C) 검사와 청소년용(A) 검사의 임상소척도는 과잉행동, 공격성, 품행문제, 불안, 우울, 신체화, 비정형성, 사회성 철회, 주의집중문제라는 아홉 가지로 구성되어 있으나, 유아용(P) 검사는 품행문제를 제외한 여덟 가지로 구성되어 있다. 적응소척도에서는 아동용(C) 검사와 청소년용(A) 검사가 적응성, 사회성 기술, 리더십, 일상적 활동, 기능적 언어소통이라는 다섯 가지로 구성되어 있으나, 유아용(P) 검사는 리더십을 뺀 네 가지로 구성되어 있다. 내용소척도는 모든 연령별 검사가 동일하게 구성되어 있는데, 모두 분노조절, 집단 괴롭힘, 발달적 사회성 장애, 정서적 자기통제, 고등실행기능, 부정적 정서성, 회복력이라는 일곱 개의 항목으로 구성되어 있다. 부모보고형 검사(PRS)의

표 11-11 부모보고형(PRS) 검사의 검사별 구성

	척도명	유아(P)	아동(C)	청소년(A)
종합 척도	외현화 문제행동	소척도①+②	소척도①+②+③	
	내면화 문제행동	소척도④+⑤+⑥	소척도④+⑤+⑥	
	행동증상지표	소척도①+②+⑤+⑦+⑨	소척도①+②+⑤+⑦+⑨	
	적응기술	소척도⑩+⑪+⑬+⑭	소척도⑩+⑪+⑫+⑬+⑭+⑮	
임상 소척도	① 과잉행동	11	10	8
	② 공격성	11	11	10
	③ 품행문제		9	14
	④ 불안	13	14	11
	⑤ 우울	11	14	13
	⑥ 신체화	13	12	11
	⑦ 비정형성	10	13	10
	⑧ 사회성 철회	11	12	8
	⑨ 주의집중문제	6	6	6
적응 소척도	⑩ 적응성	8	8	8
	⑪ 사회성 기술	9	8	8
	⑫ 리더십		8	10
	⑬ 일상적 활동*	9	8	8
	⑭ 기능적 언어소통	11	12	12
내용 소척도	① 분노조절	9	9	9
	② 집단 괴롭힘	7	10	9
	③ 발달적 사회성 장애	13	14	12
	④ 정서적 자기통제	8	6	5
	⑤ 고등실행기능	13	10	12
	⑥ 부정적 정서성	5	5	5
	⑦ 회복력	12	11	11

* 부모보고형 검사에만 포함된 소척도임.

각 검사별 구성은 〈표 11-11〉과 같다.

마지막으로, 자기보고형 검사(SRP)는 만 8~11세 아동을 위한 초등용(C) 검사와 만 12~21세를 위한 청소년용(A) 검사 및 만 18~25세를 위한 대학생용(COL) 검사로 구

성되어 있으며, 이분형 응답(예 또는 아니요)과 4점의 리커트 척도로 구성되어 있다.

자기보고형 검사(SRP)의 초등용(C) 검사와 청소년용(A) 검사는 종합척도에 학교문제, 내면화 문제행동, 주의력결핍 및 과잉행동, 정서증상지표, 개인적 적응이라는 다섯 가지로 구성되어 있고, 대학생용(COL) 검사는 학교문제를 제외한 내면화 문제행동, 주의력결핍 및 과잉행동, 정서증상지표, 개인적 적응이라는 네 가지로 구성되어 있다. 각각의 종합척도는 소척도의 각 항목 중 관련성 있는 척도를 합하여 산출한다.

임상소척도를 살펴보면, 초등용(C) 검사는 학교에 대한 태도, 교사에 대한 태도, 비정형성, 통제소재, 사회적 스트레스, 불안, 우울, 부적절감, 주의집중문제, 과잉행동이라는 총 10개의 척도로 구성되어 있고, 청소년용(A) 검사는 초등용(C) 검사의 척도에 감각추구와 신체화를 포함시켜 총 12개로 구성되어 있다. 대학생용(COL) 검사는 학교에 대한 태도와 교사에 대한 태도를 제외한 총 10개의 척도로 구성되어 있다. 적응소척도의 경우에는 초등용(C) 검사, 청소년용(A) 검사, 대학생용(COL) 검사 모두 부모와의 관계, 대인관계, 자긍심, 자아신뢰감이라는 네 가지 척도로 구성되어 있다. 그 밖에 대학생용(COL) 검사는 알코올 남용과 학교부적응이라는 두 가지의 기타 척도가 포함되어 있다.

내용소척도는 청소년용(A) 검사와 대학생용(COL) 검사에만 있으며, 분노조절, 조증, 시험불안, 자아강도라는 네 가지 척도로 구성되어 있다.

자기보고형(SRP) 검사에서는 교사보고형이나 부모보고형에 포함되어 있지 않은 SAD 3요소가 포함되어 있다. SAD 3요소는 피검자의 정서적 어려움을 측정하기 위한 척도로서, 초등용(C) 검사, 청소년용(A) 검사, 대학생용(COL) 검사 모두 사회적 스트레스, 불안, 우울의 3가지 척도로 구성되어 있고, 그 구성 내용은 다음의 〈표 11-12〉와 같다.

표 11-12　자기보고형(SRP) 검사의 구성

	척도명	초등용(C)	청소년(A)	대학생(COL)
종합척도	학교문제	소척도①+②	소척도①+②+③	
	내면화 문제행동	소척도④+⑤+⑥+⑦+⑧+⑨	소척도④+⑤+⑥+⑦+⑧+⑨+⑩	
	ADHD	소척도⑪+⑫		
	정서증상지표	소척도⑥+⑦+⑧+⑨+⑮+⑯		
	개인적 적응	소척도⑬+⑭+⑮+⑯		

임상 소척도	① 학교에 대한 태도	7	7	
	② 교사에 대한 태도	7	9	
	③ 감각추구		9	11
	④ 비정형성	9	9	10
	⑤ 통제소재	8	9	10
	⑥ 사회적 스트레스	8	10	10
	⑦ 불안	13	13	14
	⑧ 우울	13	12	13
	⑨ 부적절감	8	10	9
	⑩ 신체화		7	8
	⑪ 주의집중문제	9	9	10
	⑫ 과잉행동	8	7	6
적응 소척도	⑬ 부모와의 관계	9	10	10
	⑭ 대인관계	6	7	9
	⑮ 자긍심	8	8	8
	⑯ 자아신뢰감	8	8	7
기타	⑰ 알코올 남용			10
	⑱ 학교부적응			11
내용 소척도	① 분노 조절		14	14
	② 조증		10	10
	③ 시험 불안		7	7
	④ 자아 강도		17	16
SAD 3요소	소척도 ⑥+⑦+⑧			

3) 실시 방법

교사보고형 검사(TRS)는 학교, 유치원, 어린이집 또는 유사 교육환경에서 아동을 관찰할 기회가 있었던 교사, 보조교사, 보육교사 등을 대상으로 실시하여야 한다. 관찰할 기회에 대한 최소한의 기준은 한 달 동안 매일 혹은 한 주에 며칠씩 6~8주 정도의 관찰 시간이 있어야 한다.

부모보고형 검사(PRS)는 피검자의 부모, 조부모, 양부모 등을 포함한 주양육자나 보호자가 작성하여야 한다. 가능하면 아버지와 어머니와 같이 양쪽 부모 모두에게 검사를 실시하는 것이 바람직하다. 부모님이 계시지 않을 경우에는 피검자를 양육하고 있는 보호자가 작성하여야 하는데, 가능한 피검자를 잘 알고 있고 가장 최근까지 빈번하게 피검자와 함께 생활하거나 자주 접했던 사람이 작성하는 것이 바람직하다.

교사보고형 검사(TRS)와 부모보고형 검사(PRS)를 실시할 때 검사자는 응답자에게 검사에 관한 설명을 하여야 하고, 검사를 시작하기 전에 응답자와 라포를 형성하여야 한다. 전반적인 검사 시간은 약 10~20분 정도 소요되며, 검사 대상인 아동과 응답자인 교사 혹은 보호자의 개인 정보가 유출되지 않도록 하여야 한다. 응답자는 4점의 리커트 척도(1: 전혀 그렇지 않다, 2: 가끔 그렇다, 3: 자주 그렇다, 4: 거의 그렇다) 중에 하나를 선택하여야 하고, 모든 검사 문항에 대하여 응답하여야 한다. 검사자는 응답자에게 '전혀 그렇지 않다'라는 것이 '아동이 그러한 행동을 전혀 하지 않았다는 것이 아니라 그러한 행동을 하는 것을 교사나 보호자가 전혀 본 적이 없다는 것'을 의미한다는 것을 설명하여야 한다.

자기보고형 검사(SRP)는 피검자가 자신의 성격특성, 정서 상태 및 문제행동에 대하여 스스로 응답하는 검사이다. 검사는 1부와 2부로 구성되어 있는데, 1부는 '예'와 '아니요'라는 이분형 질문에 응답하는 것이고, 2부는 4점의 리커트 척도(1: 전혀 그렇지 않다, 2: 가끔 그렇다, 3: 자주 그렇다, 4: 거의 그렇다) 중에 하나를 선택하는 것이다. 자기보고형 검사는 초등학교 3학년 수준의 읽기 능력 수준으로 기술되어 있고, 검사 소요시간은 약 10~20분 정도이다. 검사자는 검사를 시작하기 전에 피검자와 라포를 형성할 수 있는 시간을 갖는 것이 좋으며, 검사자는 검사의 목적과 검사 지침을 설명해 주어야 한다. 피검자는 검사에서 제시된 모든 문항에 응답하여야 한다. 만약 피검자가 문항에 대하여 지나치게 예민하거나 힘들어할 경우 혹은 동일한 응답을 계속하거나 응답에 반응 시간이 길어질 경우에는 잠시 쉬었다가 검사를 진행하도록 한다. 검사는 가능한 차분하고 조용한 통제된 장소에서 진행하여야 한다.

4) 결과 해석

(1) 타당성 지표

K-BASC-2에서는 검사의 타당성을 확보하기 위하여 교사보고형(TRS), 부모보고형(PRS), 자기보고형(SRP) 검사 모두에서 F 지표와 응답유형지표 및 일관성지표를 산출하고 있다. 특히 자기보고형(SRP) 검사에서는 긍정적 편향성(faking good)에 대한 L 지표와 부주의, 문항이해부족, 비협조적인 태도 등에 의한 비상식적 응답을 확인하는 V 지표에 대한 결과를 제시하고 있다.

F(faking bad) 지표는 교사나 부모가 피검자를 지나치게 부정적으로 평가했거나 혹은 피검자가 자기 자신을 지나치게 부정적으로 평가했을 가능성을 확인하는 것으로서, 부정적 편향성이라고도 한다. F지표 점수가 높을 경우에는 검사 시행 지침을 따르는 것의 어려움이나 무성의한 무작위 응답 등이 있는 것을 나타내기 때문에 검사 결과가 왜곡될 가능성이 있다. 그러므로 F 지표 점수가 타당한지를 확인하여야 한다. K-BASC-2에서는 F 지표를 허용범위, 주의, 요주의의 3단계로 구분하고 있고, F 지표 점수가 주의나 요주의 범위에 있을 경우 부정적 응답으로 인하여 검사 결과가 왜곡될 가능성이 있음을 보여 준다. F 지표 점수의 해석 기준은 〈표 11-13〉과 같다.

표 11-13 F 지표 점수에 대한 해석 기준

검사 종류		허용범위	주의	요주의
교사보고형(TRS)	유아용(P)	0~1	2~3	4~20
	아동용(C)	0~1	2~3	4~20
	청소년용(A)	0~1	2~3	4~20
부모보고형(PRS)	유아용(P)	0~3	4	5~20
	아동용(C)	0~5	6	7~20
	청소년용(A)	0~4	5	6~20
자기보고형(SRP)	초등용(C)	0~3	4~6	7~15
	청소년용(A)	0~3	4~6	7~15
	대학생용(COL)	0~2	3~4	5~15

다음으로 응답유형 지표는 한쪽으로 편향되거나 동일한 응답이나 순환적인 응답이 있는지를 확인하는 지표이다. 이 지표는 어떤 문항에 대한 응답자의 반응이 바로 전 문항에 대한 반응과 다르게 나타나는 횟수를 나타내는 것이다. 응답자가 다르게 반응하는 횟수가 적을 경우에는 Caution-Low라고 하고, 이는 문항 응답에서 응답값의 변화가 거의 없음을 의미한다. 반대로 다르게 반응하는 횟수가 많은 Caution-High는 문항 응답값의 변화가 상당히 많이 있음을 보여 준다. Caution-Low 또는 High인 경우는 '주의'에 해당하며, 이 경우에는 응답 중에 무작위 응답이나 일정한 응답이 반복되어 나타나는 군집이 있는지 확인하여야 한다. 응답유형 지표의 적합성에 대한 해석 기준은 〈표 11-14〉와 같다.

표 11-14 응답유형 지표에 대한 해석 기준

검사 종류		주의 (Caution-Low)	허용범위	주의 (Caution-High)
교사보고형(TRS)	유아용(P)	0~29	30~79	80~100
	아동용(C)	0~47	48~111	112~139
	청소년용(A)	0~36	37~105	106~139
부모보고형(PRS)	유아용(P)	0~59	60~106	107~134
	아동용(C)	0~65	66~125	126~160
	청소년용(A)	0~61	62~117	118~150
자기보고형(SRP)	초등용(C)	0~50	51~101	102~139
	청소년용(A)	0~57	58~123	124~176
	대학생용(COL)	0~99	100~129	130~185

일관성지표는 일반적으로 답이 예상되는 문항에 대하여 상이하게 응답을 한 경우를 파악하기 위한 지표이다. 일관성 지표는 피검자나 응답자가 잘못 체크하거나 대충 평가하여 응답들의 내적 일관성이 떨어지는 문항을 찾아낸다. 일관성지표의 적합성에 대한 해석 기준은 〈표 11-15〉와 같다.

표 11-15 일관성 지표에 대한 해석 기준

검사 종류		허용범위	주의	요주의
교사보고형(TRS)	유아용(P)	0~12	13~15	16 이상
	아동용(C)	0~11	12~15	16 이상
	청소년용(A)	0~12	13~17	18 이상
부모보고형(PRS)	유아용(P)	0~16	17~20	21 이상
	아동용(C)	0~13	14~17	18 이상
	청소년용(A)	0~13	14~18	19 이상
자기보고형(SRP)	초등용(C)	0~16	17~25	26 이상
	청소년용(A)	0~14	15~20	21 이상
	대학생용(COL)	0~12	13~16	17 이상

L 지표는 긍정적 편향(faking good)을 나타내는 지표로서 사회적으로 바람직하다고 생각되는 것으로 대답을 편향되게 하는 것을 찾아내기 위한 지표이다. 그러므로 L 지표의 값이 높아질수록 자기보고형(SRP)의 소척도점수가 지나치게 긍정적인 방향으로 편중되어 있음을 의미한다. L 지표에 대한 해석 기준은 〈표 11-16〉과 같다.

표 11-16 L 지표에 대한 해석 기준

검사 종류		허용범위	주의	요주의
자기보고형(SRP)	초등용(C)	0~9	10~12	13
	청소년용(A)	0~8	9~11	12~15
	대학생용(COL)	0~6	7~9	10~13

V 지표는 자기보고를 하는 피검자의 검사에 참여하는 태도가 협조적인지 아니면 비협조적인지를 평가하기 위한 지표이다. V 지표의 점수가 높을수록 평가 과정에 참여하는 태도가 비협조적임을 표현한다. V 지표에 대한 해석 기준은 〈표 11-17〉과 같다.

표 11-17   V 지표에 대한 해석 기준

검사 종류		허용범위	주의	요주의
자기보고형(SRP)	초등용(C)	0~2	3~4	5~12
	청소년용(A)	0~2	3	4~12
	대학생용(COL)	0~3	4	5~10

(2) 검사 결과 해석

K-BASC-2의 모든 검사 결과는 종합척도, 임상소척도, 적용소척도 및 내용소척도의 네 가지 측면에서 제시된다. 먼저, 종합척도는 피검자의 적응 및 부적응 행동에 대한 특성을 전반적으로 파악하고, 여러 세부적인 문제행동이 함께 작용하는지를 종합적으로 분석할 수 있다는 점에서 중요하다. 종합척도에 대한 해석 기준은 임상 수준, 준임상 수준, 허용 수준이라는 세 단계로 구분되어 있다. 각 검사별 종합척도의 해석 기준은 다음의 〈표 11-18〉과 같다.

표 11-18   종합척도에 대한 해석 기준(T점수 기준)

검사 종류	해석 기준	외현화 문제행동	내면화 문제행동	학교문제	행동증상 지표	적응기술
교사보고형 (TRS)	허용 수준	59점 이하	59점 이하	59점 이하	59점 이하	41점 이상
	준임상 수준	60~69점	60~69점	60~69점	60~69점	31~40점
	임상 수준	70점 이상	70점 이상	70점 이상	70점 이상	30점 이하
부모보고형 (PRS)	허용 수준	59점 이하	59점 이하		59점 이하	41점 이상
	준임상 수준	60~69점	60~69점		60~69점	31~40점
	임상 수준	70점 이상	70점 이상		70점 이상	30점 이하

검사 종류	해석 기준	학교문제	내면화 문제행동	주의력결핍 과잉행동	정서증상지표	개인적 적응
자기보고형 (SRP)	허용 수준	59점 이하	59점 이하	59점 이하	59점 이하	41점 이상
	준임상 수준	60~69점	60~69점	60~69점	60~69점	31~40점
	임상 수준	70점 이상	70점 이상	70점 이상	70점 이상	30점 이하

〈표 11-18〉을 살펴보면, 교사보고형(TRS) 검사와 부모보고형(PRS) 검사의 종합 척도에 포함된 하위 척도인 외현화 문제행동, 내면화 문제행동, 학교문제, 행동증상지표 등은 T점수가 60~69점 사이는 준임상 수준에 속하고, 70점 이상인 경우에는 임상 수준에 해당함을 알 수 있다. 또한 자기보고형(SRP) 검사에서도 학교문제, 내면화문제행동, 주의력결핍 및 과잉행동, 정서증상지표에서는 T점수가 60~69점 사이일 경우 준임상 수준에 속하고, 70점 이상인 경우에는 임상 수준에 해당한다. 교사보고형(TRS), 부모보고형(PRS), 및 자기보고형(SRP) 검사의 적응기술과 개인적 적응에 대해서는 T점수가 31~40점 사이는 준임상 수준에 속하고, 30점 이하인 경우에는 임상 수준에 해당한다.

소척도에 대한 해석 기준은 소척도의 종류(임상소척도, 적응소척도, 내용소척도, SAD 3요소)에 따라 다르게 구성된다. 모든 검사에서 임상소척도, 내용소척도, SAD 3요소의 T점수가 60~69점 사이인 경우는 준임상 수준에 속하고, T점수가 70점 이상인 경우는 임상 수준에 해당한다. 그러나 적응소척도와 내용소척도 중 적응관련 척도(예: 교사보고형 검사와 부모보고형 검사의 회복력과 자기보고형 검사의 자아강도)는 T점수가 31~40점의 경우 준임상 수준에 해당하고, T점수가 30점 이하인 경우에는 임상 수준에 해당한다. 이러한 기준은 다음의 〈표 11-19〉와 같다. K-BASC-2 검사에 대한 결과 산출의 예는 [그림 11-4]와 같다.

표 11-19 소척도에 대한 해석 기준(T점수 기준)

해석 기준	임상 소척도	적응 소척도	내용소척도		SAD 3요소
			내용소척도 (적응관련 척도제외)	적응관련 척도 • TRS와 PRS-회복력 • SRP-자아강도	
허용 수준	59점 이하	41점 이상	59점 이하	41점 이상	59점 이하
준임상 수준	60~69점	31~40점	60~69점	31~40점	60~69점
임상 수준	70점 이상	30점 이하	70점 이상	30점 이하	70점 이상

K·BASC-2
Parent Rating Scales - Child
Korean Behavior Assessment System for Children, Second Edition

한국판 정서-행동 평가시스템
부모보고형 아동용(PRS-C)

이름	성별	연령
SAMPLE	남	10세 11개월

부모보고형 아동용(PRS-C) 검사 결과 요약: 통합규준

1. 타당도 지표
※ 타당도 지표는 검사에 성실하게 응답했는지 또는 검사결과를 신뢰할 수 있는지에 대한 정보를 제공해 주는 척도입니다.

※ 타당도 척도별 해석 기준

F지표	점수	허용 범위	주의	요주의	설명
F지표	3	0~5	6	7~20	저 빈도 지표, 부정적 편향성(Faking bad)

응답유형지표	점수	주의(Caution-Low)	허용 범위	주의(Caution-High)	설명
응답유형지표	131	0~65	66~125	126~160	연속적인 동일 응답, 순환적 응답

일관성지표	점수	허용 범위	주의	요주의	설명
일관성지표	24	0~13	14~17	18 이상	유사한 문항에 상이한 응답을 한 경우

2. 종합척도 점수

척도명	원점수	T점수	백분위	신뢰구간	수준
외현화 문제행동	261	92	99	86~98	임상수준
내면화 문제행동	242	87	99	81~93	임상수준
행동증상지표	465	87	99	82~92	임상수준
적응기술	226	44	27	39~49	허용수준

※임상 척도 - 60점 이상: T점수가 준임상 수준에 해당합니다.
       - 70점 이상: T점수가 임상 수준에 해당합니다.
※적응 척도 - 40점 이하: T점수가 준임상 수준에 해당합니다.
       - 30점 이하: T점수가 임상 수준에 해당합니다.

3. 임상 및 적응 소척도, 내용 소척도 점수

척도명		원점수	T점수	백분위	신뢰구간	수준
외현화 문제 행동	과잉행동	20	85	99	76~94	임상수준
	공격성	18	90	99	82~98	임상수준
	품행문제	14	86	99	77~95	임상수준
내면화 문제 행동	불안	20	67	94	59~75	준임상수준
	우울	25	96	99	88~104	임상수준
	신체화	15	79	99	71~87	임상수준
행동 증상 지표	비정형성	14	78	98	69~87	임상수준
	사회적 철회	14	66	94	57~75	준임상수준
	주의집중문제	6	50	54	42~58	허용수준
적응 기술	적응성	10	30	4	20~40	임상수준
	사회성 기술	17	59	82	51~67	허용수준
	리더십	16	57	77	48~66	허용수준
	일상적 활동	11	38	15	28~48	준임상수준
	기능적 언어소통	22	42	24	34~50	허용수준
분노 조절		18	96	99	85~107	임상수준
집단 괴롭힘		20	105	99	96~114	임상수준
발달적 사회성 장애		24	76	99	67~85	임상수준
정서적 자기통제		13	80	99	70~90	임상수준
고등실행기능		16	69	96	60~78	준임상수준
부정적 정서성		10	69	97	58~80	준임상수준
*회복력		14	31	4	22~40	준임상수준

※ * 은 적응 내용 소척도입니다.

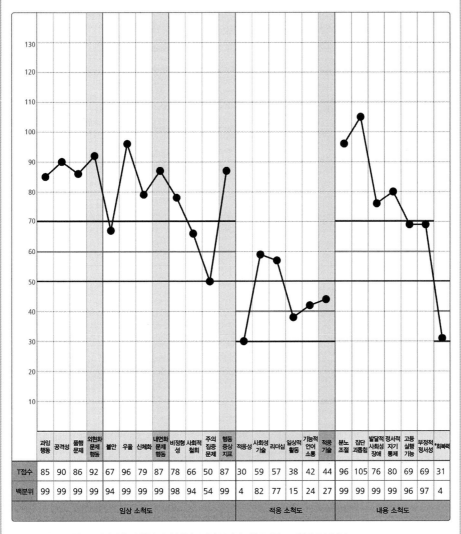

	과잉 행동	공격성	품행 문제	외현화 문제 행동	불안	우울	신체화	내면화 문제 행동	비정형 성	사회적 철회	주의 집중 문제	행동 증상 지표	적응성	사회성 기술	리더십	일상적 활동	기능적 언어 소통	적응 기술	분노 조절	집단 괴롭힘	발달적 사회성 장애	정서적 자기 통제	고통 실행 기능	부정적 정서성	*회복력
T점수	85	90	86	92	67	96	79	87	78	66	50	87	30	59	57	38	42	44	96	105	76	80	69	69	31
백분위	99	99	99	99	94	99	99	99	98	94	54	99	4	82	77	15	24	27	99	99	99	99	96	97	4
	임상 소척도												적응 소척도						내용 소척도						

※ 행동증상지표는 과잉행동, 공격성, 우울, 비정형성, 사회적 철회, 주의집중문제의 T점수를 바탕으로 산출된 점수입니다.
※ 내용 소척도는 개별 소척도 해석을 보완하기 위해 선택적으로만 사용합니다.
※ * 은 적응 내용 소척도입니다.

5. 임상 및 적응 소척도, 내용 소척도 상세해석

척도명		T점수	수준	해석
임상 소척도		60점 이상	준임상수준	소척도 점수가 준임상 수준에 해당합니다.
		70점 이상	임상수준	소척도 점수가 임상 수준에 해당합니다.
적응 소척도		40점 이하	준임상수준	소척도 점수가 준임상 수준에 해당합니다.
		30점 이하	임상수준	소척도 점수가 임상 수준에 해당합니다.
내용 소척도	임상	60점 이상	준임상수준	소척도 점수가 준임상 수준에 해당합니다.
		70점 이상	임상수준	소척도 점수가 임상 수준에 해당합니다.
	적응	40점 이하	준임상수준	소척도 점수가 준임상 수준에 해당합니다.
		30점 이하	임상수준	소척도 점수가 임상 수준에 해당합니다.

● 외현화 문제행동

척도명	T점수	수준	해석
외현화 문제행동	92	임상수준	외현화 문제행동 종합척도 점수는 92점이고, 90% 신뢰구간은 86~98, 백분위는 99입니다. 이 점수는 임상수준 범위에 속합니다. 부모님/보호자의 보고에 의하면, SAMPLE은/는 쉽게 통제되지 않는 공격성, 과잉행동, 품행문제 등 파괴적인 문제행동을 많이 보입니다. 또래나 성인의 활동을 방해하고 부모님의 지시를 잘 따르지 않습니다.
과잉행동	85	임상수준	SAMPLE의 과잉행동 소척도 점수는 85점이고, 백분위는 99입니다. 부모님/보호자의 보고에 의하면, SAMPLE은/는 또래관계에 부정적인 영향을 줄 수 있는 충동적, 과잉행동들을 상당히 많이 하는 편입니다. 생활 전반에서 충동성과 과잉행동이 문제시 되는 수준입니다.
공격성	90	임상수준	SAMPLE의 공격성 소척도 점수는 90점이고, 백분위는 99입니다. 부모님/보호자의 보고에 의하면, SAMPLE은/는 적대적이고 공격적인 행동을 많이 하는 편입니다. 시비를 걸거나 위협적인 행동을 한다는 얘기를 다른 사람들로부터 많이 들을 수 있습니다.
품행문제	86	임상수준	SAMPLE의 품행문제 소척도 점수는 86점이고, 백분위는 99입니다. 부모님/보호자의 보고에 의하면, SAMPLE은/는 컨닝, 거짓말, 절도, 혹은 규범 위반 등의 품행문제가 심각한 수준입니다.

● 내면화 문제행동

척도명	T점수	수준	해석
내면화 문제행동	87	임상수준	내면화 문제행동 종합척도 점수는 87점이고, 90% 신뢰구간은 81~93, 백분위는 99입니다. 이 점수는 임상수준 범위에 속합니다. 부모님/보호자의 보고에 의하면, SAMPLE은/는 불안, 우울, 신체화 등 과도한 자기통제 혹은 억압에서 비롯된 심리적 문제가 많아 보입니다. 타인의 활동을 방해하지 않고 과도하게 자신의 행동을 통제하며 순종적입니다.
불안	67	준임상수준	SAMPLE의 불안 소척도 점수는 67점이고, 백분위는 94입니다. 부모님/보호자의 보고에 의하면, SAMPLE은/는 실제 혹은 가상의 문제들에 대해 초조, 긴장, 근심걱정, 그리고 두려워하는 경향이 있습니다. 생각이 많고 예민합니다.
우울	96	임상수준	SAMPLE의 우울 소척도 점수는 96점이고, 백분위는 99입니다. 부모님/보호자의 보고에 의하면, SAMPLE은/는 슬픈 감정을 많이 표현하고 위 하나 제대로 되는 것이 없다고 느끼며 삶이 점점 더 힘들다고 느낍니다. 자기 자신, 세상, 그리고 미래에 대해 부적응적 사고를 합니다.
신체화	79	임상수준	SAMPLE의 신체화 소척도 점수는 79점이고, 백분위는 99입니다. 부모님/보호자의 보고에 의하면, SAMPLE은/는 두통, 몸살, 복통, 현기증 등 신체적 증상에 대해 불평하는 정도가 상당합니다. 건강과 관련된 걱정을 할 때가 많이 있습니다. 특별한 건강 문제가 없는 경우 이러한 염려는 표현하지 못하는 정서적 문제를 의미할 수 있습니다.

[그림 11-4] K-BASC-2의 결과 산출의 예

출처: https://inpsyt.co.kr/psy/item/view/KBASC2_EX_PG_C (검색일: 2020. 8. 4.)

생각해 볼 문제

1. K-SAED의 정서행동문제를 분류하기 위한 척도점수의 범위에 대하여 설명해 보시오.

2. K-ASEBA의 결과 해석에서 증후군 척도를 구성하는 하위 척도에서 문제행동의 분류 범위에 대하여 설명해 보시오.

3. K-BASC-2에서 검사에서 검사 결과의 타당성을 증명하기 위한 지표 종류와 각 지표가 중요한 이유에 대하여 설명해 보시오.

적응행동 영역 검사

적응행동은 특수교육대상자를 진단하는 과정에서 가장 중요한 영역 중 하나이다. 지적장애를 진단하는 핵심적인 요소이자, 자폐 범주성 장애나 정서행동장애 아동의 사회 적응능력을 평가하는 과정에서 반드시 실시하여야 하는 검사 중에 하나이기도 하다. 적응행동은 개념적, 실제적, 사회적 적응 기술로 이루어져 있으며, 대부분의 검사도구들이 이러한 분류체계를 고려하여 검사 영역과 문항을 구성하고 있다. 이 장에서는 우리나라에서 개발되어 활용되고 있는 적응행동 영역 검사의 구성과 사용방법에 대하여 설명하였다.

1. 국립특수교육원-적응행동검사

1) 목적 및 대상

국립특수교육원-적응행동검사(NISE-K · ABS)는 특수교육대상자를 선별하고 진단하는 데 필요한 적응행동 수준을 평가할 수 있는 검사도구이다. NISE-K·ABS는 유아용(만 2세~만 6세 5개월) 검사와 초·중등용(만 6세~만 18세 11개월) 검사로 구성되어 있다. 이 검사는 검사 대상의 적응행동 수준을 파악하고, 그에 따른 적절한 교수 계획을 수립하는 데 필요한 기초 정보를 제공한다. 이 검사는 정신연령이 낮은 만 18세 이상의 지적장애인의 적응행동 수준을 평가하는 데 활용할 수 있다.

2) 검사의 구성

NISE-K·ABS는 유아용(만 2세~6세 5개월) 검사와 초·중등학생용(만 6~18세) 검사로 구성되어 있다. 이 두 가지 검사 모두 적응행동을 개념적 기술, 사회적, 기술, 실제적 기술이 접목된 종합적인 개념으로 정의하고 있다. NISE-K·ABS의 유아용 검사와 초·중등학생용 검사 모두 개념적 기술, 사회적 기술, 실제적 기술의 세 가지 영역으로 검사도구를 구성하였으며, 최근 사회적 변화의 모습을 문항 개발에 포함하였다. 검사도구의 세부적인 구성 내용을 살펴보면, 〈표 12-1〉과 같다.

표 12-1　NISE-K·ABS 검사의 구성 체계

유아용				초·중등학생용			
검사 영역		문항 수	합계	검사 영역		문항 수	합계
개념적 기술	인지	18	33	개념적 기술	인지	25	49
	언어	8			언어	12	
	수	7			수	12	
사회적 기술	자기표현	9	49	사회적 기술	자기표현	10	46
	타인인식	14			타인인식	17	
	대인관계	26			대인관계	19	
실제적 기술	운동 및 식사	14	43	실제적 기술	기본생활	27	63
	의복	9			가정생활	10	
	위생	7			지역적응	14	
	일상	13			IT 활용	12	
전체 문항 수			125	전체 문항 수			158

〈표 12-1〉을 살펴보면, 개념적 기술은 인지, 언어, 수로 구성되어 있고, 사회적 기술은 자기표현, 타인인식, 대인관계로 구성되었다. 실제적 기술 영역에서 유아용 검사는 운동 및 식사, 의복, 위생, 일상으로 구성되어 있지만, 초ㆍ중등학생용 검사에서는 기본생활, 가정생활, 지역적응, IT 활용을 포함하고 있다. 유아용 검사는 구체적인 활동에 초점을 두고 있다면, 초ㆍ중등학생용 검사에서는 일상생활의 특성을 고려한 문항 구성이 이루어졌다. 특히 IT 활용은 최근 컴퓨터나 모바일 기기의 활용이 일상화되어 가는 사회의 변화를 반영한 것이라 할 수 있다.

전반적으로 유아용 검사는 총 125문항으로 구성되어 있고, 초ㆍ중등학생용 검사는 총 158문항으로 개발되었다. 각 문항에 대해서는 '매우 잘함(2점)', '가끔 함(1점)', '거의 못함(0점)'이라는 3점의 리커트 척도로 구성되어 있다.

3) 실시 방법

NISE-KㆍABS 검사는 피검자를 가장 잘 아는 사람이 물음에 응답하는 것을 원칙으로 하고 있다. 피검자에 대하여 부모가 가장 잘 알고 있는 것이 일반적이겠지만, 상황에 따라 조부모나 이모, 혹은 형제가 피검자에 대하여 더 잘 파악하고 있을 수도 있다.

NISE-KㆍABS 검사는 출판하는 형태에 따라 모바일 검사와 지필 검사가 있다. 두 검사 모두 내용은 동일하다.

검사를 실시할 때에는 피검자의 나이를 고려하여 유아용 검사와 초ㆍ중등학생용 검사 중 하나를 선택하여야 한다. 그러므로 피검자의 연령을 정확하게 계산하여야 한다. 모바일 검사에서는 검사일과 생년월일을 입력하면 자동으로 검사 대상의 연령을 계산한다. 그러나 지필 검사에서는 피검자의 연령을 직접 계산하여야 한다. 연령을 직접 계산할 때에는 검사일에서 실제 생년월일을 뺀 결과로 계산하지만, 일 단위가 1일에서 15일로 끝나는 경우에는 이를 버리고, 16일 이상이면 월에서 한 달을 올린다. 그러나 날짜 계산에서 검사일보다 생년월일이 더 클 경우에는 월 단위에서 일 단위로 내림을 하는데, 1개월은 30일로 산정하여 반영한다.

연령 계산의 예)

– 피검자의 생년월일이 2014년 2월 18일이고, 검사일이 2020년 4월 13일인 경우

식) 2020년 4월 13일

– 2014년 2월 18일

연령) 6년 1개월 25일

→ 일 단위가 16일 이상이므로, 6년 2개월(생활연령)로 계산한다.

연령에 맞게 유아용 검사나 초·중등학생용 검사를 적절하게 선택하였다면, 검사에 포함된 모든 문항을 검사하여야 한다. 유아용 검사는 총 125문항이고, 초·중등학생용 검사는 총 158문항으로 구성되어 있다. 문항에 대한 응답은 '매우 잘함(2점)', '가끔 함(1점)', '거의 못함(0점)' 중에 하나를 선택하면 된다. 모든 문항에 대하여 검사를 실시하였을 때, 유아용 검사는 총점이 250점이고, 초·중등학생용 검사는 총점이 316점이다.

모바일 검사에서는 각 문항에 대한 피검자의 수행 수준을 선택하면, 결과가 자동적으로 산출된다. 그러나 지필 검사를 실시할 때에는 각 문항의 질문을 보고, 문항에 대하여 수행 수준(매우 잘함: 2점, 가끔 함: 1점, 거의 못함: 0점)을 선택하여야 한다. 그리고 소검사 영역별(예: 인지 또는 자기표현 등) 점수를 합계하여 하위 영역별 원점수와 척도점수(표준점수)를 기입하여야 한다. 이때 남녀에 따른 규준이 다르므로 정확하게 성별에 따른 점수를 기록하여야 한다. 물론 지필 검사를 실시하여 소검사별 원점수의 합을 구한 후, 웹 사이트로 가서 점수를 입력하면 자동적으로 모든 결과가 산출된다.

4) 결과 해석

NISE-K·ABS의 해석은 모바일 검사와 지필 검사에 따라 실시하는 방법에 있어 다소 차이가 있다. 모바일 검사는 웹 사이트에서 자동화된 결과가 산출되지만, 지필 검사는 검사자가 점수를 합산하여 결과를 산출하여야 한다. 물론 지필 검사의 경우에도 모바일 검사의 웹 사이트를 접속하여 점수를 입력하면 자동화된 결과를 산출할 수 있다. 결과 산출을 자동으로 실시하는 웹 사이트 주소는 https://www.nisetest.com/nise-kabs이다.

NISE-K·ABS 검사는 전체적 적응행동수준과 하위 개념적 기술, 사회적 기술, 실제적 기술에 관한 기준을 제시하는데, 이러한 지수들은 평균이 100이고 표준편차가 15인 표준점수로 개발되었다. 점수에 대한 해석은 〈표 12-2〉와 같다.

표 12-2 **점수의 해석**

표준점수 범위	수준
131 이상	상당히 높은 수준
116~130	평균 이상 수준
85~115	평균 수준
70~84	저조한 수준
69 이하	상당히 저조한 수준

〈표 12-2〉를 살펴보면, 검사 결과는 크게 5단계로 나뉘어 있다. 표준점수 범위가 85~115점이 평균 수준이고, 그 위는 적응행동이 우수한 수준이라는 것을 의미한다. 그러나 표준점수가 저조한 수준(70~84)과 상당히 저조한 수준(69점 이하)은 적응행동에 문제가 나타날 수 있으며, 이로 인하여 체계적인 교육 지원이 제공되어야 한다. 그리고 검사 대상의 장애 여부를 판별하기 위해서 다른 검사를 추가적으로 실시하여야 한다.

국립특수교육원
적응행동검사

NISE-K·ABS

ABC 7세0개월   만6세   2013/08/09

피검사자 기본정보

이름	ABC	성별	여자
생년월일	2013년 8월 9일	검사일	2020년 8월 1일
생활연령	7세 0개월	검사유형	초·중등용
검사자성명		검사자소속	
대상자와의 관계	교사		
응답 신뢰도	동일한 질문 10개 중 10개를 동일하게 응답함. 신뢰도 100 %		

※ 응답 신뢰도 :10개 중 6개 이상 다르게 응답한 경우는 신뢰할 수 없는 응답입니다.

☐ 적응행동검사 결과

원점수	적응 지수	표준 점수	백분위 점수
15	33	68	2.0

☐ 적응행동검사 결과 해석

· 표준점수가 **69 이하**인 경우는 **상당히 저조한 수준**입니다.

※적응행동 검사결과 표준점수가 69이하인 경우에는 적절한 관심과 지원이 시급하다는 의미입니다.

☐ 하위 영역별 결과

영역	소검사 원점수 합	소검사 척도점수 합	표준 점수	백분위 점수
개념적 기술	0	9	70	2
사회적 기술	13	8	70	2
실제적 기술	2	16	74	4

☐ 하위 소검사 유형별 결과

구분	개념적 기술			사회적 기술			실제적 기술			
	인지	언어	수	자기표현	타인의식	대인관계	기본생활	가정생활	지역적응	IT활용
원점수	0	0	0	2	8	3	1	1	0	0
척도 점수	4	2	3	2	3	3	2	4	5	5
백분위	2.0	0.4	1.0	0.4	1.0	1.0	0.4	2.0	5.0	5.0
적응 연령	6세 0~5개월	6세 0~5개월	6세 0~5개월	6세 0~5개월	6세 0~5개월	6세 0~5개월	6세 0~5개월	6세 0~5개월	6세 0~5개월	6세 0~5개월

※ 척도 점수가 4점 이하인 경우에는 적절한 관심과 지원이 시급하다는 의미입니다.

□ 하위 소검사 결과 비교

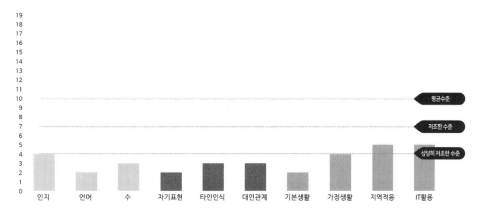

□ 평균에서 2표준편차 미만 여부

적응행동	개념적 기술	사회적 기술	실제적 기술
2표준편차 미만임	2표준편차 미만이 아님	2표준편차 미만이 아님	2표준편차 미만이 아님

□ 검사자 종합판단

1. 적응행동 검사결과 표준점수가 69 이하인 경우에는 적절한 관심과 지원이 시급하다는 의미입니다.
2. 적응행동 검사결과 표준점수가 70 이상이라고 하더라도, 3가지 하위기술 가운데 어느 하나의 척도 점수가 4점 이하의 경우에는 해당 영역의 적응행동에 어려움 이 있을 수 있으므로 적절한 관심과 지원이 필요할 수 있습니다.

2020년 8월 3일

교육부
국립특수교육원

[그림 12-1] 국립특수교육원-적응행동검사 결과 산출의 예

2. 지역사회적응검사-2판

1) 목적 및 대상

지역사회적응검사 2판(Community Integration Skills Assessment-2: CISA-2)은 김동일, 박희찬, 김정일(2017)이 개발 및 표준화하였다. CISA-2는 발달장애인이 지역사회에 통합하는 데 필요한 핵심 기술들을 얼마나 수행할 수 있고, 교육계획을 어떻게 수립하여야 하는지에 관한 정보를 파악하는 데 주요한 목적이 있다. CISA-2는 만 5세이상의 지적장애인과 자폐 범주성 장애인을 포함한 발달장애인을 대상으로 실시할 수 있다. 특히 발달장애인의 교육에 대한 관심이 있는 사람은 CISA-2와 더불어 지역사회적응교육과정(Community Integration Skills Curriculum-2: CISC-2)을 이용하여 피검

자의 지역사회적응수준을 평가하고, 그에 따른 교수 프로그램을 구성하여 운영할 수
있다.

2) 검사의 구성

CISA-2는 기본생활, 사회자립, 직업생활이라는 세 가지의 영역으로 구성되어 있
고, 그 내용은 〈표 12-3〉과 같다. 기본생활 영역은 개인의 자조기술을 비롯한 개인
생활, 가정생활, 지역사회에 적응하는 데 필요한 기초적인 생활기술을 평가하는 영
역이고, 사회자립 영역은 개인이 독립적인 사회생활을 유지하는 데 필요한 기술을
평가하는 영역이다. 그리고 직업생활 영역은 개인이 직업생활을 준비하고 유지하
는 데 필요한 기술을 평가하는 영역이다.

표 12-3 CISA-2의 구성 체계

영역	하위 영역	설명	문항 수	
기본 생활	1. 기초개념	개인생활과 지역사회 적응에 필요한 매우 기초적인 지식	17	66
	2. 기능적 기호와 표지	학교, 공공기관, 지역사회 및 공공서비스에서 사용되는 기능적인 신호와 표지를 인식하는 능력	16	
	3. 가정관리	독립적인 가정생활에 필요한 기술의 습득 정도	16	
	4. 건강과 안전	일상생활에서 요구되는 개인의 건강관리와 안전관리 능력	17	
사회 자립	5. 지역사회 서비스	지역사회가 이용편의를 위해 제공하는 서비스에 대한 활용 기술	17	64
	6. 시간과 측정	시간을 변별하고 활용하는 능력, 달력 활용 능력, 측정 능력	16	
	7. 금전관리	돈을 인식하고 조합하고 활용하는 능력	15	
	8. 통신서비스	컴퓨터와 전화기, 스마트폰과 같은 통신서비스에 대한 활용 능력	16	
직업 생활	9. 직업기능	직업생활을 준비하고 유지하는 데 필요한 전반적인 지식과 기술	15	31
	10.대인관계와 예절	원만한 대인관계와 사회생활을 유지하는 데 필요한 기술	16	
합계				161

출처: 인싸이트(http://inpsyt.co.kr).

CISA-2는 그림을 활용하여 검사를 실시할 수 있도록 구성되었다. 검사 문항을 그림으로 제작함으로써 읽기가 능숙하지 못한 발달장애인이 평가에 참여하기 용이하도록 개발되었다.

3) 실시 방법

CISA-2는 검사자가 피검자에게 문항에 관한 질문을 제시하고, 피검자의 답변을 기록지에 작성한다. 검사는 기본적으로 하위 영역 1부터 10까지 순차적으로 실시하지만, 상황에 따라 순서를 변경하여 검사를 진행할 수 있다. 특히 피검자의 특정 능력을 평가하고자 할 때에는 전체의 검사를 실시하지 않고 하위검사 영역 중 일부분만 검사를 실시할 수 있다. 검사에 대한 시간제한은 없으며, 필요한 검사 시간은 1시간에서 1시간 30분 정도이다. 검사를 모두 실시한 후 채점 사이트(http://inpsyt. co.kr)에 접속하여 검사 결과를 입력하여야 한다. 그러면 환산점수, 영역지수, 적응지수 등 피검자에 대한 검사 결과가 자동적으로 산출된다.

4) 결과 해석

CISA-2는 기본생활영역, 사회자립영역, 직업생활영역에 대한 전반적인 적응지수와 각 하위 영역별 환산점수를 제시하고 있다. 그리고 피검자에 대한 적응지수와 환산점수를 이용하여 피검자의 적응수준을 제시하고 있다. CISA-2의 지수 및 환산점수에 대한 적응수준은 〈표 12-4〉와 같다.

표 12-4   **CISA-2의 지수 및 환산점수에 대한 적응수준**

적응지수	적응수준	환산점수	적응수준
69 이하	적응행동지체	1~3	매우 낮음
70~79	경계선	4~5	낮음
80~89	평균 하	6~7	평균 하
90~109	평균	8~12	평균
110~119	평균 상	13~14	평균 상
120~129	우수	15~16	높음
130 이상	최우수	17~19	매우 높음

1. 검사 점수표

하위검사	원점수	환산점수(일반규준)
1. 기초개념	10	1
2. 기능적 기호와 표지	10	1
3. 가정관리	0	1
4. 건강과 안전	0	1
5. 지역사회 서비스	15	13
6. 시간과 측정	10	6
7. 금전관리	10	8
8. 통신서비스	5	1
9. 직업기능	5	1
10. 대인관계와 예절	10	5

영역	지수
기본생활	48
사회자립	83
직업생활	60
적응지수	64

2. 검사 프로파일

◆ 일반규준

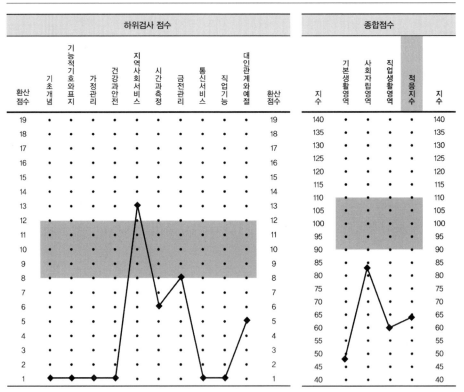

[그림 12-2] CISA-2 결과의 예(9세 9개월 여학생)

출처: http://inpsyt.co.kr/psy/item/view/CISA2_CO_SG (검색일: 2020. 7. 30.)

실제 검사 결과의 사례를 살펴보면 [그림 12-2]와 같은 결과가 산출된다. 9세 9개월의 A라는 여학생의 적응지수는 64점으로서 적응행동지체에 해당함을 알 수 있다. 하위 영역을 보면, 기본생활과 직업생활은 적응행동지체 수준이지만, 사회자립과 관련해서는 평균 하에 해당함을 알 수 있다.

하위검사 영역별 결과를 살펴보면, 지역사회 서비스와 금전관리는 평균 수준이었고, 시간과 측정은 평균 하 수준이었다. 그러나 기초개념, 기능적 기호와 표지, 가정관리, 건강과 안전, 통신서비스, 직업기능에서는 매우 낮은 적응수준을 나타내고 있음을 확인할 수 있다.

CISA-2는 검사 결과를 교육계획수립에 활용할 수 있도록 지역사회적응교육과정(Community Integration Skills Curriculum-2: CISC-2)을 구비하고 있다. 이 내용에 기초하여 발달장애인의 지역사회적응 교수 프로그램을 계획하고, 중재 프로그램을 운영할 수 있다.

3. 한국판 적응행동검사

1) 목적 및 대상

한국판 적응행동검사(Korean-Scales of Independent Behavior-Revised: K-SIB-R)는 백은희, 이병인, 그리고 조수제(2007)가 미국의 Scales of Independent Behavior-Revised(SIB-R)(Bruininks, Woodcock, Weatherman, & Hill, 1996)를 우리나라에 맞게 표준화한 것이다. K-SIB-R은 개인의 적응력 및 특정 환경에서의 기능적 독립성의 정도를 구체적으로 파악할 수 있고, 피검자에 대한 개별화교육계획의 목표 설정에 적용할 수 있으며, 독립적인 삶을 위한 훈련 프로그램을 개발할 때 활용할 수 있다. 또한 K-SIB-R은 0세에서 18세 사이의 아동 및 청소년의 적응행동 수준을 평가하기 위하여 사용한다.

2) 검사의 구성

K-SIB-R은 표준화된 규준지향 평가도구로서, 독립적 적응행동 영역과 문제행동 영역으로 구성되어 있다. 독립적 적응행동 영역은 운동기술, 사회적 상호작용 및 의사소통 기술, 개인생활 기술, 지역사회 생활 기술이라는 네 개의 적응기술군에 대근육 운동, 소근육 운동, 사회적 상호작용, 언어이해, 언어표현, 식사와 음식 준비, 신변처리, 옷 입기, 개인위생, 가사/적응행동, 시간 이해 및 엄수, 경제생활, 작업 기술, 이동 기술이라는 14개 하위척도로 구성되어 있다. 독립적 적응행동 영역은 전체 총 259개의 문항으로 구성되어 있다.

표 12-5 K-SIB-R 검사의 구성 체계

영역	군(群)	하위 척도	문항 수	소계	총합
독립적 적응행동	운동기술	대근육 운동	19	38	259
		소근육 운동	19		
	사회적 상호작용 및 의사소통기술	사회적 상호작용	18	56	
		언어 이해	18		
		언어 표현	20		
	개인 생활 기술	식사와 음식 준비	19	88	
		신변 처리	17		
		옷 입기	18		
		개인위생	16		
		가사/적응행동	18		
	지역사회 생활 기술	시간 이해 및 엄수	19	77	
		경제생활	20		
		작업 기술	20		
		이동 기술	18		
문제 행동	내적 부적응 행동	자신을 해치는 행동	4	12	32
		특이한 반복적인 습관	4		
		위축 행동이나 부주의한 행동	4		
	외적 부적응 행동	타인을 해치는 행동	4	12	
		물건을 파괴하는 행동	4		
		방해하는 행동	4		
	반사회적 부적응 행동	사회적으로 공격적인 행동	4	8	
		비협조적인 행동	4		

문제행동 영역은 내적 부적응 행동, 외적 부적응 행동, 반사회적 부적응 행동이라는 세 개의 하위 부적응 행동군에 자신을 해치는 행동, 특이한 반복적인 습관, 위축 행동이나 부주의한 행동, 타인을 해치는 행동, 물건을 파괴하는 행동, 방해하는 행동, 사회적으로 공격적인 행동, 비협조적인 행동이라는 여덟 개의 하위척도로 구성되어 있으며, 총 32개의 문항으로 구성되어 있다. K-SIB-R 검사의 구성은 〈표 12-5〉와 같다.

3) 실시 방법

　K-SIB-R 검사는 부모나 양육자와 같이 피검자를 가장 잘 알고 있는 보호자를 대상으로 실시한다. 검사자가 피검자의 부모나 양육자에게 검사 문항에 대한 질문을 하고, 부모나 양육자가 대답을 하는 형식이다. 검사를 시행하기 전에 검사자는 응답자에게 검사의 내용에 대해 설명하고, 응답자와 친밀감을 형성할 수 있는 시간을 갖는 것이 필요하다.

　K-SIB-R 검사는 피검자의 학교급 수준에 따라 시작하는 문항이 다르기 때문에 검사를 시작할 때에는 피검자의 발달 연령에 대한 정보를 확인하여야 한다. 그러나 지적장애나 발달장애아동의 경우에는 모든 하위 척도에서 1번부터 시작할 것을 권장하고 있다. 검사를 진행할 때에는 연령별 시작점에서 검사를 시작한다. 처음 5개 문항 중 연속적으로 3개가 3점이 되지 않으면 역순으로 거슬러 올라가 연속된 5개 문항 중 3개가 3점이 될 때까지 검사를 실시한다. 연속해서 3점을 기록한 3개의 문항 중 첫 문항이 시작점이 된다. 또한 K-SIB-R 검사는 중지점이 있는데, 각 하위 척도에서 연속된 5개 문항 중 3개 문항이 연속해서 0점이 나오거나 하위 척도의 마지막 문항에 도달하면 검사를 마친다.

　독립적 적응행동의 각 하위 척도에서 제시된 문항에 대해서는 '매우 잘 수행함(3점)', '꽤 잘 수행함(2점)', '수행함(1점)', '수행하지 못함(0점)'이라는 네 가지 응답 중에 한 가지를 선택하여야 한다. 문제행동의 경우에는 문제행동의 빈도와 심각성의 차원에서 적절한 응답을 하여야 한다. 문제행동의 빈도는 문제행동이 얼마나 자주 발생하느냐를 파악하기 위하여 '전혀 없음(0점)', '한 달에 한 번 미만(1점)', '한 달에 1~3회(2점)', '일주일에 1~6회(3점)', '하루에 1~10회(4점)', '한 시간에 1회 이상(5점)' 중에 하나를 선택하여야 한다. 문제행동의 심각성은 문제행동이 얼마나 심각하게 발생하느냐를 파악하기 위하여 '심각하지 않음(문제없음, 0점)', '약간 심각함(가벼운 문제, 1점)', '어느 정도 심각함(어느 정도 문제, 2점)', '매우 심각함(심각한 문제, 3점)', '극도로 심각함(치명적인 문제, 4점)' 중에 하나를 선택하여 평가하여야 한다.

4) 결과 해석

K-SIB-R 검사는 독립적 적응행동과 문제행동 영역에 대한 결과를 제시할 뿐만 아니라 두 영역이 결합된 결과도 제시한다. 먼저, 독립적 적응행동 영역에 대한 결과[1]는 14개 하위 척도별 W점수, 등가연령점수, 4개 하위 군별 W점수, 등가연령점수, 표준점수, 백분위점수를 제공하며, 4개 하위 군의 점수를 종합하여 전반적 독립성에 대한 W점수, 등가연령점수, 표준점수, 백분위점수를 제공한다. 이 중 대표적으로 전반적 독립성에 대한 표준점수를 살펴보면, 〈표 12-6〉과 같다.

표 12-6 K-SIB-R 검사의 적응행동에 관한 표준점수와 백분위점수의 해석

표준점수 범위	백분위	수준
131 이상	98~99.9	매우 뛰어남
121~130	92~97	뛰어남
111~120	76~91	평균 이상
90~110	25~75	평균
80~89	9~24	평균 이하
70~79	3~8	낮음
69 이하	0.1~2	매우 낮음

문제행동에 대한 결과는 세 개의 부적응행동군별로 부적응행동지수를 산출한다. 부적응행동지수는 내적 부적응지수(IMI), 외적 부적응지수(EMI), 반사회적 부적응지수(AMI)를 제공하고, 세 개 군의 점수를 종합하여 일반적 부적응지수(GMI)를 산출한다. 부적응행동 지수는 각 연령에서 정상일 때 0으로 표시되지만, 지수가 0 이하로 내려가면 문제행동이 있음을 나타낸다. 이러한 문제행동의 심각성 정도는 〈표 12-7〉과 같다.

---

1) 자세한 하위 척도별 점수 및 해석은 K-SIB-R의 검사 요강을 참조할 것.

표 12-7 K-SIB-R 검사의 부적응행동지수의 심각성 단계

지수	심각성수준	해석
−10 이상	정상	이 범위는 정상범위로서 문제행동이 없음을 의미한다.
−11~−20	심각성의 경계	이 범위는 문제행동이 경계선상에 있음을 의미한다.
−21~−30	약간 심각	이 범위는 약간의 심각한 문제행동이 있음을 의미한다.
−31~−40	심각	이 범위는 심각한 문제행동이 있음을 의미한다.
−41 이하	매우 심각	이 범위는 매우 심각한 문제행동이 있음을 의미한다.

이 검사에서는 피검자의 기능적 독립생활을 향상시키는 데 필요한 지원의 강도를 결정하기 위하여 피검자의 적응행동과 문제행동에 대한 평가 결과를 합산한다. 지원점수는 0~100점의 범위를 가지고 있으며, 6개 범주로 구성되어 있다. 지원점수에 따른 지원 정도는 〈표 12-8〉과 같다.

표 12-8 K-SIB-R 검사의 지원 단계 및 설명

지원 점수	지원 단계	해석
1~24	전반적	전반적 또는 고강도의 지원과 지속적인 관리가 요구된다.
25~39	확장적	확장적이거나 계속적인 지원과 관리가 요구된다.
40~54	빈번한	빈번하고 밀접한 지원과 관리가 요구된다.
55~69	제한적	제한적으로 일관성 있는 지원과 관리가 요구된다.
70~84	간헐적	간헐적이거나 주기적인 지원과 관리가 요구된다.
85~100	드물거나 없음	드물게 지원이 필요하거나 거의 지원이 필요 없다.

〈표 12-8〉에서 제시된 지원 단계를 살펴보면, 지원점수가 낮을수록 피검자가 의존적이고 많은 지원을 필요로 하지만, 지원점수가 높을수록 피검자의 독립성이 높음을 알 수 있다. 이러한 지원 점수와 지원 단계를 효과적으로 활용하기 위해서는 피검자의 특성과 요구 및 주변 환경 등을 종합적으로 고려하여 검사 결과를 해석하고, 이를 아동에 대한 교수계획에 반영하여야 한다.

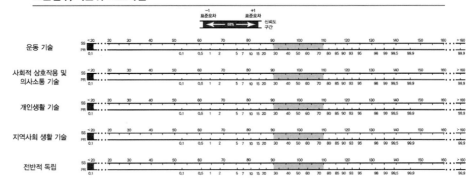

K-SIB-R Korean-Scales of Independent Behavior-Revised Report

2018/01/02   Page 4   SAMPLE   여자   만 16세01개월

표준점수/백분위 프로파일

운동 기술

사회적 상호작용 및 의사소통 기술

개인생활 기술

지역사회 생활 기술

전반적 독립

부적응 행동 지수 프로파일

	(a) 지수	(b) 표준오차 (SEM)	a−b=(c) −1 SEM	a+b=(d) +1 SEM
내적 부적응 지수(IMI)	-46	3	-49	~ -43
외적 부적응 지수(EMI)	-42	4	-46	~ -38
반사회적 부적응 지수(AMI)	-46	3	-49	~ -43
일반적 부적응 지수(GMI)	-58	2	-60	~ -56

		매우 심각 (-41 이하)	심각 (-40~-31)	약간 심각 (-30~-21)	심각성의 경계 (-20~-11)	정상 (-10 이상)	
내적	(IMI)	-70 -65 -60 -55 -50 -45	-40 -35	-30 -25	-20 -15	-10 -5 0 +5 +10	(IMI)
외적	(EMI)	-70 -65 -60 -55 -50 -45	-40 -35	-30 -25	-20 -15	-10 -5 0 +5 +10	(EMI)
반사회적	(AMI)	-70 -65 -60 -55 -50 -45	-40 -35	-30 -25	-20 -15	-10 -5 0 +5 +10	(AMI)
일반적	(GMI)	-70 -65 -60 -55 -50 -45	-40 -35	-30 -25	-20 -15	-10 -5 0 +5 +10	(GMI)

GMI

지원점수

1. 전반적 독립 W점수 _____ 461

2. 일반적 부적응 행동 지수 _____ -58

3. 지원점수(심각성 수준) _____ 12

4. 지원 수준(지수) _____ 전반적인

지원점수(심각성 수준)	지원 수준(지수)
1~24	전반적인
25~39	확장적인
40~54	빈번한
55~69	제한적인
70~84	간헐적인
85~100	가끔 혹은 필요하지 않음

[그림 12-3] 한국판 적응행동검사 결과 산출의 예

출처: https://inpsyt.co.kr/psy/item/view/KSIBR_CO_TPG (검색일: 2020. 7. 30.)

4. 파라다이스 한국표준 적응행동검사

1) 목적 및 대상

파라다이스 한국표준 적응행동검사(Paradise Adaptive Behavior Scales-Korea Standard: PABS-KS)는 일반 아동과 장애아동의 사회성숙도 수준과 적응행동 수준을 간편하고 정확하게 평가하는 검사도구이다. PABS-KS(류재연, 이준석, 신현기, 전병운, 고등영, 2007)는 만 2세에서 만 12세(중학교 1학년)까지의 아동을 주요한 검사 대상으로 설정하고 있다. PABS-KS는 사회성숙도를 측정하는 국내외 다양한 검사도구를 분석하였고, 최근 사회적 분위기와 가치를 반영할 수 있는 문항들을 반영하였다. 이를 통해 검사 대상의 상대적인 적응행동 수준을 간편하게 파악할 수 있다.

2) 검사의 구성

PABS-KS는 유아용(만 2세~6세 11개월) 검사와 초등학생용(만 6세 12개월~12세 11개월) 검사로 구성되어 있다. 유아용과 초등학생용 검사 모두 개념적 기술, 사회적 기술, 실제적 기술의 세 가지 영역으로 검사도구를 구성하였으며, 유아용 검사에서는 운동 기술 영역을 추가적으로 포함하고 있다. 세부적인 구성 내용을 살펴보면, 〈표 12-9〉와 같다.

〈표 12-9〉를 살펴보면, 유아용 검사와 초등학생용 검사에 다소 차이가 있음을 확인할 수 있다. 먼저, 하위 영역에서 유아용 검사는 운동기술 영역을 포함하고 있는데, 이는 유아의 발달과 적응에 있어서 기초 운동능력이 중요하게 인식되고 있기 때문이다. 다음으로 개념적 기술에 있어 유아용 검사는 기본인지와 의사소통으로 구성되어 있으나, 초등학생용 검사에서는 기본학습과 추리를 검사 항목으로 구성되어 있다. 마지막으로 실제적 기술을 살펴보면, 유아용 검사는 착탈의와 위생으로 구성되어 있지만, 초등학생용 검사에서는 착탈의와 위생을 용의라는 용어로 표현하고 있다. 전반적으로 유아용 검사는 총 44문항으로 구성되어 있고, 초등학생용 검사는 총 40문항으로 이루어져 있다.

표 12-9 PABS: KS 검사의 구성 체계

유아용				초등학생용			
검사 영역		문항 수	합계	검사 영역		문항 수	합계
개념적 기술	기본인지	7	10	개념적 기술	기본학습	6	10
	의사소통	3			추리	4	
사회적 기술	대인관계	5	10	사회적 기술	대인관계	7	12
	대처기능	5			대처기능	5	
실제적 기술	식사	4	18	실제적 기술	용의	5	18
	착탈의	7			식사	5	
	위생	4			일상기술	8	
	일상생활	3					
운동 기술	대근육 운동	3	6				
	소근육 운동	3					
전체 문항 수			44	전체 문항 수			40
전체 적응행동총점(위 4영역 합)				전체 적응행동총점(위 3영역 합)			

각 문항에 대해서는 '항상(거의) 그렇게 할 수 있음, 때때로 (절반 정도) 그렇게 할 수 있음, 거의 혹은 전혀 할 수 없음'이라는 3점의 리커트 척도로 구성되어 있다.

3) 실시 방법

PABS-KS 검사는 기본적으로 피검자를 가장 잘 아는 사람이 조사 문항에 응답하는 것을 원칙으로 하고 있다. 다시 말해, 피검자에 대하여 부모가 가장 잘 알고 있는 것이 일반적인 상황이겠지만, 상황에 따라 조부모나 형제가 피검자에 대하여 더 잘 파악하고 있을 경우에는 이들이 응답자로 참여하여야 한다.

검사를 실시할 때에는 처음 문항부터 마지막 문항까지 모든 문항에 대하여 검사를 실시하여야 한다. 유아용 검사는 총 44문항이고, 초등학생용 검사는 총 40문항으로 구성되어 있다. 문항에 대한 응답은 '항상 그렇게 할 수 있음(2점)', '때때로 그렇게 할 수 있음(1점)', '거의 혹은 전혀 그렇게 할 수 없음(0점)' 중에 하나를 선택하여 표시하면 된다. 그러므로 모든 문항에 대하여 검사를 실시하였을 때, 유아용 검사는 총점이 88점이고, 초등학생용 검사는 총점이 80점이다.

검사 대상의 연령을 계산할 때에는 검사일에서 실제 생년월일을 뺀 결과로 계산하지만, 일 단위가 1일에서 15일로 끝나는 경우에는 이를 버리고, 16일 이상이면 월에서 한 달을 올린다. 혹시 날짜 계산에서 검사일보다 생년월일이 더 클 경우에는 월 단위에서 일 단위로 내림을 하는데, 1개월은 30일로 산정하여 반영한다.

연령 계산의 예)
－피검자의 생년월일이 2014년 2월 18일이고, 검사일이 2020년 4월 13일인 경우
　식) 2020년 4월 13일
　　　－2014년 2월 18일
　연령) 6년 1개월 25일
　　　　→ 일 단위가 16일 이상이므로, 6년 2개월(생활연령)로 계산한다.

적응행동의 각 하위 영역별 원점수를 기록지에 기록하고, 각 원점수에 따른 척도 점수(표준점수)를 기입한다. 이때 남녀에 따른 규준이 다르므로 정확하게 성별에 따른 점수를 기록하여야 한다. 그리고 난 뒤 각 하위 척도가 어떤 범위에 있는지 〈점수의 해석〉을 보고 찾은 후, 서술적 해석과 백분위 등을 기록하면 된다.

4) 결과 해석

PABS-KS 검사의 결과는 적응행동의 수준을 표준점수로 제시한다. 이때 표준점수에 대한 적응행동의 해석은 〈표 12-10〉과 같다.

〈표 12-10〉을 살펴보면, 검사 결과는 크게 9단계로 나뉘어 있다. 표준점수 범위가 90~110점의 경우를 보통이라 할 때, 그 위는 적응행동이 우수하고, 89점 이하는 적응행동 능력이 다소 낮음을 의미한다. 이 중에서 표준점수가 '저조(표준점수 범위 70~79)' 단계 이하로 나타날 경우에는 적응행동에 문제가 있음을 나타내기 때문에 집중적인 도움이 체계적으로 제공되어야 함을 의미한다. 그리고 검사 대상 학생에게 다른 검사를 실시하고, 활동이나 관찰 등을 통해 이루어지는 임상적 판단에 의거하여 '장애' 여부를 판단하여야 한다.

표 12-10 점수의 해석

표준점수 범위 (원점수 총점에 의한)	서술적 해석	하위 척도점수 범위
146 이상	최우수	–
131~145	아주 우수	17~19
121~130	우수	15~16
111~120	보통 이상	13~14
90~110	보통	8~12
80~89	보통 이하	6~7
70~79	저조	4~5
55~69	아주 저조	1~3
54 이하	최저	–

5. 한국판 바인랜드 적응행동척도-2판

1) 목적 및 대상

한국판 바인랜드 적응행동척도-2판(Korean Vineland Adaptive Behavior Scales-Second Edition: K-Vineland-II)은 적응행동과 일상생활 기능을 평가하기 위하여 개발한 검사도구이며, 황순택, 김지혜, 홍상황(2014)이 미국의 Vineland Adaptive Behavior Scales-Second Edition(Vineland-II)(Sparrow, Gicchetti, & Balla, 2005)을 우리나라의 상황에 맞게 표준화한 검사도구이다. 이 검사의 실시 범위는 0세에서 90세 11개월까지이기 때문에 거의 전 연령대의 개인을 대상으로 적응행동과 일상생활의 기능 정도를 평가할 수 있다.

2) 검사의 구성

K-Vineland-II는 면담형 검사와 보호자평정형 검사로 이루어져 있다. 면담형 검사는 적응행동을 파악하는 필수 검사 영역과 부적응행동 정도를 파악하는 선택영역으로 구성되어 있다. 필수 영역은 의사소통, 생활기술, 사회성, 운동기술의 4개의 주

영역으로 구성되어 있으며, 이들 주영역을 구성하는 11개의 하위 영역이 있다. 선택 영역은 부적응행동을 평가하는 하나의 주영역과 4개의 하위 영역으로 구성되어 있다.

보호자평정형은 다소 이름이 다르지만 면담형 검사와 기본적인 구성은 동일하다. 적응행동을 평가하는 필수 검사영역은 4개의 주영역에 11개의 하위 영역으로 구성되어 있으며, 부적응행동을 평가하는 선택 검사영역은 문제행동 영역 1과 문제행동 영역 2라는 두 개의 주영역과 4개의 하위 영역으로 구성되었다. K-Vineland-Ⅱ의 검사 구성에 대한 자세한 사항은 〈표 12-11〉과 같다.

표 12-11　**K-Vineland-Ⅱ의 검사 구성 체계**

구분	면담형				보호자 평정형			
	주영역	하위 영역	문항 수	계	주영역	하위 영역	문항 수	계
필수	의사소통	수용	20	99	의사소통	듣기, 이해하기	20	99
		표현	54			말하기	54	
		쓰기	25			읽기와 쓰기	25	
	생활기술	개인	41	109	생활기술	자신돌보기	41	109
		가정	24			집안돌보기	24	
		지역사회	44			사회생활	44	
	사회성	대인관계	38	99	사회성	대인관계	38	99
		놀이와 여가	31			놀이와 여가	31	
		대처기술	30			대처기술	30	
	운동기술	대근육 운동	40	76	운동기술	대근육운동	40	76
		소근육 운동	36			소근육운동	36	
선택	부적응 행동	내현화	11	50	문제행동 영역 1	하위 영역 A	11	50
		외현화	10			하위 영역 B	10	
		기타	15			하위 영역 C	15	
		결정적 문항	14		문제행동 영역 2	하위 영역 D	14	
	합계			433	합계			433

※ 필수 검사 중 운동기술 영역은 0~6세 11개월까지만 사용함. 즉, 0~6세 11개월까지는 적응행동 점수를 산출하는 과정에서 점수합산(4개 주영역 표준점수의 합)에 포함하지만, 7세 이상부터는 적응행동점수의 합산에 포함하지 않음(3개의 주영역 표준점수의 합)

※ 부적응행동 영역 중 결정적 문항(면담형)과 하위 영역 D(보호자 평정형)는 부적응행동지표를 산출하는 데 사용하지 않음

〈표 12-11〉을 살펴보면, K-Vineland-II는 발달 변화가 빠른 유아기와 같은 초기 연령대의 문항 밀도를 증가시키고 적응행동을 조금 더 세밀하게 파악하기 위하여 필수 검사 중 운동기술 영역을 유아기(0세~6세 11개월까지)에 포함시켰다. 그러므로 적응행동점수를 산출할 때, 유아기(0세~6세 11개월까지)에는 의사소통, 생활기술, 사회성, 운동기술의 점수를 모두 합하여 표준점수를 산출하여야 한다. 그러나 7세 이상부터는 운동기술을 제외하고 의사소통, 생활기술, 사회성의 세 영역의 점수만 합산하여 적응행동 수준을 평가한다.

부적응행동 영역은 면담형 조사지를 기준으로 내현화, 외현화, 기타, 결정적 문항으로 구성되어 있는데, 결정적 문항의 점수는 부적응행동지표를 산출하는 데 사용하지 않는다. 보호자 평정형 조사지에서는 부적응행동지표를 산출할 때 하위 영역 D의 점수를 사용하지 않는다.

3) 실시 방법

K-Vineland-II를 검사는 피검자를 잘 알고 있는 보호자나 친인척 등이 응답을 하는 형식으로 이루어진다. 검사에 대한 응답자는 반드시 성인이어야 하고, 피검자와 친밀한 관계를 맺고 있어야 한다. 검사를 할 때에는 무엇보다 면담형과 보호자평정형 중 어떤 것을 이용하여 검사할 것인지를 결정하여야 한다. 면담형과 보호자평정형은 응답자의 성격이나 정서 상태, 혹은 검사 참여 동기 등을 고려하여 선택하여야 한다. 다시 말해, 응답자로 참여하는 사람이 검사에 직접 참여하여 응답을 하고자 하느냐 아니면 응답자가 검사자를 대면하기보다는 직접 검사지를 보면서 응답을 할 것이냐에 따라 결정하면 된다.

K-Vineland-II는 면담형과 보호자평정형 모두 동일한 방법으로 실시한다. 검사를 시작하기 전에 피검자의 만 연령에 기초하여 검사의 시작점을 결정한다. 만약에 피검자에게 발달지연이 있는 것으로 의심되거나 하나 이상의 하위 영역에서 결손이 있는 것으로 의심되면, 모든 하위 영역에서 낮은 시작점을 적용한다. 문항에 대한 채점은 2점, 1점, 0점, DK, N/O[2] 중에 선택하고, 연속해서 4문항이 0점으로 채점되면 검사를 중지한다. 일반적으로 검사 시간은 면담형이 20~50분 정도 소요되고, 보호자평정형은 30~60분 정도 소요된다.

4) 결과 해석

K-Vineland-Ⅱ는 피검자의 적응행동에 관한 정보를 정확하게 제공하기 위하여 11개의 하위 영역별로 V-척도점수, 백분위점수, 등가연령, 스테나인 등과 같은 다양한 규준 점수를 제공한다. 또한 4개 주영역별로 표준점수(평균 100, 표준편차 15), 백분위점수, 스테나인 점수를 제공하며, 주영역 표준점수를 합하여 적응행동조합점수(평균 100, 표준편차 15)를 제공한다. 부적응행동과 관련해서는 내현화와 외현화 2개 하위 영역별로 V-척도점수가 제공되며, 부적응행동지표도 V-척도점수로 제공된다. 이상과 같은 내용을 정리하면 〈표 12-12〉와 같다.

표 12-12 K-Vineland-Ⅱ의 적응수준 및 부적응수준

	하위 영역 V-척도점수	주영역 표준점수	적응행동 조합점수	적응수준
적응행동 (4개 주영역)	1~9	20~70	20~70	낮음
	10~12	71~85	71~85	약간 낮음
	13~17	86~114	86~114	평균
	18~20	115~129	115~129	약간 높음
	21~24	130~160	130~160	높음
부적응 행동	V-척도점수	부적응수준		
	21~24	임상적으로 의미 있는 부적응		
	18~20	다소 높은 부적응		
	1~17	보통 정도 부적응		

〈표 12-12〉를 살펴보면, 검사 결과는 적응행동과 부적응행동으로 나누어 볼 수 있다. 적응행동은 11개 하위 영역별 V-척도점수와 4개 주영역별 표준점수 및 적응행동조합점수에 대하여 크게 5단계의 적응수준을 나타내고 있다. 점수가 낮을수록 적응수준이 낮고, 점수가 높을수록 적응수준이 높음을 의미한다. 부적응행동에 대

---

2) DK 검사 대상이 행동을 할 수 있는지 응답자가 잘 알지 못할 때, N/O 기회가 없어 그러한 행동을 한 적이 없을 때

해서는 V-척도점수에 대하여 3단계의 부적응수준을 나타내고 있다. 점수가 높을
수록 부적응 정도가 심하게 나타나고 있음을 의미한다.

생각해 볼 문제

1. 국립특수교육원-적응행동검사에서 검사 대상의 적응행동 수준을 나타내는 지수의 범위에 대하
   여 설명해 보시오.
2. 지역사회적응검사(2판)에서 적응행동으로 의심할 수 있는 지수 및 환산점수에 대하여 설명해 보
   시오.
3. 한국판 적응행동검사에서 부적응행동지수의 심각성 단계에 대하여 설명해 보시오.
4. K-Vineland-Ⅱ 검사에서 적응행동의 적응수준과 부적응수준에 대하여 설명해 보시오.

제**13**장

자폐 범주성 장애 검사

Leo Kanner에 의해 1943년부터 확인된 자폐 범주성 장애에 대한 사회적 관심은 지속적으로 높아지고 있다. 우리나라에서 자폐 범주성 장애에 대한 정의와 진단 기준은 DSM−5와 ICD−10의 자폐 범주성 진단 기준에 근거하고 있다. 이 두 기준에서 반영하고 있는 자폐 범주성 장애 진단의 핵심적인 요소는 사회적 상호작용 문제, 의사소통 문제, 제한적이고 반복적인 행동문제이다. 이 장에서는 우리나라에서 개발되어 활용되고 있는 자폐 범주성 장애 검사를 살펴보고, 각 검사의 구성과 사용방법에 대하여 설명하였다.

1. 한국판 아동기 자폐 평정 척도 2

1) 목적 및 대상

한국판 아동기 자폐 평정 척도 2(Korean Childhood Autism Rating Scale−2:

K-CARS-2)는 자폐 범주성 장애를 판별하고 다른 장애와 구별하기 위하여 개발된 평가 도구로서, 미국의 Childhood Autism Rating Scale-Second Edition을 한국에서 표준화하였다(이소현, 윤선아, 신현섭, 2019). 이 검사의 목적은 피검자의 자폐적 특성과 정도를 명확하게 확인하고, 자폐 범주성 장애를 진단하는 데 필요한 종합적인 정보를 제공하는 데 있다. 이 검사는 만 2세부터 36세까지의 아동, 청소년, 성인을 대상으로 실시할 수 있다.

2) 검사의 구성

K-CARS-2는 표준형 평가지(standard version: ST)와 고기능형 평가지(high functioning version: HF)로 구성되어 있고, 두 평가 결과를 객관적이고 타당하게 분석하기 위하여 부모/양육자 질문지(questionnaire for parent or caregivers: QPC)가 포함되어 있다.

표준형 평가지(ST)는 피검자의 지능지수(IQ)가 79 이하이면서 의사소통능력이 손상되었거나 측정된 지능지수(IQ)와 상관없이 6세 미만의 피검자에게 실시한다. 표준형 평가지는 자폐 범주성 장애아동과 심각한 지적 결함을 지닌 아동을 구별하고, 경도에서 중등도 범위에 속하는 자폐 범주성 장애아동과 중등도에서 중도 범위에 속하는 자폐 범주성 장애아동을 구별하는 데 유용하다.

고기능형 평가지(HF)는 지능지수(IQ)가 80 이상이고 구어기술이 비교적 양호한 6세 이상의 피검자에게 실시한다. 고기능형 평가지(HF)는 고기능 자폐 범주성 장애인이 자폐 범주성 또는 아스퍼거 장애로 진단되기에 충분한 증상을 보이는지 결정하는 데 유용하다.

표준형 평가지(ST)와 고기능형 평가지(HF)의 차이는 고기능형 평가지를 작성할 때 반드시 다양한 정보에 근거해야 한다는 것이다. 예를 들어, 표준형 평가지는 부모 면담이나 직접 관찰과 같은 단일 근거로부터 얻은 정보에 근거하여 작성할 수 있지만, 고기능형 평가지는 피검자가 다양한 상황에서 보이는 행동에 대하여 잘 아는 사람과의 면담과 직접 관찰로부터 수집된 정보 등에 근거하여 작성하여야 한다. 평가지를 작성할 때, 부모에게 표준형 평가지나 고기능형 평가지를 직접 작성하게 하는 것은 부적절하다. 부모에게서 피검자에 대한 정보를 얻고자 할 때에는 부모/양육자 질문지(QPC)와 직접 면담을 통하여 자료를 수집하여야 한다.

표 13-1 CARS2-ST와 CARS2-HF의 평가 항목 구성

평가유형	CARS2-ST	CARS2-HF
평가대상	6세 미만의 아동 또는 6세 이상이면서 측정된 전반적 IQ가 80 미만이거나 의사소통이 눈에 띄게 손상된 아동	측정된 전반적 IQ가 80 또는 그 이상이면서 의사소통이 유창한 6세 이상의 아동
항목 구성	1. 사람과의 관계 2. 모방 3. 정서 반응 4. 신체 사용 5. 사물 사용 6. 변화에 대한 적응 7. 시각 반응 8. 청각 반응 9. 미각, 후각, 촉각 반응 및 사용 10. 두려움 또는 불안 11. 구어 의사소통 12. 비구어 의사소통 13. 활동 수준 14. 지적 반응 수준 및 일관성 15. 전반적 인상	1. 사회 · 정서 이해 2. 정서 표현 및 정서 조절 3. 사람과의 관계 4. 신체 사용 5. 놀이에서의 사물 사용 6. 변화에 대한 적응/제한된 관심 7. 시각 반응 8. 청각 반응 9. 미각, 후각, 촉각 반응 및 사용 10. 두려움 또는 불안 11. 구어 의사소통 12. 비구어 의사소통 13. 사고/인지적 통합 기술 14. 지적 반응 수준 및 일관성 15. 전반적 인상

출처: 이소현 외(2019), p. 16.

　표준형 평가지와 고기능형 평가지는 각각 15항목으로 구성되어 있으며, 각 평가지의 평가 항목 구성은 다음의 〈표 13-1〉과 같다.

　표준형과 고기능형 평가지 모두 각각 15항목으로 구성되어 있다. 각 문항은 1점부터 4점까지 4개의 평정값과 두 점수 사이의 중간 점수인 3개의 .5점(1.5점, 2.5점, 3.5점)으로 구성되어 있다. 중간 점수인 .5점은 두 평점 점수의 특성을 명확하게 구분하기 어렵거나 두 가지의 특성을 동시에 가지고 있을 때 부여한다. 각 점수 척도의 구성과 그 의미는 〈표 13-2〉와 같다.

　〈표 13-2〉에서 제시된 평정척도의 구성과 의미에서 제시된 '전형적인 범위'에서 벗어나는 정도를 결정하기 위해서는 피검자의 생활연령, 행동 특성 및 빈도, 강도, 지속시간 등을 종합적으로 고려하여야 한다.

　K-CARS-2는 부모/양육자 질문지를 포함하고 있다. 부모/양육자 질문지는 부모나 양육자를 통해 피검자의 자폐 범주성 장애에 대한 특성과 행동과 관련된 정보를

표 13-2   평정척도의 구성과 의미

평정값	의미
1	해당 연령의 전형적인 범위에 속함
1.5	해당 연령의 전형적인 범위에서 매우 경미하게 벗어남
2	해당 연령의 전형적인 범위에서 경미한 정도로 벗어남
2.5	해당 연령의 전형적인 범위에서 경미한 정도에서 중간 정도로 벗어남
3	해당 연령의 전형적인 범위에서 중간 정도로 벗어남
3.5	해당 연령의 전형적인 범위에서 중간 정도에서 심각한 정도로 벗어남
4	해당 연령의 전형적인 범위에서 심각한 정도로 벗어남

출처: 이소현 외(2019), p. 25.

얻기 위하여 사용된다. 부모/양육자 질문지는 표준형 평가지나 고기능형 평가지와 함께 사용하는데, 7개 영역에 걸쳐 총 38개의 문항으로 구성되어 있다. 그러나 각 문항에 대하여 진단 및 평가를 위한 분석이나 채점을 하지 않는다. 부모/양육자 질문지의 구성은 다음의 〈표 13-3〉과 같다.

표 13-3   부모/양육자 질문지의 구성

영역	하위 영역	문항 수
영역 1	의사소통	10
영역 2	다른 사람과의 관계 및 정서 표현	9
영역 3	신체 움직임	4
영역 4	놀이 방법	4
영역 5	새로운 경험이나 일상의 변화에 대한 반응	5
영역 6	시각, 청각, 촉각, 후각에 대한 반응	4
영역 7	기타 행동	2
합계		38

부모/양육자 질문지의 평가 척도는 5점 척도(문제되지 않음, 경도-중등도 문제, 심각한 문제, 현재는 아니지만 과거에 문제였음, 잘 모르겠음)로 구성되어 있으며, 각 하위 영역에는 각 문항에 대하여 피검자의 행동 특성을 기술하도록 구성되어 있다.

3) 실시 방법

K-CARS-2를 실시하기 위해서는 피검자의 연령이나 인지능력을 먼저 파악하고, 피검자의 상황에 맞게 표준형 평가지나 고기능형 평가지를 선택하여야 한다. 검사자는 기본적으로 표준형이나 고기능형 평가지에서 제시하고 있는 15개 항목을 모두 평가하여야 한다. 이때 평가자는 다양한 상황에서 피검자를 관찰하여야 하고, 자녀에 대한 부모의 보고와 종합적인 임상 기록 등을 참고하여야 한다. 그리고 관찰을 할

---

1. 사람과의 관계

1 **사람과의 관계에 있어서 어떤 어려움이나 비전형성의 증거가 없음.** 아동의 행동은 연령에 적절함. 무엇인가를 하라고 했을 때 약간의 수줍음, 까탈스러움, 짜증이 관찰될 수 있지만 비전형적인 정도는 아니다.

1.5

2 **전형적인 범위에서 경미하게 벗어나는 관계.** 성인의 눈을 쳐다보지 않으려고 할 수 있으며, 상호작용을 강요하면 성인을 피하거나 까탈스럽게 굴 수도 있고, 지나치게 수줍어하거나, 전형적인 발달을 보이는 동일 연령 아동만큼 성인에게 반응적이지 않을 수도 있으며, 대부분의 동일 연령 아동보다 부모에게 더 달라붙기도 한다.

2.5

3 **전형적인 범위에서 중간 정도로 벗어나는 관계.** 아동은 때때로 무관심해(성인을 의식하지 않는 것처럼) 보인다. 아동의 관심을 얻기 위해서 때로는 지속적이고 강력하게 시도할 필요가 있다. 아동은 최소한의 접촉만을 시작한다.

3.5

4 **전형적인 범위에서 심각하게 벗어나는 관계.** 계속 혼자 있거나 성인이 하고 있는 것에 대해 무관심하다. 성인에게 거의 반응하지 않거나 접촉을 시도하지도 않는다. 아동의 관심을 얻기 위해서 매우 끈질기게 시도해야만 효과를 볼 수 있다.

관찰 이름을 불러도 무시함
상대방의 시도(예: 까꿍놀이, 공 굴리기/던지기)에 매번 반응하지는 않음
다른 사람의 사회적 접근에 반응하였음
상호적인 상호작용을 유지하거나 상호작용을 시작하게 만들기 어려움

[그림 13-1] K-CARS-2-ST 작성의 예

출처: 이소현 외(2019), p. 53.

때 피검자가 보이는 행동의 특이함이나 빈도, 강도, 지속시간 등을 모두 고려하여야
한다.

검사자가 평가를 할 때에는 피검자에 대한 관찰에 근거하여 표준형 평가지나 고
기능형 평가지에서 제시된 각 문항에 대하여 7점 척도 중에 하나를 선택하고, 각 문
항에 대하여 관찰한 내용을 기록하여야 한다.

15개 항목에 대하여 주어진 평정값을 모두 합해서 총점을 산출하고, T점수와 백
분위점수를 활용하여 검사 결과를 산출한다. K-CARS-2 검사 결과는 인싸이트 홈
페이지(http://www.inpsyt.co.kr)에서 제공된다.

4) 결과 해석

K-CARS-2는 표준형 평가지(ST)와 고기능형 평가지(HF)에 대하여 원점수와 T점
수 및 백분위점수를 제공한다. 원점수의 총점에 대해서는 표준형 평가지(ST)와 고
기능형 평가지(HF) 모두 분할점(Cut-off score)를 가지고 있다. 표준형 평가지(ST)에
서는 원점수가 30점 이상일 경우 자폐 범주에 포함되고, 고기능형(HF)에서는 원점
수가 26.5점 이상인 경우에 자폐, 아스퍼거 장애 등이 있음을 의미한다. 원점수에
따른 장애 진단 가설 및 서술적 수준은 다음의 〈표 13-4〉와 같다.

표 13-4 K-CARS-2의 원점수 범위에 따른 해석

원점수		장애 진단 가설	서술적 수준
ST	HF		
15~29.5	15~226	자폐 아님	증상이 없거나 최소한의 자폐 관련 행동
30~36.5	26.5~29.5	자폐 범주	경도에서 중등도 수준의 자폐 관련 행동
37~60	30~60	자폐 범주	중도 수준의 자폐 관련 행동

K-CARS-2는 T점수를 이용하여 자폐의 정도를 나타내고 있다. 피검자의 자폐 관
련 행동의 수준이나 정도와 관련하여 규준 집단과 비교하여 판단하기 위하여 T점수
를 활용하고 있다. T점수가 25점 미만인 경우에는 정상 범주에 해당하지만, 25점 이
상인 경우에는 다양한 수준의 자폐 증상이 있음을 의미한다. T점수의 범위와 그에
대한 해석은 〈표 13-5〉와 같다.

표 13-5　K-CARS-2-ST 또는 K-CARS-2-HF의 T점수 범위와 관련된 해석

T점수 범위	설명
>70	자폐로 진단된 사람과 비교할 때 극심한 수준의 자폐 관련 증상
60~70	자폐로 진단된 사람과 비교할 때 매우 높은 수준의 자폐 관련 증상
55~59	자폐로 진단된 사람과 비교할 때 높은 수준의 자폐 관련 증상
45~54	자폐로 진단된 사람과 비교할 때 평균 수준의 자폐 관련 증상
40~44	자폐로 진단된 사람과 비교할 때 낮은 수준의 자폐 관련 증상
25~39	자폐로 진단된 사람과 비교할 때 매우 낮은 수준의 자폐 관련 증상
<25	자폐로 진단된 사람과 비교할 때 최소한에서 전혀 없는 수준의 자폐 관련 증상

K-CARS-2는 검사 결과를 제시할 때, 중재영역과 관련된 정보를 사회적 상호작용 항목, 의사소통 항목, 제한된 관심 및 상동행동 항목, 감각 이슈 및 관련 요소 항목, 사고 및 인지 관련 이슈라는 다섯 영역으로 제공하고 있다. 각 하위 영역에 있는 각 문항에 대한 평정 점수가 3점 이상인 경우에는 가장 심한 문제이거나 비전형적인 행동이 있음을 의미하고, 2.0이나 2.5점인 경우에는 심한 문제나 비전형적인 행동이 있음을 의미하며, 2.0점 미만의 경우는 거의 문제가 되지 않거나 전형적인 행동임을 의미한다. 이러한 정보는 중재 영역과 관련된 항목 평정 결과를 활용하여 피검자에게 우선적으로 중재에 반영해야 할 영역이 무엇인지를 확인하는 것이다.

이상과 같은 K-CARS-2의 검사 결과 산출에 대한 예는 다음의 [그림 13-2]와 같다.

전체 프로파일

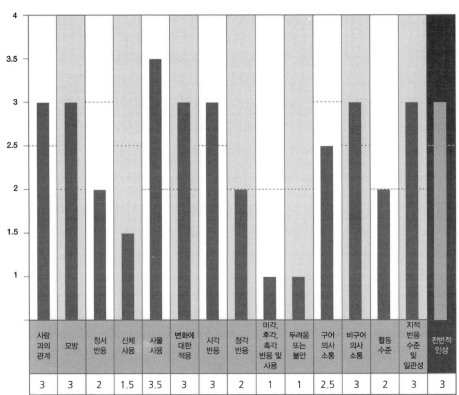

	사람과의관계	모방	정서반응	신체사용	사물사용	변화에대한적응	시각반응	청각반응	미각,후각,촉각반응및사용	두려움또는불안	구어의사소통	비구어의사소통	활동수준	지적반응수준및일관성	전반적인상
	3	3	2	1.5	3.5	3	3	2	1	1	2.5	3	2	3	3

※그래프의 점선은 중앙값을 의미하여, 이 중앙값은 자폐범주성 장애로 진단받은 사람들의 점수를 크기순으로 나열했을 때 최고점과 최저점의 한 가운데 있는 값을 의미합니다.

원점수(총점)	T점수	백분위	증상의 정도
36.5	54	65	경도에서 중등도 수준의 자폐 관련 행동

원점수(총점)

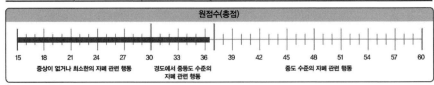

수준별 기준 점수

원점수(총점)	증상의 정도
15~29.5	증상이 없거나 최소한의 자폐 관련 행동
30~36.5	경도에서 중등도 수준의 자폐 관련 행동
37~60	중도 수준의 자폐 관련 행동

※총점이나 각 항목의 점수만으로 임상적인 장애진단을 위한 결정을 내려서는 안 됩니다.
즉, 해당 검사의 결과는 활용 가능한 다른 정보와 함께 종합적인 판단을 위해 사용되어야 합니다.

중재 영역과 관련된 항목 평정

사회적 상호작용 항목	
1. 사람과의 관계	3
2. 모방	3
3. 정서 반응	2
7. 시각 반응	3
8. 청각 반응	2
11. 구어 의사소통	2.5
12. 비구어 의사소통	3

의사소통 항목	
5. 사물 사용	3.5
6. 변화에 대한 적응	3
11. 구어 의사소통	2.5
12. 비구어 의사소통	3

제한된 관심 및 상동행동 항목	
4. 신체 사용	1.5
5. 사물 사용	3.5
6. 변화에 대한 적응	3
11. 구어 의사소통	2.5
13. 활동 수준	2

감각 이슈 및 관련 요소 항목	
3. 정서 반응	2
4. 신체 사용	1.5
5. 사물 사용	3.5
7. 시각 반응	3
8. 청각 반응	2
9. 미각, 후각, 촉각 반응 및 사용	1
10. 두려움 또는 불안	1
13. 활동 수준	2

사고 및 인지 관련 이슈	
1. 사람과의 관계	3
2. 모방	3
7. 시각 반응	3
10. 두려움 또는 불안	1
14. 지적 반응 수준 및 일관성	3

전반적 인상 항목(항목15)은 사용자가 평정할 때 이용할 수 있는 모든 정보를 근거로 한 요약 및 주관적인 인상 점수이기 때문에 영역 항목 목록에서 제외하였습니다.

[그림 13-2] **K-CARS-2-ST 평가 결과 산출의 예**

출처: https://inpsyt.co.kr/psy/item/view/KCARS2_EX_TG (검색일: 2020. 8. 4.)

2. 자폐증 진단 면담지-개정판

1) 목적 및 대상

자폐증 진단 면담지-개정판(Autism Diagnostic Interview-Revised: ADI-R)은 박규리 등(2014)이 미국의 Autism Diagnostic Interview-Revised 검사를 번역한 진단도구이다. 이 검사는 DSM-IV와 ICD-10의 진단 기준에 의거하여 자폐 범주성 장애의 선별과 진단을 목적으로 개발되었으며, 부모나 보호자와의 면담을 통하여 만 2세 이상의 아동 및 성인을 대상으로 검사를 실시할 수 있다. ADI-R은 자폐증 진단 관찰 스케줄(ADOS-2)과 상호보완적인 도구로서 인식되고 있다.

2) 검사의 구성

ADI-R은 부모나 보호자와 면담을 진행하기 위한 면담 프로토콜을 포함하고 있고, 피검자의 행동 특성을 분석하기 위한 통합적 알고리듬은 현재행동 알고리듬과 진단적 알고리듬이라는 두 개의 알고리듬으로 구성되어 있다. 먼저, 면담 프로토콜은 자폐 범주성 장애를 진단하기 위한 핵심적인 면담 문항으로 구성되어 있다. 면담 프로토콜은 도입 질문, 초기발달, 언어/기타 능력의 습득과 상실, 언어와 의사소통 능력, 사회적 발달과 놀이, 흥미와 행동, 일반적 행동들이라는 7개 영역에 총 93개의 문항으로 구성되어 있다. 면담 프로토콜의 각 문항에는 검사자가 면담의 내용을 기록할 수 있도록 지침 사항들이 제시되어 있으며, 응답 내용을 정형화한 응답의 예시가 제시되어 있다.

현재행동 알고리듬과 진단적 알고리듬의 평가는 항목 코드와 알고리듬 점수로 구성되어 있다. 항목 코드는 각 문항에 대하여 피검자의 행동에 대한 특성을 고려하여 점수를 부여하는 것이고, 알고리듬 점수는 항목 코드의 점수를 변환한 값이다. 면담 프로토콜의 평가 문항 및 항목 코드와 알고리듬 점수의 변환의 예시는 〈표 13-6〉과 같다.

표 13-6 항목코드에서 알고리듬 점수로의 전환

코드			코드	점수
이 항목은 옆에서 감독하거나 지시하지 않을 때 일련의 기이하지 않고 반복적이지 않은 활동에 대상자가 얼마나 자발적으로 자신을 전념하고 참여하느냐에 관한 것이다.			0	0
[대상자 이름]은 당신의 도움 없이 스스로의 놀이나 활동을 얼마나 잘 구성합니까? 즉, 당신의 지시 없이 대상자가 할 일을 찾습니까? 자기 생각대로 하게 내버려 두면 대상자는 어떤 종류의 일을 합니까? (예를 얻으시오.) 대상자가 4세에서 5세 사이였을 때는 어땠습니까?	0=다른 사람이 촉진하거나 구성해 주지 않아도 일련의 적절한 놀이 활동을 자발적으로 시작함 1=단지 제한된 범위의 적절한 활동을 자발적으로 시작함 2=TV 시청 혹은 라디오 청취와 같이 수동적이지만 적절한 활동에 참여함 3=아무것에도 참여하지 않거나, 혹은 반복적인 활동이나 상동 운동만 한다. 8=적용할 수 없음 9=알 수 없거나 질문되지 않음	현재 □ 4.0~5.0세에 가장 비정상 □	1	1
			2	2
			3	2
			7	0
			8	0
			9	0

출처: 박규리 외(2014).

현재행동 알고리듬은 연령에 따라 세 개의 유형(2세 0개월~3세 11개월, 4세 0개월~9세 11개월, 10세 0개월 이상)으로 구성되어 있으며, 피검자에 대한 중재 전후의 효과를 평가하는 데 유용하게 활용할 수 있다. 진단적 알고리듬은 연령에 따라 두 개의 유형(2세 0개월~3세 11개월, 4세 0개월~9세 11개월)으로 구성되어 있으며, 자폐 범주성 장애를 진단하는 데 사용할 수 있다. 현재행동 알고리듬과 진단적 알고리듬은 모두 사회적 상호작용과 의사소통 질적 장애 및 놀이, 그리고 행동의 반복적·상동적 특성으로 구성되어 있다. 그러나 36개월 이전에 자폐성향이 나타났는지를 평가하는 문항은 진단적 알고리듬에만 포함되어 있다. 현재행동 알고리듬과 진단적 알고리듬의 구성은 〈표 13-7〉과 같다.

표 13-7 알고리듬의 구성 및 문항 수

영역	하위 영역		현재행동 알고리듬			진단적 알고리듬	
			2세 0개월~3세 11개월	4세 0개월~9세 11개월	10세 0개월 또는 이상	2세 0개월~3세 11개월	4세 0개월 또는 이상
A. 사회적 상호작용의 질적 이상	A1. 사회적 상호작용을 조절하는 비언어적 행동의 사용 실패		3	3	2	3	3
	A2. 또래관계 발달의 실패		2	4	1	2	5
	A3. 공유된 즐거움의 결여		3	3	3	3	3
	A4. 사회정서적 상호교환성의 결여		5	5	5	5	5
	A 총합		A1+A2+A3+A4				
B. 의사 소통의 질적 이상	B1. 구어의 결여 또는 지연, 그리고 제스처를 통해 보상하는 것의 실패		4	4	4	4	4
	B2. 대화의 상호교환을 시작하거나 유지하는 것의 상대적 실패		3	3		3	3
	B3. 상동적이거나 반복적이거나 개인 특유적인 말		2	2	2	2	2
	B4. 다양하고 자발적인 가장놀이 또는 사회적 모방놀이의 결여		4	4	4	4	4
	B 총합	언어가 있는 대상자	B1+B2+B3+B4		B1+B2+B3	B1+B2+B3+B4	
		언어가 없는 대상자	B1+B4			B1+B4	
C. 행동의 제한적, 반복적, 상동적 패턴	C1. 포위한 듯한 몰두 또는 관심의 한정된 패턴		2	2	2	2	2
	C2. 비기능적인 일상 또는 의식에 대해 드러나는 강박적 집착		2	2	2	2	2
	C3. 상동적 또는 반복적 운동성 매너리즘		2	2	2	2	2
	C4. 사물의 부분 또는 재료의 비기능적 요소에 대한 몰두		2	2	2	2	2
	C 총합		C1+C2+C3+C4				
D. 36개월 또는 그 이전에 분명해진 발달의 이상						5	5

3) 실시 방법

ADI-R은 부모나 보호자를 대상으로 피검자에 대한 자폐 범주성 장애 여부를 평가하기 위해 개발된 반구조화된 면담지이다. 이 검사를 실시하기 위해서는 약 90분～2시간의 시간이 소요된다. 검사자는 면담을 실시하기 위한 기술을 충분히 습득하고 있어야 하고, 부모나 보호자와 면담을 위한 상호 신뢰와 공감대를 형성해야 한다.

검사는 면담 프로토콜을 제일 먼저 실시한다. 전체 문항이 93문항이기 때문에 응답자가 지치거나 힘들어할 수 있다. 이럴 경우에는 잠시 휴식을 취하는 것도 효과적인 검사 방법이다. 면담 프로토콜 검사를 마친 후에는 현재행동 알고리듬이나 진단적 알고리듬 검사를 실시하여야 한다.

현재행동 알고리듬은 현재 피검자의 행동에 초점을 두고 평가하여야 하고, 진단적 알고리듬은 4세에서 5세 사이에 가장 비정상이었던 때를 기준으로 나타난 행동에 초점을 두고 평가하여야 한다. 각 문항에 대하여 면담을 진행하고, 각 문항에 대하여 항목코드에서 제시된 점수를 부여한다. 그리고 모든 문항을 조사한 후에 항목코드의 값을 알고리듬 점수로 변환하여 기록하여야 한다.

4) 결과 해석

ADI-R은 진단적 알고리듬을 이용하여 피검자의 자폐 범주성 장애를 진단한다. 자폐 범주성 장애를 진단할 때에는 사회적 상호작용의 질적 이상, 의사소통의 질적 이상, 그리고 행동의 제한적 · 반복적 · 상동적 이상이라는 세 개의 영역에서 최소한의 절단점(cutoff score)을 충족하거나 초과하였는지를 파악하여야 한다. 각 영역의 절단점을 충족하였거나 초과할 때에는 자폐 범주성 장애로 진단하여야 한다. 각 영역의 절단점은 〈표 13-8〉과 같다.

표 13-8 ADI-R 검사의 자폐 범주성 장애 진단을 위한 기준

영역		진단 절단점
A. 사회적 상호작용의 질적 이상		10점
B. 의사소통의 질적 이상	언어가 있는 대상자	8점
	언어가 없는 대상자	7점
C. 행동의 제한적, 반복적, 상동적 질적 이상		3점
D. 36개월 이전에 발생		1점

3. 자폐증 진단 관찰 스케줄-2판

1) 목적 및 대상

자폐증 진단 관찰 스케줄 2판(Autism Diagnostic Observation Schedule-Second Edition: ADOS-2)은 자폐 범주성 장애를 선별 및 진단하는 데 주요한 목적이 있다. 이 검사는 Lord, Rutter, DiLavore와 Risi에 의해 2012에 개발된 미국의 ADOS-2를 유희정 등(2017)이 번역한 도구이다. ADOS-2는 놀이와 활동을 통해 피검자를 관찰하고, 이를 통하여 자폐 범주성 장애를 진단한다. 검사 대상은 만 12개월부터 성인까지의 다양한 연령과 발달 단계에 해당하는 사람들이다.

2) 검사의 구성

ADOS-2는 자폐 범주성 장애를 진단하기 위한 모듈 T, 모듈 1, 모듈 2, 모듈 3, 모듈 4라는 총 5개의 모듈로 구성되어 있다. 각 모듈은 자폐 범주성 장애를 진단하는 데 필요한 핵심적인 행동을 관찰할 수 있는 활동으로 구성되어 있다.

모듈 T는 구(句) 언어를 일관되게 사용하지 못하는 12개월에서 30개월 사이의 아동을 검사하기 위한 영역이며, 자유놀이를 비롯한 총 11개의 활동영역으로 구성되어 있다. 모듈 1은 구(句) 언어를 일관되게 사용하지 못하는 31개월 이상의 아동을 대상으로 하며, 자유놀이를 비롯한 총 10개의 활동으로 구성되어 있다. 모듈 2는 연령에 상관없이 구(句)를 사용하지만 언어 능력이 유창하지 않은 아동에게 사용하며, 구성과제를 비롯하여 총 14개의 활동으로 구성되어 있다. 모듈 3은 유창하게 말을 할 수 있는 아동과 나이가 어린 청소년에게 실시하며, 구성과제나 상상놀이를 포함한 총 14개의 활동으로 구성되어 있다. 모듈 4는 유창하게 말을 할 수 있는 나이가 든 청소년과 성인을 대상으로 실시하며, 구성과제와 그림 묘사 등을 포함한 총 15개의 활동으로 구성되어 있다.

ADOS-2를 구성하고 있는 모듈과 활동은 다음의 〈표 13-9〉와 같다.

표 13-9 **ADOS-2 검사의 구성**

구성	대상	활동	
모듈 T	언어 전 단계 단어 사용 단계 (12~30개월)	• 자유놀이 • 이름에 대한 반응 • 대상의 루틴을 예측하기 • 합동 주시에 대한 반응 • 목욕시간 • 간식	• 장난감 놀이 못하게 막기 • 비눗방울 놀이 • 사회적 루틴을 예측하기 • 반응적인 사회적 미소 • 기능적이고 상징적인 모방
모듈 1	언어 전 단계 단어 사용 단계 (31개월 이상)	• 자유놀이 • 합동 주시에 대한 반응 • 대상의 루틴을 예측하기 • 사회적 루틴을 예측하기 • 생일파티	• 이름에 대한 반응 • 비눗방울 놀이 • 반응적인 사회적 미소 • 기능적이고 상징적인 모방 • 간식
모듈 2	구(句) 언어 사용 단계	• 구성과제 • 상상 놀이 • 대화 • 보여 주기 과제 • 책으로부터 스토리를 이야기하기 • 생일파티 • 대상의 루틴을 예측하기	• 이름에 대한 반응 • 합동적 상호작용 놀이 • 합동 주사에 대한 반응 • 그림의 묘사 • 자유놀이 • 간식 • 비눗방울 놀이
모듈 3	유창한 말하기 단계 (아동/청소년)	• 구성과제 • 합동적 상호작용 놀이 • 그림의 묘사 • 만화 • 감정 • 휴식 • 외로움	• 상상 놀이 • 보여 주기 과제 • 책으로부터 스토리를 이야기하기 • 대화와 보고 • 사회적 어려움과 괴로움 • 친구, 관계 그리고 결혼 • 이야기 창작하기
모듈 4	유창한 말하기 단계 (청소년/성인)	• 구성과제 • 그림의 묘사 • 현재의 직업과 학업 • 감정 • 만화 • 일상의 생활 • 외로움 • 이야기 창작하기	• 책으로부터 스토리를 이야기하기 • 대화와 보고 • 사회적 어려움과 괴로움 • 보여 주기 과제 • 휴식 • 친구, 관계 그리고 결혼 • 계획과 희망

3) 실시 방법

ADOS-2는 전문적인 훈련을 받은 검사자가 검사를 실시해야 한다. ADOS-2 연수 프로그램이 비정규적으로 이루어지고 있으므로 전문적인 교육을 받고자 하는 경우에는 연수가 개설될 때 이수하여야 한다.

검사 시간은 모듈에 따라 다소 차이가 있지만 대략 40~60분 정도가 소요된다. 피검자 한 명에게는 한 가지의 모듈을 선택하여 검사를 실시하여야 하고, 채점은 검사를 실시하면서 관찰하고 기록한 내용에 근거하여 점수를 부여한다.

ADOS-2를 실시할 때에는 먼저 피검자의 특성을 고려하여 5개의 모듈 중에서 적절한 모듈을 선택하여야 한다. 모듈을 선택한 후에는 피검자에 대한 정보를 기록하고, 피검자의 행동에 대한 검사자의 관찰에 기초하여 검사 문항에 대한 평가를 실시한다. 평가 결과를 기록할 때에는 각 모듈에서 규정하고 있는 대상의 특성에 맞추어 알고리듬을 구분하여 기록하여야 한다. 모듈 1의 경우에는 단어 사용이 거의 없거나 전혀 없는 대상자와 몇몇 단어를 사용할 수 있는 대상자를 구분하여 평가 결과를 기록하여야 하고, 모듈 2에서는 생활 연령이 5세 미만인 경우와 5세 이상인 경우를 구분하여 평가를 기록하여야 한다. 모듈 3과 모듈 4는 평가 영역이 한 개이기 때문에 평가 결과를 구분하지 않고 기록하면 된다. 모듈 T의 경우에는 검사 대상을 두 개의 알고리듬으로 분리한다. 먼저, 생활 연령이 12~20개월인 아동이나 단어 사용이 거의 없거나 전혀 없는 21~30개월 아동 및 항목 A1(반향어가 아닌 말하는 언어의 전반적 수준)이 3점 또는 4점을 받는 대상을 하나의 알고리듬으로 정한다. 다음으로 몇몇 단어를 사용하는 생활 연령이 21~30개월인 아동과 항목 A1(반향어가 말하는 언어의 전반적 수준)에서 0~2점을 받는 아동을 또 다른 알고리듬으로 정하였다. 이러한 구분에 따라 자폐 범주성 장애 진단을 위한 절단점을 정하고 있다.

ADOS-2의 각 모듈에서 평가를 할 때 항목별 점수는 0, 1, 2, 3, 7, 8, 9로 구성되어 있고, 각 점수는 알고리듬 점수로 변환된다. 문항 평가의 예와 평가 점수의 알고리듬 점수로의 변환 체계는 〈표 13-10〉과 같다.

표 13-10 항목코드에서 알고리듬 점수로의 전환

코드	평가 점수	알고리듬 점수
E1. 과잉 행동/안절부절못함 이 항목은 지나친 움직임과 신체적인 안절부절못함을 기술한다. 이 항목은 검사 대상자의 비언어적 정신 연령에 비교하여 채점한다.		
3 0=ADOS-2 검사 전반에 걸쳐 적절히 앉아 있다.	0	0
1=앉아 있지만 자주 꼼지락거리고, 의자 안에서 움직임. ADOS-2 검사의 어려움이 일차적으로 과다 활동이나 안절부절못함 때문은 아님	1	1
2=앉아 있기 어려움. 의자 안팎으로 움직이고, 약간 지장을 주는 방식으로 사물을 다루거나 조작한다.	2	2
3=저지하기 어려울 정도로 과도한 수준의 활동을 보인다. 활동의 수준이 ADOS-2 검사를 저해한다.	3	2
7=과소한 활동	7	0
8=적용할 수 없음	8	0
9=알 수 없거나 질문되지 않음	9	0

출처: 유희정 외(2017).

평가 점수를 알고리듬 점수로 변환하여 평가지에 기록한 후에는 알고리듬 점수를 합산하여 전체 총점을 산출하고, 절단점(cut-off score)과 비교하여 자폐 범주성 장애에 대한 분류를 산출하여야 한다. 자폐 범주성 장애에 대한 분류를 산출한 이후, ADOS-2 비교 점수에 기초하여 자폐 범주성 장애의 정도를 평가하여야 한다.

4) 결과 해석

ADOS-2의 결과는 두 가지 측면에서 산출할 수 있다. 첫째는 절단점을 활용한 자폐 범주성 장애 여부를 확인하는 것이고, 둘째는 비교점수를 활용한 자폐 범주성 장애의 정도를 확인하는 것이다.

먼저, 자폐 범주성 장애 여부를 확인하기 위해서는 알고리듬 점수의 총합을 이용하며, 장애여부는 자폐증, 자폐스펙트럼, 비스펙트럼으로 분류한다. 이 중 자폐증과 자폐스펙트럼에 해당하면 전반적으로 자폐 범주성 장애가 있는 것으로 결정한다. 모듈 T에서는 자폐 범주성 장애를 결정하기보다는 자폐 범주성 장애의 발생 가능성이 높다는 것을 '우려 수준'으로 나타내었고, 모듈 1~4는 자폐 범주성 장애 여부를 확인할 수 있도록 구성하였다. 다만, 모듈 T부터 모듈 3까지는 하위 영역의 총합을 이용하여 자폐 범주성 장애 여부를 확인하는데, 모듈 4는 하위검사 영역별로 자폐 범주성 장애 여부를 확인한다는 점에서 다른 모듈과 차이가 있다. ADOS-2의 자폐 범주성 장애 여부에 대한 분류는 〈표 13-11〉과 같다.

표 13-11   ADOS-2의 자폐 범주성 장애 분류 체계

ADOS-2 분류		절단점에서 자폐 범주성 장애 분류를 산출하는 방법
모듈 T	중도-고도의 우려 수준	알고리듬 전체 총합이 자폐증 절단점과 같거나 높은 경우
	경도-중도의 우려 수준	알고리듬 전체 총합이 절단점보다 낮으면서 자폐 스펙트럼 절단점과 같거나 높은 경우
	약간-전혀 우려되지 않음	알고리듬 전체 총합이 자폐 스펙트럼 절단점보다 낮은 경우
모듈 1~3	자폐증	알고리듬 전체 총합이 자폐증 절단점과 같거나 높은 경우
	자폐 스펙트럼	알고리듬 전체 총합이 절단점보다 낮으면서 자폐 스펙트럼 절단점과 같거나 높은 경우
	비스펙트럼	알고리듬 전체 총합이 자폐 스펙트럼 절단점보다 낮은 경우
모듈 4	자폐증	의사소통, 사회적 상호작용, 의사소통+사회작용의 값이 자폐증 절단점과 같거나 높은 경우
	자폐 스펙트럼	의사소통, 사회적 상호작용, 의사소통+사회작용의 값이 절단점보다 낮으면서 자폐 스펙트럼 절단점과 같거나 높은 경우
	비스펙트럼	의사소통, 사회적 상호작용, 의사소통+사회작용의 값이 자폐 스펙트럼 절단점보다 낮은 경우

자폐 범주성 장애 분류를 위해서는 절단점을 활용하는데, 모듈에 따라 다소 차이가 있다. 각 모듈에 따른 절단점은 다음의 〈표 13-12〉~〈표 13-14〉와 같다.

표 13-12 모듈 T의 절단점

검사 대상	중도-고도의 우려 수준	경도-중도의 우려 수준	약간-전혀 우려되지 않음
생활 연령이 12~20개월/단어 사용이 거의 없거나 전혀 없는 21~30개월 아동	14 이상	10~13	0~9
몇몇 단어를 사용하는 생활연령이 21~30개월 아동	12 이상	8~11점	0~7

표 13-13 모듈 1~3의 절단점

모듈 유형에 따른 검사 대상		자폐증	자폐스펙트럼	비스펙트럼
모듈 1	단어 사용이 거의 없거나 전혀 없음	16 이상	11~15	0~10
	몇몇 단어를 사용함	12 이상	8~11	0~7
모듈 2	5세 미만	10 이상	7~9	0~6
	5세 이상	9 이상	8	0~7
모듈 3		9 이상	7~8	0~6

표 13-14 모듈 4의 절단점

모듈4의 영역별 분류	자폐증	자폐스펙트럼	비스펙트럼
의사소통	3 이상	2	0~1
사회적 상호작용	6 이상	4~5	0~3
의사소통+사회적 상호작용	10 이상	7~9	0~6

다음으로 ADOS-2는 모듈 1~모듈 3까지 비교 점수를 이용하여 자폐 범주성 장애의 정도를 산출한다. 비교 점수는 각 모듈의 총합 점수를 이용하여 산출하며, 이에 대한 산출과정은 전문가 지침서를 확인하기 바란다. ADOS-2의 비교 점수 체계는 〈표 13-15〉와 같다.

표 13-15   ADOS-2 비교 점수와 관련 설명

점수	설명
10 9 8	동일한 생활 연령의, 같은 언어 수준을 가진 아동들과 비교하여 높은 수준의 자폐 스펙트럼 관련 증상. ADOS-2 분류에서 자폐증에 해당함
7 6 5	동일한 생활 연령의, 같은 언어 수준을 가진 아동들과 비교하여 중간 수준의 자폐 스펙트럼 관련 증상. ADOS-2 분류에서 자폐증 또는 자폐 스펙트럼에 해당함
4 3	동일한 생활 연령의 같은 언어 수준을 가진 아동들과 비교하여 낮은 수준의 자폐 스펙트럼 관련 증상. ADOS-2 분류에서 비스펙트럼 또는 자폐 스펙트럼에 해당함
2 1	동일한 생활 연령의 같은 언어 수준을 가진 아동들과 비교하여 자폐 스펙트럼 관련 증상이 거의 없거나 자폐 스펙트럼 관련 증상의 근거가 없음. ADOS-2 분류에서 비스펙트럼에 해당함

4. 덴버모델 발달 체크리스트

1) 목적 및 대상

덴버모델 발달 체크리스트(Early Start Denver Model: ESDM)는 정경미(2017)가 미국의 Early Start Denver Model Curriculum Checklist for Young Children with Autism(ESDM Curriculum Checklist)을 번역하여 표준화한 도구이다. ESDM은 12개월부터 48개월까지의 자폐 범주성 장애 영유아의 수행능력을 평가하는 데 주요한 목적이 있다. 이를 위해 ESDM은 체크리스트를 활용하여 아동이 이미 학습한 기술과 현재 학습과정 중에 있는 행동 및 아동의 의미 없는 행동을 수용언어, 표현언어, 사회기술, 모방, 인지, 놀이, 소근육 운동, 대근육 운동, 행동 자조기술별로 평가하였다.

2) 검사의 구성

ESDM은 발달 시기에 따라 레벨 1(12~18개월), 레벨 2(19~24개월), 레벨 3(25~36개월), 레벨 4(37~48개월)이라는 네 개의 레벨로 구성되어 있다. 각 레벨은 8~10개의 항목으로 구성되어 있다. ESDM의 구성은 〈표 13-16〉과 같다.

표 13-16 ESDM의 레벨에 따른 검사 항목 구성

레벨	레벨 1		레벨 2		레벨 3		레벨 4	
	항목	문항 수	항목	문항 수	항목	문항 수	항목	문항 수
발달 영역	수용언어	15	수용언어	10	수용언어	14	수용언어	19
	표현언어	14	표현언어	12	표현언어	18	표현언어	30
	사회기술	10	합동주시행동	8	사회기술	15	사회기술	9
	모방	4	사회기술	20	인지	10	인지	12
	인지	4	모방	9	놀이	6	놀이	9
	놀이	8	인지	8	소근육운동	11	소근육운동	19
	소근육운동	12	놀이	8	대근육운동	8	대근육운동	9
	대근육운동	8	소근육운동	14	개인적 독립	19	자조기술	18
	행동	5	대근육운동	7				
	자조기술	18	자조기술	26				
합계		98		122		101		125

3) 실시 방법

ESDM은 검사자가 부모나 보호자 혹은 아동을 잘 알고 있는 사람(예: 친척, 교사)과 함께 평가를 실시한다. 검사자는 부모나 보호자에게 체크리스트에 있는 문항에 대하여 질문을 하면서 평가를 실시한다. 보다 객관적이고 타당한 평가를 실시하기 위해서는 검사자가 아동을 직접 관찰하여 아동의 행동 특성을 파악하는 것이 필요하다. 만약 검사자의 관찰을 통한 의견과 부모나 보호자와의 의견이 다를 경우에는 직접 관찰한 결과에 기초하여 평가를 하는 것이 바람직하다.

평가를 할 때에는 관찰 보고 작성란과 코드(code) 작성란이 있으며, 각 영역에 적절한 코드를 표기하여야 한다. 관찰 보고 작성란에는 아동의 행동을 관찰한 이후에 행동 특성에 맞게 평가 결과를 기록하여야 한다. 이때에는 세 가지의 코드를 활용하여 평가를 기록한다. 코드 작성란은 아동의 행동 수행 수준을 평가하는 것이며, 4단계로 평가를 수행한다. 관찰 보고 작성란과 코드 작성란에 대한 코드와 그 설명은 다음의 〈표 13-17〉과 같다.

표 13-17 **ESDM의 평가 기록 유형 및 코드**

종류	코드	설명
관찰 보고 작성란	P 또는 (+)	지속적으로 일관된 수행을 보이는 행동
	P/F 또는 (+/−)	비일관적인 수행을 보이는 행동
	F 또는 (−)	수행하기 힘든 행동
코드 작성란	A	이미 습득한 행동일 경우
	P	부분적으로 혹은 도움을 주면 수행하는 행동일 경우
	N	아동이 해당 행동은 수행할 능력이 없는 경우
	X	행동할 기회가 없거나 아동에게 적합하지 않는 행동일 경우

4) 결과 해석

ESDM을 실시하면 아동은 4개 레벨 중 어느 한 곳에 위치하게 된다. 평가자는 해당 레벨의 발달 영역에 포함된 항목을 아동이 수행할 수 있는지를 확인하고, 전체적인 항목을 수행할 수 있을 경우에는 다음 레벨로 넘어갈 수 있다고 해석하면 된다. 이때 평가의 정확성을 높이기 위해서는 이전 레벨의 마지막 항목들을 아동이 수행할 수 있는지 확인하는 과정을 거치는 것이 바람직하다. 평가는 통과(Pass)와 실패(Fail)로 실행하고, 일련의 문항들에 대하여 통과로 평가가 이루어지다가 실패로 변경되는 시점을 중재 프로그램에서 지도하여야 하는 목표영역(target area)으로 설정하면 된다.

생각해 볼 문제

1. K-CARS-2의 표준형 평가지와 고기능형 평가지를 언제 사용해야 하는지를 설명해 보시오.

2. ADI-R 진단형 알고리듬의 하위 영역 중 의사소통의 질적 이상에서 언어 능력이 있는 피검자와 언어 능력이 없이 피검자의 자폐 범주성 장애 진단의 절단점을 비교하시오.

3. ADOS-2 검사의 모듈을 적용할 때 고려해야 하는 발달 연령을 모듈별로 설명하시오.

투사적 검사

투사적 검사란 피검자가 상징적인 생각들을 통해서 자신을 드러내는 성격검사를 의미한다(한국교육심리학회, 2000). 인간은 자신에게 주어지는 자극에 대하여 반응할 때 자기 자신의 내적인 상태나 자신의 고유한 특성에 따라 자극을 투사한다. 그러므로 투사적 검사를 이용하여 한 개인의 자극에 대한 반응을 분석하면, 그 사람의 성격이나 심리적 특성을 보다 명료하게 파악할 수 있다. 투사적 검사는 다른 성격검사(예: MMPI)에 비하여 표준화가 엄격하게 이루어지지 않는 경우가 많으며, 이로 인하여 신뢰도와 타당도에 한계가 있다. 투사적 검사는 검사 결과를 채점하는 과정에서 내용적으로 유용한 평가를 실시하기 위하여 임상적 해석이 필요하다. 투사적 검사에 포함되는 대표적인 검사도구로는 로르샤흐(Rorschach) 검사, 주제통각검사(TAT), 아동용 회화통각검사(CAT), 집-나무-사람(HTP) 검사, 문장완성검사(SCT) 등이 있다.

1. 로르샤흐 검사

1) 목적 및 대상

로르샤흐 검사(Rorschach Test)는 투사적 검사의 대표적인 도구이며, 1921년 스위스 정신과 의사인 Herman Rorschach에 의해 개발되었다. 로르샤흐 검사는 피검자의 개인정보와 검사를 통해 획득한 자료를 이용하여 피검자의 심리적 측면을 연역적 또는 귀납적으로 예측한다. 이를 통해 피검자의 사고, 정서, 현실지각, 대인관계 방식 등 다양한 인격 특성에 대한 정보를 얻을 수 있다(김계현, 황매향, 선혜연, 김영빈, 2012).

로르샤흐 검사는 잉크반점을 자극자료로 사용하고, 피검자는 잉크반점에 의해 제시된 비교적 비구조화된 자극자료에 대하여 다양한 방식으로 자유롭게 반응한다. 로르샤흐 검사는 신뢰도와 타당도 문제로 인하여 J. Exner에 의해 '로르샤흐 종합체계(The Rorschach: A Comprehensive System, 1974, 1986, 1993, 2003)'로 재개발되었다. 로르샤흐 종합체계는 임상가들 사이에서 가장 표준화된 체계로 수용되었고, 현재 가장 널리 활용되고 있다.

2) 검사의 구성

로르샤흐 검사는 좌우대칭이며 형태가 뚜렷하지 않은 잉크 반점이 있는 10장의 카드로 구성되어 있다. 이 중 5장의 카드(카드 1, 카드 4, 카드 5, 카드 6, 카드 7)는 흑백으로 만들어졌고, 나머지 5장의 카드는 흑백과 붉은색이 혼합되어 있다. 10장의 카드 모두 그림의 형태가 불확실하며, 어떠한 대상이나 사물을 표상했는지 명확하지 않다. 로르샤흐 검사의 카드 모습은 [그림 14-1]과 같다.

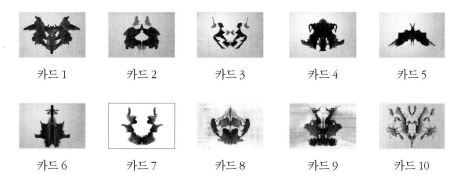

| 카드 1 | 카드 2 | 카드 3 | 카드 4 | 카드 5 |

| 카드 6 | 카드 7 | 카드 8 | 카드 9 | 카드 10 |

[그림 14-1] 로르샤흐 검사 카드의 구성

출처: https://arbathousehotel.ru/ko/v-chem-smysl-testa-rorshaha-proektivnyi-test-rorshaha-onlain.html (검색일: 2020. 10. 20.)

상기에 제시된 로르샤흐 검사의 카드의 내용을 구체적으로 제시하면 다음의 〈표 14-1〉과 같다.

표 14-1　로르샤흐 검사 카드에 대한 설명

종류	설명
카드 Ⅰ	날개가 달린 산 짐승(박쥐, 나비), 인간상으로 볼 때는 중앙부의 여성상, 골반 또는 다른 해부적 개념, 손, 작은 새
카드 Ⅱ	인간 및 그 운동, 동물 및 그 운동, 곰, 개 등
카드 Ⅲ	인간, 이인의 인간, 인간의 운동, 인간의 성
카드 Ⅳ	Sex Card(Father Card), 모피류, 동물의 머리, 괴물, 거인, 고릴라
카드 Ⅴ	나비, 박쥐 및 운동동물의 머리, 인족
카드 Ⅵ	동물의 피질, 남근, 모피
카드 Ⅶ	Sex Card(Mother Card), 인간 및 그 운동, 지도, 동물 및 그 운동
카드 Ⅷ	동물, 색칠한 나비, 해부도
카드 Ⅸ	마녀, 인두, 원자폭탄의 폭발(카드를 거꾸로 볼 때), 무궁화
카드 Ⅹ	화가의 파레트, 해저경치, 가슴, 거미, 뱀

출처: 김계현 외(2012), p. 355.

3) 실시 방법

검사자는 검사를 시작하기 전에 피검자와 공감대를 형성할 수 있는 시간을 갖는 것이 좋으며, 검사도구에 대한 간단한 설명을 제공하여야 한다. 검사자는 피검자에게 이 카드가 무엇처럼 보이는지 또는 무엇이 연상되는지를 자유롭게 말하도록 유도한다. 특히 피검자의 성격을 객관적이고 심층적으로 이해하기 위해서 가능한 많은 반응을 이끌어 내야 한다.

　로르샤흐 검사의 실시는 일반적으로 반응 단계, 질문 단계, 채점 단계의 세 단계로 구성되어 있다. 먼저, 반응 단계는 검사자가 피검자의 반응(말이나 제스처 등의 표현 등)을 있는 그대로 기록지에 기록하여야 한다. 검사 중 피검자가 질문을 할 경우, 검사자는 최대한 비지시적으로 짧고 간단하게 대답하여야 한다. 예를 들어, "자세하게 이야기해야 돼요?"와 같은 질문이 있을 경우, "대부분 한 가지 이상 대답을 합니다."정도로 답을 하면 된다. 검사자는 피검자의 반응(말이나 표현)을 기록지에 정확하게 기록하여야 한다.

　다음으로, 질문 단계는 피검자의 대답을 확인하는 것이다. 검사자는 피검자의 반응을 정확하게 기록하기 위하여 피검자에게 간단하게 질문을 할 수 있다.

　마지막으로, 채점 단계는 피검자의 반응에 대하여 평가를 하는 단계이다. 채점은 매우 다양하게 이루어진다. 채점을 할 때에는 반응의 위치, 반응결정요인, 반응내용의 준거에 기초하여 이루어진다. 반응의 위치는 어디에서 그렇게 보았는지를 파악하는 것이고, 반응결정요인은 무엇 때문에 그렇게 보게 되었는지를 파악하는 것이며, 반응 내용은 무엇으로 보았는지에 관한 정보를 얻는 데 사용된다. 그러나 검사자가 자신의 추측이나 생각한 내용에 기초하여 채점을 실시해서는 안 된다. 반드시 피검자가 직접적으로 대답한 것에 대해서 채점하여야 한다.

　로르샤흐 검사의 채점 체계로 가장 보편적으로 활용되는 것은 Exner 종합체계이다. Exner 종합체계는 〈표 14-2〉와 같다.

표 14-2　Exner의 종합적 채점 체계

항목	내용
1. 반응의 위치(location)	피검자가 반점의 어느 부분에 반응하였는가?
2. 반응위치의 발달질 (developmental quality)	그 위치 반응은 어떤 발달 수준을 나타내는가?
3. 반응의 결정인(determinant)	반응을 결정하는 데 영향을 준 반점의 특징은 무엇인가?
4. 형태의 질(form quality)	반응한 내용이 자극의 특징에 적절한가?

5. 반응 내용(content)	반응한 내용은 어떤 내용의 범주에 해당하는가?
6. 평범 반응(popular)	일반적으로 흔히 일어나는 반응인가?
7. 조직화 활동 　(organizational activity)	자극을 어느 정도 조직화하여 응답하였는가?
8. 특별 점수(special score)	특이한 언어반응을 하고 있는가?
9. 쌍 반응(pair response)	사물을 대칭적으로 지각하였는가?

출처: 최정윤(2016), p. 194.

4) 결과 해석

　로르샤흐 검사에 대한 해석은 주로 구조적 변인 분석과 주제적 특징 분석이 활용된다. 구조적 변인 분석은 피검자의 반응을 구조적 변인으로 분석하여 해석하는 방법이다. 구조적 변인을 통한 해석은 피검자가 잉크 반점을 무엇으로 보았고 왜 그렇게 보았는지를 파악하여 피검자가 어떻게 의사결정과 문제해결을 하는지를 분석한다. 주제적 특징 분석은 피검자의 개인적 특성에 기초하여 피검자의 반응을 분석하고 해석하는 방법이다.

　주제적 특징에 대한 해석은 피검자의 반응이 곧 행동의 상징이라는 가정에 근거한다. 이로 인해 잉크반점은 반응을 이끌어 내는 자극으로 인식되고, 각 개인의 독특한 특성에 기초하여 자료를 분석한다.

　로르샤흐 검사는 우울이나 정신분열증 및 강박증 등의 정신건강을 진단할 때 사용될 수 있고, 사고의 융통성과 생활의 특이성과 같은 인지사고기능을 측정하기 위해서도 활용될 수 있다. 특히 다른 검사도구들의 보충검사로서 유용하게 활용될 수 있다.

2. 주제통각검사

1) 목적 및 대상

　주제통각검사(thematic apperception test: TAT)는 Murry와 Morgan(1935)이 만든 대표적인 투사적 검사이다. 이 검사는 사람들이 어떤 사회장면을 해석할 때 자기 자신과 동일시되는 대상에 대해서 자신의 욕구, 감정, 경험 등을 가장 잘 투사한다는 이론에 근거하고 있다(김재환 외, 2014). TAT는 피검자의 동기, 정서, 감정, 콤플렉스, 성격의 갈등 양상을 파악하는 데 주요한 목적이 있다. TAT는 피검자의 대인관계 상황에 포함된 욕구의 내용, 욕구의 위계, 이드(id), 자아(ego), 초자아(superego) 사이의 타협구조와 같은 성격의 역동적 측면을 분석하는 데 활용할 수 있다. TAT는 피검자에게 제시된 그림에 대한 이야기를 구성하게 함으로써, 피검자의 성격과 발달적 배경, 그리고 환경과 상호작용하는 방식 등을 파악할 수 있다.

2) 검사의 구성

TAT는 31개의 흑백사진 카드들로 구성되어 있다. 이 중 30매의 불명료한 그림카드 중 대부분에는 1명 이상의 등장인물이 포함되어 있고, 1장의 카드는 완전하게 백색으로 되어 있다. TAT에 포함된 그림은 피검자가 그림을 다양하게 해석할 수 있게 그려져 있으며, 그림의 내용은 인물이 포함된 생활 장면을 다루고 있다. TAT에 포함된 그림의 내용은 [그림 14-2]와 같다.

[그림 14-2] TAT의 그림 구성(백색카드 제외)

출처: https://blog.naver.com/ppmo2911/221155319545

TAT에 포함된 각각의 그림은 주요한 의미를 담고 있다. 각 그림에 대한 의미를 정리해 보면, 다음의 〈표 14-3〉과 같다.

표 14-3　TAT의 그림 내용과 주요 의미

그림	그림 내용	주요 의미
1	소년과 바이올린	부모와의 관계, 자율 및 권위에의 순응
2	젊은 여인과 남자가 있는 시골풍경	가족관계, 자립 및 복종, 성 역할
3BM	소파에 기대어 앉은 소년과 권총	공격성, 우울감, 엄격한 초자아
3GF	얼굴을 가린 여인, 나무로 된 문	우울감, 배우자 또는 부모와의 관계
4	여자에게서 몸을 돌린 남자	남녀관계, 남녀 간의 역할 및 태도
5	문을 연 채 방을 들여다보는 여인	자위행위, 두려움, 공포감
6BM	작고 늙은 여인, 크고 젊은 남자	오이디푸스 콤플렉스, 모자 갈등, 부부 갈등
6GF	파이프를 문 남자를 돌아보는 여인	이성 간의 갈등, 남녀의 역할 및 태도
7BM	젊은 남자를 응시하는 늙은 남자	부자 관계, 반사회적 · 편집증적 경향
7GF	책을 든 노파와 인형을 든 소녀	모녀 관계, 어머니 또는 자신에 대한 태도
8BM	수술 장면을 배경으로 한 청년과 엽총	오이디푸스적 관계, 공격성, 성취동기
8GF	턱을 고이고 앉은 젊은 여인	현실의 어려움, 미래에 대한 상상
9BM	풀밭에 드러누운 4명의 남자	사회적 관계, 동료 및 교우와의 관계
9GF	해변을 달리는 여자를 바라보는 여인	자매간 또는 모녀간의 경쟁 및 적대감
10	남자의 어깨에 머리를 기댄 여인	자녀관계 또는 부부관계, 결혼생활의 적응
11	높은 절벽 사이의 길, 용의 머리	유아적 · 원시적 공포, 구강기적 공격
12M	누워 있는 젊은 남자 위로 서 있는 남자	수동적 동성애의 두려움, 수동성, 의존욕구
12F	나이 든 여인의 배경 앞에 젊은 여인	두 여자 간의 갈등, 고부 갈등
12BG	인적 없는 숲속 시냇가의 조각배	은둔 성향, 우울감, 자살 성향
13MF	침대에 누워 있는 여인, 서 있는 남자	성적 갈등, 성적 학대에의 두려움, 부부갈등
13B	통나무집 문 앞에 앉아 있는 소년	분리불안, 부모에 대한 애정욕구, 외로움
13G	구불구불한 계단을 오르는 소녀	혼자 일할 때의 외로움, 시간에 대한 태도
14	어두운 배경, 창가에 서 있는 사람	어둠에 대한 공포, 자살 충동, 성적 정체성
15	묘비 앞에 손을 꼭 잡고 서 있는 남자	죽음에 대한 공포, 죄책감, 우울감
16	백지카드	자유로운 투사, 피검자의 현재 상태와 느낌
17BM	벌거벗은 채 줄에 매달려 있는 남자	오이디푸스적 공포, 야망, 과시 경향
17GF	큰 건물과 다리, 난간에 기댄 여인	우울 및 불행에 대한 감정, 자살 성향

18BM	누군가의 손에 의해 붙잡혀 있는 남자	남성의 공격성에 대한 두려움, 중독 상태
18GF	계단 난간에서 여자의 목을 쥔 여인	여성의 공격성에 대한 두려움, 모녀 갈등
19	눈 덮힌 오두막집과 기과한 구름	불안, 안전에의 욕구, 환경적 어려움의 극복
20	어둠 속 가로등에 기대어 있는 사람	어둠 및 불안에 대한 공포, 외로움

TAT의 적용대상은 카드 뒷면에 문자와 숫자로 표기되어 있다. 먼저, 문자표기를 살펴보면, M(성인 남자), F(성인 여자), B(소년), G(소녀), BM(소년과 성인 남자), GF(소녀와 성인 여자), BG(소년과 소녀), MF(성인 남자와 성인 여자)이다. 다음으로 숫자표기를 살펴보면, 1, 2, 4, 5, 10, 11, 14, 15, 16, 19, 20은 남성과 여성을 모두에게 적용할 수 있다. 나머지 카드는 성별과 연령에 따라 10장씩 사용한다. 이러한 TAT 검사의 구성은 〈표 14-4〉와 같다.

표 14-4   TAT 검사의 구성

그림 종류	수량	적용대상	도판 번호
공용그림	11매	모든 피검자에게 공통으로 적용	1, 2, 4, 5, 10, 11, 14, 15, 16, 19, 20
남자그림	7매	성인 남자(M)와 소년(B) 피검자에 한해서 적용	3BM, 6BM, 7BM, 8BM, 9BM, 17BM, 18BM
여자그림	7매	성인 여자(F)와 소녀(G) 피검자에 한해서 적용	3GF, 6GF, &GF, 8GF, 9GF, 17GF, 18GF
성인그림	1매	성인 남자(M)와 소녀(G) 피검자에 한해서 적용	13MF
비성인그림	1매	소년(B)과 소녀(G) 피검자에 한해서 적용	12BG
성인남자그림	1매	성인 남자(M) 피검자에게만 적용	12M
성인여자그림	1매	성인 여자(G) 피검자에게만 적용	12F
소년그림	1매	소년(B) 피검자에게만 적용	13B
소녀그림	1매	소녀(G) 피검자에게만 적용	13G

3) 실시 방법

　검사자는 TAT에 참여하는 피검자에게 20장의 그림을 제시한다. 전체적인 검사 소요시간은 1시간 정도이며, 2회에 걸쳐 진행한다. 1회 검사와 2회 검사 사이에는 적어도 하루 정도의 간격을 두는 것이 적절하다. 일반적으로 1~10번 카드는 첫 회기에 실시하고, 11~20번 카드는 두 번째 회기에 실시한다. 특별한 사유가 있는 경우에는 9~20개의 카드를 가지고 단축 검사를 실시할 수도 있다. 검사를 실시할 때 가장 유용한 그림은 성인의 경우 1, 2, 3BM, 4, 6BM, 7BM, 8BM, 10, 12M, 13MF, 18GF이고, 아동의 경우에는 1, 2, 3BM, 4, 6BM, 7BM, 7GF, 8BM, 10, 12M, 13MF, 16, 18GF이다.

　검사를 시작할 때에는 먼저 피검자의 성별과 연령에 따라 적절한 검사 문항을 구성한다. 검사자는 피검자와 공감대를 형성하고, 피검자가 신체적 정신적으로 피로하지 않은 상태에서 검사를 실시한다. 피검자는 다음과 같은 내용의 검사 지시를 한다 (김계현 외, 2012).

▶ 1회 검사: 지금부터 몇 장의 카드를 보여 드리겠습니다. 한 번에 한 장씩 보여 드리겠으니, 그림을 보고 이야기를 만들어 보세요. 그림을 보면서 과거에 어떤 일이 일어났는지, 그리고 현재 어떤 일이 일어나고 있는지, 혹은 앞으로 어떤 일이 일어날지에 대하여 말해 보세요. 또한 사람들이 어떤 생각을 하고 있고, 어떤 것을 느끼고 있는지 자유롭게 이야기해 주세요. 각 그림마다 5분 정도 이야기할 수 있습니다. 이해되었나요? 자, 그럼 우리 그림을 보고 이야기를 해 봅시다.

▶ 2회 검사: 오늘도 지난번처럼 몇 장의 그림을 보여 드리겠습니다. 지난번에 이야기를 정말 잘 만들어 주셨는데, 이번에도 이야기를 잘 만들어 주세요. 여기 첫 번째 그림이 있습니다. 잘 보시고 이야기를 만들어 보세요.

(16번 백지카드: 이 백지카드에서 무엇을 볼 수 있을까요? 여기에 어떤 그림을 그릴 수 있는지 상상해 보시고, 그것을 자세하게 설명해 주세요. 그리고 그 그림에 관한 이야기를 만들어 주세요.)

기본적으로 검사자는 피검자에게 표준적인 지시를 내린 후 더 이상의 지시를 내리지 않는 것이 원칙이다. 그러나 피검자가 제시된 그림의 장면만을 기술하는 경우, 과거나 미래를 생략하고 현재만 이야기하는 경우, 어떻게 이야기해야 하는지 잘 이해하지 못할 경우, 이야기가 지나치게 짧을 경우에는 처음 두 개의 그림 카드에 대하여 추가적인 지시(예: "잘했어요. 그런데 그다음에는 어떻게 되었어요?")를 할 수 있다. 그러나 세 번째 그림 카드부터는 어떠한 추가적인 지시를 내리는 것은 적합하지 않다.

4) 결과 해석

　　TAT를 해석할 때에는 피검자가 그림에 대한 이야기를 하는 과정에서 자신의 갈등, 경험, 욕구 등이 이야기의 내용 속에 투사한다고 가정한다(김계현 외, 2012). 대표적인 TAT에 대한 해석 방법은 〈표 14-5〉와 같다.

표 14-5　TAT 해석 방법

방법	설명
1. 표준화법	검사에서 나타난 피검자의 반응을 항목별로 분류하여 수량화한 후, 표준화 자료와 비교하여 분석한다.
2. 주인공 중심의 해석법	이야기에 나오는 주인공을 중심으로 해석하는 방법이며, 주인공 중심법, 요구-압력분석법, 이야기 속의 인물 분석법 등이 있다.
3. 직관적 방법	해석자의 통찰적인 감정이입 능력이 요구되는 평가방법으로서, 피검자의 반응 내용의 기저에 깔려 있는 무의식적 내용을 자유연상 방법으로 해석한다.
4. 대인관계법	이야기에 나오는 인물들의 사회적 지각이나 대인관계에서 나타나는 상황을 분석하는 방법으로서, 등장인물에 대한 피검자의 역할에 비추어 공격, 친화, 도피 감정을 중심으로 분석한다.
5. 지각법	피검자의 이야기 내용의 형식을 분석하는 방법으로서, 그림에 나타난 시각 자극에 대한 왜곡, 이야기에서 나타나는 언어의 특이한 사용, 사고나 논리의 특성, 기묘한 이야기의 왜곡 등을 파악한다.

　　TAT는 표준화된 채점체계가 없고 공식화된 규준 자료도 없다. 그러므로 TAT는 객관적 방식에 의해 채점하기보다 다양한 주제에 대한 빈도, 이야기의 내용이나 길이 또는 결과 등을 고려하여 채점을 하여야 한다. TAT의 해석에서는 피검자에 대한

기초적인 정보(예: 나이, 성, 직업, 부모 및 형제의 존재 여부, 결혼 상태 등)만을 고려하여야 한다. 그 외의 정보는 피검자에 대한 분석 과정에서 선입견을 발생시킬 수 있기 때문에 사용하지 않는다.

TAT에 대한 해석의 타당성은 검사자의 자질과 훈련 정도 및 정신역동심리학에 대한 이해와 인식의 정도에 따라 다르게 나타난다. 그러므로 검사자는 지속적으로 자신의 역량을 강화하여야 한다. 현재까지 TAT를 활용하여 파악된 심리 유형별 반응 특징을 간단히 정리하면, 〈표 14-6〉과 같다.

표 14-6 TAT를 활용한 심리 유형별 특징

방법	설명
정신분열증	피검자의 이야기가 일관되지 못하거나 불합리하고, 사회적으로 수용될 수 없는 경우가 많다. 이야기의 내용이 기괴한 망상을 통해 왜곡되는 경향이 있고, 등장인물들의 감정이 고립되어 있거나 감정의 깊이가 결여되는 경향이 있다.
강박 장애	피검자는 자신의 이야기를 자주 수정하고 이야기를 현학적으로 만드는 경향이 있다. 특히 이야기를 완벽하게 하려고 하고, 내용의 주제가 부지런함과 복종에 관한 것을 강조하는 경향이 있다.
편집증	피검자는 검사의 목적을 의심하는 경향이 있으며, 자신이 하는 이야기가 자기 자신의 것이 아니라는 것을 강조한다. 이야기가 간결하며 의심과 방어적인 태도를 취하거나 반대로 세세한 자료를 이용하여 이야기를 너무 과대하게 포장하는 경우가 있다.
히스테리	피검자는 이야기를 함에 있어 정서적 반응이 급변하는 양상을 보이며, 하나의 사건에 대하여 상반된 태도를 동시에 보이는 양가적 특성을 나타낸다. 이야기가 피상적이고 성적인 내용이 자주 등장한다.
불안 상태	피검자는 그림 속의 주인공과 직접적으로 동일시하는 경우가 있으며, 모호하고 주저하는 상황을 암시하는 표현을 사용한다. 이야기 속에 양자택일의 상황이 자주 발생하고, 내용상 갈등, 욕구좌절, 비극 등의 자주 나타난다. 검사자에게 불안 섞인 질문을 자주 하고, 행동이 극적이며 강박적이다.
우울증	피검자의 사고 및 상상의 범위가 매우 위축되어 있고, 이야기의 내용에는 무능력, 고립감, 자살 등을 주제를 포함하고 있다.
조울증	피검자는 이야기를 매우 빨리하는 경향이 있고, 그 과정에서 사고를 비약하거나 어떤 사건에 대하여 다행이라고 느끼는 경향이 있다. 이야기 중 방어기제로서 부인을 자주 사용하며, 우울함과 유쾌함, 나쁜 감정과 좋은 감정이 교대로 표출된다.

3. 한국판 아동용 회화통각검사

1) 목적 및 대상

아동용 회화통각검사(Children Apperception Test: CAT)는 그림을 활용하여 유아와 아동의 심리적 특성을 파악하기 위하여 개발된 검사이다. TAT(주제통각검사)에서 사용하는 그림들은 성인에게 맞추어져 있기 때문에 아동들에게 실시하기에는 적합하지 않다. 이에 Bellak(1976)이 3~10세 사이의 어린이들에게 실시할 수 있는 아동용 검사를 개발하였고, 이를 김태련 등(1976)이 우리나라 상황에 맞게 한국판 아동용 회화통각검사(Korean Children Apperception Test: K-CAT)로 표준화하였다. K-CAT는 형제간의 경쟁, 부모에 대한 태도, 음식을 먹는 구강기적 문제 등과 같이 어린이가 어떻게 사람들이나 자신의 욕구 및 충동에 대하여 대응하고 있는지를 파악하는 데 유용하다.

2) 검사의 구성

K-CAT는 우리나라 문화를 반영한 표준판 그림 9매와 보충용 그림 9매를 포함하고 있다. K-CAT의 그림은 피검자가 그림을 다양하게 해석할 수 있게 그려져 있으며, 그림에는 한 마리 이상의 동물이 포함되어 있다. K-CAT에 포함된 그림의 내용은 [그림 14-3]과 같다.

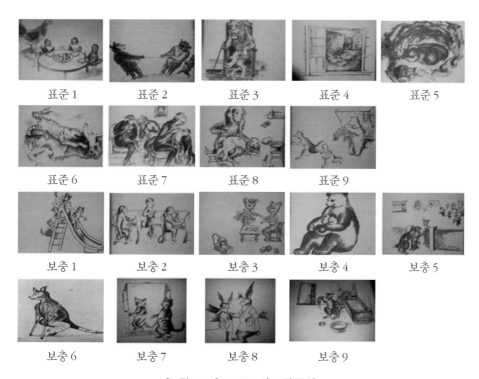

[그림 14-3] K-CAT의 그림 구성

출처: http://blog.naver.com/PostView.nhn?blogId=nuriat&logNo=30179602752

K-CAT에 포함된 각각의 그림은 각기 다른 의미를 가지고 있다. 각 그림의 주요한 해석을 정리해 보면, 〈표 14-7〉과 같다.

표 14-7   K-CAT 그림의 내용과 의미

그림		내용	주요 의미
표준	1	식탁의 아기 병아리 세 마리와 그 옆에 서 있는 어미 닭	음식이 상(賞)으로 인식되고, 빼앗기거나 적으면 벌로 인식, 경쟁의식
	2	큰 곰 한 마리가 두 마리의 곰(큰 곰과 새끼 곰)과 줄다리기 하는 모습	아버지나 어머니 중 어디에 동일시하고 있는지 확인
	3	담뱃대를 가지고 의자에 앉아 있는 사자와 쥐구멍의 작은 쥐	권위의 상징인 아버지와 쥐에 대한 동일시
	4	어두운 방에 혼자 앉아 있는 작은 토끼 한 마리	어두움이나 혼자 있는 것에 대한 공포심
	5	동굴에 큰 곰 두 마리와 새끼 곰 한 마리가 누워 있는 모습	부모의 동침 장면에 대한 태도, 삼각관계

	6	호랑이가 원숭이에게 덤비는 모습	공격에 대한 두려움, 불안
	7	차 마시는 두 마리의 원숭이와 이야기를 나누는 두 마리의 원숭이 오습	가족 내에서의 자신의 역할, 동일시 대상 확인
	8	화장실에서 강아지가 큰 개의 무릎 위에 있는 모습	어린이의 도덕 개념, 죄와 벌에 대한 태도, 대소변 훈련에 관한 문제
	9	하마 한 마리와 과일을 가지고 도망가는 다람쥐 두 마리 모습	도벽과 벌에 대한 도덕 개념
보충	1	네 마리의 다람쥐가 미끄럼을 타는 모습	신체적 활동이나 상해에 대한 두려움
	2	원숭이 세 마리가 교실 안에 있는 모습	교사와의 관계, 친구나 공부 과정에서 발생하는 문제
	3	쥐들이 소꿉장난을 하는 모습	어른에 대한 환성적인 욕망이나 성인의 역할과 성인과의 동일시 문제
	4	곰 한 마리가 두 마리의 애기 곰을 품에 안고 있는 모습	구강기적 욕구, 적대적 감정과 퇴행 경향, 독립성과 의존성
	5	학교 앞에서 엄마 토끼가 애기 토끼를 선생님께 인계하는 모습	학교(유치원)를 시작하는 아이의 문제 파악, 독립성과 의존성, 교사상
	6	다리와 꼬리에 상처를 입어 목발을 짚고 있는 캥거루 모습	상해와 거세에 대한 공포감, 신체적 결함에 대한 심상이나 태도
	7	거울 앞에서 자기 자신을 비춰 보는 고양이 모습	자기 신체에 대한 심상
	8	토끼 의사가 아기 토끼를 진찰하고 있는 모습	병에 대한 공포나 강한 저항감, 신체적 상해에 대한 강한 관심
	9	목욕탕에서 몸을 씻고 있는 큰 고양이와 이를 바라보는 작은 고양이	이성이나 나체에 대한 관심, 성적 호기심, 청결에 대한 강박증

3) 실시 방법

검사자는 K-CAT에 참여하는 피검자에게 아홉 장의 그림과 보충용 그림 아홉 장을 제시한다. 이때 보충용 그림을 모두 활용할 필요는 없다. 검사 시간의 제한은 없으나 하나의 그림에 너무 오랜 시간 매달리지 않도록 시간을 조절하는 것이 필요하다. 검사자는 피검자에게 그림을 한 장씩 제시하고, 피검자가 그 그림에 대한 자신의 생각을 이야기하도록 유도한다. 이때 피검자의 그림에 대한 반응을 촉진하기 위하여 검

사자가 가끔 칭찬이나 격려를 제공하는 것도 좋은 방법이다. 또한 피검자의 심리 상
태를 명확하게 파악하기 위해서는 피검자가 주어진 그림에 대해 이야기를 마친 후 검
사자가 그에 대한 내용을 자세히 물어보는 것이 필요하다. 검사자는 피검자가 이야기
하는 모든 내용을 최대한 기록하여야 하고, 그 내용에 기초하여 분석하여야 한다. 검
사 시간은 정해진 것이 없지만, 대략적으로 약 40여 분 정도의 시간이 소요된다.

4) 결과 해석

K-CAT에 대한 분석은 기본적으로 피검자가 진술한 이야기에 근거하여야 한다.
피검자의 진술 내용은 개인의 욕구와 환경과의 상호작용에 의해 나타난다. 그러므
로 K-CAT의 분석과 해석은 그림에 대한 이야기 속 주인공의 행동에서 나타나는
피검자의 욕구와 환경에서 주어지는 압력에 초점을 두어야 한다.

먼저, 주인공의 욕구는 대부분 외적인 행동으로 나타나지만, 행동으로 나타나지
않고 단순한 욕구나 하고 싶은 희망 수준으로 머무는 경우가 있다. 주인공의 욕구에
대한 분석은 외적 사상에 대한 욕구, 대인관계의 욕구, 압력 배제의 욕구라는 세 측
면에서 이루어진다. 각 욕구의 주요 내용은 〈표 14-8〉과 같다.

표 14-8　**주인공의 욕구에 대한 주요 내용**

종류	주요 욕구의 내용
외적 사상에 대한 욕구	성취욕구, 획득욕구, 구성욕구, 호기심, 전시욕구, 교시욕구, 식이욕구, 부동욕구, 지원욕구
대인관계의 욕구	공격욕구, 경쟁욕구, 기대욕구, 의지욕구, 지배욕구, 공포심, 유친욕구, 적개심, 거부욕구
압력 배제의 욕구	자율욕구, 저항욕구, 복종욕구, 방어욕구, 권세욕구, 처벌욕구

출처: 김태련, 서봉연, 이은화, 홍숙기(1976).

주인공의 활동에 영향을 주는 환경적 자극을 파악함으로써 주인공의 활동이 이
루어지는 원인을 파악할 수 있다. 그렇기 때문에 주인공이 받고 있는 외부 자극의
압력을 파악할 때에는 주인공의 욕구와의 관계를 분석하여야 한다. 주인공의 활동
에 영향을 주는 압력으로는 인적 압력, 환경적 압력, 내적 압력이 있다. 주인공에 대
한 압력의 주요 내용은 〈표 14-9〉와 같다.

표 14-9 주인공에 대한 압력의 주요 내용

종류	주요 욕구의 내용
인적 압력	성취, 획득, 소속, 공격, 권력, 교수, 지지, 거절, 순응, 구성, 양육, 요구, 처벌
환경적 압력	재해, 불행, 결핍(상실), 위협
내적 압력	질환, 죽음, 좌절, 죄, 무력감, 열등감

출처: 김태련 외(1976).

    K-CAT에 대한 해석을 할 때에는 반응의 반복, 주제의 순서, 사례의 정보라는 세 가지를 고려해야 한다. 먼저, 반응의 반복은 여러 진술 중 반복적으로 나타나는 반응을 해석의 근거로 이용하는 것이다. K-CAT의 검사 대상은 어린 아동이므로 진술의 내용이 짧고 하고 싶은 말을 반복적으로 사용하는 경향이 있다. 그렇기 때문에 피검자의 반응에서 나타나는 반복적인 내용에 대하여 주의를 기울이는 것은 매우 중요하다. 일반적으로 어린 아동들은 어떤 인물이나 사물 혹은 사건들을 여러 번 반복적으로 이야기하거나, 다른 상황임에도 동일한 감정이나 태도를 반복적으로 이야기하는 경향이 있다. 그러나 어린 아동들의 경우 외부의 심한 억압이나 왜곡으로 인하여 중요한 심리적 상황을 스쳐 지나가듯이 이야기할 수 있다. 그러므로 어린 아동이 이야기하는 모든 내용에 대하여 주의를 기울여야 한다.

    다음으로, 주제의 순서를 중요하게 인식하여야 한다. 피검자가 말하는 이야기 순서는 피검자가 자신의 감정이나 태도를 표현하는 방법이다. 그러므로 검사자가 피검자의 성격을 분석할 때에는 이야기의 순서를 중요하게 사용하여야 한다. 만약 가족 구성원의 성격이 이야기 속에 일관되게 나타나면, 아동이 가족 구성원과 안정된 관계를 형성하고 있음을 보여 주는 것이다. 그러나 만약 그림마다 가족 구성원의 성격이나 태도가 달라진다면, 가족 구성원에 대한 아동의 감정이 불안하고 감정의 변화 폭이 크다는 것을 표현하는 것이다. 또한 아버지를 향해 공격성을 표출하다가 순종하는 이야기가 바로 나온다면, 아동이 아버지에 관한 반항에 대하여 죄책감을 느끼고 있음을 보여 주는 것이다. 그러므로 검사자는 피검자의 감정이나 태도를 명확하게 분석하기 위하여 피검자의 이야기 순서에 관심을 가지고 있어야 한다.

    마지막으로, 피검자에 대한 사례 정보를 고려하여 해석하여야 한다. 피검자의 가정 상황이나 대인관계 및 주변 여건을 알고 있을 경우, 피검자에 대한 감정이나 태도를 구체적이고 실생활과 관련하여 분석할 수 있다. 그러므로 피검자에 대한 사례

정보를 파악하는 것은 검사 해석의 깊이를 깊게 할 수 있는 유익한 방법이라 할 수 있다.

4. 집-나무-사람 검사

1) 목적 및 대상

집-나무-사람 검사(House-Tree-Person Test: HTP)는 1948년 J. Buck에 의해 개발된 투사 검사로서, Goodenough의 지능 척도에 기반을 두고 있다. HTP 검사는 개인의 성격, 행동 양식, 대인관계 등의 양상을 측정하는 데 주요한 목적이 있으며, 뇌 손상과 일반적인 정신 기능을 분석할 때 사용한다(김상식 역, 2001). 또한 정신분열증이나 조울증 같은 정신장애와 심리 내적 갈등으로 인해 유발되는 복잡한 정신병리학적 문제인 신경증의 양상을 파악하는 데 사용할 수 있다. HTP 검사는 모든 연령의 사람들에게 적용할 수 있다. HTP는 연령이 낮은 아동에게 실시하기 쉽고, 생각이나 느낌 등을 그림으로 나타내도록 하여 피검자의 무의식적 상태를 자연스럽게 표현할 수 있다는 장점이 있다.

2) 검사의 구성

HTP 검사는 피검자가 종이에 집, 나무, 사람의 그림을 자유롭게 그릴 수 있도록 하기 때문에 특별한 도구가 없으며, A4 용지(백지) 4장, HB 연필, 지우개, 초시계를 준비하여 검사를 실행한다.

[그림 14-4] HTP 그림 작성의 예

3) 실시 방법

HTP 검사를 실시하기 위해서는 A4 용지(백지) 4장, HB 연필, 지우개, 초시계를 준비한다. 피검자에게 종이를 한 장씩 나누어 주고, 집, 나무, 사람 그림을 차례로 자유롭게 그리도록 한다. 만약 피검자와 다른 성(性)의 사람을 그린 경우에는 종이 한 장을 더 제시하여 동성(同性)의 사람을 그리도록 유도한다. 사람을 그릴 때 얼굴만 그리면 전신 그림을 그릴 수 있도록 이야기하고, 만화나 선으로 된 사람을 그린 경우에는 온전한 사람을 다시 한번 그리도록 한다. 사람 그림을 다 그린 후에는 성별을 묻고, 피검자가 응답한 성별과 반대 성의 사람을 그리도록 한다. 검사자는 피검자가 검사 과정에서 하는 말과 행동을 관찰하여 기록하여야 한다.

피검자가 그림을 모두 완성한 후, 검사자는 피검자에게 각각의 그림에 대해 여러 가지 질문을 한다. 이때 정형화된 질문이 있는 것은 아니며, 피검자의 상황에 맞게 여러 가지 질문을 하면 된다. 예를 들어, "이 집에는 어떤 사람이 살고 있습니까? 이 집에서 살고 싶습니까? 이 집의 분위기는 어떤가요?"와 같은 질문들을 할 수 있다. 전반적으로 검사 시간 약 150분 정도가 소요된다.

4) 결과 해석

HTP의 해석은 피검자가 그린 집-나무-사람 그림을 분석함으로써 이루어진다. 먼저, 집 그림은 피검자의 자기 자신에 대한 지각과 가족 내에서의 자신에 대한 지각 및 가정 생활의 질을 나타낸다. 그러므로 그림에 나타난 집의 전체적인 모습과 지붕, 벽, 문, 창문 등을 어떻게 그렸는가를 종합적으로 고려해서 해석하여야 한다. 최정윤(2016)은 집 그림이 피검자의 현실의 집, 과거의 집, 원하는 집 혹은 이것들의 혼합일 수 있다고 하였다. 또한 피검자의 어머니를 상징적으로 표현한 것일 수도 있고, 어머니에 대한 느낌을 드러내는 것일 수도 있다.

다음으로, 나무 그림은 피검자의 자기 자신에 대한 무의식적이고 원시적인 자아 개념의 투사와 관련이 있다. 그러므로 나무 그림을 해석할 때에는 나무의 전체적인 모습을 분석하고, 이후 세부적인 사항들을 분석한다. 전반적인 나무 그림의 주제나 나무의 밑둥, 가지, 수관, 뿌리, 잎, 나무껍질 등이 해석의 내용을 구성한다.

마지막으로, 사람 그림은 자기상과 환경의 관계를 나타낸다. 그래서 사람 그림은 때에 따라 자화상이 되기도 하고, 이상적인 자아나 중요한 타인 및 일반적인 사람을 피검자가 어떻게 생각하고 있는지를 나타내기도 한다.

HTP 해석에 대한 자세한 사항은 검사 요강 및 관련 연구들을 참고하길 바란다.

5. 문장완성검사

1) 목적 및 대상

문장완성검사(sentence completion test: SCT)는 피검자에게 다수의 미완성 문장을 제시하고, 피검자가 자기 생각대로 문장을 완성하도록 하는 검사이다(이우경, 2018). 이 검사는 문장완성 활동을 통하여 피검자의 심리적 상태나 성격을 분석한다. SCT는 검사자가 단어를 제시하면 피검자가 그 단어에 대하여 처음 떠오르는 생각을 단어로 표현하여 단어연상검사를 발전시킨 것이다. 피검자는 검사를 실행하는 과정에서 미완성 문장을 완성하면서 자신의 감정이나 느낌, 그리고 생각을 자유롭게 표현할 수 있다. 그러나 SCT는 주어진 미완성 문장을 완성하는 것이기 때문에 다른 투사적 검사에 비하여 피검자의 심리 상태가 투사되는 정도가 제한되어 있다는 한계점을 가지고 있다.

2) 검사의 구성

SCT 중에 가장 널리 알려진 검사는 Sacks에 의해 개발된 문장완성검사(Sacks Sentence Completion Test: SSCT)이다. 가족, 성, 자기개념, 대인관계라는 네 가지 영역에 총 60문항으로 구성되어 있으며, 아동용, 청소년용, 성인용으로 구분되어 있다. SSCT의 구성은 〈표 14-10〉과 같다.

표 14-10 SSCT의 구성 영역

검사 영역	내용
가족 영역	아버지, 어머니, 그 외 가족에 대한 태도를 측정할 수 있는 문장으로 구성되어 있다. 예) 아버지와 나는 _____ 　　나의 어머니는 _____
성적 영역	이성관계에 대한 태도를 측정할 수 있는 문장으로 구성되어 있다. 예) 내 생각에 여성이란 _____ 　　내 생각에 남자들이란 _____
대인관계 영역	친구와 지인 혹은 권위자에 대한 태도를 조사하는 문항으로 구성되어 있다. 예) 내가 없을 때 친구들은 _____ 　　우리 윗사람들은 _____
자기개념 영역	자신의 능력, 목표, 현재, 과거, 미래, 두려움, 죄책감 등에 대한 태도를 확인하는 문항으로 구성되어 있다. 예) 나의 가장 큰 결점은 _____ 　　내가 저지른 가장 큰 잘못은 _____

3) 실시 방법

SCT는 대략 20~40분 정도의 시간이 소요되며, 개인이나 집단 모두에게 실시할 수 있다. 검사자는 피검자에게 검사지를 나누어 주고, 피검자가 자신에게 주어진 미완성 문장을 완성할 수 있도록 자유롭게 생각하도록 한다. 기본적으로 검사 영역에 포함된 각 태도에 대하여 네 개의 미완성 문장이 제시되며, 제일 먼저 떠오르는 생각을 이용하여 문장을 완성할 수 있게 글을 쓰도록 지시한다. 검사과정에서 시간제한은 특별히 없으나 너무 오래 끌지 않도록 하는 것이 필요하다.

SCT는 기본적으로 피검자가 문장을 직접 읽고 문장을 완성해야 한다. 그러나 피검자가 심리적으로 매우 불안한 상태이거나 읽기에 어려움이 있는 경우에는 검사자가 문제를 읽어 주거나 피검자가 말로 표현하는 문장을 받아 적을 수도 있다. 이때에는 피검자의 반응시간, 표정이나 목소리의 변화, 행동의 양태 등을 종합적으로 관찰하여야 한다.

피검자가 검사를 완료한 후, 피검자가 작성한 문장의 의미나 의도 등에 대하여 질문을 하는 단계가 있는 것이 좋다. 이를 통해 피검자가 내색하기 어려웠던 자신의 문제를 검사자에게 표현할 수 있는 기회를 부여할 수 있다.

4) 결과 해석

SCT 검사를 실시한 후, 피검자들의 네 개 반응을 종합적으로 고려하여 피검자의 태도에 대한 분석을 하여야 한다. 이때 피검자가 작성한 문장을 면밀하게 검토하여야 한다. 다음은 중학교 2학년 여학생이 아버지에 대하여 작성한 문장이다.

▶ 아버지에 대한 태도   (평점 1점)

2. 내 생각에 가끔 아버지는 <u>본인의 주장이 세다.</u>

19. 대개 아버지들이란 <u>쉬는 날에 집에서 나가지 않고 잠을 자거나 TV만 본다.</u>

20. 내가 바라기에 아버지는 <u>좀 더 가정적이었으면 좋겠다.</u>

50. 아버지와 나는 <u>벽을 사이에 둔 것 같다.</u>

검사자는 앞에 제시된 중학교 2학년 학생의 문장을 종합적으로 고려하여 피검자의 아버지에 대한 태도에 대한 해석을 할 수 있다. 예문에 대한 해석을 실시하면, '피검자는 아버지와 대화가 적고 심리적 거리감을 나타내고 있음'을 알 수 있다.

SCT는 문장에 대한 심층적인 분석을 통하여 피검자의 감정이나 태도를 파악할 수 있으며, 심리적인 변화를 탐지할 수 있다는 장점이 있다. 그러므로 SCT에서 제시되는 문장에 대한 종합적인 분석과 평가를 실시할 수 있는 검사자의 역량을 배양하는 것이 매우 중요하다.

🌱 ✏ 생각해 볼 문제

1. 투사적 검사를 실시해야 하는 이유에 대하여 설명해 보시오.
2. 로르샤흐 검사의 채점 방식 중 Exner 종합체계에서 고려하여 채점 항목에는 어떠한 것이 있는지 설명해 보시오.
3. 주제통각검사를 활용한 심리 유형별 특징에 대하여 설명해 보시오.

참고문헌

고은, 권주석, 김우리, 이태수, 조홍중, 최혜승(2015). 특수교육의 이해. 경기: 양서원.

고혜정(2014). 수학문장제 문제해결과정에서의 수학 학습부진, 학습장애학생 인지상태 진단: 규칙장모형의 적용. 서울대학교 대학원 박사학위논문.

곽금주, 오상우, 김청택(2011). K-WISC-IV 한국 웩슬러 아동지능검사(4판). 서울: 인싸이트.

곽금주, 장승민(2019). K-WISC-V 한국 웩슬러 아동지능검사(5판). 서울: 인싸이트.

국립특수교육원(2009). 특수교육학 용어사전. 서울: 하우.

국립특수교육원(2019a). 개별화교육계획 운영 가이드북. 충남: 국립특수교육원.

국립특수교육원(2019b). 국립특수교육원-적응행동검사. 충남: 국립특수교육원.

권요한, 김수진, 김요섭, 박중휘, 이상훈, 이순복, 정은희, 정진자, 정희섭(2015). 특수교육학 개론. 서울: 학지사.

권준수, 김재진, 남궁기, 박원명, 신민섭, 유범희, 윤진상, 이상익, 이승환, 이영식, 이헌정, 임효덕 공역(2018). DSM-5 정신질환의 진단 및 통계 편람(제5판). 서울: 학지사.

김계현, 황매향, 선혜연, 김영빈(2012). 상담과 심리검사. 서울: 학지사.

김광해(2003). 등급별 국어교육용 어휘. 서울: 박이정.

김동일(2006). BASA:M 기초학습기능 수행평가체제: 수학. 서울: 인싸이트.

김동일(2008a). BASA:R 기초학습기능 수행평가체제: 읽기. 서울: 인싸이트.

김동일(2008b). BASA:WE 기초학습기능 수행평가체제: 쓰기. 서울: 인싸이트.

김동일(2011a). BASA:EL 기초학습기능 수행평가체제: 초기문해. 서울: 인싸이트.

김동일(2011b). BASA:EN 기초학습기능 수행평가체제: 초기수학. 서울: 인싸이트.

김동일(2018). BASA:MP 기초학습기능 수행평가체제: 수학문장제. 서울: 인싸이트.

김동일(2019a). BASA:RC 기초학습기능 수행평가체제: 읽기이해. 서울: 인싸이트.

김동일(2019b). BASA:V 기초학습기능 수행평가체제: 어휘. 서울: 인싸이트.

김동일, 고은영, 고혜정, 김우리, 박춘성, 손지영, 신재현, 연준모, 이기정, 이재호, 정광조, 지은, 최종근, 홍성두(2019). 특수교육의 이해. 서울: 학지사.

김동일, 고은영, 이기정, 최종근, 홍성두(2017). 특수교육 · 심리진단과 평가. 서울: 학지사.

김동일, 박희찬, 김정일(2017). CISA-2 지역사회적응검사 2판 전문가 지침서. 서울: 인싸이트.

김동일, 이대식, 신종호(2009). 학습장애아동의 이해와 교육. 서울: 학지사.

김상식 역(2001). 동적 집-나무-사람 그림검사. 서울: 하나의학사.

김석우(2015). 교육평가의 이해. 서울: 학지사.

김성훈, 김신영, 김재철, 반재천, 백순근, 서민원(2018). 예비교사를 위한 교육평가. 서울: 학지사.

김애화, 김의정, 김자경, 최승숙(2012). 학습장애: 이론과 실제. 서울: 학지사.

김애화, 김의정, 성소연(2013). 초등학교 1, 3, 5학년 학생의 읽기 이해 특성 연구: 상위 읽기 이해 처리 특성을 중심으로. 초등교육연구, 26(3), 21-42.

김애화, 김의정, 황민아, 유현실(2014). RA-RCP 읽기 성취 및 읽기 인지처리능력 검사. 서울: 인싸이트.

김애화, 유현실, 김의정(2014). E-RAM 조기 읽기 및 수학 검사. 서울: 인싸이트.

김영아, 이진, 김유진, 김민영, 오경자(2011). 한국판 유아행동평가 척도 교사용(C-TRF)의 표준화 연구. 한국심리학회지: 발달, 24(2), 65-86.

김영아, 이진, 문수종, 김유진, 오경자(2009). 한국판 CBCL 1.5-5의 표준화 연구. 한국심리학회: 임상, 28(1), 117-136.

김재환, 오상우, 홍창희, 김지혜, 황순택, 문혜신, 정승아, 이장한, 정은경(2014). 임상심리검사의 이해(2판). 서울: 학지사.

김정미(2010). K-CDI 한국판 아동발달검사(2판). 서울: 인싸이트.

김정미, 신희선(2011). KCDR-R 한국판 영유아 발달선별검사. 서울: 인싸이트.

김진호, 김려원, 김성희, 민용아, 오자영, 이성용, 차재경(2018). 최신 특수아 진단 및 평가. 서울: 학지사.

김춘경, 이수연, 이윤주, 정종진, 최웅용(2016). 상담학 사전. 서울: 학지사.

김태련, 서봉연, 이은화, 홍숙기(1976). 한국판 아동용 회화통각검사. 서울: 이화여자대학교 출판부.

김희규, 강정숙(2005). 언어학습장애아동과 일반아동의 말하기ㆍ쓰기에 나타난 이야기 문법 및 응집 구조 비교. 특수교육학연구, 39(4), 43-60.

류재연, 이준석, 신현기, 전병운, 고등영(2007). 파라다이스 한국표준 적응행동검사. 서울: PICD.

문수백(2014). KABC-Ⅱ 한국 카우프만 아동지능검사(2판). 서울: 인싸이트.

문수백, 이영재, 여광응, 조석희(2007). CAS 종합인지기능 진단검사. 서울: 인싸이트.

박경숙, 정동영, 정인숙(2002). 국립특수교육원 한국형 개인 지능검사. 서울: 교육과학사.

박규리, 유희정, 봉귀영, 조인희, 조숙환, 이미선, 곽영숙, 반건호, 김붕년(2014). ADI-R 자폐증 진단 면담지-개정판. 서울: 인싸이트.

박영목(1999). 작문능력 평가 방법 및 절차. 국어교육, 99, 1-29.

박현숙, 신현기, 정대영, 정해진(2007). 학습장애: 토대, 특성, 효과적인 교수. 서울: 시그마프레스.

박혜원, 이경옥, 안동현(2016). 한국 웩슬러 유아지능검사(4판). 서울: 인싸이트.

방희정, 남민, 이순행(2019). K-Bayley-Ⅲ 한국형 베일리 영유아 발달검사(3판). 서울: 인싸이트.

백순근(2007). 학위논문 작성을 위한 교육연구 및 통계분석. 경기: 교육과학사.

백은희, 이병인, 조수제(2007). K-SIB-R 한국판 적응행동검사 전문가 지침서. 서울: 인싸이트.

법제처(2020). 장애인 등에 대한 특수교육법.

법제처(2020). 장애인 등에 대한 특수교육법 시행령.

법제처(2020). 장애인복지법.

서수연(2003). 쓰기 평가 기준 설정에 관한 연구. 고려대학교 대학원 석사학위청구논문.

서울대학교 교육연구소(1995). 교육학용어사전. 서울: 서울대학교 출판부.

성태제(2010). 현대교육평가(3판). 서울: 학지사.

성태제(2019). 교육평가의 기초. 서울: 학지사.

성태제, 시기자(2013). 연구방법론. 서울: 학지사.

송인섭(1997). 통계학의 이해. 서울: 학지사.

송현종, 이순자, 박상희, 박영미, 이미나, 윤은경(2017). 영유아 발달. 서울: 학지사.

신민섭, 조수철(2010). K-Leiter-R 한국판 라이터 비언어성 지능검사(개정판). 서울: 인싸이트.

신희선, 한경자, 오가실, 오진주, 하미나(2002). 한국형 덴버 검사(2판). 서울: 현문사.

안명희(2015). K-BASC-2 한국판 정서행동 평가시스템-2. 서울: 인싸이트.

양명희(2016). 행동수정이론에 기초한 행동지원(2판). 서울: 학지사.

여승수, 유은정(2019). 특수교육 평가의 이해. 서울: 학지사.

염시창 역(2006). 통합연구방법론: 질적ㆍ양적 접근방법의 통합. 서울: 학지사.

오경자, 김영아(2011). 아동ㆍ청소년 행동평가척도 매뉴얼. 서울: ㈜휴노.

오경자, 김영아(2013). 유아 행동평가척도 매뉴얼. 서울: ㈜휴노.

유희정, 봉귀영, 곽영숙, 이미선, 조숙환, 김붕년, 박규리, 반건호, 신의진, 조인희, 김소윤
(2017). ADOS-2 자폐증 진단 관찰 스케줄2 전문가 지침서. 서울: 인싸이트.

이성봉, 김은경, 박혜숙, 양문봉, 정경미, 최진혁(2019). 응용행동분석. 서울: 학지사.

이소현(2003). 유아특수교육. 서울: 학지사.

이소현, 김수진, 박현옥, 부인앵, 원종례, 윤선아, 이수정, 이은정, 조윤경, 최윤희(2009). 교육진
단 및 교수계획을 위한 장애유아 진단 및 평가. 서울: 학지사.

이소현, 박은혜(2011). 특수아동교육: 통합학급 교사들을 위한 특수교육 지침서(3판). 서울: 학지사.

이소현, 윤선아, 신민섭(2019). CARS-2 한국판 아동기 자폐 평정 척도2 전문가 지침서. 서울: 인

싸이트.

이소현 역(2003). 장애영유아를 위한 교육. Bailey, D. B., & Wolery, M. 저. 서울: 이화여자대학교 출판부.

이승희(2019). 특수교육평가(3판). 서울: 학지사.

이애진, 양민화(2011). 국내 작문능력 연구의 동향분석: 일반 학생과 쓰기 학습부진 학생 대상연구를 중심으로. 특수교육학 연구, 46(2), 133-157.

이영철, 허계형, 이상복, 정갑순 역(2005). 영유아를 위한 사정, 평가 및 프로그램 체계(AEPS) vol. 1 지침서. 서울: 도서출판 특수교육.

이우경(2018). SCT 문장완성검사의 이해와 활용. 서울: 인싸이트.

이일화(2003). 학령기 초기의 읽기 유창성과 독해력 수준과의 관계. 서울대학교 대학원 석사학위논문.

이종승(2009). 현대교육평가. 경기: 교육과학사.

이태수, 서선진, 나경은, 김우리, 이준석, 이동원, 오유정(2017). 국립특수교육원 기초학습능력검사. 충남: 국립특수교육원.

임안수(2008). 시각장애아 교육. 서울: 학지사.

장혜성, 서소정, 하지영(2011). DEP 영아선별 · 교육진단검사. 서울: 인싸이트.

전남련, 권경미, 김덕일, 이미순(2005). 유아관찰평가의 이론과 실제. 경기: 양서원.

정경미(2017). ESDM 덴버모델 발달 체크리스트. 서울: 인싸이트.

진미영, 박지연(2017). K-SAED 한국판 정서행동문제 검사 전문가 지침서. 서울: 인싸이트.

최정윤(2016). 심리검사의 이해. 서울: 시그마프레스.

한국교육과정평가원(2019). 국가수준 학업성취도 평가. www.kice.re.kr/sub/info.do?m=010302$s=kice (검색일: 2020. 1. 10.)

한국교육심리학회(2000). 교육심리학 용어사전. 서울: 학지사.

한국교육평가학회(2004). 교육평가 용어사전. 서울: 학지사.

홍성열(1998). 사회과학도를 위한 기초통계. 서울: 학지사.

황순택, 김지혜, 박광배, 최진영, 홍상황(2012). 한국 웩슬러 성인지능검사(4판). 대구: 한국심리주식회사.

황순택, 김지혜, 홍상황(2005). 바인랜드 적응행동척도 2판 검사요강. 대구: 한국심리주식회사.

황정규, 서민원, 최종근, 김민성, 양명희, 김재철, 강태훈, 이대식, 김준엽, 신종호, 김동일(2017). 교육평가의 이해. 서울: 학지사.

20 U.S.C. $ 1400 et seq. Individuals with Disabilities Education Improvement Act of 2004, P.L. 108-446.

Abbott, R. D., & Berninger, V. W. (1993). Structural equation modeling of relationships among developmental skills and writing skills in primary and intermediate grade writers. *Journal of Educational Psychology, 85*, 478-508.

Allen, K. E., & Cowdery, G. E. (2005). *The exceptional child: Inclusion in early childhood education* (5th ed.). Albany, NY: Delmar.

Aro, T., Eklund, K., Nurmi, J. E., & Poikkeus, A. M. (2012). Early language and behavioral regulation skills as predictors of social outcomes. *Journal of Speech, Language, and Hearing Research, 2*, 395-408.

Bambara, L. M., & Kern, L. (2005). *Individualized supports for students with problem behaviors: Designing positive behavior plans.* New York: Guilford Press.

Berninger, V., Vaughn, K., Abbott, R., Begay, K., Byrd, K., Curtin, G., et al. (2002). Teaching spelling and composition alone and together: Implications for the simple view of writing. *Journal of Educational Psychology, 94*, 291-304.

Bottge, B. A., Heinrichs, M., Chan, S. Y., & Serlin, R.C. (2001). Anchoring adolescents' understanding of math concepts in rich problem-solving environments. *Remedial and Special Education, 22*(5), 299-314.

Buntinx, W. H., & Schalock, R. L. (2010). Models of disability, quality of life, and individualized supports: Implication for professional practice in intellectual disability. *Journal of Policy and Practice in Intellectual Disabilities, 7*(4), 283-294.

Burns, M. K. (2002). Utilizing a comprehensive system of assessment to intervention using curriculum-based assessments. *Intervention in School and Clinic, 38*, 8-13.

Chall, J. (1983). *Stages of reading development.* New York: McGraw-Hill.

Chandler, L. K., & Dahlquist, C. M. (2006). *Functional assessment: Strategies to prevent and remediate challenging behavior in school settings.* Englewood Cliffs, NJ: Merrill Prentice Hall.

Cohen, L. G., & Spenciner, L. J. (2007). *Assessment of children and youth with special needs* (3rd ed.). Boston, MA: Allyn and Bacon.

Cook, B. G., & Tankersley, M. (2013). *Research-based practices in special education.* Boston: Pearson Education, Inc.

Deno, S. L. (1985). Curriculum-based measurement: The emerging alternative. *Exceptional*

Children, 52(3), 219-232.

Deno, S. L. (1987). Curriculum based measurement. *Teaching Exceptional Children, 20(1)*, 41-42.

Durand, V. M. (1988). Motivational assessment scale. In M. Hersen & A. S. Belleck (Eds.), *Ditionary of Behavioral assessment techniques* (pp. 309-310). New York: Pergamon Press.

Durand, V. M., & Crimmins, D. B. (1988). Identifying the variables maintaining self-injurious behavior. *Journal of Autism and Developmental Disorders, 18*, 99-117.

Edwards, R. P. (2002). A tutorial for using the Functional Assessment Informant Record for Teachers (FAIR-T). *Proven Practice: Prevention and Remediation Solutions for Schools, 4*, 31-38.

Flanagan, D. P., & Alfonso, V. C. (2011). *Essentials of specific learning disability identification.* Hoboken, NJ: John Wiley & Sons Inc.

Geary, D. C., & Lin, J. (1998). Numerical cognition: Age-related differences in the speed of executing biologically primary and biologically secondary processes. *Experimental Aging Research, 24*(2), 101-137.

Gordon, A. M., & Browne, K. W. (1999). *Beginnings and beyond: Foundations in early childhood education.* Belmont, CA: Wadsworth/Cengage Learning Publishing.

Graham, S., Berninger, V. W., Abbott, R. D., Abbott, S. P., & Whitaker, D. (1997). Role of mechanics in composing of elementary school students: A new methodological approach. *Journal of Educational Psychology, 89*(1), 170-182.

Houck, C. K., & Billingsley, B. S. (1989). Written expression of students with and without disabilities: Differences across the grades. *Journal of Learning Disabilities, 22*, 561-567, 572.

Idol, L., Nevin, A., & Paolucci-Whitcomb, P. (1989). *Models of curriculum based assessment* (3rd ed.). Austin, Texas: Proed.

Iwata, B. A. (1995). *Functional analysis screening tool.* Gainesville, FL: The Florida Center on Self-injury.

Jordan, K. E., Suanda, S. H., & Brannon, E. M. (2008). Intersensory redundancy accelerates preverbal numerical competence. *Cognition, 108*, 210-221.

Kaplan, R. M., & Saccuzzo, D. P. (2009). *Psychological testing: Principles, applications, and issues.* Belmont, CA: Wadsworth Cengage Learning.

Kazdin, A. E. (2001). *Behavior modification in applied settings* (6th ed.). Belmont, CA: Wadsworth/Thomson Learning.

Koegel, L. K., Koegel, R. L., & Dunlap, G. (1996). *Positive behavioral support: Including people with difficult behavior in the community.* Baltimore: Paul H. Brookes.

Matson, J. L., & Volmer, T. R. (1995). *User's guide: Questions about behavioral function* (OABF). Baton Rouge, LA: Scientific Publishers, Inc.

McEvoy, M. A., Neilsen, S., & Reichle, J. (2004). Functional behavioral assessment in early education settings. In M. McLean, M. Wolery, & D. B. Baily Jr. (Eds.), *Assessing infants and preschoolers with special needs* (3rd ed., pp. 236-261). Upper Saddle River, NJ: Pearson Prentice Hall.

McLoughlin, J. A., & Lewis, R. B. (2008). *Assessing students with special needs* (7th ed.). Upper Saddle River, NJ: Prentice-Hall.

Mercer, C. D., & Mercer, A. R. (2005). *Teaching students with learning problems.* Upper Saddle River, NJ: Prentice Hall.

Miltenberger, R. G. (2016). *Behavior modification: Principles and procedures* (6th ed.). Belmont, CA: Wadsworth.

Moats, L. C. (1983). A comparison of the spelling errors of older dyslexic and second-grade normal children. *Annals of Dyslexia, 33,* 121-140.

Moats, L. C. (1995). *Spelling: Development, disabilities, and instruction.* UK: York Press.

O'Neill, R. E., Horner, R. H., Albin, R. W., Storey, K., & Sprague, J. R. (1997). *Functional assessment and program development for problem behavior: A practical assessment handbook* (2nd ed.). Pacific Grove, CA: Brooks/Cole.

Piaget, J. (1952). *The origins of intelligence in children.* New York: International Universities Press.

Sattler, J. M. (2002). *Assessment of children: Cognitive applications* (4th ed.). La Mesa, CA: Jerome M. Sattler, Publisher, Inc.

Scheuermann, B. K., & Hall, J. A. (2008). *Positive behavioral supports for the classroom.* Upper Saddle River, NJ: Pearson/Merrill Prentice Hall.

Shaffer, K. R. (1999). *Developmental psychology: Childhood and adolescence* (5th ed.). New York: Brookes/Cole.

Spear-Swerling, L., & Sternberg, R. (1996). *Off track: When poor readers become "learning disabled".* Boulder, CO: Harper Collins.

Tan, M., & Dobbs-Oates, J. (2013). Relationship between emergent literacy and early social-emotional development in preschool children from low-income backgrounds. *Early Child Development and Care, 183*(11), 1509-1530.

Vellutino, F. R. (2003). Individual differences as sources of variability in reading comprehension in elementary school children. In A. P. Sweet & C. E. Snow (Eds.), *Rethinking reading comprehension* (pp. 51-81). New York: Guilford Press.

Venn, J. J. (2004). *Assessing students with special needs* (3rd ed.). Upper Saddle River, NJ: Prentice-Hall.

Walker, H. M., Stiller, B. & Golly, A. (1998). First steps to success. *Young Exceptional Children, 1*, 2-7.

Westerman, G. S. (1971). *Spelling & writing.* San Rafael, CA: Dimensions.

Wolf, M., Bowers, P. G., & Biddle, K. (2000). Naming-speed processes, timing, and reading: A conceptual review. *Journal of Learning Disabilities, 33*(4), 387-407.

AAIDD (2010). Definiton of Intellectual Disability. https://www.aaidd.org/intellectual-disability/definition (검색일: 2020. 7. 17.)

ASEBA. http://aseba.co.kr/

DSM-5 Diagnosis criteria for Autism. https://www.autismspeaks.org/autism-diagnosis-criteria-dsm-5 (검색일: 2020. 7. 17.)

http://blog.naver.com/PostView.nhn?blogId=nuriat&logNo=30179602752

https://arbathousehotel.ru/ko/v-chem-smysl-testa-rorshaha-proektivnyi-test-rorshaha-onlain.html (검색일: 2020. 10. 20.)

https://blog.naver.com/ppmo2911/221155319545

ICD-10 Criteria for Autism. https://iancommunity.org/cs/autism/icd10_criteria_for_autism (검색일: 2020. 7. 31.)

IEDA. https://sites.ed.gov/idea/regs/b/a/300.8/c/10 (검색일: 2020. 8. 5.)

인싸이트. https://inpsyt.co.kr/

찾아보기

인명

내용

저자소개

송현종(Song, Hyun Jong)
현 전남대학교 특수교육학부 교수
전남대학교 대학원 교육학 박사
특수아동 상담 분야에 관한 교육과 연구 활동

〈주요 연구 실적〉
교육학개론(공저, 2018, 학지사)
특수아동과 상담(공저, 2016, 전남대학교 출판부)
ADHD 학생의 이해와 지도(공역, 2014, 학지사)

이태수(Lee, Tae Su)
현 전남대학교 특수교육학부 교수
서울대학교 대학원 교육학(특수교육) 박사
학습장애 및 교수방법에 관한 교육과 연구 활동

〈주요 연구 실적〉
국립특수교육원 기초학습능력검사(공저, 2017, 국립특수교육원)
특수교육 연구의 실제(공저, 2012, 학지사)
아동의 수학 발달(공역, 2012, 학지사)

김우리(Kim, Woo Ri)
현 전남대학교 특수교육학부 교수
The University of Texas at Austin 철학(특수교육) 박사
특수아 교수학습방법에 관한 교육과 연구 활동

〈주요 연구 실적〉
특수교육의 이해(공저, 2019, 학지사)
국립특수교육원 기초학습능력검사(공저, 2017, 국립특수교육원)
교육의 미래를 디자인하다(공저, 2015, 학지사)

특수교육평가

이론과 실제

Evaluation in Special Education: Theory and Practice

2021년 2월 20일 1판 1쇄 인쇄
2021년 2월 25일 1판 1쇄 발행

지은이 • 송현종 · 이태수 · 김우리
펴낸이 • 김진환
펴낸곳 • ㈜ 학지사

04031 서울특별시 마포구 양화로 15길 20 마인드월드빌딩
대표전화 • 02-330-5114   팩스 • 02-324-2345
등록번호 • 제313-2006-000265호

홈페이지 • http://www.hakjisa.co.kr
페이스북 • https://www.facebook.com/hakjisa

ISBN 978-89-997-2354-4 93370

정가 22,000원

출판 · 교육 · 미디어기업 **학지사**

간호보건의학출판 **학지사메디컬** www.hakjisamd.co.kr
심리검사연구소 **인싸이트** www.inpsyt.co.kr
학술논문서비스 **뉴논문** www.newnonmun.com
원격교육연수원 **카운피아** www.counpia.com